Petites phrases :
des microrhétoriques
dans la communication politique

Michel Le Séac'h

Petites phrases :
des microrhétoriques dans la communication politique

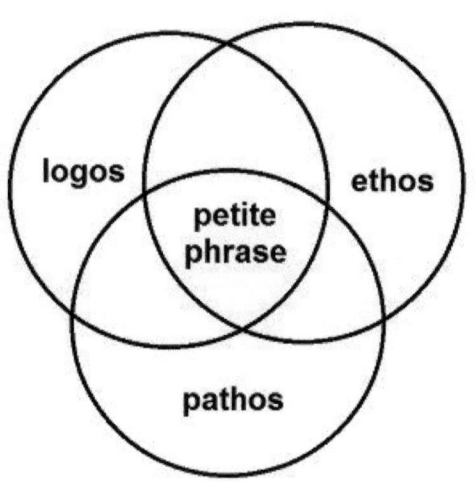

phrasitude.fr

Édition : BoD · Books on Demand, 31 avenue Saint-Rémy, 57600 Forbach, bod@bod.fr
Impression : Libri Plureos GmbH, Friedensallee 273, 22763 Hamburg (Allemagne)
Dépôt légal : mars 2025
ISBN : 978-2-3225-7319-6

Table des matières

Avant-propos..7
1. Vous n'avez pas le monopole de la petite phrase.................9
   Quand les petites phrases font *vraiment* l'histoire 13
   Avec ou sans guillemets... 21
   La petite phrase comme microrhétorique............................ 28
   Préhistoire des petites phrases.. 32
   Géographie des petites phrases 36
   Une affaire de culture et de pouvoir................................. 38
2. Les vilains petits canards de la communication politique..........43
   Un cheval de Troie pour la presse.................................... 44
   Chercheurs et intellectuels : un regard en surplomb 54
   L'attitude ambiguë des politiques 62
   Hors programme et hors contexte 74
3. Le pouvoir, avant, pendant et après 87
   Qui est le chef ?.. 91
   Interpréter la situation 97
   Paroles de circonstances... 107
   Le devenir des petites phrases....................................... 110
   Immortalité, citations et petites phrases 115
4. Petites phrases de culture et petites phrases sauvages 125
   La chevauchée des petites phrases 135
   Il est difficile d'entendre ce que l'on entend...................... 143
   Ambivalence des petites phrases..................................... 151
   Que faire contre une petite phrase ? 160
5. Le tango du cerveau et des petites phrases..........................169
   Stéréotypes et biais cognitifs.. 171
   Contexte et désir de cohérence....................................... 174
   Inépuisables métaphores 178

Le *storytelling*, berger des mémoires 183
6. *Logos* : ce qu'on dit – qu'on le dise ou pas 189
Petite, raccourcie, simplifiée 191
Négation et interrogation 198
Le verbe : impératif oui, conditionnel non, futur peut-être 201
Petites phrases et petites blagues 205
Quand la forme prime le fond 208
7. *Ethos* : la petite phrase est le propre de l'homme politique 217
Réputations recyclées 223
Collisions d'*ethos* au sommet 230
La petite phrase n'attend pas le nombre des années 241
L'*ethos* sur le fil du rasoir 248
8. *Pathos* : la main invisible de l'opinion publique 253
La porte de la petite phrase s'ouvre de l'intérieur 262
Les habits neufs de la sagesse des foules 265
Biologie de la viralité 268
L'univers des sous-entendus 271
Épilogue : la griffe des chefs et la stèle des grands 277
Annexe : Brève histoire de la locution « petite phrase » 281
Index 287
Notes et références 303

L'auteur du livre : Michel Le Séac'h, diplomé de Sciences Po Paris et d'Audencia SciencesCom, publicitaire DPE, traducteur et essayiste, est notamment l'auteur de *L'État marketing : comment vendre des idées et des hommes politiques* (Alain Moreau, 1981) et *La Petite phrase : D'où vient-elle ? Comment se propage-t-elle? Quelle est sa portée réelle ?* (Eyrolles, 2015). Il rédige le blog *Phrasitude – L'Observatoire des petites phrases* (phrasitude.fr). Correspondance : mleseach@gmail.com

Avant-propos

Cinq aveugles rencontrent un éléphant.

Le premier touche la trompe. « C'est un tuyau », dit-il.

Le second touche une patte. « C'est un arbre », dit-il.

Le troisième touche le flanc. « C'est une muraille », dit-il.

Le quatrième touche la queue. « C'est un cordage », dit-il.

Le cinquième touche une défense. « C'est une lance », dit-il.

Mal-voyants cognitifs que nous sommes, nous procédons de même avec les petites phrases politiques. Nous disons : c'est une provocation, une métaphore, une gaffe, un *soundbite*, un ballon d'essai, un slogan, une boule puante, une vérité alternative, un *scud*, un tacle… Nos prédécesseurs disaient : c'est un mot, une pique, une flèche, un trait… L'imprécision du vocabulaire, son instabilité et la diversité des définitions montrent qu'on tourne autour de quelque chose d'énorme, peut-être, mais de mal connu, sûrement : on ne sait pas par quel bout prendre les petites phrases. Elles sont un *elephant in the room*, comme dit l'expression anglaise : un sujet important que tout le monde voit bien mais qui suscite la gêne et dont on préfère ne pas parler.

Car ce que les petites phrases ont à nous apprendre sur les comportements humains et sociaux dérange quelquefois. Sont-elles anecdotiques ? Leur nom même n'est pas valorisant : si c'est petit, ça n'est sans doute pas grand-chose. Pourtant, les principales activités humaines sont régies par des formules brèves : préceptes religieux comme les Dix commandements, adages juridiques, dictons agricoles, règles du jeu, principes de bienséance… Notre culture collective et personnelle est remplie de citations de grands hommes, de devises nobiliaires, de répliques cultes, de morales de la fable, de *punchlines* humoristiques, de « comme disait ma grand-mère »…

Certains messages importants ne comportent même pas de paroles. On les comprend très bien, pourtant : les panneaux indicateurs évitent de longues explications, les sonneries et batteries militaires racontent beaucoup de choses en quelques notes et l'on songe au rôle de certaine « petite phrase » musicale dans l'histoire d'amour de Charles Swann et d'Odette de Crécy… Ainsi fonctionne notre cerveau : il aspire aux messages brefs, instantanément compris de tous, probablement parce qu'ils ont permis la survie de l'espèce humaine au cours de son évolution.

Pourquoi la vie politique échapperait-elle à la règle ? Elle est faite d'un océan de mots, bien entendu, mais certaines phrases se distinguent et expriment des relations de pouvoir ou des consignes de comportement. Ce sont les petites phrases. Elles nous semblent si naturelles que la science politique ne s'est guère souciée jusqu'à présent de les étudier. Le présent livre entend combler cette lacune en introduisant le concept original de microrhétorique.

1. Vous n'avez pas le monopole de la petite phrase

Le 10 mai 1974, Valéry Giscard d'Estaing et François Mitterrand s'affrontent en débat télévisé avant le second tour de l'élection présidentielle française. L'événement passionne les journalistes et les professionnels de la politique. Tous ont dévoré *La Victoire de Kennedy ou comment on fait un président*, le best-seller mondial de Theodore H. White qui a, dit-on, « transformé à jamais les campagnes électorales »[1]. Il décrit la campagne présidentielle américaine de 1960 aux États-Unis. Le 26 septembre 1960, pour la première fois, les deux finalistes, Richard Nixon et John F. Kennedy, s'affrontent en direct à la télévision. Une « révolution dans la politique présidentielle américaine », assure White. Pas maquillé, mal rasé et à moitié avalé par le décor à cause de son costume gris, Nixon, jusque-là donné pour vainqueur probable de l'élection, fait pâle figure face à un Kennedy bien préparé et sûr de lui. Kennedy emporte l'élection d'un cheveu.

Cette expérience impressionne tellement le personnel politique que plus aucun duel télévisé de ce genre n'aura lieu aux États-Unis avant 1976. Le débat français de 1974 est donc en soi un événement considérable. Quatre ménages français sur cinq possèdent déjà un récepteur de télévision. Le débat présidentiel fait recette.

Instruites par l'expérience américaine de 1960, les équipes des candidats soignent la présentation de leurs champions, Valéry Giscard d'Estaing, ancien ministre des Finances de Pompidou, et François

Mitterrand, politicien chevronné de la quatrième République. Cependant, le vrai danger n'est pas visuel. Avec insistance, le second reproche au premier les inégalités sociales :

- C'est une question d'intelligence mais c'est aussi une affaire de cœur.

Regard noir de VGE :

- D'abord, je vais vous dire quelque chose : je trouve toujours choquant et blessant de s'arroger le monopole du cœur. Vous n'avez pas, M. Mitterrand, le monopole du cœur, vous ne l'avez pas. J'ai un cœur, comme le vôtre, qui bat sa cadence et qui est le mien. Vous n'avez pas le monopole du cœur !
- Sûrement pas, répond platement Mitterrand.

« Vous n'avez pas le monopole du cœur » : la phrase est retenue, répétée, commentée. « Je crois que j'ai été élu président de la République, grâce à une phrase de dix mots », estimera plus tard Valéry Giscard d'Estaing lui-même[2]. « C'est là que vous avez gagné l'élection », lui dira François Mitterrand[3].

Journalistes, politologues, politiciens, publicitaires, biographes, historiens abondent dans ce sens. « Chacun s'accorde pour dire que Giscard a gagné l'élection à cet instant », rapporte Olivier Duhamel[4]. « Vous n'avez pas le monopole du cœur, une petite phrase de quelques secondes grâce à laquelle, peut-être, Valéry Giscard d'Estaing est devenu à 48 ans le plus jeune président de la Cinquième République », résume l'Institut national de l'audiovisuel (INA)[5].

Cette réplique était une improvisation, affirme Valéry Giscard d'Estaing . François Mitterrand en doutait – lui-même avait sans doute préparé « c'est aussi une affaire de cœur ». Mais peu importe : en tout état de cause, n'est-il pas stupéfiant que deux prétendants à la présidence de la République puissent, ensemble, considérer posément qu'ils ont été départagés en quelques secondes par quelques mots ?

Des mots parfaitement anodins de surcroît. Car, bien entendu, tout citoyen a un cœur qui bat sa cadence sans être présidentiable pour autant. Ainsi, le point saillant de ce débat entre candidats à la fonction suprême n'est pas du tout « politique », il ne concerne ni la Constitution, ni le budget de l'État, ni les relations internationales : c'est une prise de bec entre deux individus.

Dans une compétition très serrée, n'importe quel facteur peut être déterminant ; aux États-Unis, par exemple, choisir une bonne publicité électorale plutôt qu'une moins bonne « peut aisément déterminer le résultat d'une élection serrée[6] ». L'hypothèse d'une phrase qui fait l'élection n'est pas forcément absurde. Mais elle devrait être marginale, et même faire sourire. Or elle semble admise presque sans discussion. Jean-François Kahn, l'un des rares à la contester, ne peut que le constater : « il est significatif que cette appréhension, honteuse en vérité, d'un débat dit "de société", soit devenue un lieu commun[7]. »

Sept ans plus tard, le débat du 5 mai 1981 fait figure de match retour. Mitterrand a préparé quelques petites phrases. « Il y a sept ans vous m'accusiez d'être l'homme du passé, aujourd'hui vous êtes l'homme du passif », assène-t-il à VGE. La formule est commentée comme un tir au but en finale de la Coupe de France. Sans être le coup de tonnerre dans un ciel clair qu'avait été « le monopole du cœur », « l'homme du passif » est aussi une critique personnelle et non programmatique. Offensif, Mitterrand n'apparaît plus comme le vaincu de 1974. Rien ne contrarie le grand déplacement de l'électorat vers la gauche dans la France des *boomers*.VGE est battu.

Quant au fond, cette réplique de 1981 ne signifie pas beaucoup plus que celle de 1974. Elle signifie surtout que Mitterrand, bientôt président de la République, s'est convaincu de la puissance des petites phrases. Il le confirmera en 1988, alors candidat à un second mandat, face à Jacques Chirac. Celui-ci lui reproche d'avoir alourdi la TVA sur la nourriture pour animaux. « Vous n'avez pas le monopole du cœur pour les chiens et les chats » rétorque Mitterrand, apparemment hanté par la formule de VGE en 1974. Ce n'est pourtant pas cette phrase préparée qui tranche le débat. Chirac tente de présenter celui-ci comme un affrontement entre égaux : « Ce soir, je ne suis pas le Premier ministre et vous n'êtes pas le président de la République, nous sommes deux candidats à égalité. Vous me permettrez donc de vous appeler M. Mitterrand. » Sourire carnassier de Mitterrand : « Mais vous avez tout à fait raison, M. le Premier ministre[8]. »

Cette moquerie signifie encore moins que « Vous n'avez pas le monopole du cœur » mais son effet est tout aussi radical. « Les gloussements qui suivirent de la part de Michèle Cotta, co-animatrice de ce duel télévisé, donnèrent une indication très claire quant au gagnant de la soirée », raconte le communicant Daniel Murgui-Tomas[9]. L'impression est confirmée par Roland Cayrol, dont l'équipe de sondeurs mesure en direct l'effet du débat sur les téléspectateurs : « Dès les premières minutes, le vainqueur est clair, c'est Mitterrand tout de suite. Tout à coup, ma courbe fait un saut : Mitterrand a gagné, et il ne bougera plus jamais de cela pendant toute l'émission[10]. » Ni ensuite puisqu'il sera élu.

Et ce n'est pas tout. Évoquant le sujet du terrorisme, Chirac interpelle Mitterrand : « Pouvez-vous vraiment contester ma version des choses ? » « Dans les yeux, je le conteste », répond Mitterrand, et Chirac passe à autre chose. « C'est Chirac qui a calé », note Michèle Cotta. « Il ne devait pas se laisser marcher sur les pieds comme ça. Il a perdu à ce moment-là[11]. »

En 2012, Nicolas Sarkozy reste lui aussi désarmé face à la tirade « Moi président » de François Hollande. « C'est cette absence de réaction qui fait que la formule a marqué les esprits, là j'ai pensé que le débat était terminé », juge Hollande lui-même[12]. C'est aussi l'avis de son directeur de campagne, Pierre Moscovici : « Nicolas Sarkozy est là, totalement passif, il subit ce déroulé d'arguments qui dure quoi ? trois minutes probablement, ce qui est énorme en télé-vision, sans broncher, et personne ne se souvient de ce qu'il dit après, donc ça, cette séquence, elle illustre le passage de témoin [...] François Hollande en revenant dans sa loge est un homme qui a gagné le débat et qui va être président[13]. »

L'idée qu'une élection démocratique pourrait dépendre de quelques mots est paradoxale. Pourtant, candidats et observateurs semblent l'admettre presque comme une évidence. « Devenu l'exercice im-posé de tout candidat à la magistrature [le face-à-face télévisé de l'élection présidentielle française] s'est bien souvent joué sur une petite phrase », écrit Sorj Chalandon dans *Le Canard enchaîné*[14]. Une petite phrase qui, ajoute-t-il, « faisait comprendre aux journa-listes, aux états-majors et à la France entière que l'élection était presque gagnée ou quasiment perdue ». C'est reconnaître aux pe-tites phrases un rôle majeur dans la vie démocratique et dans l'his-toire des nations.

Quand les petites phrases font *vraiment* l'histoire

L'idée elle-même est bien antérieure aux débats télévisés présiden-tiels. « La France est le seul pays où quelque petite phrase puisse faire une grande révolution », assure Balzac en 1834[15]. La Révolu-tion française en fournit maint exemple. Trois jours après le serment du Jeu de paume qui en donne le coup d'envoi le 20 juin 1789, un envoyé du roi, le marquis de Dreux-Brézé, enjoint au Tiers-état de mettre fin à son assemblée. « Nous sommes ici par la volonté du peuple et nous ne quitterons nos places que par la force des baïon-nettes ! » répond Mirabeau. Sur quoi, raconte Michelet, « Brézé fut déconcerté, atterré ; il sentit la royauté nouvelle, et rendant à celle-ci ce que l'étiquette ordonnait pour l'autre, il sortit à reculons, comme on faisait devant le Roi[16]. » On mesure le caractère extraor-dinaire du phénomène : en une seule phrase, le pouvoir change de main. En cinq mots (« il sentit la royauté nouvelle »), Michelet en atteste.

En décembre 1793, sous la Terreur, Georges Danton, accusé de tiédeur révolutionnaire, joue sa tête. Antoine Merlin de Thionville prend sa défense : « Je déclare qu'au 10 août [1792], il sauva la République avec ces paroles : De l'audace, encore de l'audace, et puis encore de l'audace ! Voilà Danton[17] ! » Peut-on d'un seul mot répété trois fois sauver la République ? La prétention n'est pas contestée sur le moment. Et Danton, provisoirement, sauve sa tête.

L'histoire s'écrit largement à l'aide de petites phrases. Pourquoi sait-on que les rois étaient des despotes ? Parce que Louis XIV a dit : « l'État c'est moi » ! Même apocryphe, cette petite phrase « fait l'histoire », elle raconte une histoire qu'elle contribue à fabriquer. Y compris à l'étranger : « L'État c'est moi: the cult of Sarko », titre en 2009 le quotidien britannique *The Independent*. De même, « Ils ne passeront pas » raconte la Première Guerre mondiale, « Paris martyrisé mais Paris libéré » raconte la Libération.

Les petites phrases semblent baliser la mémoire. Sur les étagères des libraires, on trouve *Grandes et petites phrases de l'histoire*[18], *Les Petites phrases qui ont changé l'histoire*[19], *Les Petites phrases qui ont fait la grande histoire*[20], le *Petit dictionnaire des phrases qui ont fait l'histoire*[21], *Petites ignorances historiques et littéraires. 500 petites phrases qui ont fait l'histoire de France*[22], *Vous avez dit, Monsieur le président ? Ces petites phrases qui ont fait basculer l'histoire politique*[23], *Cent phrases qui ont marqué l'histoire*[24] ou encore *Il y a des mots qui tuent – D'Henri IV à François Hollande, les petites phrases qui ont marqué l'histoire ou pas*[25]. C'est dire si la puissance des petites phrases est attestée !

Sont-elles des métaphores, de simples accessoires anecdotiques (à petite histoire, petites phrases), ou bien ont-elles vraiment pesé sur les événements ? Dans une histoire multifactorielle, elles peuvent évidemment jouer un rôle. Un rôle décisif ? Du point de vue de la communication, en tout cas, la cause est entendue : des phrases brèves, d'aspect souvent anodin, sont réputées peser sur le sort des nations.

La conviction que quelques mots font l'histoire n'est pas propre à la France. Le préambule de la constitution des États-Unis est fait d'une seule phrase (« We, the People of the United States », etc.). « Et, mes amis, cette simple phrase change tout », s'enthousiasme Akhil Reed Amar, professeur à Yale. « Elle est le pivot de l'histoire du monde, la charnière de l'histoire. Avant cette phrase, le gouvernement de soi, la démocratie, n'existait à peu près nulle part sur la planète Terre[26]. » On sait d'ailleurs que les partisans d'une confédération « prirent ombrage » de cette « petite phrase du Préambule »[27]. Une seule phrase du discours inaugural de Theodore Roosevelt, le 4 mars 1953, est réputée avoir modifié toute la politique étrangère des États-Unis : « Quant à la politique mondiale, je consacrerais ce pays à une politique de bon voisin »[28]. Le processus de décomposition du bloc soviétique a commencé pour bien des historiens avec la célèbre injonction de Ronald Reagan, le 12 juin 1987 : « Mr Gorbachev, tear down this wall » (« M. Gorbatchev, démolissez ce mur »).

Quand Ronald Reagan et Jimmy Carter se sont affrontés en direct avant l'élection présidentielle américaine de 1980, « dix mots brefs se sont avérés décisifs », assure l'écrivain Larry Elliott : « Are you better off than you were four years ago ? » (Allez-vous mieux qu'il y a quatre ans ?). Cette simple question posée par Reagan a réglé le débat, estime son biographe Lou Cannon[29]. Un journaliste y voit la phrase la plus fameuse de tous les débats présidentiels[30] tandis que pour la rédaction du *Washington Post* cette « question immortelle » structure encore en 2024 les débats économiques de l'élection présidentielle[31]. Elle aurait même « remodelé l'histoire de l'Amérique », selon l'essayiste Daniel Pink[32] !

Et l'on a parfois considéré que les trois mots « Yes We Can », à l'origine une petite phrase plébiscitée lors d'une réunion publique, ont assuré la victoire de Barack Obama lors de la campagne présidentielle américaine de 2008[33]. Idem huit ans plus tard pour Donald Trump avec « Make America Great Again » (MAGA), qui avait d'abord été un message de félicitations adressé au président Obama réélu en 2012, et massivement retweeté par les internautes.

Les petites phrases ne sont pas propres aux élections présidentielles. Elles peuvent être associées à de vastes mouvements politiques ou sociaux. Témoin celui des « Gilets jaunes », soutenu par 84 % des Français à l'automne 2018[34]. Les premiers Gilets jaunes contestent surtout un projet d'augmentation des taxes sur les carburants. Son retrait ne les calme pas. Les vraies causes sont donc ailleurs. En décembre 2018, au plus fort du mouvement, une explication tient la corde. Un député la résume ainsi : « 80 % du bordel des "gilets jaunes" est le résultat des petites phrases du chef de l'État depuis six mois »[35].

Cette thèse est avalisée par Arnaud Mercier, professeur de communication politique à la Sorbonne[36]. Emmanuel Macron a rompu le fil de la confiance, écrit-il, « en multipliant depuis son élection, les petites phrases assassines à destination des Français qui ont été prises comme autant de marques d'humiliation à l'égard de ceux qui sont en galère, au profit des "premiers de cordée" ». (On reviendra plus loin sur les phrases « assassines ».) L'universitaire cite expressément quatre phrases : « Je traverse la rue, je vous trouve du travail », « Des Gaulois réfractaires au changement », « On met un pognon de dingue dans les minima sociaux », « Des gens qui ne sont rien »[37].

Les Gilets jaunes eux-mêmes appuient cette thèse. « Dans le dos de leur habit fluo ou en chanson, les manifestants en colère se réapproprient des expressions du président qui les ont parfois agacés ou choqués » constate Camille Caldini, qui a repéré en particulier des « Gaulois réfractaires », des « pognon de dingue » et des « traverser la rue »[38]. Quoi qu'ils pensent au fond des Gilets jaunes et d'Emmanuel Macron, bien des observateurs attribuent aux propos de ce dernier un lien direct de causalité avec la révolte de l'automne 2018 :

- « La crise vient de loin. Par des mesures injustes et des petites phrases arrogantes, Emmanuel Macron a certes allumé l'étincelle, mais le feu ne demandait qu'à prendre. » - Raphaël Glucksmann, Claire Nouvian et Thomas Porcher, fondateurs du mouvement de gauche Place publique, appel du 8 décembre 2018[39].

- « On se sent blessé en tant qu'individu par l'attitude d'un acteur en particulier, et c'est souvent par E. Macron *intuitu personae* qu'on est socialement humilié. Des phrases-cultes sur les illettrés, les Gaulois réfractaires, le pognon de dingue, les gens qui ne sont rien, ceux qui n'ont qu'à traverser la rue reviennent en boucle. » - François-Bernard Huyghe, Xavier Desmaison et Damien Liccia, auteurs de *Dans la tête des gilets jaunes*[40].

- « Diverses petites phrases méprisantes [d'Emmanuel Macron] sur les classes populaires sont dans tous les esprits. [...] La colère des gilets jaunes procède fondamentalement de ces sentiments d'humiliation et d'indignation. » - Laurent Mucchielli, sociologue[41].

- « Le mouvement social des gilets jaunes a redonné une visibilité à la notion de "mépris de classe", expression qui a été largement utilisée pour caractériser tant les "petites phrases" d'Emmanuel Macron que le traitement par certains acteurs politiques et médiatiques du mouvement. » - Adrien Mazières-Vaysse, sociologue[42].

- « On ne cesse, sur les ronds-points, de rappeler les "petites phrases" par lesquelles M. Macron a dévoilé sa vision du "peuple" français » - Bernard Pudal, politologue[43].

La cause semble entendue : pour des observateurs et analystes de premier plan, quatre « petites phrases » sont à l'origine d'un trouble socio-politique majeur.

La relation paraît si évidente qu'à peu près personne ne s'interroge sur un éventuel décalage entre ce qui est dit et ce qui est compris. Des sites de *fact checking* confirment que les paroles ont bien été prononcées sans jamais se demander si leur interprétation correspond aux intentions du président. Or, si l'on considère les quatre « petites phrases assassines à destination des Français » - appelons-les le « Carré macronien » - (voir tableau 1.1), on constate qu'au moins deux ne présentent pas le caractère de préméditation propre à l'assassinat, aucune n'est destinée à l'ensemble des Français et aucune ne reflète fidèlement le passage dont elle est extraite. Aucune n'affirme une orientation politique claire, aucune n'est une directive adressée au gouvernement.

Tableau 1.1 : Le « Carré macronien »

	Préméditation	Destinataires immédiats	Thème du passage incriminé	Interprétation dominante de la petite phrase
« Je traverse la rue, je vous trouve du travail »	Non	Un jeune chômeur	Comment trouver du travail	Macron prend les chômeurs pour des flemmards
« Des Gaulois réfractaires au changement »	Oui	S.M. la reine Margrethe II	Les qualités du Danemark et des Danois	Macron juge les Français rétrogrades
« On met un pognon de dingue dans les minima sociaux »	Non	Des collaborateurs de l'Élysée	Comment sortir les gens de la pauvreté	Macron voudrait réduire les budgets sociaux
« Des gens qui ne sont rien »	Peut-être	Des créateurs de start-ups	Rien n'est acquis dans la vie	Macron est méprisant

Dire que les Gaulois sont réfractaires au changement ne dit pas si l'on entend renoncer au changement, l'imposer de force ou tenter de convaincre l'opinion. Considérer que certaines gens « ne sont rien » ne signifie pas qu'on va les abandonner à leur néant.

On est donc tenté de se dire que la « petite phrase » est davantage dans la tête des auditeurs que dans la bouche du président. Pourtant, la réalité est sûrement plus complexe. Car ces quatre formules sont au fond très banales, voire « frappées au coin du bon sens » comme dit Sophie de Menthon[44].

Beaucoup de Gilets jaunes, sans doute, valideraient des jugements du genre « il y a des assurés qui abusent de la sécu », « il y a des chômeurs qui feraient mieux de se bouger pour s'en sortir » ou « il y a des gens qui sont des moins que rien ».

Quant au concept de « Gaulois réfractaires », il devrait faire consensus chez les Français. Il rappelle les « irréductibles Gaulois » des aventures d'Astérix et Obélix contées par René Goscinny et Albert Uderzo et les « têtes de bois » qu'étaient « nos ancêtres les Gaulois » chantés par Boris Vian et Henri Salvador dans *Faut rigoler*, énorme succès populaire des années 1960. Le mot « réfractaire » évoque aussi la Résistance. Or, ces phrases qui semblent relever du Café du Commerce soulèvent une indignation sincère quand c'est Emmanuel Macron qui parle. Ce qui fait la « petite phrase » serait donc dans la rencontre – ou la collision – entre une phrase, la personne qui la prononce et le sens que lui attribuent les auditeurs.

Rationnellement, l'effet des petites phrases d'Emmanuel Macron *devrait* être nul. Mais il ne l'est pas. Et il est durable et puissant. « T'es en train de foutre en l'air ton quinquennat, arrête tes conneries » aurait averti Brigitte Macron à propos de formules comme « traverser la rue pour trouver du boulot » ou « les gens qui ne sont rien »[45]. Elle « exècre [les] petites phrases provocatrices »,

19

confirme Laurence Benhamou[46]. Plus scientifiquement, Jérôme Jaffré, expert en sondages politiques, assure qu'elles sont le premier danger menaçant Emmanuel Macron[47]. Son confrère Frédéric Dabi assure que « toutes les petites phrases jugées provocatrices qui ont émaillé [le] début de quinquennat se sont enracinées »[48]. Toute la suite des deux quinquennats d'Emmanuel Macron en est affectée.

Quelles qu'en soient les raisons, donc, les petites phrases pèsent réellement sur la politique nationale. Et pas seulement au niveau présidentiel. Qu'on songe par exemple au destin de « Les chambres à gaz sont un détail ». Cette petite phrase prononcée par Jean-Marie Le Pen en 1987, censément à propos d'un dispositif homicide utilisé à l'étranger entre 1942 et 1945, a été invoquée jusqu'ans les années 2020 pour délégitimer, voire « diaboliser », entre 10 et 30 % de l'électorat français. Pour ceux qui la citent, elle représente beaucoup plus que son sens littéral. Il ne s'agit pas d'évaluer une période de l'histoire ou différentes manières de tuer des gens : le « détail » qualifie un homme politique, et par extension ses électeurs. Électoralement parlant, c'est l'une des phrases les plus importantes de la 5ᵉ République.

On peut en dire autant d'une autre phrase de Jean-Marie Le Pen, prononcée le 12 février 1984 au cours d'une émission d'Antenne 2 : « …la véritable vague déferlante de l'immigration en provenance du tiers-monde vers un pays comme le nôtre frappé par la dénatalité. » L'Institut national de l'audiovisuel (INA), qui la range parmi les « petites phrases que l'on retient », a demandé à François Perrineau de la commenter[49]. « Alors là on entre vraiment dans le dur », estime le politologue. « Ça annonce le discours sur le grand remplacement. Le discours de Jean-Marie Le Pen qui est un discours relativement marginal au début va peu à peu s'imposer et être au centre du débat comme il l'est aujourd'hui ». À l'époque, les positions des partis de gauche sur l'immigration ne sont pas figées. Mais à partir de cette date, pour la plupart de leurs penseurs, la critique de l'immigration devient une sorte de Rubicon infranchissable. « L'immigration va devenir un fonds de commerce prospère pour le Front National », constate Pascal Perrineau. Mais les clients de ce fonds de commerce viennent pour la plupart de la gauche, fixée dans sa quasi-totalité sur une rive que les électeurs désertent peu à peu. Cette phrase pèse lourd dans le paysage politique du 21ᵉ siècle.

De ces épisodes comme de celui des Gilets jaunes et du Carré macronien, on peut au minimum tirer quelques constats :

- Les petites phrases sont un phénomène majeur de la communication politique.

- Les petites phrases racontent quelque chose sur leur auteur... même quand elles ne sont pas vraiment de lui.

- Ce « quelque chose » est largement partagé par les citoyens, ou une partie d'entre eux, et influence leur relation au leader.

Avec ou sans guillemets

Il est déjà étonnant que quelques mots puissent exercer un effet réel sur la vie politique. Il l'est plus encore qu'on ne sache pas vraiment pourquoi. Un demi-siècle après le débat du 10 mai 1974, les petites phrases restent un objet cognitif mal identifié.

Le concept lui-même, en général, ne pose pas de problème : à peu près personne ne se soucie de la définir. Chacun croit voir de quoi il s'agit. Quand la presse française évoque les « Gaulois réfractaires », « Je traverse la rue, je vous trouve du travail » ou « les non-vaccinés, j'ai très envie de les emmerder », elle y voit des petites phrases – et non des slogans, des adages, des aphorismes, des préceptes ou des maximes. Les petites phrases font partie du bagage intellectuel du citoyen moyen. Si l'on nous invite à en citer une, nous en trouvons sans peine une demi-douzaine sans avoir à nous demander ce qu'est une « petite phrase ». Cette locution (groupe de mots formant une unité avec un sens propre) est de l'ordre de l'évidence. Une alerte Google en signale plusieurs occurrences chaque jour.

Parler sérieusement des petites phrases n'est pas facile, d'ailleurs. Elles invitent à l'ironie, aux mots d'esprit, aux formules brillantes. On fait volontiers assaut de références historiques, en remontant si nécessaire à Rabelais et à son « grand débat dont furent faictes grosses guerres »[50], sans approfondir l'analyse.

Cependant, les sciences du langage ne pourraient ignorer un objet nommé « phrase » ! En 2012, dans un livre fondateur, le professeur Dominique Maingueneau étudie les petites phrases parmi l'ensemble des « phrases sans texte »[51]. Omniprésentes, ces dernières englobent les « dictons, proverbes, titres d'articles de presse, "petites phrases", sentences, slogans, formules, etc. ». Dans cette énumération, on note les guillemets encadrant les « petites phrases ». Le professeur Maingueneau y recourt presque systématiquement, y compris dans le titre du chapitre qu'il leur consacre. Ses autres items ont été appréhendés de longue date par les érudits. Les petites phrases, issues de la base, nées de l'usage, sont les intruses de la liste. Les guillemets apparaissent comme une manière de les prendre avec des pincettes.

« Les petites phrases constituent un objet discursif fort visible, fort connu, […] mais difficile à appréhender pour le chercheur », confirme Damien Deias, auteur de la première thèse de sciences du langage sur le sujet[52]. Alice Krieg-Planque, analyste du discours, les aborde presque à reculons : « l'expression "petite phrase" en tant qu'elle nomme un phénomène spécifique n'appartient pas au vocabulaire de cet observateur qu'est le linguiste, mais plutôt à celui d'autres acteurs (en l'occurrence […] les acteurs du "terrain", qui eux-mêmes concourent au phénomène)[53] ». Elle-même en donne ces définitions : « une formulation […] dont on peut dire qu'elle est généralement utilisée pour caractériser ce que les médias ou la mé-diatisation font aux discours des responsables politiques »[54] ou « un énoncé que certains acteurs sociaux rendent remarquable et qui est présenté comme destiné à la reprise et à la circulation »[55].

D'autres spécialistes du langage évoquent aussi « un segment de taille variable, emprunté à un ensemble discursif plus long pour être reproduit – fidèlement ou non – dans la sphère médiatique, de façon décontextualisée, souvent en raison de son caractère polémique[56] » ou encore « un énoncé coproduit, qui n'existe que par sa mise en valeur et en circulation par une pluralité d'acteurs sociaux, par le biais de procédés discursifs, médiatiques et politiques »[57]. Non seu-lement la presse sélectionne certains passages mais c'est elle qui les qualifie de « petites phrases »[58]. Cela pourrait ouvrir la voie à une définition empirique, radicale et objective : *une petite phrase est un énoncé que des médias qualifient de petite phrase*. On pourrait presque considérer la presse comme un organisme certificateur ! Cette heuristique sommaire évite au moins d'hésiter sur ce qui est petite phrase ou non.

Le fait générateur serait le « détachement » d'un fragment de dis-cours par les médias. Il suppose une « détachabilité », une capacité à exister seul. Bien souvent, souligne Dominique Maingueneau, « c'est le texte source qui présente tels ou tels de ces fragments comme *détachables* »[59] : le fragment qui deviendra petite phrase est mis en évidence, ou « surasserté », par des moyens comme sa place dans le discours ou la manière de le prononcer. Les médias interviennent alors comme auxiliaires de l'émetteur : à eux d'ex-traire la petite phrase d'un texte amont, comme un diamant de sa gangue.

Plusieurs raisons incitent toutefois à relativiser le rôle du « détache-ment » :

- Il n'est pas spécifique aux petites phrases. Toute citation implique que celui qui cite l'a jugée saillante (il l'a remarquée) et détachable.

- Les petites phrases ne proviennent pas toujours d'un texte plus long. Elles peuvent être aussi des exclamations isolées, des passages d'une conversation, des répliques de débats, des tweets, etc.

- Le détachement n'est pas toujours précédé d'une mise en évidence. Les quatre phrases du « Carré macronien » ne deviennent saillantes qu'une fois détachées.

- Ce qui est détaché n'est pas toujours ce que le locuteur a cherché à mettre en évidence[60].

- La petite phrase naît souvent non du détachement lui-même mais d'une reformulation, voire d'une traduction.

Les médias sont à la fois postérieurs au phénomène cognitif (on se répétait déjà les formules remarquables des grands orateurs sur l'agora athénienne) et antérieurs à l'apparition de la locution « petite phrase ». Ils sélectionnent des petites phrases pour le compte de leur lectorat. Parce que telle est leur économie, ils fournissent le produit que demande leur clientèle, ou se comportent en tuteurs de celle-ci.

De plus, les petites phrases fourmillent aussi hors du domaine politique, y compris au sein de collectivités restreintes non médiatisées : une entreprise, une famille, les amateurs d'un sport... La médiatisation ouvre aux petites phrases un public plus vaste mais ne transforme pas sa nature cognitive.

Et même dans le domaine politique, certaines petites phrases sont, comme les quatre formules du « Carré macronien », « élues » au suffrage direct par acclamations du public ou via les réseaux sociaux. La presse se contente alors d'en rendre compte : elle répand une petite phrase qu'elle n'a pas choisie, née dans les neurones des auditeurs, non dans l'encrier des journalistes.

Sur une question de vocabulaire, on imagine mal que l'Académie française s'écarte beaucoup des linguistes. Or, au contraire de ceux-ci, elle ne cherche pas à savoir comment naît une petite phrase et s'intéresse davantage à son contenu. Ignorée de la 8ème édition (1935) de son *Dictionnaire*, la locution figure dans la 9ème, achevée en 2024 . Elle y figure même deux fois :

- *« phrase concise qui, sous des dehors anodins, vise à marquer les esprits »*

- *« formule concise qui, sous des dehors anodins, vise à marquer les esprits »*

La première définition illustre l'un des sens de l'adjectif « petit » : « dont la valeur ou l'importance est faible ». C'est paradoxal : si la petite phrase doit « marquer les esprits », son importance n'est sans doute pas si faible.

La seconde définition illustre l'un des sens du nom « phrase ». L'Académie procédant par ordre alphabétique, cette définition est postérieure à la première ; on peut considérer qu'elle la corrige. Les académiciens ont choisi de remplacer le mot « phrase » par le mot « formule » au moment même où ils réfléchissaient au sens du premier. Une phrase est une « proposition simple [...] grammaticalement autonome, et qui présente une unité de sens ». La formule, elle, est une « expression condensée, nette et frappante » : il y a plus d'énergie dans la formule que dans la phrase. Et si la phrase est affaire de forme, la formule est d'abord affaire de contenu : elle est « condensée ». Pour les mathématiques, la physique ou la chimie, une formule exprime de manière symbolique une règle opératoire et se suffit à elle-même. Qu'on songe à $E = mc^2$: Einstein y enferme l'univers entier en trois lettres, un chiffre et un symbole mathématique. Une petite phrase résume souvent une vaste pensée.

Vue du quai Conti, donc, une petite phrase est plus qu'une phrase. Et elle n'est pas seulement petite, c'est-à-dire brève, composée de peu de mots. Elle est « concise », c'est-à-dire qu'elle « fait entendre beaucoup de choses en peu de mots ». C'est capital. Au premier degré, quelques mots ne délivrent que des messages sommaires (« Votez pour moi »…). Mais une petite phrase contient davantage qu'elle-même, elle renvoie à un sous-entendu, un savoir ou un sentiment déjà présent chez les auditeurs. Elle se présente néanmoins « sous des dehors anodins », donc de peu d'importance. Qu'y a-t-il de plus anodin en effet que « Vous n'avez pas le monopole du cœur » ou « Je traverse la rue » ? Mais ces « dehors » appellent implicitement des « dedans ». Puisque la petite phrase est trop brève pour exprimer grand-chose explicitement, l'important est caché à l'intérieur, non verbalisé.

Ce « dedans » implicite, dont l'Académie française ne dit rien, n'est encore pas le plus important dans sa définition. Plus important, bien sûr, est le verbe, un verbe d'action dont le sujet est… la petite phrase elle-même : elle « vise » à marquer les esprits ! Viser, pour l'Académie, dénote une intention, un acte délibéré, voire une violence (« diriger attentivement son regard vers un but pour y lancer quelque chose. *Viser un homme au cœur. Viser un animal à la tête* »).

Il y a plus important encore : si la petite phrase « vise », c'est qu'elle a une cible. Elle cherche à « marquer les esprits », c'est-à-dire à produire une impression durable, et non à convaincre, enseigner ou faire réfléchir. Elle relève plus de la mémoire et/ou de la sensibilité que de l'intelligence. On note le pluriel à « esprits » : pour l'Académie, la petite phrase a un caractère collectif. Elle s'adresse à un groupe, non à une seule personne. Et cette simple suite de sons ne marque que si « les esprits » visés y sont sensibles. Autrement dit, ils doivent partager une même culture qui leur permet de déchiffrer ses sous-entendus de manière à peu près uniforme. Pour son public – auditoire ou lectorat – la petite phrase a un sens particulier (ses « dedans » implicites) qui perdure au-delà de la mémoire immédiate et laisse une empreinte cognitive.

Le public qui reçoit la petite phrase n'est pas nécessairement celui auquel elle semblait s'adresser. Le « Gaulois réfractaire au changement » qui a exaspéré des millions de Français est extrait d'un discours adressé à la reine du Danemark. À public différent, interprétation différente. « La France ne peut pas accueillir toute la misère du monde », petite phrase d'un Premier ministre de gauche, est resté une référence pour un électorat de droite. En général brève et anodine, la petite phrase prend son sens par rapport à ce qui est déjà présent dans la tête des auditeurs, sans qu'il soit nécessaire de préciser chaque fois : « À bon entendeur, salut. » Cela ne va pas sans risque. Quand de Gaulle dit : « Je vous ai compris », la réciproque n'est pas vraie.

Dans une certaine mesure, le public d'une petite phrase s'auto-désigne. Il la comprend en fonction de ses passions ou de ses sentiments collectifs. Il la révèle, l'extrait du discours comme Arthur tire Excalibur d'un rocher, par prédestination. Le public est ainsi co-créateur de la petite phrase. En revanche, les médias n'interviennent pas dans la définition, contrairement à l'avis des linguistes. Ces derniers définissent la petite phrase par les conditions de sa naissance (le détachement), les académiciens par son effet (la marque sur les esprits). Ces deux définitions différentes se retrouvent dans les termes anglais désignant les petites phrases : *soundbite, catchphrases, punchline*. Le premier connote le détachement, les deux autres l'effet.

Les académiciens s'y sont peut-être repris à deux fois pour définir la petite phrase, mais leur définition pesée au trébuchet s'avère spécialement riche de sens. Malgré leur simplicité apparente, ces douze mots, *« formule concise qui, sous des dehors anodins, vise à marquer les esprits »*, décrivent un phénomène complexe. Cette définition remarquable comporte pourtant une lacune évidente.

27

La petite phrase comme microrhétorique

Cette lacune, c'est l'auteur. Au moins aussi important que les dedans implicites et les esprits visés, il ne tient aucune place dans la définition élaborée par l'Académie . Pourtant, si le « détachement » n'est pas un caractère essentiel de la petite phrase, il en va autrement de son *attachement* - ou son rattachement - à un auteur, réel ou supposé.

Il est presque toujours nommé. L'expression « petite phrase anonyme » ou « petite phrase apocryphe » est rare dans la littérature. « Sans le "off" pas de petites phrases assassines sur les uns ou les autres » assure un ancien communicant auprès d'un Premier ministre[61], songeant aux confidences de « visiteurs du soir », de « membres de l'entourage » ou de « familiers de l'Élysée ». Mais elles ont déjà un public avec la plume qui les recueille – pour laquelle elles ont bel et bien un auteur, nanti d'un *ethos* minimal. « Même soigneusement maquillée, la petite phrase finit toujours par émerger », assurent deux observateurs[62]. Autrement dit, elle colle à son auteur. Les déclarations prononcées « entre quat'z'yeux » finissent par percoler dans un contexte qui a évolué ; elles ont perdu de leur pertinence. Ainsi en est-il des dizaines de « phrases assassines » de François Mitterrand rapportées par Michèle Cotta (« Chirac, il est capable de déclarer la guerre sans que personne n'ait le temps de dire ouf ! », « Delors ? Il hésiterait même entre l'aspirine et l'euthanasie », « Rocard président ? Les Français ne porteront jamais à leur tête un homme qui pèse quarante kilos », etc.)[63]. Il est trop tard alors pour qu'elles influent sur les jeux de pouvoir, ce ne sont plus vraiment des petites phrases.

Au minimum, une petite phrase est « attribuée à... » - de « comme disait ma grand-mère » à « ainsi parlait Zarathoustra ». Il peut même arriver que l'attributaire soit désigné dans la petite phrase elle-même. « Si c'est le chaos, c'est Sarko », qui fait de l'ancien président un recours possible pour la présidentielle de 2022, est ainsi attribué à… lui même[64].

Le dicton, l'aphorisme ou la maxime cherchent à exprimer une vérité permanente. La petite phrase se présente plutôt comme un argument d'autorité. Elle forme avec son auteur un couple indissociable, à la manière de deux corps célestes tournant l'un autour de l'autre. Le sens de la petite phrase tel qu'il marque les esprits dépend de ce qu'on croit savoir de son auteur. Cela suppose une certaine notoriété, une image déjà formée. Une déclaration d'un pur inconnu n'est presque jamais qualifiée de « petite phrase » et relèvera plutôt des « brèves de comptoir ».

Cependant, la notoriété de son auteur ne suffit pas à faire la petite phrase. Le message implicite doit être cohérent avec lui. Il le confirme ou le corrige, avec parfois un « effet cerceau », ou raisonnement circulaire (admettre au départ ce que l'on veut ensuite prouver) :

- « L'État, c'est moi » est compris comme un manifeste autocratique parce qu'elle est de Louis XIV, dont elle démontre en même temps le caractère autocratique.

- « Un détail de la Seconde guerre mondiale », qui pourrait relever d'un débat d'historiens, est compris à la fois comme une déclaration négationniste parce qu'elle est de Jean-Marie Le Pen et comme la preuve d'idées négationnistes chez ce dernier.

- « On met un pognon de dingue dans les minima sociaux », qui pourrait relever d'un débat parlementaire, est compris à la fois comme une marque de mépris social parce qu'elle vient d'Emmanuel Macron et comme la preuve que ce dernier est méprisant.

En résumé, la petite phrase est : 1) une formule concise, 2) attribuée à un personnage connu, 3) qui marque un public.

Elle est ainsi le point de rencontre de trois implicites : derrière les mots il y a du sens, derrière le locuteur un personnage, derrière l'auditeur des sentiments. Cette définition à trois éléments peut être représentée par un diagramme de Venn (graphique 1.1) :

Graphique 1.1 : Les trois composantes de la petite phrase

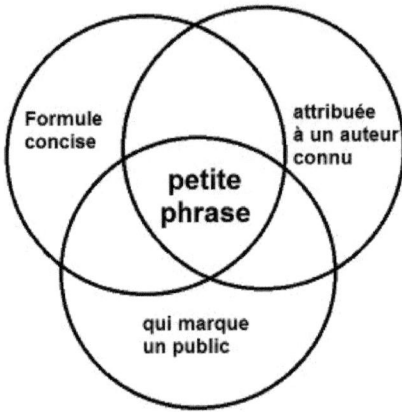

On reconnaît aussitôt les trois piliers de la rhétorique d'Aristote[65] : le *logos* (la parole), l'*ethos* (la réputation de l'orateur) et le *pathos* (les dispositions des auditeurs). On peut voir dans la petite phrase une capsule rhétorique ou, par métonymie, une *microrhétorique* : pas seulement une phrase, un phénomène linguistique, mais un phénomène cognitif conjuguant des mots, un auteur et un public (graphique 1.2). Ainsi, « La République c'est moi » (Jean-Luc Mélenchon, 21e siècle) et « L'État c'est moi » (Louis XIV, 17e siècle) sont proches en tant que phrases mais radicalement différentes en tant que petites phrases.

Les trois composantes ne sont pas forcément d'importance égale. Chacune d'elles exerce une force d'attraction sur la petite phrase. Elles définissent ainsi un espace microrhétorique.

Par exemple, « Vous n'avez pas le monopole du cœur » est avant tout un affrontement fort entre deux candidats (*ethos*), « Un ministre ça ferme sa gueule ou ça démissionne » une affirmation d'énergie (*logos*), « La France ne peut pas accueillir toute la détresse du monde » l'expression d'un sentiment répandu (*pathos*).

Graphique 1.2 : La petite phrase comme microrhétorique

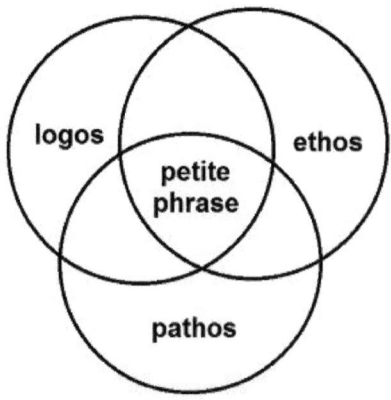

L'I.A. et les petites phrases

L'intelligence artificielle (IA) a un avis sur tout. Voici un extrait de dialogue avec ChatGPT :

[Question] : Qu'est-ce qu'une petite phrase ?

[Réponse] : Une petite phrase est une expression courte et concise qui peut avoir plusieurs significations ou utilisations différentes. Elle peut être utilisée pour résumer une idée, pour exprimer une émotion ou pour formuler une question.

Étrangement, si l'on relance aussitôt le robot, ses réponses varient :

Qu'est-ce qu'une petite phrase ?

Une petite phrase est une phrase courte et concise qui exprime une idée simple. Elle peut être utilisée pour résumer une idée, communiquer une émotion ou une pensée, ou pour attirer l'attention sur un point particulier. Les petites phrases peuvent être utilisées dans divers contextes, comme les slogans publicitaires, les citations ou les proverbes.

Puis :

Qu'est-ce qu'une petite phrase ?

Une petite phrase est une phrase courte et simple qui exprime une idée ou une pensée. Elle peut être utilisée pour résumer une idée plus complexe ou pour communiquer une information de manière concise.

L'agent conversationnel d'OpenAI livre successivement des avis divergents. Après avoir eu « plusieurs significations ou utilisations différentes » dans la première réponse, la petite phrase « exprime une idée simple » dans la deuxième. L'émotion est absente de la troisième. Toutes trois s'entendent néanmoins pour attribuer à la petite phrase un but pratique : elle est « utilisée ». Mais par qui ? On note surtout qu'aucune des trois définitions n'accorde de place à l'auteur. Implicitement, la seconde l'évacue en confondant petites phrases, slogans, citations et proverbes. L'auditoire est pareillement oublié.

Or l'IA n'invente pas, elle se contente de synthétiser ce qu'on sait. Autrement dit, les connaissances sur les petites phrases sont floues et lacunaires.

Préhistoire des petites phrases

What's in a name? That which we call a rose
By any other name would smell as sweet
- William Shakespeare

La référence à Aristote le dit assez : la petite phrase n'est pas un phénomène contemporain. Elle est bien antérieure à l'internet, à la télévision, à la radio, à la presse écrite et à l'imprimerie. On soupçonne qu'elle pourrait être aussi vieille que le langage. Homère a rapporté les propos virulents échangés par les dirigeants grecs./ La locution « petite phrase » elle-même s'est répandue au 20ᵉ siècle. Mais le fait de communication est bien sûr très antérieur.

Au 8ᵉ siècle avant J.C., Homère cultivait les « paroles ailées » (ἔπεα πτερόεντα). Il emploie l'expression plus d'une centaine de fois dans l'*Iliade* et l'*Odyssée* pour signaler des passages remarquables. Selon les exégètes, il faut plutôt comprendre « paroles empennées » : la plume de la métaphore renvoie à la flèche et non à l'oiseau[66]. Pour Homère, certaines phrases ne servent pas seulement à communiquer, elles frappent l'esprit – même si elles ne sont pas toujours blessantes.

La métaphore a perduré. « Les Anciens comparoient les paroles à des fleches (…), les paroles sont comme des fleches invisibles, qui partent de la bouche, & qui vont frapper l'oreille » note l'Académie royale des inscriptions et belles-lettres en 1729[67]. À partir de citations des Antiquités grecque, romaine et chinoise, Pascal Quignard évoque « le langage conçu comme arme de jet »[68]. L'idée traverse les siècles. « Je monte à cette tribune tout hérissé des flèches qu'une main habile et toujours jeune m'a décochées », déplore Jean Jaurès en 1906 après avoir essuyé les sarcasmes de Georges Clemenceau[69].

D'usage ancien sont aussi les mots « trait » (« ce qu'il y a de plus vif et de plus brillant dans un discours » selon la 4ᵉ édition du *Dictionnaire* de l'Académie française, 1762), « pointe » (« une pensée qui surprend par quelque subtilité d'imagination, par quelque jeu de mots ») et « saillie » (« certains traits d'esprit brillans & surprenans, qui semblent échapper dans un ouvrage d'Éloquence ou de Poësie, & dans la conversation »). On n'a jamais manqué de vocabulaire pour désigner des phrases brèves et frappantes, voire blessantes.

Cependant, le prédécesseur immédiat de la petite phrase contemporaine est plutôt le mot « mot ». En 1762, le *Dictionnaire* de l'Académie française le définit ainsi : « ce qu'on dit ou ce qu'on écrit à quelqu'un en peu de paroles » et « sentence, apophtegme, dit notable, parole remarquable ». Réciproquement, la « parole » peut se définir… comme un mot. « Parole signifie aussi, Sentence, beau sentiment, mot notable. Parole mémorable. C'est une parole digne d'un Souverain. » Autrement dit, les académiciens du 18ᵉ siècle considèrent le « mot » ou la « parole mémorable » comme un attribut spécifique du leader[a].

« Alea jacta est » (« le sort en est jeté »), s'écrie Jules César en franchissant le Rubicon. Cette exclamation rapportée dans *Les Vies des hommes illustres* est un « mot qu'ont accoutumé de dire ceux qui se jettent dans des aventures hazardeuses et difficiles » note Dacier, qui traduit l'ouvrage de Plutarque[70]. César encore traverse un village des Alpes. Il déclare : « J'aimerais mieux être ici le premier que le second dans Rome ». C'est un « mot » dit Rollin en relatant l'anecdote[71]. César toujours s'en va en campagne, soulignant : « Nous nous éloignons d'un général sans armée pour aller combattre une armée sans général ». Encore un « mot », pour Ferguson[72].

« Mots » aussi que « Delenda Carthago », de Caton l'Ancien[73], « Qui ne sait pas dissimuler ne sait pas régner », de Louis XI[74], « Tout est perdu fors l'honneur », de François Iᵉʳ[75], et bien d'autres. Les archives parlementaires de la Révolution n'en manquent pas. On appelle « mot », par exemple, la fameuse apostrophe de Danton

---

[a] « MOT se dit aussi des paroles que quelques Maisons illustres ont pris pour se distinguer, indique aussi l'Académie française. Ainsi la Maison de Montmorenci avoit pour mot, *Aplanos,* qui en Grec signifie, *Sans errer.* » À la même époque le dictionnaire de l'Abbé Prévost (1750) définit la devise aristocratique comme une « petite phrase ». On est bien dans le même registre.

rappelée plus haut : « De l'audace, encore de l'audace, toujours de l'audace »[76]. Mots encore que ces passes d'armes entre parlementaires :

- Mirabeau « dénonce le mot attribué au ministre de Saint-Priest », qui aurait « dit à la phalange des femmes qui demandaient du pain : "Quand vous n'aviez qu'un Roi, vous ne manquiez pas de pain ; à présent que vous en avez douze cents, allez vous adresser à eux"[77]. »

- Robespierre s'indigne contre le pouvoir des orateurs : « Alors se réalise le mot de Thémistocle, lorsque, montrant son fils enfant, il disait : "Voilà celui qui gouverne la Grèce ; ce marmot gouverne sa mère, sa mère me gouverne, je gouverne les Athéniens, et les Athéniens gouvernent la Grèce[78]." »

- Brissot vante la paix : « Rappelez-vous le mot de Barère ; "Ce n'est pas avec un peuple, et c'est avec l'Europe, que vous avez la guerre." Eh ! qui nous a donné l'Europe pour ennemie ? Barère[79] ! »

La première publication académique en français explicitement consacrée aux petites phrases (1994) est intitulée « Petites phrases et grands discours (Sur quelques problèmes de l'écoute du genre délibératif sous la Révolution française) » [80]. Personne n'a contesté cet anachronisme délibéré. Personne ne l'a même relevé, tant il paraît naturel. Sous une expression du 20ᵉ siècle, l'auteur traite sans hiatus de la communication politique du 18ᵉ siècle. Et il montre que, même si la culture rhétorique des acteurs a évolué, les « mots » de la Révolution fonctionnent comme les « petites phrases » d'aujourd'hui [81]. Dans la même veine, l'Université de Poitiers a organisé en 2019 un colloque intitulé « Petites phrases et art de la pointe dans l'Europe des XVIe et XVIIe s. »[82].

L'universitaire américaine Nancy Freeman Regalado, spécialiste de la littérature médiévale, use elle aussi de l'anachronisme en toute connaissance de cause quand elle affirme avoir repéré « une petite phrase à résonance politique, qui semble avoir eu cours dans les couloirs du palais de Philippe le Bel, [...] entre les pages de cinq textes datant de 1313 à 1359 : "Porchier mieus estre ameroie que Fauvel torchier" » (mieux vaut être porcher que servir Fauvel - un mauvais maître)[83]. Toujours dans la littérature médiévale, André Burger étudie en détail un passage de la *Chanson de Roland* où Ganelon « ne répond que par une petite phrase, *Veir dites, jol sai bien*, qui, sous son apparence banale, est chargée d'un sens terrible »[84].

Et si le mot, le trait ou la pointe des siècles passés ont fait place à la petite phrase, d'autres appellations pourraient s'imposer dans l'avenir. On note un emploi croissant de l'anglais *punchline*. Ce mot désigne à l'origine la formule frappante (*punch*) qui conclut un morceau de rap. Il tend à se répandre sur l'internet pour désigner n'importe quelle formule bien sentie.

Géographie des petites phrases

D'autres langues que le français sont moins bien dotées pour nommer le phénomène. Il n'est pas inexistant pour autant. Les traductions de Homère ont introduit les « paroles ailées » dans de nombreuses langues. L'expression *« winged words »* est courante en anglais au 19ᵉ siècle pour désigner des morceaux d'éloquence puissants et frappants. En Allemagne, le linguiste Georg Büchmann a publié en 1864, sous le titre *Geflügelte Worte* (paroles ailées), un recueil de 4 300 citations littéraires passées dans la conversation courante. En Russie, l'expression « Крылатые слова/krylatye slova » (paroles ailées) a pareillement été répandue par un recueil du philologue S.G. Zaimovsky, et désigne l'ensemble des références qui constituent le fonds culturel commun des Russes d'aujourd'hui[85].

Aujourd'hui, les dictionnaires bilingues français-anglais les plus courants traduisent en général la locution « petite phrase » par « sound bite » ou « soundbite » - c'est-à-dire « morsure sonore » ou « bouchée de mots piquants »[86] - et vice versa. Les dictionnaires automatiques en ligne sont plus hésitants. De l'anglais au français, Linguee, Reverso et Google traduction traduisent « soundbite » (mais pas « sound bite » en deux mots) par « petite phrase ». En sens inverse, pour traduire « petite phrase », ils divergent :

- Linguee : short sentence. Moins commun : little phrase, small sentence
- Reverso : catch phrase ; petite phrase assassine : jibe
- Google traduction : little sentence.

Le site de traduction Linguee recense dans sa base de données de textes bilingues une trentaine d'extraits contenant la locution « petites phrases »[87]. Parmi les traductions anglaises proposées, « soundbites » ou « sound bites » vient nettement en tête, avec une dizaine d'occurrences. Mais on trouve aussi « catchphrases », « empty phrases », « familiar phrases », « little lines », « little phrases », « pieces of advice », « proverbs and inspirational messages », « quotes », « sentences », « short phrases », « short sentences », « simple phrases », « simple sentences », « small sentences » et « statements » !

Selon les références et les contextes, on pourra trouver aussi, du français à l'anglais, « one-liner », « loaded phrase », « utterance », « buzzword », « baseline », « pithy phrase » ou « punchline »[88], et, de l'anglais au français, « slogan », « rengaine », « accroche », « phrase clé », « phrase fétiche », « phrase culte », « bon mot », « trait d'esprit », « clip sonore » ou… « punchline ». Il arrive aussi que des auteurs anglophones utilisent directement la locution « petite phrase » (« It is hardly surprising that, upon reading this petite phrase assassine, Voltaire dismissed the Letter as "this lunatic's latest vomiting"[89] »). Il est même arrivé à Arthur Goldhammer, célèbre traducteur américain d'essais politiques français, de s'avouer vaincu : « disgruntled party leaders confined themselves in the main to the usual *petites phrases* » (les chefs de parti mécontents se sont limités pour l'essentiel aux petites phrases habituelles)[90].

Gregory F. Domber, professeur d'histoire internationale, évoque « the fear that French politics remains locked in a guerre des petites phrases » (la crainte que la politique française ne demeure bloquée dans une guerre des petites phrases)[91].

En allemand, en espagnol, en italien, en portugais, la plupart des dictionnaires bilingues ignorent tout simplement la locution « petite phrase ». Le mot latin « elocutiuncula » ne semble pas avoir de successeur. L'expression anglo-saxonne *sound bite* est parfois utilisée au Portugal[92]. Le chinois possède un idéogramme, *jinju*, qui signifie « phrase en or »[93].

De « les capitalistes sont un tigre de papier » (Mao Tsé-toung) à « ce n'est pas une *dictadura* [dictature] mais une *dictablanda* [dictatendre] » (Augusto Pinochet[94]), les petites phrases existent dans le monde entier mais on n'a pas partout un mot pour les désigner. Ce phénomène apparemment universel est si mal connu qu'on ne sait pas toujours le nommer. Comme l'attraction universelle avant Newton. Ce qui n'empêche pas du tout d'en parler, signe qu'il doit quand même correspondre à quelque chose.

Une affaire de culture et de pouvoir

Les petites phrases, formules brèves d'un auteur connu visant à marquer les esprits, ne sont pas propres à la vie politique. Elles sont une variété d'un exercice favori de l'humanité, du haïku japonais à la compression audio : faire entrer un maximum de sens dans un minimum de sons, comme une sorte de QR code de la pensée. On les rencontre apparemment partout où existe un public capable de comprendre de manière homogène le sous-entendu enfermé dans une formule – autrement dit, une collectivité détentrice d'une culture particulière : familles, écoles, entreprises, clubs, etc. Elles sont alors attachées à des personnes exerçant un certain rôle de leadership ou possédant un certain charisme : patron, chef de famille, vedettes de cinéma (« Chanel a accédé au rang de marque universelle grâce à la petite phrase de Marilyn Monroe assurant qu'elle dormait vêtue de son seul parfum, le N° 5... »[95]), etc.

Elles paraissent plus fréquentes encore dans le domaine du sport[96] que dans celui de la politique. Elles émanent de champions ou de personnages de pouvoir comme les présidents de club, les sélectionneurs, les entraîneurs ou les capitaines :

- « La petite phrase de Kroos sur une éventuelle arrivée de Mbappé au Real » – BFM-RMC Sport, 18 août 2021
- « La petite phrase de Mbappé qui a fait dégoupiller le Barça » - Culture PSG, 18 avril 2024
- La petite phrase de Ronaldo à Mbappé qui met le feu à Instagram », - football.fr, 3 juin 2024
- « PSG : la petite phrase de la mère de Mbappé » - sports.orange.fr, 21 mai 2024

Les religions ont des ensembles de « préceptes », « dogmes », « enseignements » et autres « lois divines ». Issus d'une institution et répétés par elle, ils s'apparentent aux slogans. Mais, souvent, le récit de leur origine en fait en même temps des petites phrases : des propos concis mais chargés de sens, livrés ponctuellement par un être suprême ou l'un de ses prophètes à des disciples qui les font connaître. La Bible débute, dans la Genèse, par une série de « Alors Dieu dit » (« Que la lumière soit, et la lumière fut », etc.). Dans le Nouveau Testament, Jésus prononce bon nombre de phrases définitives – l'humoriste Jean Yanne l'a caricaturé comme « celui qui a dit : tout le monde il est beau, tout le monde il est gentil ». Le cardinal Gianfranco Ravasi, président du Conseil pontifical pour la culture, prétend que Jésus « a utilisé le tweet avant tout le monde avec des phrases essentielles et comprenant moins de 45 caractères comme "Aimez-vous les uns les autres[97]." » René Girard appuie une partie de sa théorie du bouc émissaire sur deux petites phrases du Nouveau Testament « apparemment trop banales pour prêter à conséquence »[98].

« Rendez à César ce qui est à César », enseignement le plus fameux de Jésus-Christ, serait presque certainement qualifié de *petite phrase* aujourd'hui. On dirait une pirouette opportuniste mais c'est une petite phrase politique : elle contient un sous-entendu que les auditeurs décryptent. Comme d'ailleurs la deuxième phrase de l'Évangile la plus souvent citée sur le web : « Mon Royaume n'est pas de ce monde ». Ces deux fragments, les plus marquants du Nouveau Testament, parlent du pouvoir temporel. Ce qui les rend vraiment extraordinaire est qu'au lieu de revendiquer ce pouvoir, ils s'en dissocient : Jésus ne veut pas être le roi des Juifs. Ce qui, paradoxalement, illustre la puissance colossale de certaines petites phrases. C'est « la proposition qui a sans doute joué le rôle politique le plus durable et le plus décisif de toute l'histoire de la pensée », estime un philosophe[99].

Aujourd'hui, de nombreuses déclarations du pape François sont qualifiées de petites phrases : « Je vais à Marseille, pas en France[100] », « Certains croient que pour être bons chrétiens ils doivent être comme des lapins[101] », « Si un ami parle mal de ma mère, il peut s'attendre à un coup de poing, et c'est normal[102] », « Si je parle de violence islamique, alors je dois parler de violence catholique[103] », etc. Témoin cette observation du magazine *La Vie* : « C'est une tradition à laquelle le pape François déroge rarement : la petite phrase aussi sibylline que polémique prononcée sur un ton badin lors de la conférence de presse donnée dans l'avion de retour d'un voyage apostolique[104]. »

Dans le spectacle et le divertissement, il est souvent question de « répliques cultes », ce qui dénote au moins une lointaine parenté avec la religion. Elles sont répétées à chaque représentation. Mais leur succès ne repose pas sur ces répétitions : il dépend de leur concordance avec le personnage qui les prononce et surtout de leur reprise par un public qui se les approprie. « Sans que nous y pensions, [leurs dialogues] nous viennent dans le cerveau et nous descendent au lèvres », décrit Sébastien Lapaque[105]. « Ce sont plus leurs textes que les miens, maintenant », dit Muriel Robin, voyant ses spectateurs réciter ses saillies avant elle[106]. Les « formules magiques » contribuent clairement au succès de la série *Harry Potter*. Les joueurs de go se réfèrent aux « règles d'or » énoncées voici plus de mille ans par le maître Wang Jixin : « La cupidité n'apporte pas le succès », « Ne te presse pas de pénétrer dans le territoire de l'adversaire », etc. [107].

La locution « petite phrase » ne fait pas partie du vocabulaire habituel du management. Cependant, des formules brèves sont souvent associées au leadership. « Les gens résumeront votre vie en une phrase ; définissez-la maintenant », préconise John C. Maxwell, auteur des *Règles d'or du leadership*[108]. Les patrons sont invités à définir pour leur entreprise une « vision » en quelques mots ; elle cisèle un stéréotype présenté à toutes les parties prenantes de l'entreprise et éventuellement répété comme un slogan à tous niveaux de la hiérarchie. Dans *Conduire le changement*[109], référence majeure dans son domaine, John Kotter décrit la vision comme simple et directe, claire et concise, utilisant des métaphores, des analogies, des exemples. Il cite celle-ci : « Nous devons agir moins comme un éléphant et davantage comme un *Tyrannosaurus rex* ami du client ». Dans *Le Jeu infini*, Simon Sinek invite le chef d'entreprise à formuler en peu de mots une « Juste cause » qu'il s'efforcera de pérenniser : « Une Juste cause préservée sur le papier peut être transmise de génération en génération. » Du moins si elle satisfait à cette condition : « Cette parole incite-t-elle vraiment [mon] personnel à verser son sang, sa sueur ou ses larmes ?[110] »... dans laquelle on reconnaît bien sûr une petite phrase fameuse de Churchill... Yvon Gattaz, longtemps président du Conseil national du patronat français (CNPF), explique : « J'ai toujours tenté de parler, en particulier aux jeunes, avec des formules chocs. En effet, le jeune retient mieux l'image que la théorie et déduit souvent celle-ci de celle-là. Ce n'est pas tant la naïve recherche d'un mot d'auteur, si

41

fragile, que l'intention de rester en mémoire. » Il désigne lui-même comme des « gattazismes » ses principes ou théories « considérés comme importants et présentés sous une forme choc ou plaisante »[111].

Il sera question dans ce livre de petites phrases *politiques*. Mais le cerveau des politiciens n'est sans doute pas si différent de celui des autres…

2. Les vilains petits canards de la communication politique

Les Gaulois réfractaires,
c'est la faute à Twitter
Le nez dans les réseaux,
c'est la faute à Sandrine Rousseau.
- D'après Victor Hugo

Pour certains, ce sont de simples anecdotes ; dans un recueil de petites phrases, ils voient un cabinet de curiosités. Pour d'autres, elles sont une pollution de la démocratie ; dans un recueil de petites phrases, ils voient un musée des horreurs. Leur concision les dévalorise par rapport à l'immensité de la pensée : si leur forme est à ce point minimaliste, c'est sûrement que leur fond se réduit à pas grand chose, n'est-ce pas ? Mal connues, les petites phrases sont aussi mal-aimées.

L'adjectif qu'on leur accole le plus souvent dans le domaine politique est « assassine ». En dehors de ce domaine, pourtant, des adjectifs tels que « philosophique », « gentille » ou « amusante » sont fréquents. Les recueils disponibles en librairie s'intitulent par exemple *Petites phrases à leur dire pour les aider à grandir*[112], *Petites phrases magiques – pour affirmer sa confiance en soi*[113] ou *Petites phrases pour traverser la vie en cas de tempête... et par beau temps aussi*[114]. Il n'y a pas de fatalité du mal.

Beaucoup de petites phrases politiques sont d'esprit négatif. Elles médisent d'autrui, soit parce que leur auteur l'a voulu, soit parce qu'elles soient entendues ou relayées ainsi. Les humains sont sujets à un biais de négativité : les mauvaises nouvelles nous intéressent plus que les bonnes et nous les retenons mieux. Un héritage de notre évolution, sans aucun doute : les mauvaises expériences apportent plus de leçons vitales à retenir, le négatif riche en information s'impose dans la vie politique[115]. Et l'on a tendance à croire ses adversaires plus radicaux qu'ils ne le sont en réalité[116].

Selon certains chercheurs, le négatif dessert ceux qui l'utilisent dans le discours politique ; pour d'autres il leur est favorable[117]. Affaire de circonstances, probablement. Souvent, positif et négatif coexistent, et la démocratie représentative suppose un certain degré de concurrence et de conflit entre prétendants. De la Déclaration d'indépendance des États-Unis, on retient en général cette phrase : « Tous les hommes sont créés égaux ; ils sont doués par leur Créateur de certains droits inaliénables ; parmi ces droits se trouvent la vie, la liberté et la recherche du bonheur ». Mais, observe Simon Sinek[118], les récriminations contre le roi d'Angleterre occupent plus de 60 % de la Déclaration ! En tout état de cause, le langage n'est pas seulement destiné à dire des choses plaisantes. Trop de positif paraît suspect. Certains chercheurs estiment même que la principale fonction du langage serait de tromper et de manipuler[119].

Un cheval de Troie pour la presse

La presse affiche souvent un peu de répugnance ou de mépris devant les petites phrases. Elle déplore que le discours politique s'écarte des idéaux journalistiques d'objectivité, de pondération, de rationalisme. Cela ne date pas d'hier. « Les journalistes, tout de même, sont insupportables », ironise *Le Monde* en 1987. « [...] Les "petites phrases", rédigées au forceps par des équipes de "formulants" - ainsi les appelle-t-on chez Michel Rocard - ne les amusent plus[120]. » Louis Terrenoire, journaliste et ancien député, confirme en 1989 : « En proie, comme nous autres journalistes, à l'hystérie de l'urgence (le mot est de l'acteur Fabrice Luchini), [les hommes politiques] volent de petite phrase en petite phrase[121]. » Après la crise boursière de 1987, « l'ancien secrétaire du Trésor américain, James Baker, sera vertement admonesté par *Le Monde* pour ses petites phrases incendiaires », relève à l'époque la revue *Esprit*[122].

Des décennies plus tard, ces critiques restent d'actualité. *La Revue politique et parlementaire*, par exemple, déplore « la musique insidieuse et pernicieuse des petites phrases »[123]. La journaliste Pauline Perrenot dénonce « Un journalisme de la petite phrase – qui ne date pas d'hier – dont l'extrême droite, qui a toujours fait du scandale et de la provocation une stratégie politique, tire profit[124]. »

« C'est triste, mais c'est ainsi », s'afflige Éric Le Boucher en évoquant Emmanuel Macron : « la petite phrase sur les "Gaulois" ou le dialogue avec un jeune chômeur occupent bien plus d'espace médiatique que des sujets majeurs sur la santé, la pauvreté ou l'école[125]. » *L'Humanité* critique une « culture » du milieu politique, un moyen « de gifler symboliquement un adversaire, de disqualifier une idée ou un argument, et même de contester des pouvoirs en place »[126]. *Le Parisien* entretient pendant un temps une rubrique intitulée « Bureau de vérification de la petite phrase » ; il y fait la chasse aux promesses électorales non tenues – même si elles se présentent comme des déclarations solennelles plus souvent que des petites phrases. À une époque où le Parti socialiste semble proche du pouvoir, *Le Monde* déplore le sort du militant socialiste de base : « Il doit décrypter les petites phrases assassines en attendant que l'on veuille bien l'entretenir des grands problèmes[127]. »

Les médias prétendent fermer la porte aux petites phrases ? Elles entrent par la fenêtre. On l'a vu au chapitre 1, c'est le plus souvent la presse qui les met en lumière. Ce faisant, il est probable qu'elle obéit tout simplement aux préférences des citoyens-lecteurs. Elle leur fournit des formules brèves attachées à des responsables politiques dont elles dépeignent le caractère plus que les idées. Peut-être les citoyens désirent-ils élire des personnes plutôt que des programmes, en fin de compte...

Les petites phrases sont souvent négatives, certes. Mais la baston entre candidats qui sollicitent leurs suffrages ne déplaît pas forcément aux citoyens. Et elle répond au tempérament même de ces candidats, ainsi qu'à la mécanique de l'élection. Pourquoi les journalistes se montreraient-ils plus vertueux que les citoyens et les politiques ? « On doit s'attendre à ce que les médias insistent sur les informations négatives en partie parce que c'est leur métier », constatent Soroka et McAdams. « Et puis, journalistes et rédacteurs en chef sont aussi humains, après tout, et obéissent aux mêmes tendances que leur public[128]. »

Cette tension interne entre morale du journaliste et préférences du lecteur impose parfois un grand écart. À l'orée de la campagne présidentielle de 2022, François-Xavier Lefranc, rédacteur en chef de *Ouest-France*, plus grand quotidien français, trace un chemin exigeant. « Nous ne nous laisserons pas détourner par les polémiques faciles et savamment organisées, les petites phrases qui choquent parce que tout cela nous détourne des vrais sujets et des problèmes réels », promet-il à ses lecteurs[129]. Mais au même moment, pour divertir ces derniers, le site web d'*Ouest-France* leur propose un quiz sur les « petites phrases de présidents qui ont pimenté la vie politique française ». On y trouve, par exemple, « Les Français sont des veaux », du général de Gaulle, ou « Vous n'êtes pas l'homme du passé mais l'homme du passif », pique de Mitterrand à Giscard. Les deux formules figurent aussi dans une liste de « belles phrases profondes » également présente sur le site web du quotidien. En revanche, *Ouest-France* ne propose pas de quiz sur le contenu des programmes électoraux.

Les petites phrases chez Wikipédia

Les petites phrases suscitent des débats récurrents entre contribu-teurs de l'encyclopédie collaborative en ligne Wikipedia. Certains y voient des éléments significatifs des notices biographiques.

D'autres leur dénient toute importance - mais s'enflamment à leur évocation. Exemple typique issu d'une discussion sur l'article « Manuel Valls »[130] : « On en revient toujours à la même chose : des contributeurs jugeant encyclopédique de compiler des petites phrases (car ce sont des petites phrases). À leur place, j'aurais un peu honte de me dire partie prenante d'un processus encyclopé-dique, et je partirais recopier des citations ci et là dans un cahier. »

On trouve des critiques analogues dans les pages de discussions consacrées à Michèle Alliot-Marie, Fadela Amara, Jacques Auxiette, Brigitte Barèges, François Baroin, Nora Berra, José Bové, Valérie Boyer, Dominique Bussereau, Jérôme Cahuzac, Lucie Cas-tets, Joëlle Ceccaldi-Raynaud, Jacques Chirac, Jean-François Copé, Xavier Darcos, Serge Dassault, Rachida Dati, Bernard Debré, Pa-trick Devedjian, Christian Estrosi, Rima Hassan, Martin Hirsch, François Hollande, Eva Joly, Bruno Julliard, Christine Lagarde, Jack Lang, Gilles Le Gendre, Pierre Lellouche, Jean-Marie Le Pen, Marie-Colline Leroy, Gérard Longuet, Lionnel Luca, Jean-Luc Mé-lenchon, Nadine Morano, Patrick Ollier, Françoise de Panafieu, Laurence Parisot, Valérie Pécresse, Ségolène Royal, François Ruf-fin, François de Rugy, Jean Sarkozy, Nicolas Sarkozy, Dominique Strauss-Kahn, Georges Tron, Dominique Versini, Laurent Wau-quiez, Éric Zemmour...

La presse audiovisuelle n'est pas en reste, bien entendu. On l'ac-cuse parfois de pratiquer un « journalisme de petites phrases » (*sound-bite journalism*[131]). « Les politiques ne viennent pas chez nous pour la petite phrase », assure Thierry Thuillier, directeur de l'information du groupe TF1[132]. Mais il ajoute que, dans ses journaux, TF1 privilégie les entretiens courts et « percutants » et évite les « interviews vide-poches de vingt minutes, où toutes les questions sont posées mais dont on ne retient pas grand-chose[133]. » Cela revient à surtout changer les éléments de langage : les petites phrases sont rebaptisées annonces percutantes et les exposés programmatiques, vide-poches insipides. Quant aux débats entre politiques, propices aux petites phrases assumées, ils sont délégués à LCI, chaîne d'information continue du groupe TF1.

Les petites phrases apportent aux journalistes du grain à moudre. On pourrait même y voir une coproduction implicite : le personnel politique livre de la matière brute aux médias qui en extraient des petites phrases. Brèves et frappantes, celles-ci constituent souvent des titres d'article tout trouvés. « Mélenchon, c'est la provocation permanente et l'art de la petite phrase qui va faire l'effet d'une bombe dans le monde politique », affirme Jean-Marc Morandini, qui ne manque jamais de commenter ces « bombes »[134]. « Les journalistes sont "shootés" à Trump » affirme un diplomate en poste à Washington. « La tentation est donc grande pour eux de se concentrer sur les tweets et les petites phrases de Trump sans traiter des problèmes de fond qui gangrènent la société américaine[135]. » Cela revient-il à préférer la forme au fond ou plutôt l'homme aux idées ?

Corrélativement, les médias affirment ainsi leur pouvoir sur le politique. Un bon titre résume un article. Il suppose de la part du journaliste une compréhension de ses lecteurs, de ce qu'ils savent, de ce qu'ils croient, de ce qu'ils attendent. Titrer sur une petite phrase revient à en faire un point de rencontre entre un sujet et des lecteurs. Les lecteurs aguerris consacrent souvent plus de temps à parcourir les titres qu'à lire les articles[136]. Les titres, donc éventuellement les petites phrases, tendent ainsi à devenir l'élément le plus important des informations[137]. Cette pratique affirme le rôle de leaders d'opinion des journaux.

Cet enjeu est plus marqué encore pour la presse audiovisuelle. Les politologues du 20ᵉ siècle ont souvent espéré que la radio et la télévision feraient progresser le degré d'information des citoyens. Or, surtout aux États-Unis, de nombreuses études sur les campagnes électorales affirment qu'elles sont « massivement centrées sur les stratégies, les tactiques, les résultats de sondage et les chances de victoire des candidats plutôt que sur les sujets de fond. Elles situent les campagnes dans un schéma concurrentiel, ou *gameframe*, où les élections sont présentées en des termes qui conviendraient mieux à des courses de chevaux ou autres épreuves sportives[138]. » La pratique des pools de presse provoque en outre une homogénéisation des points de vue et des présentations. Elle influence aussi la formation dans les écoles de journalisme[139].

Les candidats s'expriment tout de même. Mais les extraits de leurs interventions rétrécissent depuis des décennies. À la télévision américaine, leur durée moyenne est passée de 45 à 9 secondes entre 1968 et 1988, puis à 7 secondes en 2000. Ce rétrécissement va de pair avec l'adoption des bandeaux de bas d'écran par les chaînes d'information continue : techniquement, ils sont limités à six mots environ – soit encore moins que les 140 signes longtemps de rigueur sur Twitter. La presse écrite suit en fait la même évolution : elle réduit la place accordée aux paroles réellement prononcées par les candidats.

Or, souligne un universitaire, quand le temps de parole des politiques diminue, celui des journalistes augmente. Ces derniers s'arrogent un rôle croissant dans l'évaluation des positions politiques[140]. Une petite phrase serait en somme une sorte de cheval de Troie : une fois exprimée, elle ouvre la voie aux avis des journalistes, dont l'influence sur l'opinion publique s'en trouve accrue. La qualification même de « petite phrase » par les médias peut dissimuler une forme d'éditorialisation pas totalement fidèle à l'intention ou au contexte[141]. Le journaliste Brice Couturier le reconnaît sans fard :

> Les petites phrases, surtout sorties de leur contexte ou carrément détournées, génèrent de longs commentaires. Les confrères ne prennent pas toujours le temps de lire un discours, un rapport, un texte de loi, voire une longue interview en entier. Se précipiter sur un mot, le brandir comme prise de guerre, le proposer comme une gourmandise aux « invités du jour », sur un plateau de télé, c'est s'épargner bien du labeur[142].

Aux États-Unis, paradoxalement, cette pratique se constate surtout dans la presse dite « de qualité ». Les journalistes n'ont pas seulement le choix des armes mais aussi celui du terrain puisqu'ils prélèvent à leur gré les déclarations qu'ils commentent. On le voit de 2017 à 2021 pendant le mandat de Donald Trump, gros utilisateur de Twitter pas encore rebaptisé X. La presse ne se prive pas de gloser sur ses sorties polémiques. En avril 2020, au début de la pandémie de covid-19, discutant avec des médecins, le président américain leur demande : « I see the disinfectant that knocks it out in a minute, one minute. And is there a way we can do something like that by injection inside or almost a cleaning? » (Je vois que le désinfectant tue [le virus] en une minute. Aurions-nous un moyen de faire quelque chose de ce genre avec une injection, ou presque un nettoyage ?) Une partie de la presse transforme cette question ingénue en une préconisation burlesque. « Trump suggère l'injection d'un désinfectant pour vaincre le coronavirus et "nettoyer" les poumons » titre ainsi la chaîne de télévision NBC[143]. Et cette présentation est contagieuse, le mal tend même à s'aggraver en s'exportant. Philippe Labro voit dans l'interrogation même une « petite phrase » qui fait « perdre la confiance et la crédibilité de la population en Donald Trump »[144]. « Trump alla jusqu'à préconiser l'injection d'eau de javel pour se prémunir du covid-19 », écrit même un auteur français, accentuant le grotesque avec l'eau de javel substituée au désinfectant d'origine[145].

L'évolution vers le journalisme de commentaires n'enthousiasme pas certains professionnels. « Cela aboutit aujourd'hui à une perte de confiance généralisée de la parole des politiques comme des journalistes », observe Jean-Jacques Bourdin[146]. La situation est-elle irrémédiable ? « Pour échapper au format nécessairement réduit des journaux télévisés et à la dictature du *"sound bite"*, de la "petite phrase", il y a les *talk shows*, qui combinent très intimement information et spectacle », observe Roger-Gérard Schwartzenberg[147]. En réalité, ce format ne réduit pas vraiment le rôle des médias mais leur permet d'exercer un cadrage par le choix des sujets. Et les interventions tendent à s'y morceler conformément à l'évolution générale vers des formats courts. Cette tendance, notée « généralement sur le mode de la déploration[148] », ne laisse pas aux politiques le temps de justifier leurs positions. Philippe Moreau-Chevrolet évoque à ce sujet « le "style Jean-Jacques Bourdin", où ce sont les questions de l'intervieweur - et non les réponses du politique - qui créent l'événement »[149]. En imposant à l'entretien un rythme très rapide, le journaliste pousse son invité politique à « sortir ses tripes », à révéler en quelques mots son caractère, non à dérouler un programme déjà connu. Le mieux que puisse faire l'invité est d'arriver avec une ou deux petites phrases toutes prêtes et de les dégainer au moment opportun.

Les émissions de divertissement elles-mêmes participent à ce type de relations entre politiques et médias. Pierre Leroux et Philippe Riutort y voient « de nouveaux lieux de valorisation des petites phrases »[150]. Les formats sont divers[a] mais certaines émissions « organisées sur un principe de tension avec les invités politiques » sont probablement plus favorables aux petites phrases. Globalement,

---

[a] Avec une limite dans la diversité, notaient Leroux et Riutort : à l'époque (2013), si ces émissions recevaient volontiers des invités d'extrême-gauche, elles étaient fermées à l'extrême-droite.

concluent Leroux et Riutort, l'accès des politiques aux émissions de divertissement « peut être interprété comme une victoire des animateurs sur leurs invités politiques ».

Les agences de presse sont aussi un acteur important. Elles fournissent aux médias des informations déjà sélectionnées et en partie mises en forme, avec des titres et des « angles », voire des articles complets. Leur intervention revient parfois à « transformer le meeting en petite phrase »[151]. Quitte à biaiser un peu le message quand le souci de concision prime. En voici un exemple élémentaire :

Laurent Fabius à propos de la guerre en Syrie en septembre 2015[152]	Version AFP
« Ce n'est pas en ajoutant de la guerre à la guerre qu'on va arriver à la solution politique »	*« Ce n'est pas en ajoutant de la guerre à la guerre qu'on va arriver à une solution »*

Il est des raccourcis plus pervers. En 2016, lors d'un déjeuner avec des journalistes de l'AFP, Nicolas Sarkozy leur dit : « Je sais bien que vous pensez que mes électeurs sont des ploucs ». Peu après, *L'Obs* publie en ligne un article intitulé : « Nicolas Sarkozy, "mon électorat est populaire, ce sont des ploucs" »[153]. L'AFP présentera ses excuses. Le « Carré macronien », on l'a dit au chapitre 1, est né en partie des commentaires de la presse. Le « Gaulois réfractaire », en particulier, a été extrait par l'AFP et par plusieurs médias d'une phrase consacrée aux Danois dont il n'était qu'une proposition subordonnée. Les médias exercent un pouvoir *performatif* : s'ils disent que c'est une petite phrase, alors c'en est une.

L'essor d'internet confère un rôle croissant au public dans le processus des petites phrases. On conçoit que les médias en soient agacés et condamnent un « populisme » qui n'est souvent qu'un désaccord avec les opinions dominantes chez les journalistes. Il puise souvent dans les déclarations des ministres de l'Intérieur, ce qui, corrélativement, donne à ces derniers (Sarkozy, Valls, Caze-neuve, Darmanin, Retailleau…) l'occasion de se mettre en scène à des postes régaliens, comme des leaders d'avenir[a].

Une petite phrase reçue au rattrapage

Le cas de la « fuite d'eau » de Sarkozy illustre le phénomène d'édi-torialisation politique sous couvert de petite phrase. Une dépêche AFP diffusée le 18 juin 2015 annonce que Nicolas Sarkozy « a comparé jeudi l'afflux de migrants en Europe à une grosse fuite d'eau ».

Dans les heures suivantes, cet angle est repris en titre par *Le Point, Ouest France, Libération, L'Express, Le Parisien, Le Figaro* et d'autres. Plusieurs médias, tel *Les Dernières nouvelles d'Alsace*[154], pointent expressément une « petite phrase ».

L'expression « fuite d'eau » n'a pourtant pas été prononcée. Une vidéo en atteste[155]. L'ancien président de la République a déclaré : « C'est un peu, si vous voulez, comme une maison dans laquelle vous habiteriez, il y a une canalisation qui explose, elle se déverse dans la cuisine, le réparateur arrive et dit, j'ai une solution : on va garder la moitié pour la cuisine, mettre un quart dans le salon, l'autre quart dans la chambre des parents et si ça ne suffit pas il reste la chambre des enfants. »

Nicolas Sarkozy avait bel et bien évoqué une « fuite d'eau », mais c'était cinq jours plus tôt, le 13 juin 2015, devant les nouveaux ad-hérents de son parti. Passés à côté de l'occasion, les médias la ré-cupèrent avec un peu de retard[156]. Et certains en rajoutent, comme

---

[a] Avec moins de succès pour le troisième que pour les deux premiers, malgré des tentatives appuyées comme « On voit bien la marque satanique que repré-senterait une victoire du RN » ou « Mme Le Pen, dans sa stratégie de dédiaboli-sation, en vient quasiment à être dans la mollesse ».

ce journaliste en vue : « Imaginons que vous ayez une fuite d'eau chez vous. Une canalisation a sauté, la cuisine est inondée. C'est Sarkozy qui parle, en meeting[157]. » Quoique factuellement moins exact, le récit prend une forme « plus vraie que nature », susceptible d'être aisément propagée et retenue.

Chercheurs et intellectuels : un regard en surplomb

En 1947, George Orwell citait parmi les qualités de l'homme politique « le don de la phrase dont on se souvient[158] ». D'une manière générale, pourtant, les intellectuels se méfient des phrases marquantes. « Et voilà justement comme on écrit l'histoire », s'agace Voltaire à propos des raccourcis historiques. « En France, c'est le régime des effets de tribune, des petites phrases », s'indigne Gilbert Cesbron dans *Ce qu'on appelle vivre* (1977), tandis que l'académicien Jean-Marie Rouart, dans *Le Psychodrame français*, les qualifie tantôt d'« assassines », tantôt de « nauséeuses et suspectes »[159]. « La petite phrase n'affirme pas, ne réfute guère : elle fait sourire, elle est destinée à faire mal, usant de perfidie ou maniant le ridicule », tranche un peu vite le lexicographe Alain Rey[160]. Elles sont les anti-héroïnes éponymes d'un roman entier[161]. « De quoi nous parlent les chroniqueurs politiques et les éditorialistes ? », s'agace l'écrivain Franck Ferrand. « Eux s'intéressent aux lazzis et aux saillies, aux "tacles", aux dérapages, aux tweets, aux petites phrases. L'écume, la mousse – le poison[162]. » Même des poètes s'y mettent, évoquant « ces temps linguistiquement sombres, où la mésalliance de la politique et de la publicité, des media et du calembour, disloque la parole en la charpie des petites phrases[163] ».

En 1995, Jacques Chirac et Lionel Jospin s'affrontent en débat télévisé avant l'élection présidentielle. L'essayiste Jean-François Kahn dénonce « l'attente anxieuse de la seule "formalité" susceptible de faire mouche : la petite phrase »[164]. Et constate ensuite : « Il n'y en a pas eu. Donc il n'y a pas eu de débat. » Le philosophe Joël Roman s'en félicite. À l'inverse de beaucoup, il voit dans l'absence de petite phrase la clé du score élevé de Lionel Jospin au premier tour : « A été battue la démocratie sondagière, celle du microcosme et des petites phrases, des rivalités de personnes et des jeux d'appareils, du cynisme en politique et du mépris[165]. » Lionel Jospin sera néanmoins battu au second tour.

Le philosophe Pierre-Henri Tavoillot estime que « plein de mépris à l'égard de la "politique politicienne", le bon démocrate abandonnera volontiers le sujet à la piétaille journalistique en soupirant sur le règne vain et insane des "petites phrases" et autres basses manœuvres de couloir »[166]. Philosophe lui aussi, Michel Onfray s'insurge contre l'exploitation inquisitrice qui en est faite par certains animateurs médiatiques : « C'est facile de sortir un mot comme ça et de dire "vous avez dit - fiche de police - chez les Suisses, une fois, telle chose"[167]. » « Prendre la parole authentiquement, ce n'est pas se livrer au jeu des "petites phrases" assassines », assure le latiniste Benjamin Goldlust[168]. Il en va de même dans le monde anglophone, comme en témoigne le professeur Suman Gupta : « Chez ceux qui s'intéressent à la politique, les petites phrases [*catch-phrases*] sont souvent considérées comme une diversion inévitable par rapport aux sujets et aux débats sérieux, car elles tendent à les banaliser et les égarer. Beaucoup d'études sur la politique évoquent les petites phrases et les slogans avec mépris[169]. »

Le monde académique, d'une manière générale, ignore les petites phrases ou les regarde de haut. Le droit ne voit guère de raisons de s'y intéresser. Pourtant, en quelque sorte, il en est né. Le code de Hammurabi conservé au musée du Louvre est principalement formé d'une série de brèves sentences du souverain. Il glorifie ce dernier tout en fixant des règles. L'histoire du droit est truffée de maximes et d'adages ; au 17ᵉ siècle, Antoine Loysel en recense plus de neuf cents. Beaucoup remontent à l'époque romaine. Certains sont encore en usage aujourd'hui (« De minimis non curat praetor », « Error communis facit jus »…). Pour les juristes contemporains, cependant, le caractère flou des petites phrases en fait presque l'exact inverse de ces adages juridiques anciens. Le constitutionnaliste René Chiroux déplore l'indigence des débats sur les sujets constitutionnels : « compte tenu de leur faible niveau culturel, les médias y ajouteront des commentaires simplistes, ils mettront en exergue des "petites phrases" et submergeront le débat sous un flot de jérémiades[170]. »

Du côté des économistes, pour le prix Nobel Jean Tirole, « le fait que nous nous passionnions plus pour les couvertures médiatiques de la politique dans le mode *people*, pour la petite formule assassine et pour la bagarre politique que pour un débat de fond nécessairement plus exigeant, contribue, in fine, à [un] appauvrissement du débat, et donc des politiques qui en sont issues[171]. »

Les sciences du langage, on l'a vu plus haut, font exception. Mais elles ont pour vocation de s'intéresser surtout au contenu verbal des petites phrases[a]. Et elles notent le caractère fréquemment péjoratif de la locution :

- « L'existence des petites phrases est très souvent associée en discours à la dégradation de la vie politique dont elles témoigneraient : une vie politique où la forme prime sur le fond, le style sur les idées, la visibilité sur l'argumentation[172]. »

- « Les "petites phrases" sont associées diversement à la surface (par opposition à ce qui serait le fond, les questions de fond, les débats de fond), à la forme (là aussi par opposition au fond), à l'anecdote (par opposition aux contenus, aux projets), à la polémique et aux polémiques (par opposition au débat de fond, au

---

[a] L'un des principaux ouvrages sur l'*ethos* est cependant dû au professeur Maingueneau (voir chapitre 6).

débat digne, au débat à la hauteur des enjeux), à l'agressivité, à l'invective, aux attaques, à l'insulte et l'injure, à la surenchère, à la mesquinerie et la bassesse, à la gratuité, à l'irresponsabilité (dans le sens de déclarations irresponsables) ou encore aux effets d'annonce (par opposition à l'action)[173]. »

La question n'est pas si simple, relèvent cependant Sarah Al-Matary et Chloé Gaboriaux : « Comment [les petites phrases] peuvent-elles à la fois condenser les significations complexes de la division politique et donner le sentiment d'un appauvrissement du discours[174] ? » Malgré leur « épaisseur sémantique », elles seraient appauvries par leur « parcours médiatique ». Ce qui ne résout pas entièrement le paradoxe : l'épaisseur sémantique de « Je traverse la rue, je vous trouve un emploi » et autres formules du Carré macronien paraît réduite. C'est plutôt leur parcours médiatique qui les fait changer de dimension.

Les historiens d'autrefois rapportaient volontiers les petites phrases dans une démarche descriptive ; ceux d'aujourd'hui ont tendance à les ignorer, sauf dans des ouvrages destinés au grand public. Elles relèvent de l'événementiel, pas de l'histoire structurale. Puisque « la science sociale a presque horreur de l'événement » (Braudel[175]), il est naturel qu'elle ait horreur aussi des petites phrases. Doublement horreur, même : d'abord parce qu'elles racontent une histoire événementielle, mettant en valeur l'*ethos* des personnages qui l'ont faite, ensuite parce que, comme rémanence collective de l'histoire dans les mémoires, le *pathos* y piétine le social. À rebours de ceux qui disent que les petites phrases font l'histoire, les historiens les ignorent largement.

On s'attendrait à voir les sciences politiques s'intéresser de plus près au sujet. Des ouvrages spécialisés traitent des grands outils de la communication politique : slogans, discours, programmes, etc. À peu près aucun des petites phrases. Certains les écartent même explicitement. La première ambition de leur *Introduction à la science politique*, assurent trois universitaires, est de « dépasser le débat du jour animé par les petites phrases des commentateurs et hommes politiques[176] ». Elles peuvent aussi disparaître éparpillées derrière les biographies de leurs auteurs. Quand ils ne les ignorent pas, les spécialistes ont souvent tendance à les considérer comme un phénomène négligeable ou perturbateur, si ce n'est « une figure qui sape le discours démocratique »[177]. On a beau reconnaître parfois leur intervention dans la vie politique, fût-ce comme des chiens dans un jeu de quilles, on cherche rarement à analyser leur origine et leur fonction.

Dans sa somme de référence sur la propagande, le professeur David Colon n'y fait allusion que deux fois. Il signale la présence de *sound bites* dans la communication de la Maison Blanche américaine. Surtout, il estime que, sous l'influence de la télévision, les politiques « tendent à délaisser les débats d'idées au profit des affrontements de personne et des "petites phrases" : le "journalisme de course de chevaux" focalisé sur les différences entre les candidats et la perception qu'en a le public, identifié en 1976 aux États-Unis, gagne la France dans les années 1980[178]. »

C'est déjà reconnaître une certaine fonction aux petites phrases. D'autres les considèrent comme purement parasitaires. Erik Neveu, professeur à l'Institut d'études politiques de Rennes, évoque un « flux de petites phrases et gesticulations qui font partie de l'ordinaire du combat politique sans déboucher ou même viser des décisions »[179]. À propos des élections européennes de 2019, la société de prospective Novethic évoque « des débats où les échanges de noms d'oiseaux remplacent les débats de fond et des soirées politiques oiseuses où chaque participant s'efforce d'expliquer qu'il a gagné à coups de petites phrases[180]. »

Peut-être les politologues situent-ils leurs centres d'intérêt trop haut dans l'échelle de la pensée pour que la nature et les modalités pratiques du combat des chefs y aient une place. Ils ont étudié les arcanes de la philosophie politique, ce n'est pas pour réduire le général de Gaulle à « Les Français sont des veaux », François Mitterrand à « Il faut laisser le temps au temps », Nicolas Sarkozy à « Travailler plus pour gagner plus ». Implicitement, ils considèrent que le discours politique a pour but l'explication, la pédagogie, les doctrines.

De plus, ils considèrent parfois les petites phrases comme représentatives d'un discours totalitaire ou, ce qui est à peine moins péjoratif, populiste. À se focaliser sur l'orateur et son *ethos*, on risque de négliger le *pathos* et l'hypothèse de petites phrases choisies par le peuple qui éclaireraient la nature profonde de sa relation avec ses leaders. Certes, sur les réseaux sociaux, beaucoup de débats politiques contemporains se présentent spontanément comme le partage d'une petite phrase suivi de nombreux commentaires d'internautes. Mais cette masse textuelle énorme peut être dissuasive. Classification et codage représentent un travail colossal[181] et le repérage des petites phrases pourrait s'apparenter à la recherche d'une aiguille dans une meule de foin. À moins de s'en remettre aux médias, comme proposé au chapitre 1, en considérant comme petite phrase ce que ceux-ci qualifient de petite phrase – un raccourci peu satisfaisant d'un point de vue scientifique.

Les chercheurs ont parfois tendance à s'agacer de l'influence des petites phrases auprès de tout ou partie de l'électorat. Il n'y a pas de fossé des générations sur ce sujet. « La politique est aujourd'hui réduite aux petites phrases, aux bons mots ou à une image marquante », assure une jeune universitaire[182]. La politologue Chloé Morin considère, elle aussi, que les petites phrases tirent la politique vers le bas. Elle nuance néanmoins son analyse quand elle s'intéresse en particulier au « Je traverse la rue... » d'Emmanuel Macron : « C'est l'une de ces "petites phrases" qui font le sel de la politique et les choux gras des médias, de celles que le public retient et ressasse encore des années plus tard, parce qu'elles auront soudainement semblé donner un sens à ce que l'on pressentait confusément[183]. » Autrement dit, la signification d'une petite phrase est celle que lui donne son public, qui croit y voir le portrait moral de son auteur : *logos, ethos* et *pathos* sont alignés.

Les petites phrases défient la logométrie

La sémiologue Cécile Alduy a soumis une base de données de 1 300 textes à un logiciel de logométrie censé révéler, à travers leur vocabulaire, la pensée profonde des hommes politiques français avant l'élection présidentielle de 2017. Elle en a tiré un livre, *Ce qu'ils disent vraiment : les politiques pris aux mots*[184]. À quatre reprises, les petites phrases y sont exclues du « vraiment dit » :

- « Pour clarifier les enjeux et les termes du débat, il convient de dégager, derrière l'écume des petites phrases reprises par les journalistes, les structures profondes et la vision du monde et de la société française des principales figures qui façonnent le débat politique. » (p. 17)

- « Ce livre […] entend éclairer [les campagnes électorales] en mettant au jour la logique profonde et les tendances lourdes de la paroles politique de ces dernières années, au-delà des "coups de com" et petites phrases de campagne. » (p. 20)

- « En lissant polémiques éphémères et variables contextuelles, cette étude entend dépasser l'écume des petites phrases médiatiques pour faire émerger les lames de fond qui ont traversé le champ politique français. » (p. 21)

- « En fait, François Fillon est un identitaire calme : il a exactement les mêmes positions que Nicolas Sarkozy sur l'assimilation, sur la politique migratoire […] mais il n'en fait ni une obsession, ni une priorité, ni un prétexte à petites phrases pour créer du "buzz" médiatique. » (p. 197)

Une piqûre de rappel figure aussi en quatrième de couverture, souvent reprise par la presse : « Cette enquête sémantique, stylistique et rhétorique dévoile derrière l'écume des petites phrases la structure profonde de la vision du monde des politiques. »

Déclarées illégitimes d'emblée, les petites phrases ne sont à aucun moment étudiées en tant que telles. Cécile Alduy ne précise même pas ce qu'elle entend par *« petites phrases »*. Une petite phrase n'est d'ordinaire prononcée qu'une seule fois par son auteur - ce sont les autres qui la répètent – et défie donc la logométrie : quantitativement, elle ne pèse pas lourd. Elle la défie aussi qualitativement, puisqu'elle est chargée de sous-entendus. Chercher à décrypter ce que les politiques « disent vraiment » à l'aide d'un logiciel qui ne comprend pas ce qu'ils disent implicitement – métaphores, allusions, insinuations, etc. - rappelle l'histoire de l'ivrogne qui cherche ses clés sous le réverbère parce que là, au moins, il y a de la lumière.

La théorie de l'écume fait peu de cas, par exemple, de la question rhétorique de François Fillon lors de la primaire de la droite en 2017 : « Qui imagine un seul instant le général de Gaulle mis en examen ? ». Cécile Alduy ne nie pas l'importance de cette déclaration ; elle l'interprète, rejoignant un avis général, comme une attaque contre Nicolas Sarkozy. Elle s'affranchit alors totalement de la logométrie puisque Sarkozy n'est pas nommé dans cette phrase, ni à proximité. Ce que François Fillon a *vraiment* dit n'est pas ce qu'il a dit. Les auditeurs ne l'ont pas « pris aux mots » : ils l'ont pris aux sous-entendus.

Par ailleurs, le logiciel ici utilisé ne décompte que les substantifs. Cela exclut d'emblée une formule comme le « Ça va mieux » de François Hollande, par exemple. Là aussi, Cécile Alduy doit renoncer au cadre logométrique pour l'analyser.

61

L'attitude ambiguë des politiques

« Les petites phrases font mal à la vie publique », tonnait en 2015 le Premier ministre Manuel Valls. Il s'agissait de recadrer son nouveau ministre de l'Économie, des Finances et du Numérique, un certain Emmanuel Macron, qui venait de déclarer : « la gauche a pu croire que la France pourrait aller mieux en travaillant moins. C'était des fausses idées. » Les hommes politiques peuvent tout à la fois user des petites phrases, les condamner, les proclamer inefficaces et s'indigner de leurs effets. Sans jamais préciser de quoi il s'agit : là encore, le concept de « petite phrase » semble considéré comme compris de tous. Ils accusent leurs adversaires de « faire des petites phrases » et prétendent s'en abstenir.

Reprocher aux personnages politiques de chercher à faire des petites phrases, c'est comme si on reprochait à des chirurgiens d'acheter des bistouris plus tranchants, proteste un *speechwriter* australien[185]. Malgré l'héritage de personnages comme Clemenceau ou de Gaulle, la petite phrase semble presque unanimement rejetée du côté obscur de la force politique. « De tout temps et dans tous les pays, la petite phrase a été une arme de choix dans la vie publique », admet Sophie Huet[186]. Mais c'était avant. « Le système paraît même s'être fossilisé au point que le rejet de la "petite phrase" est devenu un lieu commun de l'apolitisme et de la dépolitisation », observent deux linguistes[187].

Rares sont les politiques qui admettent leurs propres petites phrases. Nicolas Sarkozy n'en reconnaît explicitement qu'une seule. Dans *Le Temps des combats* (2023), il égrène ses souvenirs présidentiels de la période 2009-2011 et évoque le débat l'opposant à Ségolène Royal : « Je me souvenais d'ailleurs avec un brin de malice de cette petite phrase que je lui avais assénée quand, durant la campagne de 2007, les socialistes avaient lancé une polémique sur un prétendu espionnage de la candidate par mes équipes... J'avais balayé ces accusations fallacieuses d'un revers de main et ajouté : "Pour chercher quoi ? Son programme ? Ce n'est pas une enquête qu'il faut, c'est une exploration !" Cela n'était pas tendre, mais l'avenir m'a donné raison[188]. » Le plus étonnant n'est pas que l'ancien président de la République éclaire ses années 2009-2011 en citant une phrase de 2007. C'est qu'il n'en cite point d'autre. Car des petites phrases autrement fameuses ont marqué son parcours. Avant même son élection, c'est, en 2005 sur la dalle d'Argenteuil, « Vous en avez assez de cette bande de racailles? On va vous en débarrasser » et, à La Courneuve, « on va nettoyer au Karcher la cité ». Après son élection, c'est, en 2007 à Dakar, « L'homme africain n'est pas assez entré dans l'histoire ».

Si l'on demande à l'homme de la rue quelle phrase il attache à l'ex-président, il est bien possible que « Casse-toi pauv' con ! » tienne la corde. Cette réplique violente est adressée à un visiteur qui refusait sa main tendue en disant : « Touche-moi pas, tu me salis ! », au Salon de l'agriculture de février 2008. Elle marque les esprits et est souvent qualifiée de petite phrase[189]. À défaut de s'en souvenir « avec un brin de malice », Nicolas Sarkozy ne l'efface pas totalement de sa mémoire. Dans *La France pour la vie*, il la commente ainsi : « J'ai moi-même eu grand tort, lors d'une visite au Salon de l'agriculture, de céder à la provocation en répondant à l'individu qui m'avait insulté : "Casse-toi, pauvre c..." Ce fut une erreur, car il avait le droit de penser ce qu'il disait, même s'il n'avait pas à me le dire ainsi. Mais, en lui répondant, je me suis mis à son niveau[190]. » Ce *mea culpa* qui renvoie l'essentiel du tort sur l'autre partie paraît un peu hypocrite. Il contient néanmoins un constat très juste : le message implicite de cette petite phrase portait sur le « niveau » du président et non sur son adversaire du moment, un parfait inconnu. Quant au reste de son œuvre, Nicolas Sarkozy ne regrette pas, au contraire, des formules qu'il se garde d'appeler petites phrases : « C'était l'époque, la bonne, de la racaille et du Kärcher, qui avait le mérite au moins d'être immédiatement compris par tout le monde »[191].

Néanmoins, entre une petite phrase revendiquée et une autre à moitié avouée, Nicolas Sarkozy affiche une franchise au-dessus de la moyenne. Emmanuel Macron peine à suivre son exemple. « La vie vaut mieux que des petites phrases »[192], proclame-t-il, jeune ministre peu expérimenté, en 2015. Mais le fait est que, presque inconnu, dépourvu de programme clair, il se signale d'abord, ou du moins il *est signalé*, par un cortège de petites phrases. Avant l'élection présidentielle, sa parole est celle du citoyen Macron. Après, elle devient institutionnelle, ses propos notoires sont des petites phrases qui font de lui une cible. Ce qui confirme *de facto* le lien entre petite phrase et leadership. Elles sont « bienvenues comme candidat, méprisantes comme président », estime un spécialiste de l'opinion publique[193]. Il persiste à s'en étonner et à nier qu'il les pratique. Et pourtant…

Le 9 avril 2018, le président de la République s'exprime devant la Conférence des évêques de France. « Nous partageons confusément le sentiment que le lien entre l'Église et l'État s'est abîmé, et qu'il nous importe à vous comme à moi de le réparer », déclare-t-il. L'Élysée diffuse aussitôt ce tweet : « le lien entre l'Église et l'État s'est abîmé, il nous incombe de le réparer ». Une partie de la presse évoque naturellement une « petite phrase », à l'instar du *JDD*[194] ou du *Parisien*[195]. Une polémique s'élève sur le « lien entre l'Église et l'État ». « Les réactions sont quasi pavloviennes », s'offusque Benjamin Griveaux, porte-parole du gouvernement. « Une partie de la classe politique française condamne un discours de plus d'une heure en 140 signes dans un tweet. » Pourtant, si Emmanuel Macron a tenu à surasserter avec un tweet une phrase de son discours, c'est qu'il y attachait une importance particulière. Il ne peut reprocher aux commentateurs d'en faire autant. Pratiquer le tweet et refuser la petite phrase, c'est vouloir une chose et son contraire.

« Je n'ai jamais fait de petites phrases », assure encore Emmanuel Macron en 2019[196]. Mais l'instant d'après, il ironise : « Jojo avec un gilet jaune a le même statut qu'un ministre ou qu'un député »[197]… Il se dit néanmoins conscient de l'effet de ses paroles lors d'une conférence de presse du 25 avril 2019 : « Il y a des phrases que je regrette, dit-il. Elles se sont agrégées, ça n'aide ni mon action ni celle du gouvernement[198]. » Le 15 décembre 2021, sur TF1, lors d'un entretien télévisé avec Audrey Crespo-Mara et Darius Rochebin, il assure qu'il ne parlerait plus de la même manière et regrette en particulier sa phrase sur « les gens qui ne sont rien : « On ne peut pas dire ça. C'est terriblement blessant. Je pense que dans certains de mes propos, j'ai blessé des gens »[199,200]. Pour une partie de la presse, c'est même le point le plus marquant de son intervention. Cette phrase est la plus ancienne de celles qui lui sont ordinairement reprochées : elle remonte au 29 juin 2017, moins de deux mois après son élection à la présidence de la République.

« Les petites phrases ont disparu de ses interventions depuis de nombreux mois »[201], constate Grégoire Poussielgue au lendemain de cet entretien télévisé. Moins de trois semaines plus tard, le président déclare pourtant : « Les non-vaccinés, j'ai très envie de les emmerder. » Derniers feux ? « Désormais, Macron a peur des petites phrases », assurent Louis Hausalter et Agathe Lambret en 2022. « Elles ont disparu de son langage. Même à l'occasion de longs échanges sur le terrain, où la tentation est partout, le président se réfrène. Quitte à avoir l'air étrangement amorti[202]. » Puis, en juin 2023, à Marseille, il propose : « Je fais le tour du Vieux-Port ce soir avec vous, je suis sûr qu'il y a 10 offres d'emploi[203] »…Quelques mois encore et, à Mayotte en décembre 2024 après l'ouragan Chido, c'est : « Vous êtes contents d'être en France. Parce que si c'était pas la France, vous seriez dix mille fois plus dans la merde ! »

Quand un homme politique parle de petites phrases, en général, c'est pour critiquer soit le paysage politique, soit les médias. Quelques exemples :

- « La valse des petites phrases se multipliait, artifices dérisoire d'un petit monde centré sur lui-même » - François-Xavier Bellamy[204].

- « Dans l'Hémicycle, tout peut s'embraser pour la moindre petite phrase » - Valérie Rabault, vice-présidente de l'Assemblée nationale[205].

- « J'ai le sentiment qu'Emmanuel Macron est un marchand de phrases » - Jordan Bardella[206].

- « …cette manie des Français et de la presse à s'autofustiger et à s'obséder sur des choses négatives. On ne nous montre que le côté négatif. Chez les hommes politiques, on cherche la petite phrase qui fait mal et qui va susciter la polémique. C'est suicidaire » - Bernadette Chirac[207]

- « …le grand charivari électoral d'où ne surnage quotidiennement qu'un lot de petites phrases désarticulées remplacées le lendemain par d'autres petites phrases. » - Jean François-Poncet[208]

- « Il faudra que les hommes politiques […] ne soient pas dans l'aventure exclusivement personnelle ou dans la petite phrase polémique » - Gérald Darmanin[209]

Cette critique s'exprime même au sommet de l'État, parmi les Premiers ministres. Michel Rocard évoque « l'art, dans un discours à présentation un peu pédagogique, de trouver la phrase productrice de décibels, indépendamment de tout rapport avec le discours en question » et voit dans le discours sans petite phrase une « vocation suicidaire de nature à faire réfléchir tout politique un peu responsable" »[210]. Jean-Marc Ayrault, qui a longtemps présidé le groupe socialiste à l'Assemblée nationale proclame dans le désert : « Les petites phrases qui donnent l'impression d'une division, ça suffit »[211]. On a vu plus haut comment Manuel Valls recadre son ministre Emmanuel Macron. Michel Barnier, à peine nommé Premier ministre en septembre 2024, donne pour consignes à ses troupes : « Pas de petites phrases, pas de promesses excessives, une grande discipline »[212]. Il ajoute : « Cette situation mérite mieux que des petites phrases. Elle exige de la responsabilité[213]. »

Inversement, le niveau régional n'est pas indemne. En 2015, Pierre de Saintignon, candidat du Parti socialiste à l'élection régionale dans le Nord-Pas-de-Calais convoque une conférence de presse sur le thème : « Cessons ces petites phrases qui nuisent à notre campagne »[214]. Cette petite phrase en abyme a une cible implicite : le Premier ministre Manuel Valls, en désaccord avec sa stratégie électorale. Le mois précédent, Pierre de Saintignon a déjà condamné « ceux qui par des petites phrases, saisissant des micros, ont un objectif : celui de nous faire perdre »[215]. Et tout le monde a compris que son « ceux » est un « celui » : le Premier ministre, déjà. Et que les « petites phrases » de ce dernier se ramènent à une confidence faite au *Monde* : « Avec Pierre de Saintignon, nos chances sont très faibles »[216]. Elle est sans doute allée droit au cœur de l'intéressé...

Malgré d'innombrables incidents, le personnel politique semble toujours partir de zéro. « C'est un engrenage », regrette la députée socialiste Valérie Rabault. « On commence par la petite phrase, on voit que ça marche, et puis on tourne en boucle... mais à la fin il n'en restera rien, c'est un abaissement politique qui abîme la démocratie[217]. »

La politique internationale n'est pas à l'abri. « Nous entrons dans le royaume des petites phrases, qui font d'autant plus mal que chacun s'acharne à n'en souligner que l'effet destructeur », s'inquiète Jacques Delors en 1995. « Ce que, depuis quarante ans, deux graves crises n'ont pas réussi, c'est-à-dire tuer la construction européenne, une série de petites phrases et d'incidents diplomatiques mineurs vont-ils y parvenir[218] » Tout en affirmant détester les petites phrases, l'ex président de la Commission européenne leur attribue de la sorte un pouvoir considérable...

Pourtant, s'il est de bon ton de dénoncer les petites phrases « sur le mode de la complainte ou de l'accusation[219] », il est de bonne pratique d'en user à l'occasion. « Une petite phrase lâchée dans les couloirs de l'Assemblée vaudra toujours mieux que de longs discours à la tribune », assure le journaliste Daniel Carton[220]. La parabole de la paille et de la poutre s'impose irrésistiblement. Agacée par une formule de son camarade de parti Claude Bartolone en 2011, Martine Aubry affecte de garder ses nerfs : « Les petites phrases c'est ce que je déteste, voilà, je n'envoie jamais des scud contre les gens, je me bats sur des idées, voilà. » Au nombre de ses déclarations publiques figurent pourtant[221] :

- « Quand Nicolas Sarkozy nous donne des leçons de maîtrise budgétaire, c'est un peu M. Madoff qui administre quelque cours de comptabilité. » (2010)

- « Mais oui mais bon, elle est un petit peu impatiente la Ségolène. » (2011)

- « Macron ? Comment vous dire... ras-le-bol. » (2015)

- « Je ne suis pas Monsieur Estrosi, je prends mes responsabilités. » (2016)

La génération suivante ne rompt pas avec ce double langage. « Si nous nous enfermons dans des petites phrases, alors nous ne sommes pas à la hauteur de nos responsabilités », affirme la députée Europe écologie Les Verts (EELV) Sandrine Rousseau[222]. « Pas de risque que l'intéressée se laisse enfermer », relève aussitôt *Le Canard enchaîné* : « dès qu'elle a terminé une petite phrase pour faire parler d'elle, Rousseau en prépare une autre »[223]. Son palmarès est riche en effet. « Il faut changer de mentalité pour que manger une entrecôte cuite sur un barbecue ne soit plus un symbole de virilité » est ainsi labellisé par *Le Monde*[224], TF1 (« une énième petite phrase qui a déchaîné les passions »)[225] ou *Gala* (« une petite phrase qui a fait grand bruit et qui a valu une salve de critiques à la femme politique »)[226]. D'elle, on retient aussi, par exemple :

- « La valeur travail, pardon, mais c'est quand même une valeur de droite »[227],
- « Je vis avec un homme déconstruit et je suis super heureuse »[228]
- « L'écologie c'est pas des hommes blancs à vélo dans les villes »[229].

À cause de ces formules, Sandrine Rousseau est accusée de jouer solo. « Nous avons trop souffert des individualismes, de la recherche de la petite phrase et de la polémique qui permet à une personne de passer le mur du son pendant que le collectif va dans le mur », se lamente Martine Tondelier, secrétaire nationale d'EELV en 2022[230]. C'est un éternel recommencement pour ce parti. « Il est nécessaire que se tarisse le temps de ces élections la source des petites phrases, que se ferme le robinet des déclarations intempestives et individuelles »[231], réclamaient déjà une vingtaine de ses secrétaires régionaux en 2015.

Les autres partis ne sont pas à l'abri de ces échanges de reproches. « Je fais mon possible pour ne pas être dans les petites phrases », se défend François Ruffin (LFI) à l'automne 2022 quand on l'accuse de chercher à supplanter son leader Jean-Luc Mélenchon. L'année suivante, Sophia Chikirou (LFI) ravage la Nouvelle union populaire, écologique et sociale (Nupes) en proférant : « Il y a du Doriot dans Roussel » (2023). Cette accusation portée contre le secrétaire national du Parti communiste est gravissime. Pourtant, le débat s'oriente sur la méthode et non sur le fond. « Depuis l'été, s'est instaurée entre nous une guerre de la petite phrase », déplore la députée Cyrielle Chatelain. « Là, on tombe dans l'attaque interpersonnelle et la décrédibilisation des autres partis[232]. » À quoi deux historiens répondent que « le secrétaire général du PCF est lui aussi adepte des petites phrases choc qui génèrent la polémique »[233] et qu'« on peut bien sûr critiquer la ligne de Roussel, y compris sa méthode qui consiste parfois à faire parler de lui à tout prix à l'aide d'une "petite phrase" »[234]. Le journaliste Patrick Cohen s'inquiète : « Je me penche rarement sur une petite phrase, mais celle-ci est lourde de sens et peut-être de conséquences[235]. » Il y voit une « diabolisation du débat public qui renvoie tout le monde à l'extrême-droite » : avec l'intervention du diable, la guerre des petites phrases devient guerre de religion.

Les petites phrases fratricides rodent aussi à droite de l'échiquier politique. Quelques semaines avant la « primaire » des présidentiables de droite, en 2016, Alain Juppé, candidat en tête dans les sondages, les fustige expressément[236]. Laurent Wauquiez, président des Républicains, juge nécessaire une mise en garde : « Tous ceux qui pratiquent les petites phrases seront sanctionnés, car ces attaques passent très mal et leur reviendront en boomerang »[237]. Son « tous ceux » vise un homme en particulier : François Fillon. L'ancien Premier ministre vient de formuler une question rhétorique retentissante : « Qui imagine un seul instant le général de Gaulle mis en examen ? » Elle vise clairement son camarade Nicolas Sarkozy (voir au chapitre 3 l'encadré « François Fillon et le général de Gaulle mis en examen »).

« Je me méfie des petites phrases comme de la peste », avait déclaré dès 2015 Bruno Retailleau, directeur de la campagne de François Fillon[238]. Après la déclaration tapageuse de son candidat, il confirme : « Les petites phrases, c'est pas mon truc […] Le problème de la petite phrase, c'est qu'elle cannibalise, elle mange tout le reste, et il ne reste plus que ça »[239]. (Il lui arrive aussi de condamner les « punchlines présidentielles »[240].) Trois ans plus tard, Laurent Wauquiez dénonce à nouveau « les divisions et les petites phrases qui ont fait beaucoup trop de mal dans le parti » et assure : « Moi, je me situe à un autre niveau. Je ne suis pas là pour alimenter les gazouillis[241]. »

En 2019, François-Xavier Bellamy est tête de liste de la droite aux élections européennes. Comme ses aînés, il condamne par principe : « Je sais bien que la vie politique est aujourd'hui bien souvent piégée par le jeu des polémiques et des petites phrases ; mais je crois profondément à la noblesse de l'action politique[242]. » Éric Ciotti montre plus de réalisme : après l'échec relatif de la liste Bellamy aux Européennes, il rappelle aux Républicains qu'« aller dans le jeu des petites phrases ou des petites querelles serait suicidaire[243] ». Autrement dit, la finalité des petites phrases n'est pas l'explication mais le pouvoir. Et elles sont efficaces… au moins contre ses propres amis.

En 2022, Xavier Bertrand, candidat à la primaire de la droite avant l'élection présidentielle, affiche ses intentions vertueuses. Il dit avoir « passé l'âge de la petite phrase »[244] et interdit à son équipe les « petites phrases vachardes » vis-à-vis de ses concurrents de droite[245]. Quand Les Républicains désignent leur candidat, il n'obtient que 22,4 % des suffrages. Le congrès lui préfère Valérie Pécresse.

La campagne de celle-ci ne décolle pas. « Il faut qu'elle sorte les crocs, qu'elle morde », assure un parlementaire LR, songeant de toute évidence à une petite phrase « assassine »[246]. Valérie Pécresse s'y est déjà essayée (« "Un homme qui dit une bêtise, c'est une bourde, une femme qui dit une bêtise, c'est une gourde ! »[247], « Nous avons des Seine-Saint-Denis dans toute l'Île-de-France »[248]...). Intimidée par la présidentielle peut-être, elle commence par des emprunts : « Il faut ressortir le Kärcher », qui renvoie au Nicolas Sarkozy de 2005, ou « Macron a cramé la caisse », qui reprend une critique de Laurent Wauquiez à l'égard d'Alain Juppé pour sa gestion de la ville de Bordeaux. Il lui faut une petite phrase bien à elle. « "On ne l'a pas encore", concède un stratège de son équipe, "c'est une vraie question. Mais on y travaille."[249] ». La réflexion est peu fructueuse. « Valérie Pécresse, que la farce soit avec elle », titre *Libération*[250] quand elle compare la campagne électorale à *La Guerre des étoiles* puis conclut : « Bon, vous avez compris que moi je suis *Le Retour du Jedi* ». Quelques jours plus tard, lors de son grand meeting au Zénith, elle tente : « Pas de fatalité, ni au grand déclassement, ni au grand remplacement ». La référence au « grand remplacement », formule taboue, lui vaut de nombreuses critiques. Elle termine à 4,78 % des voix.

Ces constats débouchent sur une sorte de fatalisme. « Avant on trouvait des slogans, maintenant c'est l'ère de la petite phrase », assure l'historien Christian Delporte. « Au début des années 1980, les hommes politiques ont appauvri volontairement leur vocabulaire[251]. » Une campagne électorale, c'est « un ou deux grands discours, quelques formules, quelques propositions chocs, et c'est tout », estime un conseiller de François Hollande[252]. Du côté des aspirants leaders, « certains députés sont étiquetés comme de bons clients, comprenez des élus qui vont vous lâcher en une minute trente secondes de quoi nourrir un bon papier », raconte Laurent Wauquiez. « Dès qu'ils arrivent, tous les micros se tendent. Les autres, les soutiers de la gloire, passent comme des âmes en peine, en faisant semblant de donner un coup de fil et en espérant secrètement qu'un micro s'intéressera à eux[253]. » Mais lui-même admet : « Je me suis, par moments, laissé abîmer, entraîner vers le bas par une politique médiocre, par l'affrontement politicien et le jeu des petites phrases[254]. » En 2022, il renonce d'ailleurs à la présidence du parti LR en opposant la parole et l'écoute : « Il faut prendre de la distance avec le combat politicien […] parce que le jeu des petites phrases et des polémiques stériles ne permet plus d'entendre la voix des Français[255]. » Il reprend néanmoins la présidence du parti en 2024.

Si les médias reprochent à la classe politique son usage des petites phrases, les griefs circulent aussi dans l'autre sens. Plus modérément peut-être, car il ne faut pas s'aliéner la presse. « Je vois que vous voulez une petite phrase », s'agace Édouard Philippe quand un journaliste insiste sur une question gênante[256]. Le socialiste Nicolas Mayer-Rossignol dit vouloir « sortir des petites phrases, désolé les journalistes[257]. » En réalité, la complicité fonctionne aussi dans ce sens-là[258]. « Le jeu de la petite phrase est l'occupation préférée des journalistes et des hommes politiques », témoigne Daniel Schneidermann[259]. Autant que les médias, les politiques y trouvent avantage : elles sont un moyen de « capter l'attention des médias traditionnels et en ligne » au même titre que les « pseudo-événements » à caractère spectaculaire[260]. « Ils aiment les petites phrases ? Va pour les petites phrases », ironise *Le Canard enchaîné* à propos de Gabriel Attal, alors porte-parole du gouvernement Macron[261]. Qui est pourtant l'un des rares responsables politiques à relativiser : « Je ne crois pas qu'on ait basculé d'un temps lointain des grands et beaux discours à une période des petites phrases qui tirent le débat vers le bas ; il y a toujours eu ce genre de petites phrases, simplement elles étaient peu ou pas médiatisées[262]. »

Cette attitude ambiguë s'observe même chez des politiques assez radicaux. « Je ne suis pas reconnue comme autre chose qu'une femme ayant parlé de son vécu personnel », déplore Sandrine Rousseau quand on lui reproche une petite phrase[263]. Et elle assume : « Avant, je parlais de manière raisonnable, et on ne m'écoutait pas. Aujourd'hui, on m'écoute ».[264] Jacques Julliard, qui ne l'aime pas, dit finalement la même chose : les médias « ont repéré en elle la "bonne cliente", celle qui fait de l'écoute, en raison même de l'énormité de ses propos[265]. »

Le mépris envers les petites phrases n'est pas propre à la France. « Le sound bite a maintenant un sens péjoratif dans le discours des hommes politiques », note David McCallam dès 2000[266]. Et le *sound bite*, c'est les autres. Relatant sa campagne présidentielle ratée de 2016[267], Hillary Clinton dénonce les défauts de son adversaire Donald Trump (misogynie, vantardise…) et les parti-pris de ses électeurs. « Je n'ai jamais eu très envie de raconter l'histoire de ma vie, ma vision du monde et mon programme sous forme de petites phrases brèves » (*pithy sound bites*), assure-t-elle. Elle y vient pourtant quand elle travaille ses discours de campagne avec ses *speechwriters* : « J'avais déclaré que je ne voulais plus de slogans et de petites phrases, et que j'étais vraiment candidate pour que l'économie fonctionne pour tous, alors pourquoi ne pas dire juste cela, et s'en contenter ? Mais quelque chose manquait – un mouvement émotionnel, le sentiment que nous nous engagions dans une mission commune pour assurer notre destin partagé. Je me suis souvenue d'une note reçue quelques jours plus tôt de Jim Kennedy. Cet ami qui manie bien les mots songeait à une phrase du discours "Four Freedoms" de Roosevelt : "Notre force est notre objectif commun". » Ainsi, parce qu'elle émanait de Roosevelt et non de Trump, une petite phrase devenait louable : le *logos* est indissociable de l'*ethos*.

« Nous aspirons à cette histoire qui fige la représentation, cette déclaration d'une seule phrase qui saisit quelque chose de magique concernant l'Amérique, qui vous accroche et ne vous lâche plus », constate aussi Hillary Clinton. Ou encore : « Je me souviens de m'être sentie fascinée, petite fille, chaque fois qu'une femme apparaissait dans un cours d'histoire […] même sous forme d'une phrase dans un livre poussiéreux. » La petite phrase est tantôt désirée, tantôt indigne. Ou plus exactement, Hillary Clinton ne sait reconnaître une petite phrase que négative et venant du camp adverse.

Hors programme et hors contexte

Deux leitmotivs reviennent dans les critiques des politiques : la supériorité des idées, théories, projets et programmes sur les petites phrases, d'une part, et les déclarations « sorties de leur contexte », d'autre part.

Présenter un programme électoral est depuis longtemps une figure imposée pour les candidats de tous niveaux. Une petite phrase ne remplace évidemment pas un programme. Certains politiques paraissent pourtant les considérer comme mutuellement exclusifs. C'est même une très vieille idée, en fait, puisqu'elle remonte au moins au débat entre les sophistes et l'Académie de Platon dans l'Athènes du IVe s. av. J.-C. À la veille de l'élection présidentielle de 1995, Jean-François Kahn s'irrite « qu'ait été si impatiemment attendue, non pas le heurt de deux projets, mais la petite phrase qui ferait basculer le destin[268] ». Certains politiques tentent de corriger leur vocabulaire en remplaçant « programme » et « idées » par « actions » et « solutions ». « Compte tenu de l'état du pays et de l'urgence, il faut désormais se mettre au travail et apporter des solutions plutôt que de tomber dans le jeu des petites phrases[269] », déclare Carole Delga, présidente de région.

Mais ce traitement lexical ne modifie pas la démarche : on voudrait voir dans le citoyen un être rationnel – trompé parfois par des prémisses fausses mais déterminé par un raisonnement logique. Or le scepticisme s'est installé. « Beaucoup de contes de fées commencent par "si je suis élu"… », constate Charlie Brown dans un dessin de Schulz. La présentation d'un programme apparaît parfois comme une liturgie obsolescente. Pourquoi demander au citoyen d'élire un programme quand il s'agit d'élire un candidat ? « Si les hommes s'effacent devant les programmes, les gens commencent à s'ennuyer », prévient le politologue Roland Cayrol[270].

On admet l'utilité du débat, à condition qu'il soit centré exclusivement sur les idées et les programmes. « Les petites phrases empoisonnées, ça peut faire la "une" des journaux, ça peut ravir vos adversaires politiques, mais ça ne fait en aucun cas progresser le débat politique », gronde Jacques Delors, délégué national du Parti socialiste, en 1978[271]. Quarante-cinq ans plus tard, rien n'a changé. « Nous n'avons pas besoin de petites phrases mais d'un vrai travail sur les idées » tranche un haut responsable des Républicains[272]. Certains poussent même le bouchon. « Je déteste les petites phrases alors que le débat de fond c'est génial », s'exclame Jean-François Copé, président de l'UMP, en 2012. Pourtant, constate un élu, « Copé n'est pas le dernier à asséner des sentences bien senties, que l'on peut sans mal ranger dans ce tiroir "petites phrases" propre à la vie politique »[273]. Il serait difficile en effet de considérer comme « débat de fond » sa sortie sur le gamin « qui s'est fait arracher son pain au chocolat à la sortie du collège par des voyous qui lui expliquent qu'on ne mange pas pendant le ramadan ».

Le philosophe François-Xavier Bellamy a cherché à théoriser les méfaits des petites phrases. « Nous vivons dans un univers d'artifices, où manque souvent l'exigence intellectuelle de rendre compte de la réalité d'un propos », assure-t-il. « Ce qui compte, c'est de chercher la petite phrase qui enfermera, quand bien même elle ne dit pas du tout ce que vous cherchiez à exprimer. […] Cela pose une vraie question : quel espace laisse-t-on à la réflexion, au temps qu'elle exige, au sens de la complexité ? Sommes-nous prêts à un dialogue qui cherche à comprendre plutôt qu'à étiqueter[274] ? » Prêchant par l'exemple, il évite « ce qui compte » et la liste républicaine qu'il dirige aux élections européennes n'obtient que 8,2 % des suffrages. Un score qu'il a du mal à digérer : « Quand Jordan Bardella prend une phrase de quarante secondes prononcée sur une radio et qu'il en ressort un extrait de neuf secondes qui me fait dire exactement le contraire de ce que j'exprimais, j'y vois le signe que le débat politique va mal »[275]. Ou bien serait-ce le signe qu'il ne faut pas faire de phases de quarante secondes ?

Les candidats présentent des programmes, leurs adversaires commettent des petites phrases ! « Face à l'irruption de Sandrine

Rousseau dans le débat public [...], aucune méthode de disqualification ne lui sera épargnée : focales sur ses "petites phrases" dites "polémiques" et psychologisation de son combat politique tracent les grandes lignes », regrette une journaliste de son clan. « A contrario, ses propositions [...] ne sont pas (ou si peu) discutées[276]. »

La déploration est la même de l'autre côté de l'Atlantique : « Je menais une campagne traditionnelle avec des propositions soigneusement réfléchies et des coalitions difficilement réalisées, tandis que Trump menait une émission de téléréalité qui, habilement et constamment, attisait la colère et le ressentiment des Américains », proteste Hillary Clinton après son échec à la présidentielle américaine de 2016. « Je prononçais des discours sur la manière de résoudre les problèmes du pays. Il fulminait sur Twitter[277]. »

Gaspard Koenig, philosophe tourné politique, a tenté l'aventure présidentielle en 2022 sans obtenir les cinq cents parrainages exigés. Il donne à voir un cas extrême de candidat focalisé sur son programme : « Je ne pouvais pas prononcer les mots : "Je suis candidat à la présidence de la République." Trop pompeux, trop prétentieux, trop impudique. Et au fond, assez malhonnête par rapport à notre objectif : présenter un programme[278]. » Pour lui, la vérité du candidat est dans ses idées : « S'il est difficile de dissimuler des idées, il est en revanche aisé de maquiller ses traits de caractère », affirme-t-il, comme si le mensonge d'une part, l'hypocrisie d'autre part, n'existaient pas en politique. Il y revient sans cesse en relatant son expérience : seul le programme compte, l'incarnation lui répugne, y compris l'incarnation sonore qu'est la petite phrase.

Déclin des programmes politiques, montée de l'ethos

« À quoi sert une campagne électorale sinon à débattre du fond ? Et pas simplement des petites phrases et des injures », demandait le socialiste Jacques Delors, ancien président de la Commission européenne[279].

Programmes politiques et petites phrases ne jouent pas dans la même catégorie. Ils ne mettent pas en jeu les mêmes mécanismes cognitifs. La petite phrase orale obéit à des processus immémoriaux. Le programme politique, lui, est destiné à être lu et assimilé par un cerveau humain qui, biologiquement, n'est fait ni pour l'écriture ni pour la lecture. Pour beaucoup, les doctrines relèvent de l'abstrait et les programmes de l'avenir : y adhérer suppose un acte de foi. Est-ce la petite phrase qui est réductrice ou le programme qui noie le poisson ?

En général, les programmes électoraux évoquent un état futur des choses espéré et les petites phrases un état actuel rejeté, or l'esprit humain est plus sensible au négatif qu'au positif[280]. Et les programmes se veulent explicites, quand les petites phrases cultivent l'implicite : elles activent des sentiments déjà présents chez l'auditeur (le *pathos*).

La mode des programmes politiques est à son zénith dans les années 1960 et 1970. En 1963, *L'Express* lance une expérience grandeur nature pour faire élire des idées plutôt qu'un individu. Face au général de Gaulle, *L'Express* lance « Monsieur X », candidat idéal à l'élection présidentielle de 1965. L'hebdomadaire lui accole un programme électoral destiné à séduire la majorité. La campagne de ce candidat virtuel est vertueuse, exempte de petites phrases. Elle semble partir du bon pied. Jean Garrigues décrit ainsi la stratégie suivie[281] : « Les Français auront alors à choisir entre, d'une part, cette politique et l'homme qui se sera engagé à l'appliquer et, d'autre part, le personnage historique, séduisant mais mystérieux, et qui considère qu'il n'a pas à exposer une politique, ni à rendre des comptes ». Au dépôt des candidatures, Monsieur X s'avère être Gaston Defferre, depuis vingt ans notable socialiste. Le reflux est immédiat. Face au « personnage historique », la défaite de la « politique » est sans appel.

Le *Programme commun de gouvernement* des partis de gauche, en 1972, fait figure de point culminant. Puis vient le déclin. « Le discrédit des énoncés politiques s'est développé en France à partir des années 1970 avec la critique antitotalitaire des "langues de bois" et s'est étendue au cours des années 1980 à toute forme longue et monologique de parole publique », constate Jean-Jacques Courtine. « S'y oppose désormais une autre politique de la parole : celle des formes brèves, des formules, des petites phrases[282]. » Depuis 1995, voire depuis 1988, estime Jacques Attali, toutes les campagnes présidentielles et législatives n'ont produit « que des oppositions plus ou moins brutales de personnes, des petites phrases, des projets de réformes minuscules, et très peu de débats de fond[283]. » L'essor du marketing politique accélère cette évolution. Le marketing s'est longtemps acharné à vendre des produits. Puis Theodore Levitt a critiqué en 1960 la « myopie marketing »[284] : se focaliser sur le produit, c'est avoir la vue trop courte. L'important n'est pas le produit mais le besoin à satisfaire. Or le premier besoin de l'électeur lors d'une présidentielle est une incarnation.

Aujourd'hui, construire une campagne présidentielle autour d'un programme peut évoquer Gamelin préparant en 1939 la guerre de 1914. L'électeur moyen pense à la politique quatre minutes par semaine, assure le *spin doctor* américain Jim Messina. Appelé à la rescousse du Parti conservateur britannique en 2015, il préconise de marteler une seule idée : « Cameron redresse le pays et crée des emplois »[285]. Autrement dit, l'électeur est invité à choisir un leader, et le programme suivra - plutôt que l'inverse[286]. Et Cameron est élu. La leçon ne vaut pas seulement pour les démocraties. « Les dictateurs classiques, ceux de la peur, imposaient des idéologies élaborées et des rites de loyauté », observent Guriev et Treisman. « Les *spin dictators* emploient des méthodes plus subtiles qui relèvent moins de l'agitprop de style maoïste et s'inspirent davantage de Madison Avenue[287]. » S'il y a démagogie, du moins le démagogue a-t-il appris à connaître son public.

Les sondeurs s'attachent encore à étudier le rapport entre positions des partis et préférences des électeurs. Peut-être devraient-ils observer plutôt les positions *exprimées par les leaders*[288]. On constate d'ailleurs que certains partis peuvent sans trop de dommages inverser leur position sur certains sujets de fond pourvu que leur leader reste en place[289]. En 2017, le Rassemblement national semble avoir plus souffert de l'échec de Marine Le Pen en débat face à Emmanuel Macron que de la révision radicale de sa position sur l'euro. Le programme d'un parti ne suffit plus, la politique redevient une affaire de personnes. C'est là qu'interviennent les petites phrases : elles aident leaders et électeurs à se trouver.

Beaucoup de politiques affectent encore de s'effacer derrière leurs idées. « Je fais ce que je peux pour être le plus possible identifié à un programme », assure Jean-Luc Mélenchon. « J'utilise des expressions qui illustrent cet état d'esprit : " je suis un programme", "je suis un bulletin de vote sans face cachée"[290]… » Mais il semble que les citoyens retiennent plutôt des expressions du genre « J'ai admiré vos pudeurs de gazelle », « J'ai compris à plus de 60 ans ce que c'était qu'être une jolie fille », « La République, c'est moi », etc., qui le décrivent, lui, plus que son programme.

Lors de l'élection présidentielle de 2022, aucun candidat ne soigne autant son programme que la socialiste Anne Hidalgo, poussée par une directrice de campagne peu expérimentée. « Elle en parle depuis des semaines, le polit comme le joyau de sa candidature », relate *Le Monde* à la veille de sa présentation. Avec ce document énonçant soixante-dix propositions[291], « il s'agissait de se "relancer" alors qu'elle est à la peine dans les sondages, qui la créditent entre 2 et 5 % des intentions de vote », constate *La Croix*[292]. En misant l'essentiel de sa fin de campagne sur son programme, elle finit à… 1,75 % des voix. À la même époque, Éric Zemmour dépasse 17 % des intentions de vote dans les sondages sans programme précis. Puis il en présente un, à la mi-mars 2022, et n'obtient que 7,07 % des voix le jour de l'élection.

De temps en temps, des responsables politiques font un constat : la logique vertueuse du programme manque d'efficacité. « Nos électeurs n'attendent pas des mesures dans le détail mais une vision, une détermination », admet Michel Barnier, candidat à la primaire de la droite pour la présidentielle de 2022[293]. Julien Bayou, secrétaire national d'EELV, le rejoint plus ou moins : « Il y a toujours des petites phrases mais, dans le fond, les militants attendent de la responsabilité[294]. » Vision, responsabilité ou leadership ne se démontrent pas par un programme déroulé dans les détails ; les petites phrases contribuent à révéler des caractères. Les politiques en jouent comme on joue des biceps. En situation d'affrontement entre candidats, elles sont une arme symbolique du combat des chefs, le matériau d'un « rituel d'affrontement »[295].

Sans être issu d'un parcours politique classique, Emmanuel Macron n'échappe pas totalement à l'attraction du programme. « Parce que c'est notre projet » hurle-t-il deux tons trop haut à la tribune de son premier grand meeting, à la Porte de Versailles, le 13 janvier 2017[296]. Ce projet, cependant, il n'en précise guère le contenu. Il est élu *intuitu personae*, sans disposer ni d'un vrai parti ni d'un vrai programme. Cette absence a pu l'avantager. Dix-huit mois plus tôt, il a théorisé le recul des idéologies dans un entretien fameux :

> Les partis ne vivent plus sur une base idéologique. Ils vivent sur une base d'appartenance et sur la rémanence rétinienne de quelques idées. [...] Ce qui est étrange aujourd'hui, c'est que l'espace de débat critique est mis de côté. Les intellectuels se sont repliés dans le champ universitaire et se sont spécialisés dans leur discipline. Les politiques, eux, se sont reconcentrés sur les valeurs, c'est-à-dire sur un rapport beaucoup plus émotionnel aux choses et plus suiviste de l'opinion[297].

Lui-même se dit attaché à l'idéologie politique, « construction intellectuelle qui éclaire le réel en lui donnant un sens », alors que le territoire émotionnel des valeurs est plus propice aux petites phrases. En 2022, avant sa réélection, Il se montre peu programmatique. « À trente-deux jours du premier tour, le "président candidat" n'a toujours pas dévoilé de programme détaillé, qui permettrait aux Français de se faire une idée précise des réformes qu'il compte engager pour les cinq années à venir, en cas de réélection », s'agace *Le Monde*. « Plutôt que de jouer directement cartes sur table, le chef de l'État a décidé de présenter son projet au compte-gouttes[298]. » Il attend la mi-mars 2022, un mois avant l'élection et douze jours après s'être déclaré candidat, pour exposer un programme.

Certains analystes de la vie politique perçoivent la dissociation entre hommes et programmes sans aller au bout de leur raisonnement. « Le gaullisme n'est pas une idéologie, c'est peut-être plutôt un style, style qui est plus original que la doctrine », écrit le constitutionnaliste Loïc Philip[299]. « De Gaulle est indiscutablement un écrivain, il possède une maîtrise totale de la langue française. […] Il laisse aussi une série de "mots" inoubliables : "La France a perdu une bataille mais elle n'a pas perdu la guerre" (1940) ; "Paris outragé, Paris martyrisé, mais Paris libéré, libéré par lui-même" (1944) ; "Je vous ai compris !" (1958) ; "Ce machin qu'on appelle l'ONU" (1960) ; "un quarteron de généraux en retraite" (1961) ; "On peut sauter sur sa chaise comme un cabri en disant : l'Europe, l'Europe, l'Europe, mais cela ne conduit à rien et ne signifie rien" (1964) ; "Une Europe régie par quelque aréopage technocratique, apatride et irresponsable" (1965) ; "La réforme oui, la chienlit non !". Pour de Gaulle, l'idéologie est devenue simple phraséologie. "L'étendard de l'idéologie ne recouvre, en réalité, que des ambitions". »

Le gaullisme serait donc style plus qu'idéologie, et « le style c'est l'homme », comme disait Buffon. En comparaison, le

« mendésisme » pourrait passer pour un modèle de rationalité politique. Ses partisans sont réputés citoyens raisonnables. En réalité, Pierre Mendès-France est surtout porté par la faveur d'une presse peu soucieuse de détailler son programme. Au mieux, on vante sa « haute compétence », sans préciser même dans quel domaine elle s'exerce[300]. L'incarnation prend le pas sur les idées.

Avec la Constitution de 1793, la démocratie française invente le référendum. Foin des programmes complexes, il propose aux citoyens des choix simplifiés. On l'accuse vite d'être en réalité un « plébiscite » : un choix d'allégeance à un homme plutôt que l'approbation d'une politique. « Sous le Consulat, l'Empire et le Second Empire, la démocratie référendaire a joué un rôle déterminant pour valider les irrégularités liées à la prise du pouvoir et pour asseoir la légitimité de ces régimes plébiscitaires », constate le Conseil constitutionnel lui-même[301]. C'est le leader qui importe, plus que la mesure mise aux voix.

Malgré son goût pour les programmes, Gaspard Koenig convient que « le principe de l'élection d'un "chef", représentant la nation et auquel on s'en remet pour assurer le fonctionnement de l'État, correspond – même si on peut le regretter – à une structure mentale encore fortement enracinée dans les esprits, au moins au stade actuel du développement de l'humanité[302]. » Le philosophe ne désespère pas. Il ajoute : « N'est-il pas temps de changer de structure mentale, de passer à un autre stade de développement de l'humanité ? » Mais à moins de « dissoudre le peuple », comme le proposait Bertolt Brecht, attendre l'émergence d'une humanité nouvelle paraît un moyen aléatoire pour gagner l'élection de l'année prochaine.« Je sais que la moitié de mon budget publicitaire est dépensée en pure perte, mais je ne sais pas quelle moitié » : ce *lamento* classique des chefs d'entreprise pourrait avoir cours aussi en communication politique. Les petites phrases ont quelques chances de figurer dans la moitié utile. Si les électeurs se disent que, face à l'adversité, le caractère d'un président compte davantage que des « propositions » soumises à bien des aléas, et s'ils estiment que ce caractère transparaît dans ses petites phrases, il est normal qu'ils leur prêtent l'oreille. Malgré leur aspect anecdotique, elles brossent implicitement le portrait d'un leader (voir chapitre 7). Rarement programmatiques, elles décrivent un personnage à travers ses actes, comme dans un roman naturaliste - et sont exécrables ou non avant tout en fonction de ce personnage. Et leur moindre complexité textuelle favorise leur intégration à la connaissance politique « structurelle » des citoyens[303]. La deuxième critique classique adressée à une petite phrase, presque pavlovienne, est qu'elle est « sortie de son contexte ». C'est une évidence : en tant que citation, comme le souligne Maingueneau, elle a un contexte source et un contexte d'accueil. Son sens peut s'en trouver trahi ; c'est une « arme de destruction massive » assure Jacques Séguéla[304].

« L'homme politique qui prononce une phrase ambiguë et déformée invoque toujours pour tenter d'échapper à la critique l'abus de la déformation, avec l'argument toujours répété de la phrase "sortie de son contexte" », constate Olivier Duhamel[305]. Ce thème est récurrent chez Emmanuel Macron.« Ce sont les intermédiaires qui sortent les phrases de leur contexte, pas le locuteur », assure-t-il[306]. Être sortie de son contexte, pourtant, c'est la nature même d'une petite phrase ! Plus exactement, son contexte est moins le discours dont elle provient que le peuple qui l'entend. En touchant le public, elle ne sort pas de son contexte : au contraire, elle y entre. Même déformée, note Olivier Duhamel, elle « exprime une vérité du moment, bien que le locuteur n'ait pas voulu l'exprimer ». Son auteur ne lui attache pas le même sens que son auditoire. Le premier considère qu'elle dit quelque chose du monde. Le second considère qu'elle dit quelque chose du premier. Souvent, ces choses ne plaisent ni au premier ni au second.

En avril 2016, alors ministre de l'Économie, Emmanuel Macron déclare éprouver une « loyauté personnelle envers François Hollande », sans avoir le sentiment d'être son « obligé ». Prié de s'expliquer, il esquive : « le jeu des petites phrases sorties de leur contexte, ça ne correspond pas à ma vision de la vie politique »[307]. En septembre 2017, il déplore devant des journalistes : « J'ai fait un discours important à Athènes, vous avez choisi une phrase sortie de son contexte » (en l'occurrence : « Je ne céderai rien devant les fainéants »)[308]. En 2019, revenant sur son « Je traverse la rue », il proteste : « C'étaient cinq minutes de conversation qui ont été sorties de leur contexte »[309]. Le 14 juillet 2020, interrogé en direct par Gilles Bouleau et Léa Salamé sur la « détestation » qu'il peut susciter dans l'opinion[310], il répond : « le jeu des maladresses parfois, des phrases [plusieurs médias écrivent même spontanément « petites phrases »[311]] sorties de leur contexte d'autres fois, de l'opposition, de la vie politique a fait que cette détestation a pu être alimentée ». Quand enfin, en 2021, il dit regretter ses petites phrases, il relativise ses remords en invoquant une circonstance atténuante, la « société de la décontextualisation » : « Vous dites deux mots, on les sort du contexte et ils paraissent affreux »[312]. Et après avoir récidivé en 2022 avec « Les non vaccinées, j'ai très envie de les emmerder », il s'indigne : « Sorti de son contexte, on peut faire dire tout et n'importe quoi, voilà ![313] »

Le « hors contexte » semble universel. Quand on reproche à Joe Biden d'avoir, en 2007, présenté Barack Obama comme « le premier Afro-Américain ordinaire qui est éloquent, brillant, propre et sympathique », il assure que son commentaire a été *taken out of context*[314]. Donald Trump en fait autant en diverses circonstances, en particulier quand il est accusé en 2020 d'avoir préconisé de soigner le covid-19 en avalant du désinfectant.

On ne rembobine pas la communication politique. Une petite phrase « sortie de son contexte » l'est tout aussi définitivement qu'un dentifrice sorti de son tube. Les petites phrases « sorties de leur contexte » sont comme les fausses nouvelles : même fausse ou erronée, une information est robuste si elle est compatible avec ce que le public croit déjà, car le cerveau aime la cohérence. Qu'elles soient orales ou écrites, les dénégations et rétractations sont rarement un moyen suffisant[315].

3. Le pouvoir, avant, pendant et après

Plus de 99 % de l'histoire de l'humanité est antérieure à Gutenberg et il ne s'est écoulé que trois générations depuis le déferlement de la radio, deux depuis celui de la télévision, une à peine depuis celui de l'internet. Nous réagissons à la communication politique avec un patrimoine génétique hérité d'une époque où le chef s'exprimait et s'imposait en direct. L'homme de Cro Magnon n'avait probablement pas de programmes électoraux mais il avait probablement des petites phrases. Des générations de latinistes se sont exercés à traduire les *Catilinaires* de Cicéron. La violence y affleure dès leur *incipit*, l'une des petites phrases les plus célèbres de l'Antiquité : « *Quousque tandem abutere, Catilina, patientia nostra ?* » L'histoire est parsemée de formules de ce genre jusqu'à nos jours.

Les petites phrases prospèrent quand les peuples cherchent un leader. Le pouvoir royal disparu, Barnave, Robespierre, Danton et bien d'autres acteurs de la Révolution multiplient les formules qui claquent telles des *sententiae* de Quintilien. Saint-Just, le plus spirituel des démagogues selon Benjamin Constant, « faisait tous ses discours en petites phrases propres à réveiller des âmes usées »[316]. Barère est du même avis : son renom « ne provenait-il pas [...] de ces "mots à effet" partout cités dans la littérature thermidorienne : "Il n'y a que les morts qui ne reviennent pas" (16 messidor an II), les "formes un peu acerbes" de la liberté (21 messidor an II)[317] ? » Le peuple répète et discute ces paroles jusqu'à ce que la situation se décante – jusqu'à ce qu'un prétendant ait eu *le dernier mot*.

Comme les combats ritualisés du monde animal, une joute verbale à coups de petites phrases cause moins de dégâts qu'un duel à mort mais peut en être le prélude : la Terreur est l'occasion d'échanges verbaux d'une agressivité rare. « Quiconque tremble en ce moment est coupable », lance Robespierre à Danton[318], arrêté la veille. Sous cinq jours, Danton est jugé, condamné et guillotiné. « Robespierre, tu me suis ! Ta maison sera rasée ! On y sèmera du sel ! » s'écrie-t-il, en route pour l'échafaud. Sa prophétie se réalise moins de quatre mois plus tard.

Bien avant la presse, la radiodiffusion et autres réseaux sociaux, il est question de « pointes », de « traits », de « saillies », de « sorties », de « chicanes », etc. : le vocabulaire dénote une certaine brutalité du discours. Sous tous les types de régimes, quel que soit le mode d'expression, la parole politique a souvent été violente. Elle le reste, y compris au plus haut niveau de la politique internationale : railleries de Jair Bolsonaro et de Recep Tayyip Erdogan à l'égard d'Emmanuel Macron, de Donald Trump à l'égard de Kim Jong-un, de Rodrigo Duterte à l'égard du pape François, de Vladimir Poutine à l'égard de Joe Biden, etc.

La violence est ritualisée. D'après les moteurs de recherche, le deuxième adjectif le plus souvent appliqué par la presse à une petite phrase, derrière « philosophique », est « assassine » - et il est le plus fréquent dans le domaine politique. Des petites phrases *assassines* ! Le mot est fort : un assassinat est un « meurtre commis avec préméditation » (article 221-3 du code pénal), un crime particulièrement grave. L'expression « petite phrase assassine » est révélatrice : c'est bien la petite phrase qu'on incrimine avant même son auteur ! Une métaphore n'est jamais innocente.

« Vous n'avez pas le monopole du cœur » a été qualifié de « formule assassine »[319], de « flèche mortelle »[320], de « phrase qui tue »[321], etc. L'important n'est pas dans la phrase elle-même, qui énonce une banalité. Il est dans l'ascendant que l'un des candidats prend visiblement sur l'autre, sous les yeux des citoyens. L'un des adversaires se découvre imprudemment et l'autre saisit l'occasion d'instinct, comme un Cyrano de Bergerac annonçant « À la fin de l'envoi, je touche ». Valéry Giscard d'Estaing administre une leçon à François Mitterrand. Symboliquement, il lui arrache le cœur. Mitterrand acquiesce, comme soumis.

Ce genre de duel ne date sûrement pas de l'apparition de la télévision. Celle-ci a seulement permis à des nations entières d'y assister en direct, comme des tribus paléolithiques assemblées autour de deux prétendants. On peut y voir un retour en arrière ou l'expression d'une réalité de tous les temps : le leadership est affaire de personnes et non de programmes. (Et il n'est pas impossible que les femmes soient désavantagées dans la « confrontation directe, verbale ou physique, […] manière simple de déterminer qui est le chef[322]. ») Le « monopole du cœur » n'est pas une exception. La brutalité ritualisée est permanente au sommet de l'État démocratique. « La présidentielle consiste d'abord à bombarder le tenant du titre, sans relâche et sans nuances », souligne un journaliste[323] en rappelant les charges violentes de François Mitterrand contre Valéry Giscard d'Estaing et de François Hollande contre Nicolas Sarkozy.

D'un président à l'autre, le pli demeure. Emmanuel Macron n'y échappe pas. En 2017, note Alain Duhamel, « le fameux "Vous êtes haï, vous êtes haï, vous êtes haï", fulminé par François Ruffin, le plus provocateur, le plus violent, le plus constamment déchaîné des Insoumis, sonne comme un leitmotiv régicide[324]. » Ce qui confirme une fois de plus, fût-ce involontairement, que la lutte électorale est affaire de personnes plus que d'idées, et qu'elle peut-être brutale au moins en paroles.

Les périodes de leadership faible sont aussi favorables aux petites phrases. Elles émaillent la vie politique française sous le mandat de François Hollande – dans la bouche d'Arnaud Montebourg, de Manuel Valls et d'Emmanuel Macron en particulier. « [François Hollande] terminera avec du goudron et des plumes » gronde Nicolas Sarkozy – et l'on parle une fois de plus de « petite phrase assassine »[325]. Les ambitions personnelles se dévoilent, les prétendants montrent leurs muscles sous forme de petites phrases ; c'est l'offre politique. Mais on dirait que l'opinion publique elle-même les attend ; c'est la demande politique.

Une situation de pouvoir floue invite aux explications de gravure. Le 14 juillet 1997, au début d'une « cohabitation » délicate, Jacques Chirac, président de la République, déclare le 14 juillet à la télévision : « La Constitution prévoit des choses et ces choses donnent, notamment, une prééminence, et je dirais, donnent un peu le dernier mot au président de la République... ». Le surlendemain, Lionel Jospin, Premier ministre, riposte bien plus clairement : *« Il n'y a pas de domaine de la politique française où le Président aurait le dernier mot ».*

Chirac se montre plus incisif par la suite. « Faut-il regretter les phrases plus ou moins assassines que le président de la République prononce à l'encontre de la politique gouvernementale ? » demande le professeur François Luchaire, ancien membre du Conseil constitutionnel, deux ans après la première passe d'armes verbale entre Chirac et Jospin. « Je ne le pense pas », répond-il, « car cette fonction tribunitienne me semble parfaitement admissible à condition de ne pas s'exercer trop systématiquement. En effet, ces petites phrases correspondent aux sentiments d'une partie de l'opinion. »[326]. Il est très possible aussi que les électeurs apprécient la

« gagne », le geste technique qui plie le match ou l'échappée qui ne sera pas reprise par le peloton.

Qui est le chef ?

À quoi reconnaît-on un chef ? À ce qu'il est élu, certes, dans un régime politique démocratique, ou au trône sur lequel il est assis dans un régime autoritaire, mais avant cela ? Les citoyens éprouvent une préférence pour certains traits physiques chez les candidats, ont montré plusieurs études[327] (il en va de même pour les PDG des plus grandes entreprises[328]). Mais juger les gens sur leur mine ne suffit pas : d'autres moyens de sélection entrent en jeu. Les petites phrases sont l'un d'eux. Outils du leader, elles lui servent à acquérir cette position et à la conserver, puis à exercer le pouvoir. «Un chef, c'est fait pour cheffer », disait Jacques Chirac. Il « cheffe », entre autres, par des petites phrases qui marquent son peuple.

C'est vrai dans bien des situations de pouvoir. Dans *Les Incorruptibles* de Brian de Palma, Robert de Niro incarne un chef mafieux qui a réuni ses barons pour un banquet. Muni d'une batte de baseball, il leur délivre un bref sermon sur l'esprit d'équipe : « I get nowhere unless the team wins » (je ne réussis que si l'équipe gagne). Et tous de répéter entre eux : « team, team, team », pour caler leur compréhension. (Le message passe encore mieux l'instant d'après, quand de Niro massacre un traître à coups de batte.) Si le rapport de domination n'est pas établi, la petite phrase peut signaler le désir de l'instaurer (« À moi, comte, deux mots » - Corneille, *Le Cid*).

Comme la langue d'Esope, les petites phrases peuvent servir toutes sortes de finalités. Selon les occasions, elles peuvent servir au leader à écarter la concurrence ou à exercer son leadership. Les périodes électorales sont propices aux agressions verbales entre candidats représentant différents camps. « Il a toujours les phrases qui tuent », note un député à propos de David Guiraud, porte-parole de LFI pour la campagne présidentielle de 2022[329]. La violence oratoire ne consiste pas nécessairement à élever la voix. L'une des sorties les plus féroces et les plus remarquées de Donald Trump envers Joe Biden pendant la campagne électorale américaine de 2024 est débitée sur un ton parfaitement neutre : « I really don't know what he said at the end of that sentence, I don't think he knows what he said either » (je ne sais vraiment pas ce qu'il a dit à la fin de cette phrase, je pense qu'il ne le sait pas non plus).

En dehors des périodes électorales, épisodiques, la concurrence entre amis est souvent incessante. Le mâle alpha d'un troupeau fait moins souvent face à celui d'un autre troupeau qu'à des ambitieux de son propre troupeau. Pour marquer leur territoire ou pour établir un *pecking order*, les dirigeants vont « marteler à l'aide de petites phrases courtes des critiques acerbes contre leurs opposants » constate Laura Goldberger dans sa thèse sur le web politique[330]. Or les opposants les plus dangereux sont aussi les plus proches !

« La communication politique est habituellement régulée par la loyauté partisane », rappelle Christian Le Bart avant de constater : « depuis quelque temps, cependant, on assiste à un changement important : la critique intra-partisane est plus fréquente[331]. ». Ont par exemple été qualifiées de « petite phrase assassine » :

- « Elle est un petit peu impatiente, la Ségolène » - Martine Aubry[332]
- « C'est moins grave de mentir pendant quinze secondes devant 577 députés que de mentir depuis un an sur l'état de la France, comme le fait François Hollande » - Jérôme Cahuzac[333]
- « Pourquoi elle ne parle que de Chirac ? Elle serait bien inspirée de me citer un peu si elle veut que je la soutienne » - Nicolas Sarkozy, à propos de Valérie Pécresse[334]

Être considéré comme un traître à sa famille politique n'est pas enviable. Pour y échapper, on invoque son authenticité et sa sincérité, voire son *droit d'inventaire* – en espérant que « l'adhésion aux convictions converge avec l'adhésion à la personne[335] ». Grands principes et petites phrases sont alors des alliés efficaces. Les premiers posent des jalons préparant des critiques personnelles. Les secondes, riches en sous-entendus, sont comprises par les gens de son camp, porteurs d'une même culture, et moins claires pour le camp d'en face ; elles évitent d'exposer aux adversaires et aux médias des preuves flagrantes de dissension. On le verra au chapitre 7, l'exemple vient souvent d'en haut.

L'épisode du « général de Gaulle mis en examen » ruine la réputation de François Fillon. Néanmoins, sa méthode a pu faire des émules. Début 2021, Sandrine Rousseau est peu connue. Elle n'a plus de mandat électif depuis son échec aux élections régionales de 2015. Elle a abandonné ses responsabilités partisanes en quittant Europe Écologie-Les Verts en 2017 et n'y est revenue que par la petite porte en 2020. Elle se porte néanmoins candidate à la primaire des écologistes qui aura lieu fin 2021 en vue de l'élection présidentielle de 2022. Elle affronte Yannick Jadot, Éric Piolle et Delphine Batho, beaucoup plus connus et titrés qu'elle : les observateurs ne lui donnent pas la moindre chance. Pendant l'été 2021, elle déclenche un tir de barrage de petites phrases (dont plusieurs ont été citées au chapitre 2). « En l'espace de quelques jours, elle se surpasse pour augmenter sa notoriété […], elle se livre à un véritable festival », note *Décideurs magazine*, qui la classe à son palmarès des « pires "petites phrases" de 2021[336] ». La semi-inconnue d'hier obtient sa qualification pour le second tour. Immédiatement, elle cible ses attaques sur l'autre finaliste, Yannick Jadot : « Il y a un clivage assez clair qui se dessine entre une écologie d'accompagnement et une écologie de transformation ; je porterai la seconde ». Elle échoue d'un fil face au leader écologiste du parlement européen.

Ainsi, tout candidat à une primaire devrait imaginer à la fois des petites phrases assassines contre ses concurrents et amis et des ripostes à leurs éventuelles attaques. Mais, étant donné leur puissance destructrice, tous les camps devraient y voir une arme de dissuasion et les accompagner d'une offre d'armistice pour éviter de s'entretuer. Ou essayer, puisque le contexte est un peu celui de *La Fureur de vivre* : le premier qui freine a perdu, le dernier qui freine est mort.

Dire du bien peut être aussi toxique qu'un sous-entendu agressif. En 2011, avant la primaire des écologistes pour l'élection présidentielle de 2012, l'un des candidats, Nicolas Hulot, se réjouit d'une possible alliance avec le Parti radical. Cette approbation est commentée comme « la petite phrase de Nicolas Hulot qui gâche la fête des écologistes »[337], car l'alliance ne fait pas l'unanimité. Le baiser de Judas, comme son nom l'indique, est une pratique ancienne.

« En 2027, peut-être que M. Édouard Philippe vous remplacera », lance un quidam à Emmanuel Macron à l'occasion d'un bain de foule le 24 juillet 2023. « Il a bien fait à mes côtés, c'est un ami », répond le président de la République. RTL y voit, comme d'autres, « une première politique au détour d'une petite phrase et au cœur de l'été. Elle résonne comme le coup d'envoi de la guerre de succession à Emmanuel Macron[338]. » Et ajoute : « C'est peut-être aussi la première fois qu'Emmanuel Macron dit du bien d'Édouard Philippe. » Cette approbation est au minimum ambiguë. À l'évidence le compliment du chef de l'État dérange son ancien Premier ministre, qui refuse mordicus de le commenter (« Je propose que nous en restions là »). Certains y voient un « cadeau empoisonné de Macron à Philippe »[339]. Pas seulement parce que la cote de popularité du président est basse, mais aussi, suppose-t-on, parce qu'Édouard Philippe n'a pas envie qu'on le considère comme un candidat en campagne presque quatre ans à l'avance.

L'élection présidentielle, moment où un pays va se désigner un leader, est une occasion institutionnelle de petites phrases. Les campagnes électorales visent en principe à présenter des programmes et des candidats. Mais, on l'a vu plus haut, le programme a souvent le dessous. Les électeurs retiennent pour un temps des phrases sans texte - slogans répétés par leur initiateur et petites phrases répétées par d'autres. Il serait difficile de considérer « La feuille de paye n'est pas l'ennemie de l'emploi » comme un programme de relance ou de défense du pouvoir d'achat, par exemple. On soutient pourtant que « cette petite phrase de Jacques Chirac [...] fit beaucoup pour son élection[340] ».

Une fois son élection ou sa nomination acquise, le premier discours d'un leader – président ou chef du gouvernement - est l'occasion de prononcer des formules capitales. Les États-Unis ont institutionnalisé cette pratique sous la forme d'une « *inaugural address* » prononcée le jour de la prise de fonction, au mois de janvier. Elle est toujours largement analysée et commentée. Les meilleurs discours restent classiquement désignés par leur phrase la plus remarquable, par exemple :

- « Nous sommes tous républicains, nous sommes tous fédéralistes » (Thomas Jefferson)

- « La seule chose dont nous devons avoir peur est la peur elle-même » (Franklin D. Roosevelt)

- « Ne vous demandez pas ce que votre pays peut faire pour vous mais ce que vous pouvez faire pour votre pays » (John F. Kennedy)

Les adieux, eux, sont en général rétrospectifs, donc peu propices aux petites phrases. Les exceptions sont rares. L'« Au revoir » de Valéry Giscard d'Estaing a marqué plutôt par sa mise en scène. Quelques paroles notables de la politique américaine sont issues des *farewell addresses* ou de testaments politiques, comme :

- « La nation qui nourrit envers une autre une haine ou une affection habituelle est dans une certaine mesure esclave ». (The nation which indulges toward another an habitual hatred or an habitual fondness is in some degree a slave) (George Washington)
- « Un homme peut mourir, les nations peuvent s'élever et s'effondrer, mais une idée survit. » (A man may die, nations may rise and fall, but an idea lives on) (Andrew Jackson)
- « Tout ce que l'Amérique espère réaliser dans le monde doit d'abord se réaliser au cœur de l'Amérique. » (Whatever America hopes to bring to pass in the world must first come to pass in the heart of America) (Dwight Eisenhower).

On note que ces formules retenues par les mémoires parlent de l'avenir davantage que du passé.

Une petite phrase peut servir à faire régner l'ordre dans les rangs. Élisabeth Borne, alors Premier ministre, déclare : *« les ministres, quel que soit leur parcours, doivent avoir la vision, la capacité à diriger leur administration, à porter des textes au Parlement, à échanger régulièrement avec les députés et les sénateurs. »* Certains y entendent « Une petite phrase qui peut sonner de façon particulière alors les rumeurs de remaniement vont bon train »[341].

Les dictatures n'ont pas besoin de petites phrases pour distinguer des candidats aux élections. Les formules affirmant la présence d'un leader s'y épanouissent néanmoins. Ce sont souvent des hybrides de slogans et de petites phrases, tel le « Big Brother is watching you » de *1984*. Dans la Chine des années 1960 et 1970, le *Petit livre rouge*, brandi en toutes circonstances et composé de citations brèves (« la révolution n'est pas un dîner de gala »…) à réciter en cœur, était le symbole visible de l'emprise du président Mao Tsé-Toung sur les masses ; un milliard d'exemplaires auraient été imprimés entre 1966 et 1969. Kadhafi l'a imité avec un « Petit livre vert ». Depuis la rentrée 2021, les manuels scolaires chinois sont émaillés de citations déclinant la pensée de Xi Jinping. La montée en puissance des *spin dictators*, démocrates d'apparence exerçant leur pouvoir grâce à des méthode de manipulation élaborées[342], accroît la place des petites phrases ; le parti Russie unie a fondé sa campagne électorale de 2016 sur douze maximes du président Vladimir Poutine.

Peut-on être leader sans petites phrases ? En 1994, Michel Barnier écrit : « Je suis certain que les querelles intestines, les petites phrases dont la presse est si friande et les ambitions des uns ou des autres indiffèrent ou agacent les Français[343]. » Il les évite donc et condamne celles qui sévissent dans son camp. *Libération* le considère comme « très sous-estimé sur la scène politique française, sans doute à cause de son peu de goût pour la petite phrase et de son sens de l'humour limité »[344]. Son poste de commissaire européen résulte d'une désignation, non d'une élection. Candidat à la primaire de la droite pour l'élection présidentielle de 2022, il n'arrive qu'en troisième position. Nommé Premier ministre en septembre 2024 à la faveur des circonstances politiques (il invite aussitôt ses ministres à éviter promesses et petites phrases), il n'occupe la fonction que pendant trois mois.

Interpréter la situation

Les petites phrases ne servent pas qu'à conquérir le pouvoir. L'une des fonctions essentielles du leader est d'interpréter toute situation. Face à une confusion ambiante, à un avenir incertain, il dissipe les doutes, instaure une vérité commune, donne un sens à l'existence du groupe, définit une mission, oriente les comportements. Plus la situation est complexe, plus elle semble exiger de longs discours – et pourtant, plus il est efficient de la cerner en quelques mots.

Ce besoin n'est jamais aussi fort qu'en temps de guerre. La force du discours est d'abord dans le *pathos* des auditeurs, en quête de réassurance et/ou de motivation. Le grand leader déploie un *logos* et un *ethos* à la hauteur. Les discours de guerre de Démosthène, Napoléon, Clemenceau, Churchill, de Gaulle, etc. sont tenus pour des chefs-d'œuvre oratoires. On en retient classiquement des « morceaux de bravoure » d'une seule phrase. Celle-ci n'est pas forcément belliqueuse : « Jamais depuis quarante ans l'Europe n'a été dans une situation plus menaçante et plus tragique », s'exclame Jean Jaurès au début de son dernier discours le 25 juillet 1914. Bien vu : six jours plus tard, il est assassiné. Neuf jours plus tard, la Première Guerre mondiale commence.

Les proclamations aux armées, messages directs du leader aux combattants, invitent aux phrases courtes et fortes. « Amis, nous souperons chez Hadès », proclame Léonidas aux Thermopyles. « Dieu de Clotilde, si tu me donnes la victoire, je me ferai chrétien », promet Clovis. « Ayez confiance en Dieu et gardez votre poudre sèche », enjoint Cromwell avec un esprit pratique tout anglais. Dans les harangues guerrières médiévales, l'élément le plus fréquent (la moitié des cas) est un appel à la bravoure « fait souvent d'une simple phrase »[345]. Largement répétée, elle touche les peuples au-delà des soldats.

Napoléon Bonaparte excelle dans cet exercice. Ses petites phrases nourrissent l'*ethos* d'un chef charismatique et victorieux. Le 21 juillet 1798, général de 28 ans, il commande l'armée française d'Orient qui va affronter les mamelouks égyptiens. « Soldats, songez que du haut de ces pyramides quarante siècles vous contemplent », proclame-t-il au front des troupes : il ne s'agit pas seulement de livrer une bataille, il s'agit de s'inscrire dans l'histoire[a]. Cette phrase reste l'une des plus fameuses de Napoléon, avec

---

[a] Et de s'y inscrire sous un jour positif ; l'armée d'Égypte se rendra aux Anglais deux ans plus tard. Les fiascos militaires de Saint-Domingue, d'Espagne et de Russie ne donnent pas davantage lieu à des petites phrases.

« Voilà le soleil d'Austerlitz » ou « L'aigle volera de clocher en clocher jusqu'aux tours de Notre-Dame ».

La petite phrase n'est pas toujours rassurante : nier une situation clairement grave serait mettre en danger sa crédibilité. La distinction entre petite phrase et langue de bois ou éléments de langage (« pas de vagues ») est ici capitale. Winston Churchill en administre un exemple extraordinaire le 13 mai 1940, alors que l'offensive allemande balaye la Belgique, quand il déclare à la Chambre des Communes britannique : « Je n'ai à vous offrir que du sang, du labeur, des larmes et de la sueur ». C'est implicitement une déclaration de confiance dans la résilience du peuple britannique : Churchill s'adresse en direct à son *pathos*.

La France s'effondre à son tour. Le 18 juin, la situation paraît désespérée. Le général de Gaulle recadre les perspectives avec « La France a perdu une bataille mais la France n'a pas perdu la guerre » : une lueur d'espoir demeure. Du moins est-ce ainsi que l'histoire de France s'en fabrique un souvenir[346]. Ces déclarations fantasmées offrent d'autres leçons sur les petites phrases ; on y reviendra plus bas.

Un an et demi plus tard, le 7 décembre 1941, le président des États-Unis, Franklin D. Roosevelt annonce l'entrée en guerre de son pays dans un discours qui commence ainsi : « Yesterday, December 7th, 1941 - a date which will live in infamy - the United States of America was suddenly and deliberately attacked by naval and air forces of the Empire of Japan » (Hier, 7 décembre 1941 – une date à jamais marquée d'infamie - les États-Unis d'Amérique ont été soudainement et délibérément attaqués par les forces navales et aériennes de l'empire du Japon). Avec « A date which will live in infamy », formule expressément discutée entre le président et son entourage, l'Amérique s'engage dans la guerre sur une attitude morale conforme à un *pathos* national. La différence avec les attitudes churchillienne et gaullienne est manifeste. Ce discours reste célèbre sous le nom de « Date of Infamy ».

Les lendemains de bataille ne sont pas soumis aux mêmes contraintes et le *pathos* a d'ordinaire évolué en fonction du résultat. Les discours alimentent alors les mémoires, utilisables dans l'avenir, plus que les énergies, nécessaires dans l'immédiat. Ils peuvent être davantage centrés sur les participants, comme le partage d'un butin narratif. La petite phrase peut mélanger passé, présent et avenir. « Il vous suffira de dire "J'étais à la bataille d'Austerlitz" pour que l'on vous réponde "Voilà un brave" », assure Napoléon à ses soldats.

Les grandes tragédies appellent aussi des petites phrases. Accidents graves, catastrophes naturelles, attentats meurtriers suscitent des émotions collectives. Il incombe d'ordinaire au leader de leur donner un sens dans l'esprit de son peuple. Les citoyens se demandent comment comprendre les événements. Ils espèrent une réponse limpide du chef de la Nation.

George W. Bush et le 11 septembre

George W. Bush, 43ème président des États-Unis, n'était pas considéré comme un leader remarquable au début de son mandat.

Le 11 septembre 2001, quatre attentats islamistes endeuillent les États-Unis ; près de trois mille personnes meurent dans les tours du World Trade Center de New York devant les caméras du monde entier. Le soir même, Bush s'exprime à la télévision. Sa première phrase donne le ton : « Today, our fellow citizens, our way of life, our very freedom came under attack in a series of deliberate and deadly terrorist attacks » (Aujourd'hui, nos concitoyens, notre mode de vie, notre liberté même ont été attaqués dans une série d'attaques terroristes délibérées et meurtrières)[347]. La tonalité est compassionnelle, voire plaintive. Ce n'est pas suffisant.

Bush comprend qu'il n'a pas trouvé les mots attendus par les Américains. Dans la semaine suivante, il tente une douzaine d'interventions ponctuelles qui ne convainquent pas (il y glisse huit fois son fameux tic de langage : « make no mistake » - ne vous y trompez pas). Puis il décide de revenir solennellement sur le sujet. Ce sera le 20 septembre 2001, au Congrès. Le *making of* de son discours a été décrit en détail par le journaliste D.T. Max[348]. Il montre qu'une petite phrase n'est pas forcément le fruit de l'inspiration « géniale » d'un seul auteur. Celle qui demeure comme représentative de ce discours, « Freedom and fear are at war » (la liberté et la peur se font la guerre), a été forgée par plusieurs professionnels.

L'important, insiste Karen Hughes, proche conseillère du président, était de proposer « des images neuves pour remplacer les images horribles que nous avons tous vues. Il fallait qu'il y ait des petites phrases. » (« It had to have sound bites ».) Écrire le discours ne suffit pas : il faut que les médias en retiennent le message souhaité. Les communicants de Bush préparent donc une liste explicite de petites phrases et la remettent à la presse. « Freedom and fear are at war » est l'une d'elle et produit un effet magistral. « Je ne suis pas sûr que *"freedom versus fear"* signifie grand chose », remarque le légendaire Ted Sorensen, rédacteur des discours de John F. Kennedy. « Mais ça sonne bien et, cela va de soi, nous sommes du côté de la liberté[349]. »

L'intervention du président Hollande après l'attaque terroriste contre *Charlie Hebdo*, le 7 janvier 2015, puis à la tête d'un énorme défilé, témoigne d'une émotion profonde, mais peu verbalisée. Aucune phrase ne s'impose, relève Philippe Moreau-Chevrolet : « Ce sont ses actes, beaucoup mieux que ses mots, qui l'ont porté. Ce sont les images, beaucoup mieux que les discours, qui l'ont servi. […] François Hollande, si maladroit dans ses mots et inaudible dans ses discours, a su trouver les gestes qu'il fallait[350]. » Hélas, chez l'homme, les mots qu'on répète sont un support important du souvenir collectif.

Le schéma est le même après les attentats du 13 novembre 2015 au Bataclan et ailleurs[351] : François Hollande montre une émotion forte, pas un leadership fort. Son discours du lendemain est éclipsé par les propos de Manuel Valls (voir chapitre 6). Il tente de reprendre la main le 27 novembre, à l'Hôtel des Invalides, lors d'un hommage national aux victimes des attentats[352]. Le principe même d'un tel hommage renvoie au registre des commémorations, rétrospectives par nature, et non de la mobilisation. Quelques formules bien balancées (« la liberté ne demande pas à être vengée mais à être servie »...) dénotent un travail littéraire trop conceptuel pour empoigner le public. L'allocution présidentielle ne marque pas durablement. François Hollande reste le président qui a vécu le Bataclan sans trouver les mots pour cristalliser et orienter l'émotion nationale.

Les occasions manquées d'Emmanuel Macron

L'importance des petites phrases se révèle aussi quand elles sont absentes. Emmanuel Macron a pu retirer une leçon du contre-exemple de son prédécesseur. Il a plusieurs occasions de le démontrer. Il ne les saisit pas avec beaucoup plus de force.

Le 1er décembre 2018, plus d'un millier de « Gilets jaunes » attaquent l'Arc de Triomphe. L'affrontement est dur, les policiers reculent, le monument est envahi et endommagé. La séquence passe en boucle sur les chaînes d'information. Des images marquent spécialement les Français : un moulage du *Départ des Volontaires* de Rude gît brisé, des graffitis souillent la façade, un manifestant relève un CRS tombé au sol, d'autres protègent la tombe du Soldat inconnu... Elles nourrissent des sentiments puissants et contradictoires - et un taux d'écoute exceptionnel pour les journaux télévisés du soir. Le président de la République ne prend pas la main pour tenter un appel à la réconciliation nationale.

L'émotion est à son comble au soir du 15 avril 2019. Notre-Dame de Paris brûle. Peu avant 20 heures, sa flèche s'effondre dans une nuée d'étincelles, devant des millions de téléspectateurs saisis d'horreur : c'est alors que les Français ont besoin d'un père de la Nation. À la nuit, Emmanuel Macron est sur les lieux. Vers 23 h 45, il prononce une courte allocution d'environ quatre minutes et demie[353]. Comme dans un banal discours institutionnel, il commence par saluer les différentes parties prenantes : « Je veux avant toutes choses avoir une pensée et des remerciements pour les pompiers... je veux avoir une pensée pour les catholiques, les catholiques de France et partout à travers le monde... une pensée pour toutes les Parisiennes et les Parisiens... je veux avoir une pensée pour l'ensemble de nos compatriotes... » Puis il introduit enfin de l'émotion dans son discours, mais sous une forme si décousue que le plus bienveillant des médias aurait du mal à y reconnaître une petite phrase mémorable[a]. Ce qu'on en retient en général est

---

[a] « Notre-Dame de Paris c'est notre histoire, notre littérature, notre imaginaire, le lieu où nous avons vécu tous nos grands moments, nos épidémies, nos guerres, nos libérations, c'est l'épicentre de notre vie, c'est l'étalon d'où partent les distances et d'où l'on se mesure depuis Paris, et tant de livres, de peintures. C'est une cathédrale qui est celle de toutes les Françaises et de tous les Français même celles et ceux qui ne sont jamais venus. Cette histoire c'est la nôtre. Alors elle brûle. Elle brûle et je sais cette tristesse, ce tremblement intérieur ressenti par tant de nos concitoyens. et ce soir je veux aussi avoir un mot d'espérance pour nous tous. Cette espérance c'est la fierté que nous devons avoir. Fierté de tous ceux qui se sont battus pour que le pire n'advienne pas, ces soldats du feu. Fierté parce que cette cathédrale, il y a plus de huit cents ans, nous avons su l'édifier et à travers les siècles la faire grandir et l'améliorer. Alors je vous le dis très solennellement ce soir, cette cathédrale nous la rebâtirons tous ensemble et c'est sans doute une part du destin français et le projet que nous aurons pour les

l'annonce d'une souscription nationale : le serrement de cœur est ramené à une question d'argent. L'absence de petite phrase fait toucher du doigt combien elle eût été souhaitable. Cinq heures après le début de l'incendie, le chef de l'État n'a sans doute eu le temps et la disponibilité d'esprit pour en calculer une. Mais elle ne lui est pas venue spontanément. (Et, au passage, ses communicants n'ont apparemment pas su lui fournir des éléments de langage pour y remédier – fût-ce une simple citation de Victor Hugo.) Paradoxalement, Donald Trump montre une émotion plus palpable devant le drame français[354].

Début mars 2020, la pandémie de covid-19 se répand en France. L'inquiétude aussi : nouvelle peste noire ? Nouvelle grippe espagnole ? Le 12 mars, Emmanuel Macron intervient à la télévision[355]. Il salue les « héros en blouse blanche » qui soignent les malades hospitalisés et affirme sa volonté de préserver les Français : « Tout sera mis en œuvre pour protéger nos salariés et pour protéger nos entreprises, quoi qu'il en coûte ». Cette petite phrase comptable est retenue et sera souvent citée par la suite. Parfois pour la rapprocher de ce que disait Mario Draghi, président de la Banque centrale européenne en période de crise financière, le 26 juillet 2012 : « The ECB is ready to do whatever it takes to preserve the euro » (La BCE est déterminée à faire tout le nécessaire pour préserver l'euro). Ce « whatever it takes » plein d'assurance est celui d'un chef ; on dit même qu'il a « sauvé l'euro »[356]. Emmanuel Macron y a sûrement été sensible comme ministre de l'Économie. Peut-être cherche-t-il un effet analogue avec son « quoi qu'il en coûte » répété deux fois dans son allocution.

Cependant, cette petite phrase n'est que le premier acte d'une séquence discursive dysfonctionnelle. L'épidémie galope, l'argent est

---

années à venir, mais je m'y engage et demain une souscription nationale sera lancée. »

impuissant à créer en urgence des lits de réanimation. Le 16 mars, Emmanuel Macron revient devant les Français[357]. Quatre jours après avoir tenté de rassurer, il tente d'inquiéter. « Nous sommes en guerre », prononce-t-il à six reprises – signe qu'il tient à ce que la formule marque les esprits. De fait, elle est abondamment commentée[358]. Cette fois, le geste est celui d'un chef : Emmanuel Macron donne un nom à une situation sans précédent, il « fait sens » pour une opinion anxieuse, il affirme l'unité de la nation derrière son président par l'usage du « nous ». Sa popularité fait un bond de 12 %[359].

Cette guerre métaphorique n'est pas nouvelle. « Le cléricalisme, voilà l'ennemi », proclamait Gambetta en 1877 à la Chambre des députés. Le socialisme, le populisme, le capitalisme, les fonctionnaires, l'argent, etc. ont aussi été des ennemis proclamés. Mais la durée de vie utile de cette « guerre » est brève : moins d'un mois plus tard, le 13 avril 2020, le chef de l'État intervient à nouveau pour annoncer, quatre semaines à l'avance, sa fin à venir : ce sera le 11 mai[360]. En 25 minutes, il répète la date douze fois ! Au risque de démobiliser prématurément les Français - de les désorienter, en tout cas. « Emmanuel Macron est redescendu sur terre », commente Philippe Moreau-Chevrolet : « Il n'a plus parlé de guerre. Ce n'était plus Clemenceau[361]. » Le 11 mai ne sera finalement qu'un armistice, mais c'est une autre histoire.

Puis, à l'automne 2020, Emmanuel Macron pratique une sorte de division du travail : au Premier ministre les mauvaises nouvelles, à lui les bonnes. Ce n'est pas forcément un bon calcul : il semble renâcler devant le tragique. Et il laisse se développer un sentiment de déclassement : convaincus d'avoir le meilleur système de santé du monde au début de la pandémie, les Français cessent d'y croire. Emmanuel Macron n'a pas trouvé les mots qui seraient restés symboliques de cet épisode historique. Pis : les Français eux-mêmes ne lui en trouvent pas. Ils avaient pourtant su isoler les « Gaulois réfractaires » ou « Je traverse la rue » ! Ce n'est pas un problème de vocabulaire mais de leadership.

Dans cette séquence, on devine quand même une tentative délibérée de petite phrase, le 13 avril 2020. Ce jour-là, Emmanuel Macron annonce un relâchement des mesures sanitaires. Dans sa péroraison, il promet : « Nous retrouverons les Jours Heureux » (les capitales figurent dans le texte de l'allocution sur le site web de l'Élysée[362]). *Les Jours Heureux* était le titre du programme adopté le 15 mars 1944 par le Conseil national de la Résistance (CNR). Avec cette invocation connotant une fin radieuse de la « guerre », Emmanuel Macron tente enfin d'introduire du lyrisme dans son discours. La phrase est ambiguë : synonyme en même temps de fin de la guerre, de grandes espérances et d'illusions perdues, *Les Jours heureux* est surtout une référence peu connue des Français. Mais un coup de chapeau à la Libération sanctuarise la parole présidentielle au moins à l'intention des médias. Du fait de sa connotation et de sa place dans le discours, cette phrase ressemble bien à un *soundbite* délibéré. Pourtant, sitôt prononcée, elle est écartée. Au lieu de la souligner comme on aurait pu s'y attendre, les commentaires du site web de l'Élysée avancent une autre formule : « Préparer le "monde d'après" ». Or, malgré les guillemets, cette formule *n'a pas* été prononcée par le président de la République !

Du moins pas ce jour-là : l'« après » a déjà fait une apparition dans le vocabulaire élyséen lors de l'adresse du 16 mars 2020, celle du « Nous sommes en guerre ». Là aussi dans sa péroraison, Emmanuel Macron déclare : « Le jour d'après, quand nous aurons gagné, ce ne sera pas un retour au jour d'avant. » Par son emplacement et par sa construction avec redoublement du mot « jour », cette phrase évoque aussi une tentative de *soundbite*. Mais ni la négation ni surtout le temps futur ne sont propices aux petites phrases (voir chapitre 6). Réunir l'un l'autre, si c'est voulu, paraît improductif.

106

Le 13 avril, Emmanuel Macron n'évoque plus le « jour d'après » ni le « monde d'après ». Au contraire, il pose cette question : « Quand pourrons-nous retrouver le monde d'avant ? » Puis il insiste : « Nous retrouverons les Jours Heureux ». Il est donc question d'un retour au passé[363]. Avec son « Préparer le "monde d'après" », le service de communication de l'Élysée semble corriger *a posteriori* la parole présidentielle. Mais ce pas de deux, ou de deux fois deux, entre Jours Heureux, jour d'après et jour d'avant, et entre monde d'avant à retrouver et monde d'après à préparer, l'affaiblit. Le texte des allocutions télévisées du chef de l'État est travaillé et surveillé. Qu'elle n'ait pas été détectée ou qu'elle l'ait été sans être corrigée, cette contradiction dénote un certain flottement dans la communication présidentielle.

Paroles de circonstances

Sans attendre guerres ou catastrophes, la plupart des pays du monde ménagent des circonstances solennelles favorisant l'union nationale – régulières (vœux de Nouvel an, fête nationale, anniversaire du souverain...) ou épisodiques (inaugurations de monuments, commémorations historiques...). Les petites phrases en sont un ornement presque obligé.

Dans la catégorie commémorations, la République française s'est dotée d'une liturgie *ad hoc*. De l'ancienne église Sainte-Geneviève, elle a fait un mausolée pour les grands hommes, le Panthéon. Les solennités qui s'y déroulent sont une circonstance idéale pour une petite phrase formalisant une émotion collective. Hélas, André Malraux a tué le match. Le 19 décembre 1964, alors ministre de la Culture du général de Gaulle, il accueille devant le monument les cendres présumées de Jean Moulin, héros de la Résistance. Son « Entre ici, Jean Moulin » fait figure de *benchmark* indépassable.

107

Ils appartiennent à la première phrase de la péroraison d'un discours d'une vingtaine de minutes - un morceau d'éloquence embrasée[364] :

> Comme Leclerc entra aux Invalides, avec son cortège d'exaltation dans le soleil d'Afrique, entre ici, Jean Moulin, avec ton terrible cortège, avec ceux qui sont morts dans les caves sans avoir parlé, comme toi ; et même, ce qui est peut-être plus atroce, en ayant parlé; avec tous les rayés et tous les tondus des camps de concentration, avec le dernier corps trébuchant des affreuses files de *Nuit et brouillard*, enfin tombé sous les crosses, avec les huit mille Françaises qui ne sont pas revenues des bagnes, avec la dernière femme morte à Ravensbrück pour avoir donné asile à l'un des nôtres. Entre avec le peuple né de l'ombre et disparu avec elle - nos frères dans l'ordre de la Nuit...

Déclamé sur un ton emphatique qui surprend et impressionne, ce discours contient quelques audaces qui pu mal tourner (« regarde le prisonnier qui entre dans une villa luxueuse et se demande pourquoi on lui donne une salle de bains - il n'a pas encore entendu parler de la baignoire » ...). Le texte paraît halluciné aujourd'hui. Mais la scène se situe à peine plus de vingt ans après la Libération, Malraux est une icône, la télédiffusion par le tout jeune ORTF associe tout le pays à l'événement et le discours est jugé brillant. Dans son entier. Au point que la formule « Entre ici, Jean Moulin » n'est pas spécialement remarquée dans l'instant. Elle ne devient petite phrase qu'avec le recul du temps, au fil des citations. Peu à peu, elle concentre en elle toute la puissance du discours, elle désigne à elle seule l'ensemble de la cérémonie. Si ce n'est l'ensemble des réceptions au Panthéon.

Un demi-siècle plus tard, quand François Hollande envisage de procéder à une panthéonisation, le président du Centre national des monuments historiques le met en garde : une comparaison avec la prestation d'André Malraux est inévitable. « Étrange puissance de ce discours démiurgique, écrit-il : cinquante ans après, il entretient encore la notoriété du Panthéon »[365]. Mais l'entourage présidentiel entend équilibrer le choix « gaulliste » de Jean Moulin en célébrant des militants socialistes, Pierre Brossolette et Jean Zay, morts tragiquement en 1944. Par souci de parité, on honorera aussi deux femmes revenues de déportation, Geneviève de Gaulle-Anthonioz et Germaine Tillion[a]. Les communicants de l'Élysée organisent une montée en température plusieurs jours avant l'événement.

Au jour J, le 27 mai 2015, on guette la phrase qui rivalisera avec « Entre ici, Jean Moulin ». On remarque plusieurs candidates : « L'indifférence, voilà l'ennemi contemporain », « Les morts de la France combattante ne nous demandent pas de les plaindre mais de continuer », « La République, c'est un mouvement, c'est une construction, c'est une passion » et surtout « La France vient de loin, la France porte au loin, la France doit voir loin. ». Des formules *a priori* plus riches de sens que « Entre ici, Jean Moulin ». Mais si l'éclat du discours de 1964 a fini par se concentrer dans ces quatre mots, le problème du discours de 2015 est plutôt qu'il manque d'un éclat à concentrer. « Malraux 1, Hollande 0 », titre Rue89[366]. « Entre ici, 2017 », plaisante Philippe Moreau-Chevrolet, évoquant l'élection présidentielle à venir[367]. De fait, avec quelques années de recul, ce discours n'a rien laissé dans la mémoire collective. Selon toute probabilité, ni l'orateur, ni le cérémonial, ni les personnalités honorées (quatre héros pour une seule phrase, c'était trois de trop[b]) n'étaient suffisamment en phase avec le peuple français de 2015. Imposer un *logos* est mission impossible si l'*ethos* et le *pathos* font défaut.

---

[a] Les cercueils déposés au Panthéon sont vides, les familles ayant refusé le transfert des cendres.

[b] Le général de Gaulle avait délibérément choisi d'honorer le seul Jean Moulin alors que bien d'autres héros auraient pu être honorés en même temps et au même titre que lui : Charles Delestraint, Jean Cavaillès, Pierre Brossolette….

Le devenir des petites phrases

Il arrive que des petites phrases se révèlent a posteriori. Rétrospectivement, on les considère comme prophétiques. « La France s'ennuie », titre d'un article de Pierre Viansson-Ponté paru dans *Le Monde* début 1968, a ainsi été considéré après coup comme une petite phrase annonciatrice de mai 1968, alors qu'elle se contentait de décrire un pays désoccupé. Mais c'est l'exception.

« La petite phrase politique naît d'une circonstance et finit le plus souvent avec elle », constate Nancy Regalado. « Rien de plus éphémère que la petite phrase politique : elle ne dure pas comme la locution, création anonyme d'usage courant ; son autorité ne s'accroît pas avec le temps et la répétition comme celle du proverbe. Passagère comme le slogan, elle n'est pas forcément créée pour porter un programme politique. Elle est révélatrice cependant des grandes questions qui occupent les esprits à un moment particulier : elle exprime une mentalité ; elle peut menacer un pouvoir, faire crouler un régime. Mais, à moins de devenir un "mot historique"[…], la petite phrase du moment passe avec son temps.[368] »

Comme le note justement l'universitaire américaine, une petite phrase marque les esprits… à condition d'être conforme au *pathos* du moment. Brièvement, le plus souvent : son sort naturel est l'oubli. Les mémoires s'effacent, les contextes évoluent, les actualités s'enchaînent... Souvent, elle n'a vocation à exister que le temps d'une élection, d'un congrès, d'une polémique. Dans les sociétés démocratiques, la noria des leaders appelle un flux constant de déclarations. Les médias audiovisuels et l'internet favorisent cette tendance. Au fur et à mesure que de nouvelles petites phrases s'imposent, d'autres s'effacent.

L'être humain est un « avare cognitif » (voir chapitre 5) : nous oublions vite les petites phrases qu'il ne nous est plus utile de connaître. Néanmoins, une certaine rémanence est possible. « On parlait comme de Gaulle quand il était président, maintenant on parle comme Sarkozy », relève Christian Delporte[369]). Surtout, une élite de petites phrases mute vers d'autres formes de phrases sans texte.

Une petite phrase est normalement une déclaration prononcée une seule fois par son auteur. Mais il arrive que celui-ci ou son entourage, satisfait d'une trouvaille, la répète et en fasse un slogan. Le cas de « Yes we can » est bien connu[370]. En 2008, Barack Obama est candidat à la présidence des États-Unis. Le slogan de sa campagne est : « Change we can believe in » (un changement à quoi nous pouvons croire). Le 8 janvier, son adversaire Hillary Clinton l'emporte dans la primaire du New Hampshire. Ce n'est pas bon signe : cet État est réputé indiquer la tendance de l'élection. Le soir, Barack Obama, fatigué, s'adresse à ses partisans locaux : « On nous a dit que nous ne pourrions pas changer. Si, nous le pouvons ! » (*Yes we can*). L'auditoire répète la phrase en chœur. Obama saisit la balle au bond et décline ses thèmes de campagne en les ponctuant de « Yes we can » repris par le public. Son équipe décide alors de changer de slogan de campagne : ce sera désormais « Yes we can ». Faire de « pouvoir » un verbe intransitif paraît absurde mais séduit une Amérique désireuse de se retrousser les manches pour agir – un geste familier à Barack Obama.

Le slogan de la campagne présidentielle de Donald Trump en 2016 est lui aussi « élu » par ses partisans. Pour la même raison : il représente ses électeurs. Le 7 novembre 2012, à peine Barack Obama réélu pour un second mandat, son futur successeur lui dédie un tweet de félicitation avec cette invitation : « Make America great again ». Le message devient viral en quelques heures. Il n'est pas vraiment original : « Let's Make America Great Again » était l'un des slogans électoraux de Ronald Reagan en 1980[371]. Bill Clinton a aussi utilisé la formule à plusieurs reprises[372]. Mais en 2012, cette phrase touche sans doute une corde sensible chez des Américains en proie à un sentiment de déclin. Elle « combine les éléments d'une promesse électorale, d'un cri de ralliement et d'une profession de foi », note Guillaume Debré[373]. Elle montre aussi à Donald Trump tout à la fois l'efficacité de Twitter et la puissance de ces quatre mots. En toutes lettres ou sous la forme de l'acronyme MAGA, il aura twitté personnellement son slogan plus de 1 100 fois en huit ans !

En France, il en va de même avec le « travailler plus pour gagner plus » de Nicolas Sarkozy : prononcée au début de la campagne présidentielle de 2007, cette petite phrase en devient un slogan. Éphémères, les slogans ? Qu'on songe au « Terroriser les terroristes », de Charles Pasqua en 1986, au « Pas de liberté pour les ennemis de la liberté », de Saint-Just en 1793 et même au « Delenda Carthago ! » dont Caton l'Ancien ponctuait tous ses discours au 2e siècle av. J.-C. Quant au slogan devenu petite phrase, il en existe au moins un exemple remarquable : le « Vive le Québec… libre ! » du général de Gaulle, qu'Alain Peyrefitte a appelé « la plus grande des petites phrases »[374].

Historiquement cousines du slogan, les devises héraldiques ont vocation à durer. « Honni soit qui mal y pense », « Plutôt la mort que la souillure » ou « Bois ton sang Beaumanoir, la soif te passera » n'expriment pas un programme mais un *ethos*. Elles reprennent classiquement une phrase prononcée par un grand ancêtre dans une circonstance remarquable des décennies ou des siècles plus tôt. Elles marquent incontestablement un public et désignent une communauté. Le film *Les Visiteurs* en donne une évocation cocasse : Godefroy de Montmirail, débarqué du Moyen-âge, se fait reconnaître de ses descendants à un moment crucial en proclamant sa devise : « Que trépasse si je faiblis ».

Pareillement durables, maximes, aphorismes, sentences, dictons, proverbes, adages, lieux communs, etc., peuvent être eux aussi des petites phrases dérivées vers d'autres formes de phrases sans texte, selon que leur portée est plus ou moins générale et qu'elles concernent des faits objectifs ou des valeurs morales. La maxime, par exemple, inverse le rapport entre la petite phrase et son auteur : la force d'une maxime valorise son auteur, alors que c'est plutôt la force de l'auteur qui fait la petite phrase. Il arrive qu'une petite phrase tende à devenir le dicton, proverbe ou adage ; l'identité de son auteur perd alors de son importance.

C'est le cas par exemple de « Un ministre, ça ferme sa gueule ou ça démissionne »[a]. Cette déclaration de Jean-Pierre Chevènement, ministre de la Recherche et de la Technologie, en 1983, reste un dicton classique de la vie politique française contemporaine souvent invoqué par la presse quand un ministre manifeste un désaccord avec le gouvernement. Et cela quelle que soit l'issue : démission, résipiscence ou limogeage. Google en recense des milliers d'occurrences. Autres cas notables où une phrase tend à prendre le pas sur son auteur en se proverbialisant :

- « Labourage et pâturage sont les mamelles de la France » - Maximilien de Sully

- « L'art de l'imposition consiste à plumer l'oie pour obtenir le plus possible de plumes avec le moins possible de cris » - Jean-Baptiste Colbert

- « Il n'est pas de problème dont une absence de solution ne finisse par venir à bout » - Henri Cueille

- « Il faut savoir terminer une grève » - Maurice Thorez

- « Ce n'est pas la girouette qui tourne, c'est le vent » - Edgar Faure

- « La femme sera vraiment l'égale de l'homme le jour où, à un poste important, on désignera une femme incompétente » - Françoise Giroud

---

[a] La phrase exacte est celle-ci : « Un ministre, ça ferme sa gueule ; si ça veut l'ouvrir, ça démissionne ». Selon un phénomène classique, le public l'a fait circuler sous une forme simplifiée.

- « Les promesses n'engagent que ceux qui y croient » - Charles Pasqua
- « Si c'est flou, il y a un loup » - Martine Aubry
- « C'est gratuit, c'est l'État qui paie » - François Hollande
- « La France ne peut pas accueillir toute la misère du monde » - Michel Rocard
- « Dans chaque niche fiscale, il y a un chien qui aboie » - Gilles Carrez
- « Peu importe que le chat soit noir ou blanc pourvu qu'il attrape des souris » - Deng Xiaoping

Les erreurs d'attribution importent peu dans de tels cas. Les économistes citent volontiers un « théorème de Schmidt » qui serait dû au chancelier allemand Helmut Schmidt et daterait de 1974 : « Les profits d'aujourd'hui font les investissements de demain et les emplois d'après-demain ». Mais ils le citent trois fois plus souvent en français qu'en allemand. Comme personne ne sait dans quelle circonstance elle aurait été prononcée, certains soupçonnent un hommage posthume de la France au chancelier allemand.

De manière plus générale, les petites phrases rejoignent, au moins pour un temps, la masse immense des références culturelles qu'un individu normal est censé maîtriser. Elles y voisinent avec des lieux communs, idées reçues, poncifs, propos convenus, expressions idiomatiques, répliques cultes, slogans publicitaires fameux, titres de film, vers célèbres, noms propres devenus communs, morales de fables, etc. Albert Camus cite ainsi des « formules toutes faites, destinées à camoufler des expériences désespérantes » : payer sa dette à la société, mourir au champ d'honneur, mettre fin à ses jours, s'en aller de la poitrine[375]... Gustave Le Bon en plaisantait : « Avec un petit stock de formules et de lieux communs appris dans la jeunesse, nous possédons tout ce qu'il faut pour traverser la vie sans la fatigante nécessité d'avoir à réfléchir sur quoi que ce soit[376]. »

Immortalité, citations et petites phrases

Les petites phrases sont des citations vivantes de personnages contemporains, les citations des petites phrases embaumées de personnages du passé. Les unes et les autres décrivent des leaders, elles leur servent de sceau verbal. Un leader défunt n'en a plus besoin. « À moins de devenir un "mot historique"[…], la petite phrase du moment passe avec son temps », observe Nancy Regalado[377]. En admettant une exception à la règle de l'oubli, l'universitaire new-yorkaise en dit trop ou pas assez : pourquoi une petite phrase dont le temps est passé deviendrait-elle « mot historique » ?

Dictons, maximes et proverbes transmettent des savoirs, une connaissance objective, pratique, sans date de péremption ; le mot historique, lui, transmet un souvenir subjectif, attaché à son auteur. Qu'il puisse lui survivre sur de longues durées paraît en soi extraordinaire. Sans utilité pratique évidente, les citations défient la logique – d'autant plus que les mots eux-mêmes changent dans le temps[378]. Pourtant, leur rôle dans les sociétés humaines paraît transcender le combat des chefs et l'exercice du leadership au quotidien. À travers l'histoire, les peuples se répètent les mots des grands personnages, les politiques s'en emparent et s'en parent – « les grands noms sont toujours de grandes raisons aux petits génies », écrit le cardinal de Retz[379] - y compris après leur mort (« vous direz ceci en mémoire de moi »). Les petites phrases verbales ont au moins autant à nous dire sur le phénomène de la mémoire que la petite phrase musicale de Marcel Proust.

« On passe à l'Histoire par des discours », affirme Sylvain Tesson[380]. La petite phrase devenue citation reste un lien entre le leader d'autrefois et le peuple qui la conserve. Les mots historiques alimentent un roman national (« De l'audace, encore de l'audace, toujours de l'audace » - Danton…) ou illustrent des caractères

115

exemplaires (« Molôn labé » - Léonidas), y compris négativement (« Oderint dum metuant » - Caligula).

Peut-être est-ce l'inverse en réalité, peut-être est-ce l'événement ou le personnage qui fait la petite phrase, laquelle vient à le désigner sans qu'il soit nécessaire d'en dire plus. Peu importe : l'un ne va pas sans l'autre. En dehors de toute théorie historique, c'est ainsi que l'histoire est vécue : à travers des personnages (« l'individu est le porteur ultime du changement historique », observe Ricœur[381]), qui demeurent présents via leurs paroles.

Colligée dans des recueils de citations ou des manuels d'histoire, la petite phrase continue à marquer les esprits. Si Clovis s'écriait aujourd'hui : « Souviens-toi du vase de Soissons », on parlerait probablement de petite phrase. Le vase importe peu ; la postérité retient pourtant ce que dit Clovis – aidée il est vrai par le coup de francisque sur le crâne du soldat, puissant moyen mnémotechnique.

La leçon capitale offerte aux contemporains de Clovis n'a plus d'utilité pratique de nos jours. Non plus que les avertissements de Louis XIV, de Mirabeau, de Clemenceau, de Philippe Séguin ou de bien d'autres. Ces phrases restent dans les esprits parce que Michelet, Lavisse et autres collecteurs les ont popularisées. Mais la relation joue dans les deux sens : elles ont elles-mêmes contribué au succès de ces auteurs. Autrement dit, les lecteurs montrent une appétence, à ce jour inexpliquée, pour des petites phrases du passé. De plus, certains mots historiques retentissent loin de leur contexte et de leur géographie d'origine. Témoin cet extrait d'un livre de Simon Sinek[382] :

> Comme disait le roi de France Louis XV en 1757, « Après moi le déluge ». En d'autres termes, le désastre à venir une fois que je n'y serai plus sera votre problème, pas le mien. Un sentiment qui semble partagé aujourd'hui par trop de dirigeants à l'esprit de fini.

Que la phrase ne soit pas réellement de Louis XV[383] importe peu ici. L'étonnant est que cette exclamation attribuée à un monarque français du 18e siècle soit proposée à la réflexion des chefs d'entreprise du monde entier par un essayiste américain du 21e siècle. Qui aurait d'ailleurs pu puiser aussi dans sa culture nationale : le phénomène y est pareillement répandu. Les paroles célèbres des Pères fondateurs, entre autres, sont largement citées. Toutes les cultures semblent avides de citations.

Le fait même de conserver des citations historiques et l'usage considérable qu'on en fait disent quelque chose du goût des humains pour les formules remarquables de grands personnages, comme d'ailleurs des statues, des noms de lieux, etc. Le besoin mémoriel semble si répandu dans l'espèce humaine qu'il doit avoir une utilité, ou qu'il a dû en avoir une dans notre passé évolutionnaire. Citer une phrase très connue permet peut-être d'en recycler le message et l'émotion pour un moindre coût cognitif. Mais la citation a aussi une valeur culturelle collective, elle témoigne d'une forme de connivence autour d'un contenu latent. Comme la petite phrase dont elle procède, elle apparaît comme un demi-message codé dont l'autre moitié est dans la tête des auditeurs. Oubliant Renan, on pourrait tenter cette définition : une nation est formée des gens qui partagent les mêmes petites phrases.

Dans la mémoire, « sentinelle de l'esprit » selon Shakespeare, l'histoire est composée en bonne partie de petites phrases. On peut même se demander si elles ne jouent pas, dans un roman national, un rôle analogue à celui des *keyframes* dans une animation : celui d'étapes capitales structurant le film, entre lesquelles le public et les médias interpolent tout le déroulement des faits.) Dira-t-on que les peuples heureux n'ont pas de petites phrases ? Ou plutôt que les peuples sans petites phrases ne sont pas des peuples ? Une pénurie de petites phrases n'est sans doute pas bon signe quant à la vitalité d'une nation[384].

Des personnages campés en trois phrases

La littérature et le cinéma fonctionnent comme l'histoire. Ils campent des personnages avec quelques phrases, dont certaines deviennent des « répliques cultes ». Elles contiennent davantage que des mots. Comme écrivait Boileau dans *L'Art poétique* (chant III) :

> D'un nouveau personnage inventez-vous l'idée ?
> Qu'en tout avec soi-même il se montre d'accord,
> Et qu'il soit jusqu'au bout tel qu'on l'a vu d'abord.

La réalité dépasse la fiction, selon le publicitaire Jacques Pilhan, conseil de François Mitterrand et de Jacques Chirac : « Les citoyens vivent les hommes publics comme des personnages de feuilleton. La règle de base de l'écriture d'un feuilleton télé est d'attribuer aux personnages un caractère simple et constant auquel vous devez vous tenir. L'image d'un homme public obéit à la même règle. [...] Les premières apparitions médiatiques sont déterminantes. C'est là que se fixe le caractère durable qui va être attribué à un personnage[385]. »

Pour connaître un philosophe de l'Antiquité, inutile de tenter un « recensement exhaustif de toutes les sentences », assure Nietzsche : ce qui est « à jamais irréfutable », c'est sa personnalité, or « on peut faire le portrait d'un homme en trois anecdotes »[386] - composées en général de courtes citations. Citant Nietzsche, le professeur Renard montre que l'image des hommes politiques se construit elle aussi à partir d'un « folklore narratif » comprenant anecdotes, rumeurs, légendes urbaines, propos attribués, etc.[387].

À propos de Molière, Stendhal souligne que ses pièces sont remplies de scènes *probantes*, [...] de scènes qui *prouvent* les caractères ou les passions des personnages qui y sont engagés »[388]. Ces « scènes qui prouvent les caractères » abondent pareillement chez Shakespeare. « Mon royaume pour un cheval » (*Richard III*, acte 4, scène 5) campe le désespoir d'un roi mieux qu'une longue description. « Être ou ne pas être » (*Hamlet*, acte 3, scène 1), peut-être la phrase la plus célèbre de toute la littérature mondiale, rend avec acuité les troubles d'un prince.

« Alea jacta est » est-il plus authentique que « To be or not to be » ? Ces trois mots auraient été prononcés par Jules César, ambitieux proconsul des Gaules, au moment de franchir le Rubicon. Ce petit fleuve côtier d'Émilie-Romagne constituait une limite que le sénat de Rome lui avait interdit de dépasser. Son geste illégal faisait de César un putchiste. « Alea jacta est » n'est ni un avertissement, ni un manifeste, ni un enseignement, ni une explication, ni une consigne. Cette ultra-petite phrase frappe par son côté pur, limpide et volontaire : elle est *performative*: elle fait l'événement en l'énonçant. Elle ouvre pratiquement et symboliquement une nouvelle période de l'histoire romaine.

D'un point de vue historique, l'important est la transgression césarienne, pas les commentaires qui s'y surajoutent. Ces trois mots n'ont de conséquence pratique pour personne au-delà de leur prononcé. Ils frappent néanmoins les esprits depuis la publication, voici plus de dix-neuf siècles, des *Vies des hommes illustres* de Plutarque, l'un des livres les plus lus de l'histoire. On les cite à tout bout de champ, en latin ou en français (« le sort en est jeté ») ; ils apparaissent pas moins de six fois dans ce livre. Ils servent de titre à des dizaines d'ouvrages en français et dans d'autres langues. Qu'ils aient été prononcés ou pas, le monde s'en souvient encore.

Des auteurs rationnels, tel Patrick Brasart, restent sur leurs gardes : « la méfiance s'impose vis-à-vis de deux siècles de littérature historiographique qui ont produit leurs extraits, proposé leurs panoplies de "mots" réputés plus ou moins "historiques", en fait recomposés après coup, non sans de nombreux relais chez les témoins contemporains[389]. » Des historiens se font anecdoticiens, proclamant victorieusement que telle ou telle phrase est inexacte ou inventée. La méfiance est indispensable à l'historien. Du point de vue de la communication, pourtant, l'important n'est pas que ces phrases aient été dites, c'est qu'elles aient été entendues. Des petites phrases fausses ont été crues - et parfois le demeurent (« S'ils n'ont pas de pain, qu'ils mangent de la brioche »...) - parce qu'elles correspondent à un stéréotype du moment. Et là est leur enseignement : elles ne révèlent pas ce que pensait leur auteur supposé mais l'*ethos* que son peuple lui assignait. Elles participent *de facto* à leur relation.

En tout état de cause, une petite phrase est nécessairement infidèle : trop brève pour rendre compte d'une réalité complexe, elle est rapportée dans des circonstances qui ne sont plus celles où elle a été prononcée. L'essentiel n'est pas qu'elle soit authentique mais qu'elle soit plausible. Le public est moins avide de vérité que de sens. « Ce soir, nous dînerons chez Hadès » (Léonidas), « Ralliez-vous à mon panache blanc » (Henri IV) ou « Du haut de ces pyramides, quarante siècles vous contemplent » (Bonaparte), par exemple, répondent à cette exigence. On notera que ces phrases fortement allusives et métaphoriques ne sont compréhensible que par des gens partageant une même culture, et d'autre part qu'elles décrivent implicitement une relation entre un chef et son groupe, une situation de leadership encore plus qu'une situation militaire.

« De toutes ces paroles historiques il n'en est pas dix qui soient authentiques », admet Guy de Maupassant. Puis il ajoute : « Qu'importe, pourvu qu'on les croie prononcées par ceux à qui on les prête. » Henri IV, dit-il, était « sournois, sceptique, malin, faux bonhomme rusé comme pas un, plus trompeur qu'on ne saurait croire, débauché, ivrogne et sans croyance à rien[390] ». Mais, « par deux paroles, [il] a dessiné sa physionomie pour la postérité. On ne peut prononcer son nom sans avoir aussitôt une vision de panache blanc, et une saveur de poule au pot[391]. » Ce n'est pourtant que la moitié de l'histoire. Bien sûr, Henri IV est un charmeur – « un homme à se faire aimer par les pierres elles-mêmes », assure sa belle-sœur

Éléonore de Médicis[392]. Mais c'est surtout un roi qui, aux yeux de ses sujets, pacifie son pays, l'unifie et y ramène la prospérité, puis qui attire la compassion lors de son assassinat : de lui, les Français retiennent les déclarations correspondant à leur ressenti. *Se non è vero, è ben trovato.* Ou, comme dit John Ford dans *L'Homme qui tua Liberty Valance*, « Si la légende est plus belle que la réalité, imprimez la légende. »

À la plupart des grands leaders restés dans l'histoire sont associées une ou plusieurs petites phrases - à moins que ce ne soit l'inverse. Les citations historiques sont « des mots que de grands personnages prononcèrent après leur mort », assure André Prévot. C'est davantage qu'une plaisanterie : bien des mots historiques ont été non pas recueillis directement de la bouche de leur auteur mais pérennisés par la *vox populi*. Ils n'en sont que plus significatifs. Ils sont le reflet non d'une personne en chair et en os mais d'un personnage, d'un *ethos* tel qu'une communauté s'en compose le souvenir et le transmet de génération en génération. L'homme contemporain honore ses morts illustres avec des citations, il a adapté ses pratiques aux techniques de reproduction de la parole. Les petites phrases pourraient être une forme élémentaire de culte des ancêtres, parcouru de couloirs secrets tout comme la pyramide de Khéops.

Les biographies sont largement construites sur des citations ; les portraits psychologiques, en particulier, sont souvent brossés à l'aide de petites phrases. Il y a sûrement une leçon à en tirer. Qu'elle soit un tribut au désir commun d'immortalité, à l'instar d'une pyramide égyptienne, ou une leçon sur le bon gouvernement, à l'instar d'un proverbe (mieux vaut un peuple uni et bien nourri, c'est la leçon d'Henri IV), la citation décrit une attitude. Le constat en a souvent été fait. En voici un exemple, par Potier de Courcy :

> « Tout est perdu fors l'honneur, » écrivait François Ier après la bataille de Pavie. Je ne discute pas historiquement ce mot, je le prends tel que la tradition l'a consacré, tel que le sentiment

121

national l'a repéré de génération en génération. Il indique excellemment cette merveilleuse puissance d'opinion qui, au milieu d'un désastre inouï, fait que l'homme saisit avec transport son honneur, comme Énée emportait à travers les flammes ses dieux pénates, le serre contre son cœur et, supérieur aux événements, se console de toutes les rigueurs de la fortune[393].

Pellisson-Fontanier (1624-1693), biographe de Louis XIV, résume bien cette idée : « Tout ce que [l'histoire] rencontre de grand, elle le met dans un plus beau jour par un style plus noble, plus composé, qui renferme beaucoup en peu d'espace et où il n'y a point de paroles perdues » - un style caractérisé par des « réflexions courtes et sensées »[394].

Au 20e siècle, l'histoire structurale a semblé l'avoir emporté. Pourtant, dès qu'il est question de commémorer un personnage de premier plan, les émissions de télévision pour le grand public se peuplent de petites phrases. On songera par exemple à celles qui ont suivi la mort de Jacques Chirac en 2019 et de Valéry Giscard d'Estaing en 2020.

Pierre Nora a montré avec force l'importance des *lieux de mémoire* dans la construction d'un roman national. Ces « lieux » ne sont pas tous matériels, loin de là. Nora lui-même précise : « Musées, archives, cimetières et collections, fêtes, anniversaires, traités, procès-verbaux, monuments, sanctuaires, associations, ce sont les buttes témoins d'un autre âge, des illusions d'éternité. » Il explique ainsi sa démarche :

> La voie est ouverte à une tout autre histoire : non plus les déterminants mais leurs effets, non plus les actions mémorisées ni même commémorées, mais la trace de ces actions et le jeu de ces commémorations ; pas les événements pour eux-mêmes, mais leur construction dans le temps, l'effacement et la résurgence de leurs significations ; non le passé tel qu'il s'est passé, mais ses réemplois permanents, ses usages et ses mésusages, sa prégnance sur

les présents successifs ; pas la tradition mais la manière dont elle s'est constituée et transmise.[395]

Clairement, les petites phrases conservées sous forme de citations, répliques cultes du roman national, devraient faire partie de la liste. Peut-être même à la première place. Elles sont, au moins autant que les autres items, traces d'actions, jeux de commémorations, résurgence de significations, etc. Elles ne sont pas des vestiges anecdotiques d'une histoire événementielle, elles sont les actrices même de la manière dont la tradition s'est « constituée et transmise ».

4. Petites phrases
de culture et
petites phrases sauvages

On peut classer les petites phrases de différentes manières, par exemple selon les phases de leur développement : petite phrase *émise*, telle qu'elle est prononcée ou écrite, petite phrase *transmise* telle qu'elle est citée et reproduite par les leaders d'opinion, les réseaux sociaux, les médias, petite phrase *admise* telle qu'elle est reçue, comprise et mémorisée plus ou moins durablement par un ou plusieurs publics (électorat, membres d'un parti, journalistes, etc.). (Chez le moustique, seul vole et pique l'imago, forme adulte qui succède à la larve et à la nymphe.) Ces phases sont des champs d'étude pour des sciences différentes.

Du point de vue de la communication politique, cependant, il existe essentiellement deux grandes familles. Certaines petites phrases sont voulues et pensées par leur auteur en vue d'imprimer une certaine marque ; nous parlerons alors de petites phrases *de culture*. D'autres sont extraites de ses déclarations sans qu'il en ait eu l'intention ; nous parlerons de petites phrases *sauvages*. Entre les deux figurent aussi des petites phrases « ensauvagées »… En pratique, un responsable politique qui aspire aux premiers rôles a le choix : soit il exploite délibérément des petites phrases « de culture », soit il laisse l'opinion lui associer des petites phrases « sauvages ».

Si elles ont probablement existé de tout temps, le marketing politique « à l'américaine » a systématisé les petites phrases de culture, ou *soundbites*, depuis des décennies. Comme la locution « petite phrase » elle-même, cette expression est apparue formellement au 20ᵉ siècle. Elle « éclata dans la conscience politique américaine (et par conséquent mondiale) au cours de l'élection présidentielle de 1988 », relate McCallam[396]. Mais la pratique est antérieure. Les candidats aux principales élections américaines disposent depuis longtemps de *speechwriters* perpétuellement à la recherche d'anecdotes amusantes et d'expressions frappantes pour nourrir leurs discours. Les Français s'y sont mis aussi. Dans les années 1980, aux côtés du ministre socialiste Jean-Pierre Chevènement, un rédacteur « travaille à temps plein sur ces formules qui, par leur pertinence, leur acuité, leur force et éventuellement leur émotion, symbolisent ce qui restait naguère de la spontanéité en politique »[397].

Les communications électroniques ont accru le besoin, note une spécialiste : « La nature réductionniste de la télévision pousse les politiciens à résumer leurs discours dans des *soundbites* – phrases cohérentes ayant un début, un milieu et une fin, qui véhiculent un principe clair – une idée principale présentée avec un minimum de mots[398]. » Bien entendu, les petites phrases ne sont pas toujours si « cohérentes »[399], et les *soundbites* non plus[a].

Originellement, le *soundbite* n'est pas une simple phrase mais un « segment audiovisuel dans lequel on peut voir et entendre un orateur »[400] destiné à un journal télévisé ou une émission d'actualité. La réduction de leur durée moyenne à la fin du 20ᵉ siècle (de quarante secondes à neuf, puis à sept) pourrait être la poursuite d'un

---

[a] De plus, le vocabulaire évolue. Aux États-Unis, on parle selon les cas de *soundbite*, de *catchphrase*, de *punchline*, de *buzzword*. Google Trends révèle des évolutions contrastées de l'usage de ces dénominations floues depuis une vingtaine d'années.

phénomène antérieur, les citations politiques ayant tendance à raccourcir depuis le 19e siècle[401]. La durée d'attention du public aurait aussi diminué. La brièveté est naturelle aux humains[402] ; autres phrases sans texte, les proverbes comptent en moyenne sept mots en anglais[403], huit en français[404]. La transformation du *soundbite* de quarante secondes en petite phrase de sept secondes pourrait être une adaptation aux besoins du marché.

« La parole politique est maintenant très fermée par les formats courts », constatait dès 2011 l'historien des médias Christian Delporte. « On voit des émissions de télévision de plus en plus courtes. Les hommes politiques y prononcent surtout des formules qui ont été concoctées par des communicants. Ces formules sont répétées à l'infini sur tous les plateaux télés et studios de radio. C'est la génération des "petites phrases"[405]. » Elles conviennent bien à la communication électronique sous forme de citations, retweets, mèmes, vidéos incrustées, etc. La technologie contemporaine renforce ainsi un type d'éloquence attesté de longue date par les « laconismes » spartiates. Ces formats ne sont pas le fruit de la technologie, mais celle-ci les facilite.

« Le récit est un élément central du succès politique », assure Giuliano da Empoli[406]. À condition d'en garder le contrôle. L'auteur du *Mage du Kremlin* cite la réponse faite par Churchill à un détracteur qui disait que l'histoire le jugerait sévèrement : « L'histoire me jugera avec indulgence, parce que je compte bien l'écrire. » Ce qu'il fera pour une bonne part à l'aide de petites phrases de culture[a]. Celles-ci ont le plus souvent pour but ultime de mettre en valeur leur auteur, fût-ce à travers une idée, une promesse, une

---

[a] Mais aussi de silences. Il a par exemple tenu secret le naufrage du Lancastria dans l'estuaire de la Loire, le 17 juin 1940, l'une des pires catastrophes de l'histoire maritime britannique.

imprécation, etc. En affirmant « Notre maison brûle et nous regardons ailleurs », en 2002, Jacques Chirac se pose en humaniste. À son décès, en 2019, on rappelle cette déclaration bien plus que la modicité de ses actes.

Dans la panoplie du marketing politique, les petites phrases sont censées être mémorisées par les destinataires au moins le temps d'un événement (congrès, campagne électorale…). Elles résument en quelques mots, expressément ou non, un aspect essentiel de la personnalité, des convictions, des intentions ou de l'action d'un dirigeant politique. Autrement dit, elles visent à susciter un biais de cadrage (voir chapitre 5) qui contribue à construire son *ethos*[407] (voir chapitre 7). Enjoliver le tableau n'est guère indiqué : le peuple reconnaît vite la langue de bois. Il vaut mieux une formule qui connote l'énergie, la responsabilité, la sincérité. « Oui nous aurons des impôts, oui nous aurons des taxes le jour où nous aurons une économie qui aura retrouvé sa puissance », promet François Bayrou en février 2021[408]. (Ici, le temps futur affaiblit tout de même la petite phrase.)

Les communicants ne distribuent pas leurs petites phrases au hasard : elles s'inscrivent dans un protocole. « L'outil le plus important dont disposent les *spin doctors* du président est la gestion de l'agenda, c'est-à-dire la capacité dont ils disposent de déterminer quelles sont, ou ne sont pas, les priorités », souligne David Colon[409]. Reste à les imposer. Il faut « trouver la bonne punchline quand vous n'avez qu'une minute en débat télévisé qui deviendra ensuite le titre d'une dépêche AFP », conseille le communicant politique Robert Zarader[410]. Elles ne sont pas non plus réservées aux journaux télévisés ou aux interviews formelles. La communication politique suscite des rituels propices. Pendant plusieurs décennies, François Mitterrand gravit chaque année la roche de Solutré, occasion pour une suite de fidèles et de journalistes d'entendre « des petites phrases sur l'actualité politique »[411]. Jacques Chirac suit son exemple : tous les ans, il se rend sur la tombe du général de Gaulle et visite le Salon de l'Agriculture[412]. Nicolas Sarkozy tente d'en faire autant à partir de l'élection présidentielle de 2007 avec un passage annuel au plateau des Glières. Laurent Wauquiez se rend chaque année au mont Mézenc, entre Ardèche et Haute-Loire.

Manier les petites phrases de culture est plus délicat qu'il n'y paraît. Emmanuel Macron en fait malgré lui une démonstration éloquente. Peut-être parce qu'il n'a pas suivi un cursus politique classique, il tarde à réaliser leur enjeu. Les discours qu'il rédige pour le président de la République en tant que secrétaire général adjoint de l'Élysée révèlent cette lacune. « Le sens de la formule était absent », juge François Hollande[413].

Devenu ministre, il « enfile les petites phrases polémiques comme des perles », observe *L'Expansion*[414]. Mais ce sont des petites phrases « sauvages » : il ne les a pas désirées, elles sont extraites malgré lui de ses déclarations. Sa chargée de mission presse et communication, Sibeth Ndiaye, ne semble pas avoir compris mieux que lui la règle du jeu : elle ne considère que le *logos*. « J'en étais quand même arrivée à conseiller aux ministres de parler par séquences de six mots, parce que c'est ce qui rentre dans le bandeau BFM, ce qui est une folie », déplore-t-elle. « On se fait suer à avoir un joli langage pour se faire réduire à une phrase digne d'un enfant de 4 ans. C'est une logique que je refuse. Donc j'ai souvent appelé la chaîne. J'engueulais le mec en plateau pour que ce soit changé et quand ça ne suffisait pas, je pouvais monter plus haut[415]. » Le succès ne semble pas être au rendez-vous.

Après son élection à la présidence de la République et jusqu'à la fin 2018, les discours d'Emmanuel Macron sont rédigés par un agrégé de lettres presque novice en politique lui aussi, Sylvain Fort. On n'y relève guère de formules frappantes.

Petites phrases américaines d'Emmanuel Macron

Emmanuel Macron tente peu de petites phrases délibérées avant 2019. Les plus remarquables sont deux emprunts à la communication présidentielle des États-Unis.

« Ne vous demandez pas ce que le pays peut faire pour vous, demandez-vous ce que vous pouvez faire pour le pays », glisse-t-il, alors ministre, à l'Université du Medef, le 27 août 2015. Il reprend ainsi presque mot pour mot le passage le plus connu de l'une des proclamations les plus célèbres du 20ᵉ siècle, le discours d'investiture prononcé par le président John F. Kennedy le 20 janvier 1961 : « Ask not what your country can do for you, ask what you can do for your country ». Kennedy avait alors 43 ans, Emmanuel Macron en a 37. Cette phrase révélatrice, peut-être, d'une ambition présidentielle *aurait dû* focaliser les commentaires. Hélas, ils se concentrent sur un autre passage du discours (voir chapitre 1), d'allure antisociale, conforme à l'image qu'est en train d'acquérir son auteur. La mauvaise petite phrase chasse la bonne.

Cas original, Emmanuel Macron réitère sa tentative une fois élu président, lors de ses vœux à la nation, le soir du 31 décembre 2017. Il parle cette fois à l'ensemble des Français et non à un échantillon de patrons. Vers le milieu de cette allocution de 18 minutes, il déclare : « Demandez-vous chaque matin ce que vous pouvez faire pour votre pays ». Abrégée, la formule demeure reconnaissable. « En reprenant les célèbres mots de Kennedy, Emmanuel Macron savait qu'on ne retiendrait que cette exigence de sa longue homélie de vœux »[416], estime *Le Figaro*. Elle est tout de même affaiblie par rapport à celle de Kennedy. La clause « chaque matin » alourdit la formule sans l'enrichir ; certains médias ignorent purement et simplement ces deux mots en trop[417]. Surtout, coupant court à l'introduction rhétorique de Kennedy, « Ne vous demandez pas ce que votre pays peut faire pour vous », Emmanuel Macron saute directement à la partie opérationnelle de la phrase : « Demandez-vous chaque matin ce que vous pouvez faire pour votre pays ». Il est vrai que ce qui tenait en moins de vingt syllabes grâce à la concision de l'anglais en réclamait trente en français ! Mais il perd au passage l'effet de répétition, qui plaît au cerveau humain. Ainsi abrégée, la phrase n'a de remarquable que le fait de rappeler celle de Kennedy.

Emmanuel Macron a néanmoins compris que, pour mettre toutes les chances de son côté, il vaut mieux souligner le passage qu'il veut faire remarquer. Il double son discours officiel à la télévision par une courte vidéo de vœux « à la jeunesse » diffusée via Twitter[418]. La petite phrase y figure, bien entendu. Pour plus de sûreté, elle est même répétée deux fois en à peine plus d'une minute.

Le second emprunt, inspiré dit-on par Ismaël Emelien[419], est plus réussi. Donald Trump vient d'annoncer le retrait des États-Unis de l'accord de Paris sur le climat. Le 1er juin 2017, élu depuis peu, Emmanuel Macron s'adresse à lui dans un message télévisé en anglais. Il l'invite à réviser sa position. « Mister President, make our planet great again », lui demande-t-il, pastichant ouvertement le slogan employé par le président américain lors de sa campagne présidentielle victorieuse de 2016.

En quelques heures, la formule fait le tour de la Terre et bat le record de partages sur Twitter en France[420]. Emmanuel Macron agace l'opinion quand ses formules paraissent viser beaucoup de Français ; il l'enthousiasme à présent en ciblant un seul étranger ! Ce retour à l'envoyeur n'est pas vraiment original. Il vient après « Make Europe great again », un slogan largement utilisé au cours de la campagne électorale allemande de 2017, et divers recyclages commerciaux : « Make coal great again », « Make gin great again », « Make emoji great again » et même « Make periods great again », titre d'un site web créé par un fabricant de tampons hygiéniques[421] ! Google Trends avait déjà repéré depuis quelque temps

131

un courant de recherches sur « Make our planet great again » ou « Make the world great again ».

Ces antériorités ne nuisent pas : Emmanuel Macron rebondit sur une formule très connue, dont la plupart des gens comprennent immédiatement le sens implicite. Exactement adaptée à la circonstance, son injonction porte sur un sujet d'actualité brûlant pour la presse internationale. Elle exploite la défaveur de Donald Trump dans une grande partie de l'opinion française et mondiale. Qu'elle soit en anglais n'est pas un inconvénient : elle est aisément compréhensible de presque tous. Qu'y a-t-il à comprendre, d'ailleurs ? Au premier degré, la phrase paraît inviter le président américain à reconstituer le jardin d'Eden. Au second degré, elle signifie plutôt quelque chose comme « Zut à Trump ! ».

Emmanuel Macron prend conscience d'une lacune dans sa communication. « Il avait l'impression que ça n'imprimait pas toujours », admet Sylvain Fort[422]. Une fois ce dernier remplacé par Jonathan Guémas, des formules à claire vocation de petite phrase apparaissent dans les discours du président. L'une des premières est « L'art d'être français », glissée dans la conférence de presse présidentielle du 25 avril 2019. Événement capital du premier quinquennat d'Emmanuel Macron, celle-ci clôt le Grand débat national qui a suivi les troubles des Gilets jaunes. Sa mise en scène est qualifiée de « gaullienne ». Dans le discours introductif[423], tous remarquent l'expression « L'art d'être Français ». C'est évidemment le but recherché : elle y figure pas moins de quatre fois.

Elle rappelle le « Moi président » de François Hollande, sans la lourdeur de l'anaphore : il s'agit de faire entrer beaucoup de choses dans peu de mots. On pourrait parler de « méta-petite phrase ». Sous une formulation concise, elle cherche à rassembler un bouquet de concepts :

L'art d'être Français c'est à la fois être enraciné et universel, être attaché à notre histoire, nos racines mais embrasser l'avenir, c'est cette capacité à débattre de tout en permanence et c'est, très profondément, décider de ne pas nous adapter au monde qui nous échappe, de ne pas céder à la loi du plus fort mais bien de porter un projet de résistance, d'ambition pour aujourd'hui et pour demain[424].

Invitée du Grand débat de France Inter le lendemain, Sibeth Ndiaye, éphémère secrétaire d'État et porte-parole du gouvernement, s'efforce elle aussi de faire tourner la formule (« à travers ce que le président de la République a employé comme expression, l'art d'être Français, il y a au fond ce qui fonde notre volonté d'être de ce pays, de lui appartenir et de l'aimer »).

Cependant, si *L'Express* y voit une « formule poétique »[425], « L'art d'être Français » est rarement qualifié de « petite phrase ». Sans doute parce qu'il lui manque une signification implicite largement comprise. Les petites phrases qui frappent (« I have a dream » aussi bien que « Moi président »…) expriment, à l'instar du *Credo*, une vison homogène, cohérente. Or « l'art d'être français » n'est qu'une traduction lexicale de la posture du "en même temps" », note Arnaud Benedetti[426].

La locution « en même temps », chère à Albert Camus qui l'emploie quarante-cinq fois dans *L'Homme révolté*, apparaît souvent dans les discours d'Emmanuel Macron avant son accession à la présidence. Elle figure deux fois dans sa déclaration de candidature du 16 novembre 2016. Elle est abondamment moquée comme un fourre-tout, une tentative de marier la carpe et le lapin. Avec « L'art d'être Français » Emmanuel Macron cherche probablement à lui substituer une locution plus politique, plus sémillante dans sa forme et qui lui soit personnelle. « L'art d'être Français » suscite cependant les mêmes sarcasmes et ne sera réutilisé qu'une fois (« l'agriculture qui participe à l'art d'être français ») à la veille du Salon international de l'agriculture 2020[427]. Puis, en mai 2021, Michel Onfray publie un livre intitulé *L'Art d'être français*[428], où il critique l'hôte de l'Élysée. La formule devient presque caduque. Emmanuel Macron ne la réutilisera que rarement, dans des circonstances peu politiques (réception d'un prix décerné par la *Revue du vin de France*, millénaire du Mont Saint-Michel, décès de la cuisinière vedette Maïté[429]).

D'autres tentatives suivent. Hélas, non seulement Emmanuel Macron passe à côté d'occasions propices, comme on l'a vu au chapitre 3, mais ses petites phrases sont rarement bien reçues. « Le kamasutra de l'ensauvagement » (2020), « Les non-vaccinés, j'ai très envie de les emmerder » (2022) ou « si c'était pas la France, vous seriez dix mille fois plus dans la merde » (2024), entre autres, n'emportent pas une conviction unanime. La campagne présidentielle de 2022 est pauvre en formules marquantes.

Qu'est-ce qu'un grand discours ? À cette question, Philippe de Villiers, homme politique, féru d'histoire et expert en communication (il a créé une école spécialisée) répond : « C'est une parole inhabituelle dans la forme, et qui marque l'histoire. [...] Il faut être laconique et dans l'histoire les grands discours sont laconiques en fait. » Il en donne comme exemple « l'allocution la plus rapide de toute l'histoire de l'Antiquité » due à Caton l'Ancien « qui devant le Sénat romain prononce la phrase suivante : "Delenda est Carthago"[430] ». Autrement dit, le « grand discours » n'est pas un discours long mais une « parole », un bref passage retenu comme représentatif – une petite phrase !

Le rôle des petites phrases dans le récit politique ne fait aucun doute dans le monde anglophone. Les discours « historiques », censés connus de tout individu cultivé, y sont traditionnellement nommés d'après leur phrase ou leur formule la plus saillante : « Malice toward none, charity for all » (Abraham Lincoln), « Strength and

Decency » (Theodore Roosevelt), « We shall fight on the beaches » (Sir Winston Churchill), « Date of Infamy » (Franklin D. Roosevelt), « Quit India » (Mahatma Gandhi), « Rivers of blood » (Enoch Powell), « The World Must Be Made Safe for Democracy » (Woodrow Wilson), « My Side of the Story » (Richard Nixon), « The Ballot or the Bullet » (Malcolm X), « Freedom and fear are at war » (George Bush), « American carnage » (Donald Trump), « She was the people's princess » (Tony Blair), « If you put me to death, you will not easily find another » (Socrate)… La liste des cent discours américains les plus fameux du 20ᵉ siècle[431] établie par l'University of Wisconsin-Madison et Texas A & M University comporte environ deux tiers de discours désignés de cette manière, avec en pole position « I Have a Dream » de Martin Luther King (1963).

« Four score and seven years ago » (« il y a 87 ans ») est une expression hermétique pour la plupart des gens et ne signifie rien en soi. Ce sont les premiers mots du discours de Gettysburg (19 novembre 1863). De celui-ci, il existe au moins cinq versions différentes écrites de la main d'Abraham Lincoln. Toutes commencent par la même formule, en référence à la date de signature de la Déclaration d'indépendance des États-Unis, le 4 juillet 1776. Ces six mots restent chargés d'émotion pour les Américains ; ils font partie de leur identité nationale.

La chevauchée des petites phrases

La communication politique consiste aussi pour une part à dire du mal de l'adversaire ou du concurrent. Il en a toujours été ainsi, en régime démocratique et pas que. Les exemples abondent évidemment. Le *negative campaigning*, branche du marketing politique à l'américaine, a travaillé ses méthodes, qui consistent souvent à inverser celles de la communication positive. Et parfois à utiliser des méthodes que la morale réprouve : l'expression « *below-the-belt* » (au-dessous de la ceinture) revient souvent dans les études sur les campagnes électorales américaines.

Elles consistent souvent à manipuler des sous-entendus ; les petites phrases font alors merveille. Beaucoup d'entre elles ont une face négative. Elles sont calculées pour faire mal, forgées par un candidat pour nuire à un autre. Au minimum depuis le « Delenda Carthago » de Caton l'Ancien, le négatif abonde dans la communication politique[432]. La IIIe République française a été agitée de violentes polémiques, ponctuées par les assassinats de Jean Jaurès et de Gaston Calmette en 1914 ou le suicide de Roger Salengro en 1936. La publicité négative est largement utilisée dans les campagnes politiques américaines depuis les années 1960 et a fait l'objet de nombreuses recherches académiques. Celles-ci n'ont pas donné de résultats tranchés : la publicité politique paraît efficace dans certains cas, inefficace dans d'autres. Les élections présidentielles, affaires de personnes, sont propices aux attaques personnelles. « Franchement, vous imaginez François Hollande président de la République ? On rêve ! » : *Le Monde* désigne cette exclamation de Laurent Fabius comme une « petite phrase assassine »[433].

Mais les plus remarquables ne sont pas les petites phrases hostiles par nature – ce sont celles qui tournent mal. Trahissant leur mission, elles sont comprises par un public comme décrivant une face négative de leur auteur. Le cas est si commun que les « Décodeurs » du *Monde* en ont fait la définition même de la petite phrase : « Une "petite phrase" se retient vite, se détourne, se propage de réseau en réseau et se retourne contre la personne qui en est à l'origine. Parfois à tort, car les propos réellement tenus sont souvent moins caricaturaux[434]. » Ces phrases qu'on s'inflige sans l'avoir voulu sont souvent plus redoutables encore que les attaques des adversaires. Il en existe différentes sortes :

- simples gaffes,
- petites phrases de culture qui s'échappent et s'ensauvagent,

- petites phrases qui ne sont pas entendues comme elles sont prononcées,
- petites phrases délibérément falsifiées
- petites phrases qui n'étaient pas destinées à le devenir

Les plus courantes sont les gaffes ordinaires – ce qu'on n'avait pas l'intention de dire et qu'on dit quand même. La naissance d'une presse indépendante leur a donné de l'importance. Aujourd'hui, l'internet et les smartphones garantissent qu'aucune bourde publique ne restera ignorée.

Le gaffeur-né est handicapé, il n'est pas fait pour les premières places. On le voit avec Sibeth Ndiaye : d'abord considérée comme une dirigeante d'avenir, elle doit à 40 ans se mettre en retrait de la vie politique après plusieurs déclarations irréfléchies (« Je ne saurais pas expliquer à mes enfants s'il est normal ou pas de jeter des pierres sur les forces de l'ordre », « J'assume de mentir pour protéger le président », « Nos concitoyens ne mangent pas du homard tous les jours, bien souvent c'est plutôt des kebabs »…). Son prédécesseur Laurent Griveaux a lui-même fragilisé sa carrière politique à l'époque des Gilets jaunes avec ce jugement qui s'est retourné contre lui : « Wauquiez, c'est le candidat des gars qui fument des clopes et qui roulent au diesel ». (À l'époque, 60 % des voitures en circulation ont un moteur diesel.)

L'importance politique de ces gaffes varie selon les personnages et les situations. Certaines sont considérées avec indulgence, comme celles de Patrice de Mac Mahon (1808-1893), réputé le plus gaffeur des présidents de la République français. Militaire prestigieux, maréchal de France, vainqueur de Sébastopol et de Magenta, il devient président de la République en 1873. On lui attribue une série de bourdes, vite qualifiées de « mac-mahonneries ». Notamment :

- En septembre 1855, pendant la guerre de Crimée, Mac Mahon prévient l'état-major : « J'y suis, j'y reste ».

- En 1875, devant une énorme crue de la Garonne, il constate : « Que d'eau, que d'eau ». (« Et encore, M. le Président, vous ne voyez que le dessus », répond le préfet qui l'accompagne.)
- On lui présente le major de promotion de Saint-Cyr, dont il a appris que c'est un métis : « C'est vous le nègre ? Eh bien, continuez. »
- Visitant un hôpital, il compatit : « La typhoïde, on en meurt ou on en reste idiot. Je le sais, je l'ai eue ».

Dans ses *Mémoires*[435], Mac Mahon lui-même explique l'origine de la première : tout simplement, dans un message à l'état-major, il annonce avoir pris le fort de Malakoff et tenir la position malgré les contre-attaques russes. Cette petite phrase d'un militaire opiniâtre contribue sans doute à établir son prestige. Les trois autres sont postérieures à son élection à la présidence de la République, près de vingt ans plus tard. Les Français, alors, n'ont plus besoin de petites phrases pour mieux le connaître. Mais, en ces débuts de la Belle Époque, l'humour acquiert en France une place sans précédent. Derrière Courteline, une génération de fantaisistes (Alphonse Allais, Georges Feydeau, Tristan Bernard…) se prépare. « Que d'eau, que d'eau » figurait déjà en 1865 dans *Le Voyage en Chine*, une pièce de Labiche et Delacour[436]. « C'est vous le nègre » est une blague répandue à l'époque[437]. Celle sur la typhoïde est connue aussi avec d'autres personnages et d'autres maladies. Ces gaffes attribuées à Mac Mahon témoignent d'un temps plus que d'un personnage. Loin de lui nuire, elles contribuent à l'intégrer dans son époque.

Ségolène Royal, elle, ne bénéficie d'aucune indulgence quand elle déclare, en Chine, le 6 janvier 2007 : « Qui vient sur la Grande Muraille conquiert la bravitude »[438]. Un sondage publié la veille la donne gagnante de l'élection présidentielle du 6 mai avec 50,5 % des voix. Par la suite les intentions de vote en sa faveur ne cessent de reculer ; avec 47 % des voix, elle est battue au second tour par

Nicolas Sarkozy. Elle ne retrouvera jamais sa popularité d'alors. On ne peut dire que la « bravitude » en est la cause ; le fait est pourtant que Ségolène Royal est apparue ce jour-là non comme un leader inoxydable mais comme une touriste amoindrie par le froid, la fatigue et le décalage horaire, qui peine à trouver ses mots.

La culture américaine paraît assez tolérante envers les maladresses verbales des leaders, qui campent des personnages « normaux », proches de leur électorat. Elle connaît néanmoins quelques cas dommageables. Ainsi quand Gerald Ford, débattant avec Jimmy Carter (qui sera élu), affirme en 1976, treize ans avant la fin du Rideau de fer : « Il n'y a pas de domination soviétique en Europe de l'Est »[439].

Joe Biden est régulièrement qualifié, y compris par lui-même[440], de « machine à gaffes » (*blunder machine*). Candidat aux primaires démocrates pour l'élection présidentielle de 2008, il évoque l'un de ses concurrents, Barack Obama : « Voilà le premier Afro-Américain ordinaire qui soit éloquent, brillant, propre et sympathique » (« You got the first mainstream African-American who is articulate and bright and clean and a nice-looking guy »)[441]. La phrase fait scandale. Biden se confond en excuses. Obama les accepte avec magnanimité : entre eux, le match est plié avant d'avoir commencé. Obama proposera finalement à Biden de faire allégeance et de devenir son vice-président.

En 2012, le *ticket* Obama-Biden est candidat à sa réélection. Dans un discours de campagne, Biden se réfère à une petite phrase célèbre de Theodore Roosevelt : « Parle doucement et munis-toi d'un gros bâton » (« Speak softly and carry a big stick »). Mais il ajoute, parlant d'Obama : « Je vous promets que le président a un gros bâton » (« I promise you the President has a big stick »). La connotation sexuelle de la promesse provoque l'hilarité des spectateurs[442]. Elle ne nuit pas ; du moins Obama est-il réélu.

Des gaffes émaillent aussi la campagne présidentielle de Joe Biden en 2020. En septembre 2020, par exemple, il déclare que 200 millions d'Américains sont morts du covid-19 – au lieu de 200 000. En octobre, il lâche : « Nous avons mis en place, l'organisation de fraude électorale la plus grande et la plus complète dans l'histoire de la politique américaine ». Parmi les nombreux livres consacrés au 46ème président des États-Unis, une dizaine portent expressément sur ses bévues, surnommées *bidenisms*. Ils en répertorient jusqu'à quatre cents. La presse américaine favorable à sa candidature consacre beaucoup d'efforts à désamorcer ces formules malheureuses[443]. Qui n'empêchent pas – et peut-être favorisent – son élection. Quand elles commencent à apparaître comme des signes de confusion mentale, en 2024, il renonce à solliciter un second mandat.

Le hasard et les partis pris jouent un rôle dans la sélection des petites phrases sauvages par les citoyens. « Les imprudents, les imbéciles, les *losers* et les méchants qui ont prononcé ou écrit quelque phrase que l'histoire a condamnée sont ainsi épinglés sans qu'apparaissent, ou si peu, d'autres choix et d'autres directions qu'ils ont pris, ni les différences entre eux », remarque Jean-Louis Schlegel à propos du pétainisme[444]. La mauvaise monnaie chasse la bonne, en somme. « Les mêmes procès d'intention sont faits à propos des "petites phrases" des politiques aujourd'hui », ajoute-t-il.

Le pire n'est pas toujours certain. De Georges Pompidou, on retient « Arrêtez d'emmerder les Français » plutôt que « Il faut adapter Paris à la voiture ». D'autres n'ont pas droit à autant d'indulgence :

- « Droit dans mes bottes. » La presse accuse Alain Juppé, Premier ministre de Jacques Chirac, d'avoir bénéficié d'un appartement parisien à un tarif très privilégié. Interrogé par TF1 le 6 juillet 1995, il répond « Je reste droit dans mes bottes et je ferai mon travail ». Il s'agit de toute évidence d'une petite phrase

« domestique », préparée à l'avance. « Droit dans ses bottes », formule déjà attestée[445], est synonyme de constance ou de sérénité. Hélas, elle est inconnue de l'immense majorité du public. En revanche, les bottes et la droiture alimentent l'image déjà en germe d'un homme raide et dogmatique.

- « Il faut dégraisser le mammouth. » Le 24 juin 1997, Claude Allègre, ministre de l'Éducation nationale depuis trois semaines, dénonce ainsi la lourdeur et l'immobilisme de son administration. Un climat d'hostilité s'installe entre elle et lui. Contraint à la démission en 2000, il ne sera plus jamais ministre. La petite phrase reste néanmoins honnie par beaucoup d'enseignants et citée par ceux qui critiquent le système éducatif français. Cette formule d'un homme de gauche est prisée à droite.

- « Le petit, il prendra une double ration de frites. » À l'automne 2016, Nicolas Sarkozy s'oppose aux menus communautaires dans les cantines scolaires : « Si dans sa famille on ne mange pas de porc, eh ! bien le jour où à la cantine il y a des frites et une tranche de jambon, le petit, il ne prend pas de tranche de jambon ». D'où la double ration de frites. « La même règle et le même menu pour tout le monde, c'est ça la République », ajoute l'ancien président : la tentative de *sound bite* est claire, mais ce qui tourne sur les réseaux sociaux, et que plusieurs médias qualifient de « petite phrase », ce n'est pas « la même règle » mais la double ration de frites, symbole de mesquinerie.

- « Les migrants font un peu de benchmarking pour regarder les différentes législations à travers l'Europe. » Largement qualifiée de « petite phrase » (par France Télévisions, *Le Parisien*, *France Soir*…), cette déclaration du printemps 2018 vaut à Gérard Collomb, ministre de l'Intérieur d'Emmanuel Macron, l'inimitié de ses anciens camarades socialistes. Encore une parole venue de la gauche volontiers citée par la droite.

Le billard à trois bandes est spécialement vulnérable. « Pas de fatalité, ni au grand déclassement, ni au grand remplacement », proclame Valérie Pécresse, future candidate à l'élection présidentielle,

en février 2022 lors d'une grande réunion au Zénith de Paris..
« Même au QG de la candidate, la petite phrase est mal passée »,
assure *La Dépêche*[446], tandis que le site web de l'audiovisuel public
Francetvinfo signale « une petite phrase qui n'a pas manqué de faire
jaser... »[447]. Valérie Pécresse s'en étonne : « Cette phrase que j'ai
prononcée est une phrase que j'ai prononcée dix fois, et tous les
commentateurs qui la reprennent ont des mémoires de bigorneau.
J'ai dit dix fois dans la primaire de la droite que je ne me résignais
ni au grand remplacement ni au grand déclassement. » L'internet,
qui a, lui, une mémoire d'éléphant, atteste que Valérie Pécresse dé-
clarait quelques mois auparavant : « Je déteste [l'expression grand
remplacement] parce qu'elle donne le sentiment que tout est
foutu ». Un orateur qui déteste une expression ferait mieux de ne
pas l'utiliser du tout.

Du simple point de vue du marketing électoral, il n'y a pas photo :
en octobre 2021, un sondage Harris Interactive montre que 67 %
des Français s'inquiètent d'un « grand remplacement »[448]. Heurter
une opinion aussi massive serait électoralement suicidaire. Mais
« Pas de fatalité, ni au grand déclassement, ni au grand remplacement » empile dangereusement les négations et la tentative de Valérie Pécresse – j'ai dit la même chose mais ce n'est pas ce qu'on
me fait dire - ne peut que dérouter les citoyens sans dissuader les
« commentateurs ».

Et puis, la situation a changé : entre deux déclarations, Valérie
Pécresse est devenue candidate à la présidentielle. Le sens d'une
petite phrase est indissociable de l'*ethos* de son auteur. S'il change,
il peut arriver que le favorable devienne défavorable, qu'une petite
phrase domestique s'ensauvage. « L'Algérie c'est la France », proclame François Mitterrand en 1954 après les premiers attentats du
FLN. Puis la guerre soulève un mouvement d'opposition, et cette
phrase lui est reprochée par ses propres amis. Enfin, une fois l'Algérie indépendante, elle devient sans objet et disparaît des radars.

Injustes ou pas, ces distorsions de perspective sont un fait. Si l'image d'un orateur est fortement marquée par une qualité ou un défaut, le public tendra à interpréter ses paroles en fonction de l'*ethos* qu'on lui prête. Si le public ressent une passion forte, il tendra à interpréter des paroles ambiguës en fonction de ce *pathos*.

Il est difficile d'entendre ce que l'on entend

« Il faut toujours dire ce que l'on voit. Surtout il faut toujours, ce qui est plus difficile, voir ce que l'on voit. » Chacun connaît ce précepte livré par Charles Péguy dans *Notre jeunesse*. Entendre ce que l'on entend n'est pas moins difficile. Une proportion élevée des petites phrases ne circulent pas telles qu'elles ont été prononcées. Leur déformation peut être volontaire, donc *a priori* malhonnête, ou involontaire.

Dans son étude sur les petites phrases de la Révolution française, Patrick Brasart souligne « la malveillance des adversaires politiques d'un orateur pour pratiquer les abréviations les plus rudes, la plus radicale étant la réduction de l'ensemble du discours public d'un orateur à une seule phrase » [449]. La méthode a prospéré. Souvent, quelques mots (voire un seul, comme le « détail » de Jean-Marie Le Pen, ou deux, comme le « Gaulois réfractaire » d'Emmanuel Macron) sont isolés du discours et « montés en épingle » par des adversaires, la presse ou le public. Leur puissance destructrice tient à leur interaction avec l'*ethos* de l'orateur et le *pathos* des auditeurs.

En 1981, l'Assemblée nationale débat du programme de nationalisations prévu par l'union de la gauche, parvenue au pouvoir quelques semaines plus tôt. Jeune député socialiste de l'Indre, André Laignel déclare à propos d'un orateur précédent : « Son argumentation bascule du juridique au politique. De ce fait, il a juridiquement tort car il est politiquement minoritaire[450] ». Ce constat peut paraître banal dans la bouche d'un législateur, docteur en droit de surcroît : les lois sont votées par les majorités élues. Mais on le cite sous la forme : « Vous avez juridiquement tort car vous êtes politiquement minoritaires ». Cette phrase bien balancée frappe l'opinion car elle exprime un sentiment du moment : il existe à gauche une tentation totalitaire. Le remplacement du « il » par un « vous », sorte de collectivisation du vocabulaire, transforme la considération individuelle en un choc camp contre camp. André Laignel comprend aussitôt le danger de sa formulation et ajoute : « Je sais que cette affirmation peut paraître provocatrice. » Trop tard !

Le tronçonnage est une déformation spécialement redoutable. Une petite phrase tronquée n'est pas « fausse » à proprement parler, elle est juste incomplète et son sens en est modifié. En 2007, Nicolas Sarkozy prononce son célèbre « Discours de Dakar ». Bourré d'hommages appuyés à l'Afrique et aux Africains, il contient cette phrase : « L'homme africain n'est pas assez entré dans l'histoire ». Extraite du discours, elle s'avère calamiteuse. Sa signification n'est pas évidente : le cerveau a souvent un peu de mal avec les tournures négatives (voir chapitre 6) et l'ajout d'un adverbe n'arrange rien. « Pas assez » évoque un jugement de valeur, une note médiocre attribuée à une performance africaine. Bon nombre d'auditeurs accentuent le message. Ils croient sincèrement entendre : « L'homme africain n'est pas entré dans l'histoire ». L'omission de l'adverbe « assez » connote une vision toute négative de l'homme africain. Nicolas Sarkozy croyait montrer de la bienveillance ? On lui reproche une arrogance insultante. Ségolène Royal va même plus loin. Visitant Dakar à son tour en 2009, elle déclare : « Quelqu'un est venu ici vous dire que l'homme africain n'est pas encore entré dans l'histoire. Pardon, pardon pour ces paroles humiliantes. » A-t-elle mal entendu les paroles du président ou bien la substitution de « encore » à « assez » est-elle délibérée ? On comprend en tout cas que Nicolas Sarkozy lui en tienne rigueur.

Nicolas Sarkozy, encore, visite le Salon de l'Agriculture 2010. Il déclare : « Je voudrais dire un mot de toutes ces questions d'environnement, parce que là aussi ça commence à bien faire. Je crois à une agriculture durable. […] Mais il faut que nous changions notre méthode de mise en œuvre des mesures environnementales en agriculture. » Qu'en reste-t-il ? « Ces propos, rapidement condensés par "L'environnement, ça commence à bien faire", sont perçus comme constituant un événement, et dans bien des cas caractérisés comme "petite phrase" », analyse Annie Krieg-Planque[451]. La mise en cause d'une méthode gouvernementale est prise pour une condamnation globale des préoccupations environnementales. Cette petite phrase arrangée colle elle aussi aux basques de Nicolas Sarkozy.

Cette méthode est aussi utilisée, volontairement ou non, contre Emmanuel Macron. « La presse d'aujourd'hui, elle prend un bout d'une phrase que vous avez pu dire, elle le met dans un flipper et vous êtes parti », déplore-t-il[452]. Il songe peut-être à cette phrase prononcée au micro de Jean-Jacques Bourdin le 20 janvier 2016 : « La vie d'un entrepreneur, elle est bien souvent plus dure que celle d'un salarié, il ne faut jamais l'oublier, parce qu'il peut tout perdre, lui, et il a moins de garanties ». Une formule pas préparée à l'avance, à en juger d'après l'enregistrement vidéo[453]. Une simple observation incidente dans un développement consacré aux difficultés des entreprises. Elle n'occupe que quelques secondes d'un entretien de 25 minutes. Jean-Jacques Bourdin, malgré sa pugnacité légendaire, ne la relève pas. Les auditeurs non plus. Après l'émission, cependant, RMC publie ce tweet : « "La vie d'un entrepreneur est bien plus dure que celle d'un salarié" selon @EmmanuelMacron #BourdinDirect ». Cette fois, les réseaux sociaux s'enflamment. Largement reprise par la presse, la formule est qualifiée expressément de « petite phrase » par *L'Expansion, 20 minutes, VSD* et d'autres. Vingt-quatre heures après l'émission, Google décompte ces occurrences[454] :

- « la vie d'un entrepreneur est bien souvent plus dure que celle d'un salarié » : 6 580 résultats
- « la vie d'un entrepreneur est souvent plus dure que celle d'un salarié » : 7 280 résultats
- « la vie d'un entrepreneur est plus dure que celle d'un salarié » : 14 300 résultats
- « la vie d'un entrepreneur est bien plus dure que celle d'un salarié » : 55 000 résultats

Autrement dit, des formules inexactes sont citées douze fois plus souvent que la formule exacte[455]. Et la plus fréquente est celle qui, par l'omission de « souvent » et le déplacement de « bien », modifie le plus radicalement la phrase originale. De plus, l'explication incluse dans celle-ci (« parce qu'il peut tout perdre, lui, et il a moins de garanties ») outrepasse les 140 signes alors autorisés sur Twitter et disparaît complètement. Une falsification délibérée de la part de RTL ? Plus probablement l'effet d'un biais cognitif. Quand on parle de vie « dure » pour un salarié, on pense pénibilité du travail, fins de mois difficiles, misère du chômeur - un stéréotype à la Zola. Ce n'est pas le lot du patron type. Ses contraintes propres sont peu connues – or il est difficile d'introduire une notion nouvelle dans un contexte où elle paraît peu plausible[456]. Le ministre de l'Économie qu'est alors Macron connaît la réalité objective de la vie d'entrepreneur ; en revanche, il apprécie mal ce que l'opinion en perçoit.

Les cas de ce genre sont fréquents et loin d'être anecdotiques. En octobre 2016, vers la fin de sa campagne électorale, Donald Trump déclare : « I will totally accept the results of this great and historic presidential election, if I win. » (j'accepterai totalement les résultats de cette magnifique et historique élection présidentielle si je gagne). La phrase circule aussitôt sous la formule simplifiée : « I will accept the results of this election, if I win ». La suppression de l'adverbe « totally » contribue à en radicaliser le sens. Les réseaux sociaux et les commentateurs – jusqu'à un professeur au Collège de

France[457] – l'interprètent *a contrario* comme : « je refuserai les résultats de cette élection si je perds ». Surtout, l'explication aussitôt donnée par Trump est presque toujours omise : « Of course I would accept a clear election result, but I would also reserve my right to contest or file a legal challenge in the case of a questionable result » (Bien entendu, j'accepterais un résultat clair, mais je réserverais mon droit de le contester ou de l'attaquer en justice s'il était douteux). Pressé de renoncer d'avance à toute voie de recours, le candidat refuse simplement de se lier les mains. Il rappelle d'ailleurs que l'élection présidentielle de 2000 a donné lieu à contestation et recompte des voix, et que si George W. Bush avait accepté le résultat d'avance, il aurait été battu par Al Gore. Cette réserve juridique élémentaire est transformée en une petite phrase contenant un sous-entendu factieux. Par un effet cerceau, il construit et confirme son *ethos* tout à la fois.

Décrire des petites phrases comme « positives » ou « négatives » serait trop simple. Leurs effets sont souvent complexes et inattendus. Ce qui paraît d'abord néfaste peut finalement s'avérer bénéfique, et inversement. « Si, dans certaines circonstances, il m'est arrivé de prononcer des "petites phrases" préméditées, j'ai eu souvent la surprise d'en découvrir qui n'étaient pas préméditées mais interprétées comme telles par les autres », assure Georges Séguy, charismatique secrétaire général de la CGT de 1967 à 1982. « Il faut donc avoir une appréciation très nuancée sur ma capacité à prononcer, en chaque circonstance, les petites phrases appropriées[458]. » Peut-être faut-il aussi porter une appréciation nuancée sur le degré de sincérité que le public attend du patron du syndicat communiste, qui pèse alors d'un poids considérable dans la vie politique française.

Si les petites phrases de culture ne sont pas toujours dociles, les petites phrases sauvages ne le sont pas du tout. Nées hors la volonté de celui qui passe pour leur auteur, elles circulent *proprio motu* et contribuent à façonner son personnage public, surtout si ce besoin n'est pas déjà satisfait. Elles pourraient même être un signal majeur pour un ambitieux : leur apparition montre que l'opinion a repéré en lui un leader potentiel et cherche à s'en faire un portrait, fût-il taillé à la serpe. La première parution dans un grand journal d'un titre du genre « Une petite phrase de X » est sans doute à marquer d'une pierre blanche dans une carrière politique. Le cas des « illettrées de Gad » en est une illustration.

L'« *Alea jacta est* » d'Emmanuel Macron

Les acteurs du théâtre antique se présentaient sur scène munis d'un masque explicitant leur *ethos* : on savait d'emblée comment comprendre leurs répliques. Quand il est nommé ministre de l'Économie le 26 août 2014, Emmanuel Macron ne porte pas de masque. C'est un quasi inconnu. Il est proche du pouvoir en tant que secrétaire général adjoint de l'Élysée. En revanche il n'a pas de carrière électorale ou partisane derrière lui. Il a 36 ans. Ce n'est pas si extraordinaire : Laurent Fabius a été nommé ministre du Budget à 34 ans et Premier ministre à 37 ans.

La presse *people* s'intéresse à sa situation matrimoniale peu commune mais ne dit pas grand chose de son caractère. On ne lui connaît qu'une petite phrase, une petite blague plutôt : « C'est Cuba sans le soleil », plaisante-t-il en 2012 quand François Hollande envisage de taxer à 75 % les revenus supérieurs à 1 million d'euros[459]. Mais une déclaration anodine lui assigne bientôt un personnage.

Quinze jours après sa nomination, il accorde sa première interview ministérielle à Europe 1. Il disserte sur le coût du permis de conduire, qui le mène de fil en aiguille à Gad, un gros abattoir breton en difficulté. « Il y a dans cet abattoir une majorité de femmes, qui sont pour beaucoup illettrées », dit-il. « On leur explique qu'elles n'ont plus d'avenir à Gad et qu'elles doivent aller travailler à 60 km. Ces gens-là n'ont pas le permis de conduire. On va leur dire quoi[460] ? »

Le souci est social et technocratique, mais l'adjectif « illettrées » émeut les salariés de Gad. Le même jour, Emmanuel Macron se rend à l'Assemblée nationale pour la première fois en tant que ministre. En guise de bizutage, l'opposition s'empare bruyamment du thème lexical qu'il lui a offert.

Le ministre tombe très mal. Quelques jours plus tôt, l'ex-compagne de François Hollande a publié *Merci pour ce moment*, un livre de souvenirs au vitriol[461]. « Le président n'aime pas les pauvres », y assure-t-elle. « Lui, l'homme de gauche, dit en privé "les sans-dents", très fier de son trait d'humour. » Le président de la République dément. Néanmoins, la formule traverse comme l'éclair les réseaux sociaux et fait scandale. « L'expression s'est imposée comme une évidence en quelques minutes », observe un journaliste[462]. « L'expression "sans-dents" fait partie de ces petites phrases qui restent associées aux grandes figures politiques », assure encore Wikipédia une dizaine d'années plus tard[463].

Les « illettrées de Gad » font bien la paire avec les « sans-dents ». Emmanuel Macron a beau présenter devant l'Assemblée ses « excuses les plus plates »[464], l'association demeure. « "Illettrés", "sans-dents", sont devenus des marqueurs du mépris de classe, des casseroles régulièrement renvoyées à la figure de leurs auteurs », souligne Thomas Raguet, qui a analysé les deux formules ensemble, comme représentatives de leurs auteurs, dans son documentaire *Petites phrases, grandes conséquences - La Gauche contre le peuple*[465]. « Moi j'ai ressenti comme un deuxième coup de bâton à un moment où on n'en avait pas besoin », y déclare un syndicaliste de Gad. Ses collègues considèrent les propos du ministre comme une offense personnelle : « Il nous parle comme si on était des moins que rien », « Il nous insulte presque », « Des choses comme il a dit, ça ne se dit pas ». Au-delà des salariés de Gad, beaucoup de Bretons se sentent solidairement affectés. « Je suis d'ici », s'émeut l'ancienne ministre socialiste Marylise Lebranchu. « Les deux pieds dans cette terre qui est très touchée par la crise de l'agro-alimentaire et de Gad en particulier. Le matin, j'entends cette phrase comme un coup énorme et pour moi un coup dans le dos. La phrase, elle est d'une violence inouïe[466]. » La blessure sincèrement ressentie par les gens de Gad émeut l'opinion.

Avec les « illettrées de Gad », la carrière politique d'Emmanuel Macron part du mauvais pied. À moins que… On se focalise sur les réactions bruyantes. Or dans une société diversifiée, sans doute y a-t-il aussi des conséquences silencieuses. Les commentateurs, et la science politique elle-même, ne semble pas s'y intéresser beaucoup. La question est pourtant capitale.

Le jeune ministre bénéficie d'une visibilité soudaine. Le tollé des députés et les interviews de salariés de Gad lui confèrent une présence forte dans l'actualité. Mieux, elles lui donnent un poids politique *ex nihilo* : puisque ses propos font petite phrase, réciproquement son importance personnelle doit être grande. On parle de lui. En mal, mais on en parle. Or « le leadership politique est toujours associé, d'une façon ou d'une autre, à la célébrité », souligne Christian Le Bart[467] en notant que celle d'Emmanuel Macron doit beaucoup à ses petites phrases.

Les illettrés de Gad deviennent une sorte d'« Alea jacta est », une transgression initiale qui donne un sens à la suite des événements. Le ministre a franchi par inadvertance un Rubicon invisible. Ce qui n'aurait dû être qu'une petite gaffe devient un ancrage, voire un péché originel. Les réactions des politiques, des médias, des réseaux sociaux forgent *a posteriori* une sorte de tabou social qu'il aurait violé. Tout tabou a des gardiens vétilleux, notamment dans les réseaux sociaux. Et quand la presse tient un sujet, elle l'exploite. Elle n'a pas à chercher beaucoup pour trouver dans les propos d'Emmanuel Macron d'autres indices de mépris pour le peuple, à nouveau condensées dans des petites phrases : « Le bus pourra bénéficier aux pauvres », « Il faut des jeunes Français qui aient envie de devenir milliardaires », « La vie d'un entrepreneur est souvent plus dure que celle d'un salarié », « La meilleure façon de se payer un costard, c'est de travailler », etc.

Ces petites phrases confèrent à un quasi-inconnu une certaine épaisseur historique. Mais elles le montrent, en même temps, comme un homme méprisant. Des experts en font foi. « Il y a toute une vérité d'Emmanuel Macron qui se dit dans ses petites phrases », professe Pascal Perrineau, de la Fondation nationale des sciences politiques[468]. Les politiques conspuent un homme qui a « un problème avec le peuple » (Éric Ciotti) ou « un grave problème avec la démocratie » (Adrien Quattenens), qui « n'est pas à la hauteur de sa responsabilité » (Yannick Jadot) ou qui est « pontifiant, méprisant » (Robert Ménard). Suspect de froideur technocratique, l'ancien élève de l'ENA marque les Français par les sentiments qu'on lui prête !

L'épisode de Gad confère à Emmanuel Macron un positionnement à part. Qui franchit le Rubicon, qui risque délibérément l'opprobre de la classe politique ? César ! Dans le champ politique démocratique, on veille ardemment à camoufler tout sentiment de mépris sous des précautions oratoires, d'une sincérité pas toujours évidente. Par manque d'expérience ou par authenticité, Emmanuel Macron s'en dispense. Il paraît donc sincère, ce qui n'est pas négatif en soi. Surtout il se trouve d'un seul coup placé en surplomb aux yeux de tous. Dans une certaine mesure, Gad fait Macron.

Ambivalence des petites phrases

Un mépris réel ou supposé envers certaines personnes n'est-il pas un vice rédhibitoire pour un homme politique ? Le fait est que malgré Gad, Emmanuel Macron sera élu. Plus tard, il regrettera expressément une seule de ses petites phrases (voir chapitre 2) : « Une gare c'est un lieu où on croise des gens qui réussissent et des gens qui ne sont rien. » De Gad à la gare, il n'y a pas loin. Cette déclaration prononcée lors de l'inauguration d'un espace d'accueil pour *start-ups* aménagé dans une ancienne gare ferroviaire ne semble choquer personne dans l'assistance – invités de marque, capital-risqueurs et jeunes créateurs d'entreprise – des gens qui ont réussi et des gens qui comptent réussir. C'est ensuite qu'elle agite les réseaux.

Les « gens qui réussissent » et autres CSP+ sont nombreux dans l'électorat d'Emmanuel Macron[469]. Et on les invite à voter contre le « populisme », mot dont la racine est plus claire que le sens. Quiconque envisage qu'il puisse y avoir de la haine sociale chez certains électeurs de Jean-Luc Mélenchon ou du racisme chez certains électeurs de Marine Le Pen ne peut exclure qu'un sentiment de mépris social puisse exister chez certains électeurs d'Emmanuel Macron. Il n'est pas certain que ses petites phrases « méprisantes » soient toujours mises à son débit. Se pourrait-il qu'elles alimentent un sentiment inavouable, transgressif, qui ne pourrait être exprimé clairement sans dommage ?

La même interrogation vaut pour d'autres déclarations d'Emmanuel Macron, antérieures à son élection en 2017, également qualifiées de « petites phrases » en leur temps :

- « La gauche a pu croire, il y a longtemps, que la France pourrait aller mieux en travaillant moins » (août 2015)
- « La colonisation est un crime contre l'humanité » (février 2017)
- « On a humilié les opposants au mariage pour tous » (février 2017)

Toutes trois sont contentieuses. Elles valent à leur auteur des critiques véhémentes qui ne viennent pas toujours du même camp. À chaque fois, une partie de l'opinion s'enflamme. L'autre partie ne dit rien mais pourrait s'avérer satisfaite en son for intérieur : la droite libérale, les décolonialistes, les traditionnalistes…

Sauvages ou pas, les petites phrases peuvent avoir, selon les publics, des effets inattendus, bons ou mauvais ou même bons *et* mauvais, voire mauvais *et mauvais*. « Il ne faut pas humilier la Russie », déclare Emmanuel Macron en 2022 à propos de la guerre en Ukraine. Il recueille des commentaires outragés côté alliés de l'Ukraine, ironiques côté russe. Qu'une même déclaration puisse séduire une partie de l'électorat et en irriter une autre n'a rien d'absurde en démocratie :

- « La France ne peut pas accueillir toute la misère du monde », déclare Michel Rocard, alors Premier ministre, en 1989. Ce refus de l'immigration incontrôlée lui vaut d'infinis reproches à gauche. Le reste de sa carrière ne sera pas de trop pour expliquer qu'il voulait en fait dire autre chose. Mais cette phrase lui vaut dans le même temps une durable indulgence et de multiples citations à droite.

- Également à propos de l'immigration, Jacques Chirac évoque en 1991 « le travailleur français [...] qui voit sur le palier à côté de son HLM, entassée, une famille avec un père de famille, trois ou quatre épouses, et une vingtaine de gosses, et qui gagne 50.000 francs de prestations sociales, sans naturellement travailler ! Si vous ajoutez à cela le bruit et l'odeur, eh bien le travailleur français, sur le palier, il devient fou. » Quand *Marianne* et l'IFOP mesurent en 2019 le degré d'approbation des dix petites phrases les plus connues de Jacques Chirac, « le bruit et l'odeur », cette « sortie clairement xénophobe » qui lui a valu les plus vifs reproches y compris dans son propre camp, arrive en quatrième position (le numéro un est « Notre maison brûle et nous regardons ailleurs »). Elle reçoit 65 % d'approbations[470] ! Les électeurs de gauche eux-mêmes lui sont favorables à plus de 50 %. Moins de quatre ans plus tard, Jacques Chirac est élu président de la République.

- Premier ministre socialiste de 1997 à 2002, Lionel Jospin, est invité le 13 septembre 1999 au journal télévisé de France 2. Il est interpellé à propos d'un plan social annoncé par la société Michelin.

« Je ne considère pas que c'est un fait acquis, déclare-t-il. [...] Il y a une mobilisation qui peut se mener. » Ce langage convient sans doute à un dirigeant socialiste. Mais il ajoute : « Il ne faut pas tout attendre de l'État. ». Et tout le mal vient de cette phrase, note Christophe Barbier, car « la mémoire collective traduira – étrange différence – par "l'État ne peut pas tout" »[471]. Au-delà de ce truisme spontané, beaucoup comprennent même : « l'État ne peut rien »[472]. Jospin progresse à droite et perd du terrain à gauche.

- « La gauche peut mourir », déclare le Premier ministre Manuel Valls devant le conseil national du Parti socialiste le 14 juin 2014. L'avertissement est instantanément repris par l'ensemble de la presse et dans les réseaux sociaux. Mort, mourir, sont des mots qui font peur. *A priori*, ce n'est pas favorable à une petite phrase : le cerveau préfère ignorer ce qui effraie et paralyse. Mais « la gauche peut mourir » est-elle une phrase qui fait peur à tout le monde ? Un indice : au bout de quatre mois, Google en recense neuf occurrences sur le site de *Libération*, trente-trois sur celui du *Monde* et 1 360 sur celui du *Figaro*.

- Claude Bartolone, président de l'Assemblée nationale et ancien ministre socialiste est opposé à une femme de droite, Valérie Pécresse, à l'élection régionale de 2015 en Île-de-France. Entre les deux tours de scrutin, il déclare : « Pécresse défend Versailles, Neuilly et la race blanche »[473]. *L'Obs* en fait un titre largement relayé sur les réseaux sociaux. Valérie Pécresse s'indigne, annonce le dépôt d'une plainte pour injure aggravée. Bartolone maintient. Alors que les sondages le disaient favori, il est battu. « Cette petite phrase malheureuse lui a probablement coûté son élection », estime Pascal Bruckner[474], sans préciser sa pensée. Se pourrait-il que le candidat socialiste ait assuré la promotion de son adversaire auprès d'un électorat blanc et « versaillais » qui aurait compris sa phrase au premier degré ? Le fait est que l'Île de France est la seule région de France – avec la Corse, dans une bien moindre proportion – où le Front National *perd* des voix entre les deux tours de l'élection régionale.

154

- François Bayrou, Premier ministre, interrogé sur LCI à propos de l'immigration en janvier 2025, évoque un « sentiment de submersion » des Français. Tollé à gauche. Les socialistes le somment de renier cette expression familière à l'extrême-droite et menacent de censurer le gouvernement, en grande difficulté avant le vote du budget. François Bayrou aggrave son cas en répondant : « Ce ne sont pas les mots qui sont choquants, ce sont les réalités. » La plus grande partie de la presse considère que le Premier ministre est en difficulté, d'autant plus que les derniers sondages ne lui accordent que 20 à 25 % d'opinions favorables. Mais un nouveau sondage révèle le surlendemain que, sur le sujet de la « submersion », 74 % des Français le soutiennent[475].

Si les petites phrases produisent de tels effets, serait-il possible d'en user délibérément ? L'addition des mécontentements pourrait-elle dissimuler une addition de satisfactions, et les secondes être plus durables que les premiers ? Ce qui semble être une petite phrase sauvage issue d'une maladresse pourrait-elle être une petite phrase domestique obéissant à une stratégie subtile ? S'il paraît douteux que les cinq phrases d'Emmanuel Macron citées plus haut obéissent à un plan, la question peut se poser dans des cas plus récents :

- « "Nous protéger des flux migratoires irréguliers" : la petite phrase de Macron qui ne passe pas », titre France Inter en 2021[476]. Si la déclaration irrite le média public, elle satisfait probablement une partie de l'électorat. Pour le professeur Maingueneau, « dans la perspective de sa réélection en 2022, la stratégie du président Emmanuel Macron semble donc claire : adapter son langage pour plaire à son électorat de droite »[477].

- « Les non-vaccinés j'ai très envie de les emmerder » (janvier 2022) : l'instant d'avant, le chef de l'État a observé que « c'est une toute petite minorité qui est réfractaire ». Puisque 90 % des Français ont suivi les consignes gouvernementales[478], il est envisageable que cette minorité soit prise comme bouc émissaire.

L'énergie de fission due au morcellement de la société est exploitée depuis longtemps dans la communication politique : on n'aime pas les riches, l'extrême-droite, les immigrés, les fonctionnaires, etc. Elle pourrait l'être davantage. Le marketing politique américain s'attache depuis 1996 à travailler les différentes « micro-tendances » d'un électorat éclaté aux valeurs disparates[479]. Il est peu probable que l'équipe d'Emmanuel Macron ait pu maîtriser un tel travail de dentelle avant 2017. Mais les progrès des sciences cognitives et de l'IA générative pourraient autoriser un jour une telle stratégie, reposant sur la diffusion discrète, vers différents électorats, de messages ciblés portant sur des valeurs et des croyances. Ils pourraient être quasi-subliminaux, avec pour support des petites phrases riches en sous-entendus et en métaphores, propres à rapprocher *ethos* et *pathos*. Ni programme, ni promesses alors : la littérature électorale traditionnelle jouerait un rôle surtout décoratif.

François Fillon et le général de Gaulle mis en examen

Les « primaires » favorisent des échanges fratricides éventuellement qualifiés de petites phrases[480]. Le comportement de François Fillon lors de la primaire de la droite précédant l'élection présidentielle de 2017 est un cas d'école.

Premier ministre pendant tout le quinquennat de Nicolas Sarkozy, de 2007 à 2012, on lui prête une « préférence pour les raisonnements de fond et [une] aversion pour les petites phrases chocs[481] ». D'allure et d'attitude raisonnable, il est rarement caricaturé. « Emmanuel n'a jamais pensé que Fillon était un type sympa », révèle cependant Brigitte Macron. « Entre nous, il l'appelle Louis XI »[482]. Certains le surnomment « Mister Nobody ». « "Mister Nobody" dit une chose importante », note le professeur Arnaud Mercier : « François Fillon est passé en dessous des radars »[483]. La quasi-absence de petites phrases attachées à son nom est un signe : malgré sa longue carrière politique – plus jeune député de France à 27 ans, six fois ministre, cinq ans à Matignon – les Français ne voient pas en lui un leader de premier plan. Sarkozy leur suffit ; ils n'ont pas vraiment besoin de connaître un éventuel remplaçant.

Une seule fois dans sa carrière primo-ministérielle, le 21 septembre 2007, lors d'un déplacement en Corse, François Fillon se démarque avec cette anaphore rageuse : « Je suis à la tête d'un État qui est situation de faillite sur le plan financier, je suis à la tête d'un État qui est depuis quinze ans en déficit chronique, je suis à la tête d'un État, qui n'a jamais voté un budget, en équilibre depuis vingt-cinq ans ». Le raccourci « Je suis à la tête d'un État en faillite »[484] résume le propos.

L'anaphore attire l'attention. Constitutionnellement parlant, la formule est abusive puisque François Fillon est chef de gouvernement et non chef d'État. Certains y voient un signe de mauvaise humeur : un mois plus tôt, Nicolas Sarkozy l'a sèchement présenté comme son « collaborateur »[485], ce que Patrice Duhamel qualifie de « petite phrase présidentielle »[486]. D'autres estiment que le Premier ministre s'est un peu lâché à la fin d'un repas campagnard devant des auditeurs « déjà pas mal nourris au petit rosé », comme le raconte un participant[487]. Le message de la petite phrase concerne a priori la « faillite » de l'État et non le rôle de François Fillon. Voire... Son « Je suis » ne suffit pas à lui conférer une vraie stature de leader mais peut révéler un feu qui couve.

Neuf ans plus tard, François Fillon se présente aux primaires de la droite et du centre pour l'élection présidentielle de 2017 aux côtés de six autres candidats. Face à lui, Nicolas Sarkozy et Alain Juppé paraissent d'une tout autre stature. Que pourrait espérer « Mister Nobody » ? Les sondages ne lui donnent aucune chance ; même Bruno Le Maire le surclasse dans les premiers sondages. On attend de lui une campagne raisonnable, argumentée et vouée à l'échec. La surprise est grande quand, le 28 août 2016, il déclare : « Ceux qui briguent la confiance des Français doivent en être dignes. Ceux qui ne respectent pas les lois de la République ne devraient pas pouvoir se présenter devant les électeurs. Il ne sert à rien de parler d'autorité quand on n'est pas soi-même irréprochable. Qui imagine un seul instant le général de Gaulle mis en examen ? »

La question est rhétorique, bien entendu. Personne ne la prend au premier degré, personne ne se donne la peine d'y répondre explicitement... et tout le monde considère qu'elle vise Nicolas Sarkozy, également candidat à la primaire, qui vient d'être mis en examen dans l'affaire Bygmalion.

« François Fillon sait exactement ce qu'il fait », estime Carl Meeus. « Troisième homme d'une primaire dont tous les observateurs estiment qu'elle se terminera par la victoire d'Alain Juppé sur Nicolas Sarkozy, il veut s'inviter dans le débat[488]. » La presse et les médias sociaux résument ce passage par son élément le plus marquant : « Qui imagine le général de Gaulle mis en examen ? » (Selon un phénomène de simplification classique, « un seul instant », qui n'apporte pas d'information, disparaît des citations à peu près deux fois sur trois.) Par cet acte de lèse-majesté, perfide mais très intelligible, François Fillon s'impose d'un coup comme un protagoniste sérieux du combat des chefs. « L'ancien Premier ministre est parvenu à signer la petite phrase qui a le plus fait parler d'elle », note *Marianne*[489]. Une petite phrase « assassine », plussoient *Ouest-France*[490] et BFMTV[491].

On n'imagine guère qu'une déclaration aussi médiatisée soit sans effet. « Il y a certes eu quelques petites phrases méchantes mais nous sommes de la même famille », veut croire Alain Juppé[492]. Néanmoins, François Fillon fait un bond dans les sondages. Son entourage y voit « la conséquence directe de sa petite phrase assassine », assure *Le Journal du Dimanche*[493]. Elle montre que François Fillon n'est pas le personnage lisse et effacé qu'on imaginait. Et des sous-publics différents peuvent y entendre des messages implicites différents :

158

- « Nicolas Sarkozy et Alain Juppé ne sont pas des candidats acceptables. »
- « François Fillon est irréprochable comme le général de Gaulle. »
- « François Fillon est un leader qui ne craint pas la bagarre. »
- « François Fillon est un traître. »

À la surprise générale, la campagne de François Fillon commencée sur des sondages décevants tourne à la marche triomphale. L'ex « Mister Nobody » est désigné comme le candidat de la droite et du centre à l'élection présidentielle de 2017 par 66,5 % des voix contre 33,5 % à Alain Juppé.

« En sacrifiant lui-même tout un discours pour un scud, François Fillon s'est peut-être tiré une balle dans le pied », avait prophétisé Guillaume Tabard dès le 30 août 2016[494]. Le 25 janvier 2017, *Le Canard enchaîné* révèle qu'il a employé son épouse, Pénélope, comme assistante parlementaire et qu'il pourrait s'agir d'un emploi fictif. La petite phrase prononcée cinq mois plus tôt revient en force. Fillon la confirme par une petite phrase *bis* : « Ce qui m'empêcherait d'être candidat (…) c'est si j'étais mis en examen ». Des juges s'empressent de répondre à cette invitation. Mis en examen, il maintient néanmoins sa candidature. Comment le cerveau de l'électeur peut-il s'accommoder de cette dissonance ? Il ne peut pas. Ou plutôt, il ne le peut qu'en réévaluant le sens implicite de la petite phrase du mois d'août :

- « François Fillon est un hypocrite. »

Tel est bien le sens d'une grande partie des commentaires sur les réseaux sociaux. Manuel Valls, qui à cette date espère encore être le candidat de la gauche à l'élection présidentielle, lance cette formule miroir féroce : « Vous imaginez le général de Gaulle employer tante Yvonne à l'Élysée[495] ? » Nicolas Sarkozy renchérit en petit comité[496] : « Et il dit quoi, le général, là ? ». Dans les deux cas,

159

la forme interrogative souligne le parallélisme avec la phrase de François Fillon.

Sans l'ostentation de sa probité, la faute commise par François Fillon en rémunérant son épouse nuirait probablement moins à sa campagne politique (il est loin d'être seul dans son cas). Mais sa situation est fragile : une seule phrase l'a sorti du statut de Mister Nobody, et voilà qu'elle détruit elle-même l'atout qu'elle lui avait conféré, sans que son programme ait bougé d'un iota, sans qu'une seule ligne soit apparue sur son C.V., sans que l'électorat visé ait évolué, sans qu'un seul fait soit avéré. Lui a-t-elle fait gagner la primaire et perdre l'élection ? Toujours est-il que, le 23 avril 2017, il est éliminé au premier tour de l'élection présidentielle. Il s'en faut de peu : moins de 1 % des électeurs inscrits le séparent de Marine Le Pen. La trajectoire d'une petite phrase est imprévisible !

Que faire contre une petite phrase ?

Les actions possibles pour atténuer l'effet des petites phrases négatives sont d'une manière générales les mêmes que pour toute crise de communication politique. Le premier réflexe des victimes de petites phrases est en général de les dénoncer (voir chapitre 2), voire de leur donner une suite judiciaire dans les cas les plus graves, comme celui des menaces formulées sur X en juillet 2024 par la députée LFI Rima Hassan : « Pour le moment François-Xavier Bellamy et ses petits copains proches du régime génocidaire israélien dorment bien la nuit. Ça ne va pas durer[497]. »

Dans la plupart des cas, pourtant, si elles n'ont qu'une importance conjoncturelle, transitoire, la meilleure tactique est probablement de ne rien dire ou de ne s'exprimer que pour établir une référence, éviter le « qui ne dit mot consent ». Nier une information ou même chercher à la rectifier aboutit à la répéter et à la rendre plus familière, voire tout simplement à la faire connaître. C'est le fameux

« effet Streisand »[a]. Les campagnes de rectification du genre « Je n'ai pas dit cela, voici les faits réels » ne sont efficaces qu'à très court terme et renforcent souvent les mythes. Peu à l'aise avec les négations, le cerveau prend quelquefois des démentis pour des confirmations[498].

La noria de l'actualité ne s'interrompt jamais, les petites phrases vénielles s'estompent. Au mieux, elles sont oubliées. Au pire, elles deviennent de l'histoire ancienne. Mais il en est d'inexpiables, durablement attachées à leur auteur (« comme le sparadrap du capitaine Haddock », dit-on classiquement[b]). « Ce n'est pas la catastrophe écologique du siècle » déclare Dominique Voynet, ministre de l'Environnement, devant la pollution provoquée par le naufrage de l'*Erika* en décembre 1999[499]. Rapprochée d'images d'oiseaux mazoutés, cette petite phrase est incompréhensible, scandaleuse, au regard du poste occupé par son auteure. Dominique Voynet la traînera comme un boulet à vie. Dans de tels cas, laisser dire serait plus dangereux que de tenter de limiter les dégâts.

Les recettes classiques de la communication de crise, mises au point pour le monde de l'entreprise, sont peu adaptées au monde politique. Elles s'articulent souvent autour d'une mesure matérielle (retrait d'un produit, indemnisation, remise en état d'un site...), ici impraticable. Abjurer solennellement ses paroles pour satisfaire ceux qui les contestent n'est pas rare mais risque d'irriter ceux qui les approuvent et d'alimenter un soupçon de duplicité.

---

[a] En 2003, la chanteuse Barbra Streisand intente une action en justice pour qu'une photo aérienne de sa villa de Malibu soit retirée de l'internet. Des centaines de milliers d'internautes consultent cette photo dans les semaines suivantes.

[b] En référence à une aventure de Tintin par Hergé, *L'Affaire Tournesol*, où le capitaine Haddock peine à se débarrasser d'un bout de pansement adhésif.

Le 5 juillet 2015, aux Rencontres d'économie d'Aix-en-Provence, Emmanuel Macron évoque « le traité de Versailles de la zone euro » dans une intervention officielle sur la crise des finances publiques grecques. Le lendemain, il s'exprime dans les locaux du quotidien *La Provence*[500]. À l'invitation du parti Syriza, les Grecs viennent de rejeter par référendum un projet d'accord proposé par l'Union européenne, la Banque centrale européenne (BCE) et le Fonds monétaire international (FMI). Emmanuel Macron en est ulcéré. « Le Front national est une forme de Syriza à la française, d'extrême-droite » dit-il. Dans sa bouche, c'est une insulte suprême. Mais Syriza est un parti de gauche, et la gauche française s'indigne qu'on puisse le comparer au FN. Emmanuel Macron, phénomène rare, bat en retraite dans un tweet : « Aucune confusion possible entre le FN et Syriza, issu de la gauche grecque… ». Quelques jours plus tôt, le Premier ministre Manuel Valls l'a jugé trop « bavard »[501] ; il est peu probable que l'épisode le fasse changer d'avis.

Le cran au-dessus, la demande de pardon, les excuses publiques, est difficile pour un leader dans la culture occidentale. Marlène Schiappa, secrétaire d'État à l'égalité entre les hommes et les femmes, s'y astreint en février 2019. Quelques jours après avoir soulevé un tollé en évoquant une « convergence idéologique » entre la Manif pour tous et les terroristes islamistes[502], elle s'excuse dans un communiqué publié sur Twitter. Les remous s'apaisent, mais il est difficile de dire si ces excuses en sont la cause plus que le temps qui passe.

D'autres tactiques sont envisageables[503]. Certains des trente-huit « stratagèmes » proposés par Arthur Schopenhauer dans *L'Art d'avoir toujours raison* peuvent être utiles[504]. Schopenhauer les destine au débat d'idées, mais des conseils comme « mettre l'adversaire en colère » ou « nous tirer d'affaire grâce à une distinction subtile à laquelle nous n'avions pas pensé auparavant » ne pointent pas vraiment vers une dialectique pure. Voici quelques tactiques, non exclusives les unes des autres, pratiquées au 21ᵉ siècle :

- Par-dessus tout, ne pas répéter la phrase à propos de laquelle on est attaqué. En janvier 2015, le Premier ministre Manuel Valls déclare qu'« un apartheid territorial, social, ethnique s'est imposé à notre pays ». Attaqué à droite et à gauche, il évite désormais le mot « apartheid » et parle de « ghettoïsation », de « ségrégation », d'« enfermement ».

- Ne pas répondre soi-même et faire intervenir des personnes ou des médias amis, par exemple au nom du *fact checking*. En novembre 2014, interrogé par TF1 sur le coût des contrats aidés, François Hollande répond : « Ça ne coûte rien, c'est l'État qui paye ». La petite phrase se diffuse sur les réseaux sociaux. *L'Express*[505] et *Le Monde*[506] s'empressent d'expliquer que le chef de l'État « n'a tout simplement jamais dit cela ».

- Détourner les critiques vers un lampiste. En août 2021, Jean-Yves Le Drian, ministre des Affaires étrangères, aurait évoqué pour l'Afghanistan un gouvernement « inclusif » peu crédible. « Il s'agit d'une erreur d'interprétation et de retranscription d'un jeune journaliste de radio », assure-t-il [507]. Ce qui suppose évidemment de ne pas être contredit par un enregistrement.

- Focaliser l'attention sur un détail secondaire. Défendant son projet de réforme de l'enseignement, en 2015, Najat Vallaud-Belkacem critique les « pseudo-intellectuels ». Le corps enseignant, en général hostile au projet, se sent visé en bloc. Interrogée par Europe 1, elle insiste sur un aspect ponctuel de la réforme, l'enseignement des Lumières.

- Invoquer l'excuse de provocation. Nicolas Sarkozy souligne que son « Casse-toi pauv' con » est une riposte à une insulte. Najat Vallaud-Belkacem assure qu'elle s'est simplement « échauffée » au milieu d'un débat vif[508]. (L'emploi du mot « échauffée » peut servir à prévenir le mot « dérapage ».)

- Inverser l'accusation. Emmanuel Macron soulève un tollé quand il demande : « Qui aurait pu prédire la crise climatique ? » Sur sa chaîne YouTube[509], il réplique que, puisque personne ne pouvait raisonnablement croire que la crise climatique n'était pas prévisible, ceux qui critiquent ses propos sont forcément de mauvaise foi.

- Contre-attaquer en ciblant certains opposants indéfendables (tactique du bouc émissaire) ou en dénonçant une « récupération ». Dans le débat sur les « pseudo-intellectuels », Najat Vallaud-Belkacem cherche à mobiliser un loyalisme de gauche dans le corps enseignant en mettant en cause Nicolas Sarkozy. En 2021, un avocat dénonce une phrase contestable d'un haut magistrat. Interrogé sur RTL, Éric Dupond-Moretti, ministre de la Justice ne répond pas sur le fond mais sur l'exploitation qu'en fait Marine Le Pen, que personne n'ose défendre[510].

- Diviser l'adversaire (« les bons chasseurs et les mauvais chasseurs », en référence à un sketch des Inconnus). Najat Vallaud-Belkacem distingue deux catégories d'opposants : leurs critiques sont peut-être les mêmes, mais les uns sont inspirés par la bonne volonté, les autres par la mauvaise foi (beaucoup de ceux qui s'en prennent aux « pseudo-intellectuels » veillent à les distinguer des « intellectuels », parmi lesquels chacun peut se ranger à sa guise).

- Cantonner les dégâts. En mars 2016, Premier ministre Manuel Valls déclare sur RTL que « les conditions ne sont pas réunies pour que Karim Benzema revienne en équipe de France ». Ce jugement sportif soulève la fureur de l'intéressé et l'émoi chez les passionnés de football. Quelques jours plus tard, Manuel Valls y répond dans l'émission Stade 2. En choisissant une émission spécialisée, il évite d'élargir le débat au-delà des amateurs de sport.

- Déminer le terrain. Najat Vallaud-Belkacem[a] : « J'ai la plus grande considération envers les intellectuels ». Manuel Valls : « « Je ne

---

[a] On note que Najat Vallaud-Bekacem recourt à plusieurs tactiques à la fois. Experte en communication, elle a été porte-parole de Ségolène Royale puis de

4. Petites phrases de culture et petites phrases sauvages

veux absolument pas polémiquer avec Benzema. C'est par ailleurs un formidable footballeur ».

- Lancer une autre petite phrase qui déplace l'intérêt vers un thème connexe ou anecdotique, autrement dit « noyer le poisson ». Manuel Valls[a], pour tourner la page Benzema, tente de faire l'actualité sportive : « L'Euro 2016 doit se tenir et il va se tenir ». En 1988, Michel Charasse répond aux critiques par une diatribe burlesque : « La seule chose que j'ai dite – et j'en suis sûr – c'est que je n'ai jamais dit ce qu'on a dit que j'aurais dit. Rien ne peut donc autoriser quiconque de bonne foi à dire ce que je n'ai pas dit, d'autant plus que je redis… », etc.

- Ergoter sur le vocabulaire, variante de la tactique précédente. Accroché sur une affaire gênante, Jacques Chirac ne répond pas sur le fond mais assure : « on rapporte une histoire abracadabrantesque ». Dès lors, l'intérêt se recentre sur cet adjectif littéraire et l'affaire passe au second plan. Raymond Barre, attaqué, parlait de « billevesées » et de « calembredaines ». Alain Juppé, à qui l'on reprochait de préconiser des « accommodements raisonnables » avec l'islam répondait : « C'est un mot québécois, ce n'est pas un mot français, et les Québécois n'ont pas du tout la même vision de la laïcité que nous, donc arrêtons de soulever des querelles inutiles là-dessus[511]. »

- Jouer de l'autodérision. Elle peut fonctionner auprès d'un public intellectuel. En 2021, Jean-Luc Mélenchon édite du matériel de campagne reprenant son fameux « La République, c'est moi » du 16 octobre 2018. Peut-être recherche-t-il aussi un effet cathartique contre ces « quarante secondes qui [l]'ont bien amoché »[512] (de fait, après cet épisode, seuls 20 % des Français le considèrent comme présidentiable contre 46 % en 2017). Le risque est

---

François Hollande pendant les campagnes présidentielles de 2007 et 2012 puis porte-parole du gouvernement de Jean-Marc Ayrault de 2012 à 2014.

[a] Manuel Valls, lui aussi, multiplie les contre-mesures. Il été chargé de la communication du Premier ministre Lionel Jospin pendant cinq ans et directeur de la communication de la campagne de François Hollande en 2012.

évidemment qu'une partie du public se méprenne et reçoive le message au premier degré.

- Cultiver une vérité « alternative ». L'exemple de Michel Rocard fait référence. Fin 1989, il déclare que « la France ne peut pas accueillir toute la misère du monde ». La gauche le lui reproche pendant des années. En 1996, il tente de corriger l'histoire. Sa phrase intégrale aurait été, assure-t-il désormais : « la France ne peut pas accueillir toute la misère du monde mais elle doit en prendre sa part ». C'est faux[513], mais son camp retrouve ainsi une cohérence cognitive : il adopte avec soulagement la version « corrigée »[514]. Celle-ci fait son chemin. Elle est en quelque sorte officialisée par Emmanuel Macron lors d'une réunion internationale en 2017[515].

- Recentrer subtilement la petite phrase. Poursuivi par le thème du « droit dans mes bottes » (1995) qui lui donne une image de rigidité, Alain Juppé tente en 2016 de l'*upcycler* en « bien dans mes bottes » afin de se présenter en vieux sage, au risque d'essuyer des moqueries (« Juppépé », « le bonze de Bordeaux »…). Mais, comme celles des carabiniers d'Offenbach, ces bottes arrivent trop tard…

- Soutenir le contraire de ce qu'on a dit sans vraiment le démentir. La méthode est typique de Donald Trump, qui ne s'excuse *jamais*. « Quelquefois, la vie ne laisse pas d'autre choix que de reculer », explique le journaliste Marc Fisher. « Pour de tels cas, Trump a concocté une méthode de reculade faite à parts égale de rétractation et de récidive[516]. » Une sorte de *moonwalk* langagier.

- Déployer un rideau de fumée. Cette tactique fait l'objet d'un « théorème » en forme de petite phrase, attribué à Charles Pasqua[517] : « Quand on est emmerdé par une affaire, il faut susciter une affaire dans l'affaire, et si nécessaire une autre affaire dans l'affaire de l'affaire, jusqu'à ce que personne n'y comprenne plus rien ». Face à des cerveaux avides de cohérence, brouiller les pistes peut être efficace.

Ces tactiques ont leurs limites. Michel Rocard, Manuel Valls ou Najat Vallaud-Belkacem n'ont pas eu finalement toute la carrière politique qu'ils espéraient. En définitive, les polémiques autour des petites phrases, sorties de leur contexte ou non, sont une épreuve de sélection des leaders, une manière de grimper au cocotier. Elles renforcent les forts (Nicolas Sarkozy n'a pas eu à s'excuser de son « Kärcher ») et affaiblissent les faibles. « Quand on tient des propos qui sont mal interprétés, il ne suffit pas de dire : "vous avez mal compris", il faut se remettre en question », reconnaît enfin Sibeth Ndiaye[518].

Les apophtegmes d'un président

À ses débuts d'homme politique, Emmanuel Macron livre parfois des considérations philosophico-politiques personnelles. Inattendues, ces réflexions à haute voix brouillent plus qu'elles n'éclairent l'*ethos* du président. À ce titre, ce sont moins des petites phrases *stricto sensu* que des apophtegmes, ou paroles sentencieuses de personnages illustres.

Dans un grand entretien philosophique, il évoque ainsi un « absent » : « la figure du Roi, dont [il] pense fondamentalement que le peuple français n'a pas voulu la mort »[519]. « Il faut rénover la pensée profonde de la gauche ; j'ai rarement vu des gens aller au bout du bovarysme parlementaire », déclare-t-il deux mois plus tard. Puis « Le libéralisme est une valeur de gauche » et « L'honnêteté me pousse à vous dire que je ne suis pas socialiste », qui déroutent dans la bouche d'un ministre de François Hollande.

Personne n'est donc surpris quand, dans les semaines suivant l'élection présidentielle de 2017, il renonce à l'interview traditionnelle du 14 juillet car, dit son entourage, sa « pensée complexe » ne convient pas au jeu des questions-réponses avec des journalistes[520].

Ces apophtegmes ne font pas le poids face aux petites phrases. « Il se structure une opposition forte entre nationalistes et progressistes », affirme Emmanuel Macron en 2018[521]. Cette idée d'un

---

nouvel antagonisme remplaçant l'opposition gauche/droite est centrale dans sa pensée politique. Il se pose explicitement en leader européen des progressistes. Puis il évoque les « Gaulois réfractaires au changement ». Et toute considération d'ordre supérieur est oubliée.

5. Le tango du cerveau et des petites phrases

> *Je ne sais pas quelle est la question*
> *mais la réponse est assurément*
> *une petite phrase.*
> - D'après Woody Allen

Une fois que les ondes sonores ont agité nos tympans, une fois que les photons ont frappé nos rétines, notre cerveau doit se débrouiller pour savoir que faire de ces informations. Dans l'immense majorité des cas, la réponse est « rien » : elles disparaissent sans laisser d'adresse. Les petites phrases sont des survivantes. Les épreuves surmontées les ont durcies. « Vingt volumes de harangues ne valent pas les quelques phrases arrivées jusqu'aux cerveaux qu'il fallait convaincre », prévient Gustave Le Bon[522] au début du 20ᵉ siècle.

Dans l'espoir de convaincre, le discours politique contemporain recycle de vieux outils cognitifs pas faits pour lui. Au sortir de cette machinerie, comment des formules aussi vagues et anodines que « Vous n'avez pas le monopole du cœur » ou « Je traverse la rue » peuvent-elles susciter autant d'émotion ? La réponse n'est pas dans les phrases, elle est dans les cerveaux. Et elle n'est pas forcément très compliquée.

Nous n'avons pas besoin de beaucoup d'informations pour nous faire une opinion sur une personne[523]. Si la première phrase d'un nouveau président entendue au hasard d'un journal télévisé ne plaît pas (au hasard : « Je traverse la rue »), il aura bien du mal à la faire oublier. Devant une situation nouvelle, le cerveau dont l'évolution nous a dotés est fait pour réagir vite, à chaud, non pour analyser une masse de renseignements. C'est une « machine à tirer des conclusions hâtives »[524]. Face au tigre à dents de sabre, une conclusion hâtive peut vous sauver la vie. En toutes circonstances, elle vous épargne du temps et des efforts. « C'est incroyable ce qu'un simple dicton peut faciliter la vie » constate Agnès Jaoui dans *Un air de famille*, à propos de « On n'attrape pas les mouches avec du vinaigre ». Ce qui est vrai des dictons l'est aussi de leurs cousines les petites phrases. C'est incroyable ce qu'elles peuvent simplifier la politique.

Corrélativement, il faut se demander pourquoi les commentateurs attachent tant d'importance à de longs programmes électoraux et si peu aux petites phrases... Les sciences cognitives et les neurosciences ne semblent pas s'être intéressées spécifiquement aux petites phrases à ce jour. Mais certains travaux, tels ceux encore spéculatifs de la neurorhétorique[525], ont avec elles un rapport évident.

Le schéma Système 1/Système 2 a été décrit dans le dernier quart du 20e siècle par les psychologues israélo-américains Amos Tversky et Daniel Kahneman, et popularisé par le best-seller *Système 1, Système 2 - les deux vitesses de la pensée*. Le Système 1, écrit Kahneman, « fonctionne automatiquement et rapidement, avec peu ou pas d'effort et aucune sensation de contrôle délibéré »[526]. Le Système 2, lui, nécessite des activités mentales contraignantes, qui exigent une attention consciente.

Traditionnellement, la communication politique (les « volumes de harangues » de Gustave Le Bon) s'adresse au Système 2 : elle fait appel au raisonnement, à la réflexion. C'est bien sûr le cas des programmes politiques, qui formalisent une démarche rationnelle. Les petites phrases, elles, relèvent du Système 1. Cela ne fait aucun doute. Pourquoi ? Parce que Kahneman, implicitement, le dit lui-même. Dès le premier chapitre de *Système 1, Système 2 - les deux vitesses de la pensée*, il livre une dizaine d'exemples d'activités automatiques relevant du Système 1. Voici le troisième :

« Compléter la phrase "du pain et..." »

Au vu de cette citation incomplète, tout expert en communication politique devrait s'écrier : « Eurêka ! ». On y aura reconnu, sans le moindre effort de réflexion – preuve que le Système 1 est en jeu –, une formule bien connue depuis la Rome antique : « du pain et des jeux », en V.O. « panem et circenses ». Ainsi, non seulement elle ne contient que cinq mots en français, mais il en suffit de trois, « du pain et », pour la reconnaître : un article indéfini, un nom tout ce qu'il y a de plus commun et une conjonction, au total, huit lettres ! (Huit lettres aussi en anglais, pour deux mots seulement : « Bread and... ») Cette phrase résume le mépris du poète Juvénal pour la démagogie des empereurs romains. Son contenu littéral est étroit, son sens implicite bien plus large. Si elle était prononcée aujourd'hui, on y verrait une petite phrase.

Non seulement on comprend cette phrase, mais on ne peut même pas s'empêcher de la comprendre. Des esprits forts ont ironisé. S'ils entendent « bread and... » ils complètent par un mot autre que « circus » (jeux), par exemple« butter » (beurre)[527]. Ils croient infirmer Kahneman. En réalité, ils ne font que confirmer le fonctionnement du Système 1, qui dans deux mots en entend trois. Simplement, leur culture est davantage au ras des pâquerettes que celle de Kahneman. « Bread and... » évoque autre chose pour eux, mais *quelque chose* quand même.

Stéréotypes et biais cognitifs

Ce raccourci d'un raccourci confirme que le cerveau simplifie. Il est réducteur. « Les étiquettes servent à épargner aux bavards l'ennui de réfléchir », plaisantait l'écrivain anglais John Morley au 19^e

siècle[528]. Pas seulement aux bavards, ont ajouté les sciences cognitives. Pour fonctionner efficacement, notre système cognitif doit être capable de sélectionner ce qui est pertinent dans le moment, d'ignorer ce qui l'en distrait et d'adapter ses réactions en fonction de ce qui se passe alentour[529]. Le cerveau élague donc beaucoup, ce qui n'est pas favorable aux programmes politiques.

« Une des caractéristiques fondamentales du Système 1 est qu'il représente les catégories comme des normes et des prototypes », explique Daniel Kahneman. « C'est comme cela que nous pensons aux chevaux, aux réfrigérateurs et aux agents de police ; nous avons en mémoire une représentation d'un ou plusieurs membres "normaux" de chacune de ces catégories »[530]. À propos de catégories sociales, ces représentations sont appelées stéréotypes. Fallacieux ou non, peu importe, « c'est par des stéréotypes, qu'ils soient corrects ou erronés, que nous envisageons les catégories ». Les stéréotypes tiennent une place centrale dans l'œuvre du premier théoricien de la propagande en démocratie, Walter Lippman[531].

Théories implicites d'un groupe à propos d'autres groupes, les stéréotypes sont activés inconsciemment et automatiquement. Y compris chez ceux qui, consciemment, n'y adhèrent pas : il suffit de connaître un stéréotype pour en être influencé. Il est probable que le personnel politique français n'échappe pas à un stéréotype défavorable – une « essentialisation », selon un vocable répandu dans le débat politique contemporain. Par exemple, il se pourrait que l'étiquette du politicien arrogant soit accrochée à Emmanuel Macron.

Les stéréotypes sont un aspect d'un phénomène plus large : nous sommes tous des « avares cognitifs » (« *cognitive misers* »), selon l'expression des psychologues américaines Susan T. Fiske et Shelley E. Taylor. Il se passe tant de chose autour de nous que nous devons nous en remettre à des raccourcis, en politique comme dans les autres domaines de la vie. *Grosso modo*, ces raccourcis ont fait leurs preuves. Mais parfois, ils nous trompent. On parle alors de « biais cognitifs ». La psychologie moderne en a repéré de nombreuses variétés, touchant toutes sortes de sujets. Dan Ariely et Jeff Kreisler décortiquent ainsi une foule de biais cognitifs concernant les manières de dépenser et d'épargner[532]. L'auditeur comprend les petites phrases non telles que l'orateur a cru les prononcer mais telles qu'il les entend, lui, à travers ses biais cognitifs.

L'un de ces biais est l'*effet de cadrage*. Il consiste à fixer un cadre de réflexion pour les attitudes et les opinions, une structure mentale qui façonne notre manière de voir le monde. Selon la manière dont une information est présentée, elle suscite des émotions différentes. Cet effet est fréquent en politique. Si un commentateur annonce « encore une petite phrase du président Macron… », un fragment presque dépourvu de sens comme ceux du Carré macronien peut devenir *vraiment* une petite phrase.

L'*effet d'amorçage* nous fait entendre ce qu'on nous a préparé à entendre[533]. L'amorçage est souvent déterminé par le contexte. Un discours sera compris différemment selon les circonstances. Les quatre petites phrases du Carré macronien ont donné lieu à des images largement diffusées. Deux ont été prononcées à l'Élysée, une troisième dans un bâtiment tout juste rénové par un architecte célèbre, la dernière dans un palais danois. Ces cadres prestigieux, qui confèrent de la solennité au discours, peuvent aussi donner le sentiment que le président de la République est « hors sol ». Qu'il voit les choses en privilégié.

Le *biais de confirmation* fait qu'on entend ce à quoi on s'attend. On cherche la confirmation de ce qu'on sait ou croit déjà. L'attention sélective est une fonction cognitive qui favorise un traitement efficient de l'information. Mais si l'on surpondère une observation concordant avec ses croyances antérieures, on risque de s'enfoncer plus encore dans une erreur. Par exemple si chaque fois qu'Emmanuel Macron s'exprime on cherche la petite phrase qui confirme son personnage. Le 21 janvier 2021, il prononce à Saclay un discours intitulé « Présentation de la stratégie nationale sur les technologies quantiques »[534]. Trente-huit minutes, six mille mots, concepts de pointe, milliards d'euros. Cependant, le passage le plus souvent retenu est cette phrase : « Nous sommes devenus une nation de 66 millions de procureurs »[535].

L'*effet de halo*[a] est cousin du biais de confirmation : si l'on pense qu'une personne est bonne dans un domaine, on pense qu'elle est bonne dans d'autres aussi. « Si vous appréciez la politique du président, il y a des chances que vous aimiez aussi sa voix et son apparence », note Kahneman[536]. L'inverse est également vrai : si vous détestez un aspect d'une personne, il y a des chances que vous n'aimiez rien d'elle. Le Carré macronien a pu nuire à bien des projets présidentiels.

Une perte nous cause plus de douleur qu'un gain équivalent ne nous cause de plaisir. C'est l'*aversion aux pertes*, un biais maintes fois démontré expérimentalement. Les arguments politiques qui éveillent l'aversion aux pertes via une réaction de peur peuvent ainsi être très persuasifs[537]. C'est peut-être pour cela qu'on surestime systématiquement la « douleur » qu'on éprouverait à écouter des les gens dont on ne partage pas les idées, ce qui contribue à la polarisation politique[538]. Nombre de petites phrases sont qualifiées d'« assassines » ; on les imagine douloureuses.

Contexte et désir de cohérence

À ces fausses routes cognitives s'ajoutent les difficultés de la parole. Le langage humain permet de créer de nouveaux signaux à la volée, en associant des sons sans valeur propre afin de former des

---

[a] L'expression « *halo effect* » proposée en 1920 par le psychologue américain Edward Thorndike a été traduite par « effet de halo » en français. Mais « *halo* » signifie aussi « auréole » : « effet d'auréole » serait plus évocateur.

mots et des phrases compréhensibles. Une mission si complexe que des ratés sont inévitables.

Le vocabulaire, déjà, a de quoi donner le vertige. En arrivant à l'âge adulte, les humains connaissent environ 60 000 mots. Les plus fréquents sont plus facilement retenus, d'autant que ce sont aussi les plus courts : selon la loi d'abréviation énoncée par le linguiste George Zipf, le cerveau obéit ainsi à un principe du moindre effort. Les mots longs, à la fois moins fréquents et plus difficiles à comprendre intriguent davantage les chercheurs[539]. S'ils étaient chargés dans notre cerveau comme dans un dictionnaire, la mémoire en serait bien encombrée. En réalité, nous les connaissons en compagnie d'autres mots. Le *chunking*, ou regroupement de mots en vue de faire entrer davantage d'information dans une même quantité de mémoire, est devenu un sujet important pour les sciences cognitives[540]. Comprendre le langage signifie comprendre ce que des mots signifient ensemble. Les petites phrases sont des groupes de mots qui vont ensemble. Et leur vocabulaire n'est jamais très complexe (« je traverse la rue »…) sauf, par exception, quand elles visent justement à détourner l'attention sur le vocabulaire (« abracadabrantesque » chez Chirac, « croquignolesque » chez Macron…). Leur sens l'est davantage.

On a cru longtemps que le langage dépendait de deux compartiments spécialisés, l'aire de Broca pour sa production et l'aire de Wernicke pour sa compréhension. En fait, ce que nous disons, entendons, comprenons et retenons relève aussi d'autres parties du cerveau, qui n'ont pas toutes une vocation linguistique[541]. Le langage est étroitement lié à d'autres systèmes cognitifs et s'inscrit dans un contexte. Des types de contexte très divers se trouvent intégrés dans un même cadre temporel : contexte textuel antérieur (co-texte), contexte social de la communication, contexte personnel (croyances et humeur des auditeurs)[542]. Caractéristiques de l'orateur ? L'*ethos*, est-on tenté de résumer. Croyances et humeur des

175

auditeurs ? Le *pathos*. Hors contexte, même une phrase simple et brève (« je traverse la rue, je vous trouve du travail »…) n'est pas naturelle. Et l'appréhension du « contexte », sémantique, social et personnel, est un mécanisme complexe. Comprendre les intentions d'autrui, par exemple, fait intervenir la partie postérieure du gyrus frontal inférieur, le cortex prémoteur dorsal et ventral, les lobules pariétaux inférieur et supérieur, le sillon intrapariétal, la partie postérieure du sillon temporal supérieur[543]… Il faut tout cela pour saisir, peut-être, où Emmanuel Macron voulait en venir, peut-être, en évoquant les « Gaulois réfractaires ».

Le cerveau aime la simplicité et la cohérence[544]. Elles satisfont son objectif permanent : gagner du temps et économiser de l'énergie. D'après le contexte d'une phrase, les intonations, ce qui a été dit auparavant et ce qu'il croit savoir déjà, il s'attend à entendre certains mots. S'il en entend d'autres, discordants, il est surpris. L'imagerie cérébrale le montre clairement : il lui faut plus de temps pour réagir et une alerte est déclenchée dans plusieurs régions du cerveau[545]. Ce dernier aime si peu les incohérences qu'il s'efforce d'y remédier, pour le meilleur ou pour le pire. Son moyen le plus évident est « d'oublier » ce qui ne colle pas. Chacun connaît la petite phrase de Churchill, « du sang, du labeur, des larmes et de la sueur » (blood, toil, tears, and sweat). Dans plus de la moitié des citations sur le web, en anglais comme en français, le labeur disparaît. Contrairement au sang, à la sueur et aux larmes, il ne désigne pas un liquide biologique et fait figure d'intrus.

L'une des phrases les plus connues du général de Gaulle subit souvent une correction du même genre. Le 25 août 1944, de Gaulle célèbre ainsi la libération de la ville : « Paris ! Paris outragé ! Paris brisé ! Paris martyrisé ! mais Paris libéré ! ». « Paris brisé » est oublié dans près de la moitié des citations[546], probablement parce que ces deux mots connotent un état physique, objectif, alors que le reste de la phrase décrit plutôt un état mental. Beaucoup de petites phrases comprises « de travers » sont en réalité victimes d'une tentative de redressement.

Il arrive aussi que le cerveau « corrige » spontanément une phrase qui ne lui paraît pas cohérente avec le sujet tel qu'il le conçoit. Le nom s'avère en général plus fort que le verbe[547], dont le sens est en général moins stable, car il dépend des objets (un bateau qui prend la mer n'a rien à voir avec un toit qui prend l'eau). La correction peut aussi porter sur un adverbe. Or une modification relativement mince du récit peut provoquer de grandes différences dans son interprétation : on le constate empiriquement et l'imagerie cérébrale le confirme. Substituer un mot à un autre peut aboutir à la création d'un second récit, éloigné du premier, a fortiori si les deux récits sont situés dans des contextes différents[548]. Modifier, supprimer ou même simplement déplacer un mot peut largement transformer le sens d'une petite phrase. Quand Nicolas Sarkozy dit que « l'homme africain n'est pas assez entré dans l'histoire », on l'a vu au chapitre 4, ceux de ses auditeurs qui lui prêtent des sentiments racistes n'entendent pas le mot « assez ». Ils accentuent le message que leurs préjugés leur ont fait entendre. On note que trois des quatre phrases du « Carré macronien » sont le plus souvent citées sans verbe ; seul « je traverse la rue » fait exception.

La force du désir de cohérence amène à d'étonnantes extrémités. Fin 2019, une polémique s'élève au Royaume-Uni autour d'une phrase du leader conservateur Boris Johnson, alors en campagne électorale. Des adversaires lui reprochent d'avoir déclaré : « I'm in favour of having people of colour come to this country, but I think we should have it democratically controlled » (je suis favorable à ce que des gens de couleur viennent dans ce pays, mais je pense que nous devrions soumettre cela à un contrôle démocratique). En réalité, enregistrement à l'appui, Boris Johnson n'a pas parlé de « people of colour » mais de « people of talent » (personnes de talent). Fin de l'épisode ? Non. Dans l'*Independent*, la journaliste

177

Micha Frazer-Caroll publie un article intitulé : « It doesn't matter that Boris Johnson actually said 'people of talent' – his views on race speak for themselves » (Peu importe que Boris Johnson ait dit 'personnes de talent' – ses opinions sur la race parlent d'elles-mêmes)[549]. « En tant que personne de couleur, ajoute-t-elle, si Johnson avait dit cela, je serais indignée par une manifestation de racisme aussi flagrante, mais ne n'en serais pas étonnée. » La journaliste trouve normal d'entendre ce qu'elle pense qu'il aurait pu dire.

Inépuisables métaphores

Le cerveau reçoit un mot, trouve son sens, reçoit le mot suivant, le comprend et envisage qu'il modifie le sens du mot précédent, et ainsi de suite jusqu'au bout de la phrase, qu'il saisit enfin dans son entier : ainsi théorisait-on autrefois la compréhension du langage. Cette conception déjà pas si simple se heurte à une observation dérangeante : les dictons, proverbes et autres expressions idiomatiques – et les petites phrases sans doute – sont compris en bloc, indépendamment du sens littéral des mots qui les composent. Ils contiennent souvent bien davantage. Il ne faut pas les comprendre « au pied de la lettre ».

On s'attendrait à ce que le cerveau en soit troublé. Analyser une expression non littérale par comparaison avec son sens littéral devrait lui demander un gros travail. Or, c'est l'inverse. Toujours partisan du moindre effort, le cerveau préfère apparemment « débrancher » son mécanisme de compréhension habituel[550]. Plusieurs études l'ont confirmé : les « séquences multimots » sont même comprises plus vite que les phrases littérales[551] et déchiffrées d'un coup[552], comme un tout[553], sans effort – signe que le Système 1 entre en jeu. On l'a noté plus haut à propos de « panem et circenses ».

Au cœur de ces formules non littérales résident souvent des tropes, c'est-à-dire des figures de style qui modifient le sens ordinaire des mots, principalement des métaphores, qui décrivent une chose par analogie avec une autre, et dont les petites phrases font grand usage. Davantage qu'une figure de style, la métaphore est un phénomène cognitif, elle relève de la pensée plus que du langage : on parle métaphoriquement parce qu'on pense et agit métaphoriquement[554]. Philosophes, linguistes et hommes de lettres ont commencé à le comprendre depuis longtemps et ont noté l'étonnante fréquence des métaphores[555]. Aristote soulignait déjà que, loin de compliquer le discours, elles le simplifient[556].

Les métaphores décrivent en général des domaines de connaissance vagues ou abstraits (temps, causalités, orientation spatiale, idées, émotions, concepts de compréhension…) dans les termes d'une connaissance plus spécifique, familière et concrète[557]. Et si elles évoquent une action, elles activent les zones du cerveau correspondantes. Autrement dit, elles présentent de l'abstrait comme s'il était concret ou de l'inaccessible comme s'il était quotidien. « L'univers est comme une gelée de veau », dit le physicien Thibault Damour pour expliquer les ondes gravitationnelles[558] ; on retient l'image bien après qu'on a oublié la démonstration scientifique. De nombreuses études ont montré que les mots concrets sont mieux reconnus, mieux compris et mieux mémorisés que les mots abstraits.

Les métaphores influencent insensiblement les raisonnements[559]. Et elles sont partout. Elles nous sont si naturelles que nous n'en prenons même pas conscience. Il a fallu attendre 1980 pour qu'on l'admette comme une évidence, quand George Lakoff et Mark Johnson ont publié *Les Métaphores dans la vie quotidienne*[560] et montré qu'elles sont une affaire de pensée et d'action avant d'être une affaire de langage[a]. Elles abondent dans toutes les langues, des

---

[a] Plusieurs philologues français avaient noté bien avant Lakoff et Johnson la grande fréquence des métaphores dans la langue courante, comme Gabriel-

plus parlées comme le chinois, langue « hautement métapho-rique »[561], aux plus locales[562].

Les métaphores sont compréhensibles dans le cadre d'une culture donnée. Elles n'ont de sens que si un certain nombre de cerveaux les comprennent et les mémorisent de la même manière. « Il faut que la métaphore soit tirée des choses qui conviennent non-seule-ment à l'orateur, mais au sujet, & même à l'auditeur », constatait Baltasar Gibert au milieu du 18e siècle[563]. Autrement dit, elle doit réunir *ethos, logos* et *pathos*. Et cela se fait naturellement. D'abord hésitants devant les métaphores, les enfants apprennent vite à dé-passer leur signification littérale et les interprètent de mieux en mieux au cours de leur éducation.

Avant même Lakoff et Johnson, les métaphores, isolées ou au sein de dictons, proverbes et autres expressions idiomatiques, tenaient une place dans les tests d'intelligence (dès 1916 pour le test Stan-ford Binet), les évaluations de l'état cognitif, les diagnostic de

---

Henri Gaillard-dans *Rhétorique française, à l'usage des jeunes demoiselles* (Paris, Tenré, 1822) : « Combien de gens font des métaphores, depuis quarante ans et plus, ainsi que M. Jourdain faisait de la prose sans en rien savoir ? » ; Antoine Varinot, dans son *Dictionnaire des metaphores françaises* (Paris, Arthus Bertrand, 1818) : « Toutes les langues sont remplies de métaphores ; cette figure se répand jusques dans la conversation familière » ; Nicolas Brus-sel, dans ses *Recherches sur la langue latine* (Paris, 1750, Guillyn) : « l'on a actuellement en France un tel goût pour la Métaphore dans les conversations des personnes douées de quelque esprit, que presque rien n'y est dit sans Métaphore » ; Jean-Charles-François Tuet, dans *Matinées sénonoises ou Pro-verbes françois...* (Paris, 1789, Née de La Rochelle) : « Les métaphores proverbiales sont innombrables dans toutes les langues » ; Rémy de Gourmont dans *Esthétique de la langue française : la déformation, la métaphore, le cliché, le vers libre, le vers populaire* : « Dans l'état actuel des langues européennes, presque tous les mots sont des métaphores » ; et même Voltaire dans ses *Commentaires sur le théâtre de Pierre Corneille* (1864, s.n.l.é.) : « quand une métaphore est usitée, elle cesse d'être une figure [et entre] dans le discours familier ».

désordres psychiatriques, etc. En bref, ne pas comprendre des métaphores courantes signale soit un cerveau qui fonctionne mal, soit un fossé culturel : elles érigent une frontière entre ceux qui les comprennent et les autres. Elles compliquent l'apprentissage des langues étrangères et approvisionnent les humoristes en quiproquos plaisants (*« Sky, my husband! »*). « Chaque langue a des métaphores particulières qui ne sont point en usage dans les autres langues », notait César Chesneau Du Marsais en 1830[564] ; « il est si vrai que chaque langue a ses métaphores propres & consacrées par l'usage, que si vous en changez les termes par les équivalents même qui en approchent le plus, vous vous rendez ridicule. »

Beaucoup de petites phrases sont fondées sur des métaphores (« Après nous le déluge », « On peut sauter sur sa chaise comme un cabri en disant l'Europe, l'Europe, l'Europe », « Le kamasutra de l'ensauvagement »…). Sans elles, le bataillon des petites phrases se réduirait drastiquement (voir chapitre 8).

La guerre, métaphore morte

Les métaphores sont mortelles. Il arrive que leur sens métaphorique se banalise au point d'être employé davantage que leur sens non métaphorique d'origine.

Quand l'épidémie de covid-19 se répand en France, début mars 2020, Emmanuel Macron tente d'abord de rassurer les Français. Mais la situation s'aggrave, et quatre jours plus tard dans une nouvelle allocution, il proclame, à six reprises : « Nous sommes en guerre ». C'est un geste de leader : il donne un nom à une situation sans précédent, il « fait sens »pour une opinion anxieuse, il affirme l'unité de la nation par l'usage du « nous ». Sa popularité fait un bond de 12 %[565].(Voir au chapitre 3 l'encadré « Les occasions manquées d'Emmanuel Macron ».)

181

« L'usage du registre martial était totalement disproportionné par rapport à la réalité que pressentaient les Français », estime cependant Franck Louvrier, ancien conseiller en communication de Nicolas Sarkozy[566]. Mais disproportionné par excès ou par insuffisance ? Beaucoup de guerres sont abstraites le jour de leur déclaration. Churchill le sait : il annonce « du sang, de la sueur et des larmes » - du concret. La guerre sanitaire est plus abstraite encore, et « je n'ai à vous proposer que du confinement, des masques et des piqûres » eût été risible.

La guerre, chacun l'a vue au cinéma, à la télévision et sur les réseaux sociaux : c'est des bombardements, des cadavres dans les rues, de terribles destructions. Ou à la rigueur, c'est quand le président de la République s'incline devant des cercueils drapés de tricolore, dans la cour des Invalides, au son de la *Marche des soldats de Robert Bruce*. La situation présente est tout autre. La guerre d'Emmanuel Macron est une métaphore.

Or celle-ci est surexploitée. « À l'époque contemporaine, aucune métaphore n'a été plus utilisée, même si la chose à laquelle elle se réfère est sortie de l'horizon de l'expérience pour la plupart des gens dans le monde développé », souligne l'historien américain David A. Bell[567]. Google révèle que, dans les mois précédents, des maires de communes françaises ont « déclaré la guerre » aux déjections canines, aux éoliennes, aux anglicismes, aux décharges sauvages, à la 5G, au gaz hilarant, aux mégots de cigarettes, aux perturbateurs endocriniens, etc. « Nous sommes en guerre contre les marchés », assurait autrefois Bruno Le Maire[568]. La guerre est devenu un cliché, un lieu commun. Une métaphore consiste d'ordinaire à remplacer de l'abstrait par du concret. Or, pour la majorité des Français, la guerre est une abstraction. Au contraire, la vaccination contre une épidémie de grippe est une réalité annuelle. Comparer l'épidémie à la guerre est un contresens rhétorique.

Emmanuel Macron devrait être sensible au concept de « métaphore morte », exploré par son maître Paul Ricœur[569]. Pourtant, tout en prenant un air grave, il s'attache à édulcorer encore sa petite phrase. Il tempère : « Nous sommes en guerre, en guerre sanitaire, certes : nous ne luttons ni contre une armée, ni contre une autre Nation ». Et aussi : « Écoutons les soignants, qui nous disent : si vous voulez nous aider, il faut rester chez vous et limiter les contacts ». Vouloir en même temps dramatiser et dédramatiser, inviter les Français à se mobiliser et à s'isoler, n'est sans doute pas une bonne idée. Les sondages réalisés à l'époque ne montrent pas une inquiétude massive chez les Français. Si un million de Parisiens quittent la capitale, ce n'est pas tant pour fuir un ennemi redoutable que pour passer un confinement printanier aussi confortable que possible en province – à la guerre comme à la guerre...

Le *storytelling*, berger des mémoires

L'être humain adore les histoires. La communication de récits (*narratives*) décrivant l'action d'un ou plusieurs agents – « qui a fait quoi à qui ou à quoi » - est une fonction essentielle du langage (et 90 % des langues placent l'agent avant ce sur quoi il agit[570]). Des chercheurs de différentes disciplines rangent parmi les récits les cancans, rumeurs, légendes urbaines, légendes traditionnelles, théories conspirationnistes, mythes, événements de la vie personnelle, etc. On y ajoutera les petites phrases. Elles racontent une histoire, elles sont une forme de *storytelling* ultra-condensé, d'où sans doute leur place dans les médias et leur retentissement dans le public.

Raconter des histoires tient une place centrale dans l'éducation et dans la culture humaines. Que savons-nous de ce que pense autrui ? Pas grand chose en réalité. Nous n'hésitons pas, pourtant, à le dire « rancunier », « généreux », « indifférent », etc. Nous avons tendance à considérer ses comportements comme intentionnels, guidés par des états mentaux non observables. Cette capacité à attribuer des états mentaux à d'autres, généralement appelée « théorie de l'esprit », nous paraît toute naturelle[571]. Dès la petite enfance, l'esprit humain tend quasi irrésistiblement à adopter des explications intentionnelles (« caillou méchant ! »). On cherche à se renseigner sur ce que pensent les autres à l'aide d'indices observables : expressions faciales, gestes, regards, intonations… Cela laisse place à l'expression d'identités culturelles différentes et à des interprétations divergentes d'une même petite phrase.

L'âge adulte n'exclut pas les récits douteux (mythes, croyances religieuses, contes de fées, etc.). Mystère de l'esprit humain, la narration peut s'évader du réel, rendre vraisemblable ce qui ne l'est pas, cultiver les *fake news* et le complotisme. Rien de plus simple que de « croire jusqu'à six choses impossibles avant le petit déjeuner », comme dit la Reine d'*Alice au Pays des merveilles* : il suffit de parcourir le web. Le cerveau « comprend » sans peine des situations comme la marche dans le vide du coyote de Tex Avery, l'ouverture de la mer Rouge devant les Hébreux ou les affabulations destinées à vous soutirer vos références bancaires.

Si les récits étaient plus nuisibles qu'utiles, la société humaine les aurait depuis longtemps proscrits. Or, elle n'en est jamais rassasiée. Celui qui n'a pas son content d'histoires vraies lit des romans ou regarde des films – preuve qu'une histoire n'a pas besoin d'être vraie pour être captivante. Telle que l'évolution l'a façonnée, l'espèce *Homo* est davantage *Narrans* que *Sapiens*, assure Walter Fisher[572].

Les récits répondent à trois objectifs[573] :

- Orienter le comportement de l'auditoire au profit du narrateur : ils sont un outil de leadership. « La clé du leadership américain et le secret du succès présidentiel résident en grande partie dans le storytelling », assure un universitaire américain[574].

- Cultiver des liens sociaux ou une coopération. Ils forment une sorte de « ciment social » qui compose une mémoire collective[575]. Le biologiste Robin Dunbar y voit même une extension du toilettage des primates : le bavardage serait plus efficace que l'épouillage pour entretenir les liens sociaux et les coalitions entre individus[576].

- Transmettre des informations utiles à la survie en s'épargnant les coûts de leur acquisition en direct. Le tigre à dents de sabre est dangereux, il vaut mieux l'apprendre de la bouche de son grand-père que de la gueule du tigre.

Les narrations sociales donnent un sens collectif aux événements. L'exactitude du récit est secondaire[577] : l'important est la cohésion sociale. Bien des récits familiaux, par exemple, reposent sur des petites phrases avec des entrées en matière du genre : « Comme disait grand-mère… » (laquelle est éventuellement une arrière-arrière-grand-mère, la formule rituelle étant répétée de génération en génération) ou des chutes sentencieuses à la manière du « Donne-lui tout de même à boire, dit mon père » de Victor Hugo. Une petite phrase suppose une connivence entre celui qui dit peu et ceux qui entendent beaucoup.

Les messages politiques classiques prennent la forme d'exposés rhétoriques, de conseils, de données statistiques, etc. ; le format narratif met en scène des événements et des personnages dotés d'un caractère, de croyances, de désirs, de motivations, etc. Les petites phrases relèvent clairement de cette seconde dimension (« Vous n'avez pas le monopole du cœur »…). Quelles qu'en soient les raisons (assimilation aux personnages, moindre attention envers les messages mensongers, etc.), les récits s'avèrent plus efficaces pour faire passer des messages durables[578]. Ils s'achèvent souvent sur une formule mémorable qui résume ce que l'auditeur est censé en retenir : leçon d'une parabole, morale d'une fable, chute d'une histoire drôle, dernier vers d'un sonnet, punchline d'un morceau de rap… Une petite phrase, elle aussi, résume une histoire. Au premier degré, son contenu, son *logos*, paraît souvent assez maigre ; le vrai récit concerne en général l'*ethos* de son auteur et/ou le *pathos* des auditeurs.

La communication politique s'oublie vite en général. La moitié environ des effets publicitaires retenus par les électeurs à la fin de l'élection présidentielle américaine de 2000 provenaient d'annonces diffusées dans la dernière semaine de campagne[579]. Seules des bribes survivent jusqu'à six semaines ou plus. Les effets sont moins durables encore lors des élections locales. Mais certains récits deviennent plus « viraux » que d'autres au point d'influencer les décisions publiques. Pourquoi s'imposent-ils ? L'efficacité des narrations dépend beaucoup de la personnalité des auditeurs – du « degré de similarité des réactions des cerveaux individuels à un récit » : elle est plus grande dans les pays culturellement homogènes[580]. Elle est influencée aussi par le contexte. « Nous n'avons à craindre que la crainte elle-même » (« the only thing we have to fear is fear itself »), petite phrase prononcée en 1933 par le président Franklin Roosevelt, a fait sensation dans une Amérique inquiète. Elle n'aurait sûrement pas eu le même retentissement dans un monde apaisé[581].

En remaniant une seule phrase au début d'un récit, on peut modifier l'interprétation de celui-ci[582]. Cependant, certaines narrations sont stables d'une génération à l'autre. Leurs auditeurs exigent un strict respect d'une forme canonique. Des thèmes récurrents y tiennent un rôle central. Ils allègent la charge mémorielle pour le narrateur comme pour son public, structurent l'intrigue et définissent ou stabilisent des traditions orales. On se souvient avec un haut degré de précision des histoires répétées, même quand ni le narrateur ni l'auditeur n'ont assisté à la scène décrite (« Au commencement, Dieu créa le Ciel et la Terre »...). Une petite phrase de forme fixe répond à cette exigence. Elle apparaît comme un moyen mnémotechnique pour retenir la substance d'un récit.

Les pédagogues, empiriquement, le savent bien : depuis des temps immémoriaux, ils pratiquent les résumés et consignes appris « par cœur ». Comme les petites phrases, ces résumés *marquent les esprits*. Ce n'est pas une simple métaphore : quelques expositions à certains stimulus simples peuvent suffire à créer durablement dans le cerveau des neurones hyper-sélectifs capables de préserver, une vie durant, des souvenirs explicites ou non[583]. Comment se peut-il que des images simples, présentées trois fois seulement pendant quelques secondes, puissent encore déterminer des choix explicites dix ans plus tard ? On ne le sait pas encore. Mais on le constate.

6. *Logos* : ce qu'on dit – qu'on le dise ou pas

La petite phrase est enfant de bohème. Elle n'a jamais, jamais connu de loi, elle surgit souvent sans crier gare, elle s'attache à des personnalités qui n'ont rien demandé (…et si je t'aime prend garde à toi), elle n'est pas une figure de style, pas un genre littéraire. Elle n'est même pas toujours une phrase, comme on l'a vu au chapitre 1. Le *logos* d'une petite phrase n'est pas celui d'Aristote : il ne s'agit pas d'une argumentation mais de quelques mots - le micro-*logos* d'une microrhétorique.

Dans bien des cas, son contenu paraît mineur à première vue. Dictons, proverbes, sentences ou maximes, ses cousins parmi les phrases sans texte, enseignent quelque chose sur le monde. Ils disent que faire ou que savoir dans telle ou telle circonstance. La sentence, dit Aristote, porte « sur toutes choses relatives à des actions et sur la question de savoir le parti qu'il faut prendre, ou repousser, en vue d'une affaire » et devrait être réservée au vieillard parlant des « sujets dont il a l'expérience »[584]. La petite phrase n'a pas ce caractère pratique. Combien de Français croient vraiment qu'il suffit de traverser la rue pour trouver du travail ? Qu'enseignent concrètement « La terre, elle, ne ment pas » (maréchal Pétain, 1940), « Les Français sont des veaux » (général de Gaulle, 1940), « Liliane, fais les valises » (Georges Marchais, 1972), « Le bruit et l'odeur » (Jacques Chirac, 1991), « Je reste droit dans mes bottes »

(Alain Juppé, 1995), « On va nettoyer la cité au Kärcher » (Nicolas Sarkozy, 2005), « Mon ennemi c'est la finance » (François Hollande, 2012), « La gauche peut mourir » (Manuel Valls, 2014), « La poutre travaille encore » (Édouard Philippe, 2017) ?

Ces petites phrases ne disent pas grand chose ; pourtant, elles racontent beaucoup. Tel est leur paradoxe : « Comment peuvent-elles à la fois condenser les significations complexes de la division politique et donner le sentiment d'un appauvrissement du discours ? » demandent Sarah Al-Matary et Chloé Gaboriaux [585]. La réponse, disent-elles, est dans leur « épaisseur sémantique ». Mais l'épaisseur des déclarations ci-dessus est moins celle de la terre, des veaux, des valises, etc. que celle de Pétain, de Gaulle, Marchais, etc. Les petites phrases dépeignent des caractères et des relations bien plus que des idées et des programmes. Comme l'observe Paul Grice, ce qui est dit contient à la fois ce que le locuteur dit et ce qu'il veut dire. Quand Ségolène Royal affirme « Même quand je ne dis rien, ça fait du bruit », elle démontre par l'absurde que le *logos* n'est pas tout.

Bien entendu, au discours s'ajoutent le ton, l'attitude, le décor... : une petite phrase est interprétée différemment selon le contexte. C'est un classique de la communication politique. Une tribune pavoisée apporte de la solennité aux paroles. Un sourire au sortir d'un cimetière militaire en pleine Première guerre mondiale a valu à Raymond Poincaré le surnom ravageur de « l'homme qui rit dans les cimetières ».

Dans une petite phrase, il n'y a pas que le *logos*, il y a aussi de l'*ethos* et du *pathos*. Mais il y a quand même du *logos*. Les hommes politiques et les auteurs de leurs discours tentent d'en user au mieux.

Petite, raccourcie, simplifiée

D'abord, si la petite phrase n'est pas toujours une phrase, en revanche, elle est bel et bien petite. Petite comment ? Aussi petite que possible : le public tend à l'expurger de ce qui n'est pas indispensable. Même une phrase aussi élémentaire que « Brexit means Brexit » (Theresa May, 2016) peut être simplifiée : la formule est répétée majoritairement sous la forme « Brexit is Brexit ». Une phrase complexe, et même tout un développement, peut muter en petite phrase quand un public le veut.

Le 23 juin 1789, Mirabeau débite à Dreux-Brézé toute une tirade sur l'inanité de son intervention[a]. Elle est retenue sous la forme « Nous sommes ici par la volonté du peuple et nous n'en sortirons que par la force des baïonnettes ». Tout y est, en mieux. La déclaration est non seulement raccourcie mais recentrée sur son seul message essentiel. En voici d'autres exemples :

- En 2007, lors d'un déjeuner campagnard en Corse, François Fillon, Premier ministre, se livre : « Je suis à la tête d'un État qui est en situation de faillite sur le plan financier, je suis à la tête d'un État qui est depuis quinze ans en déficit chronique, je suis à la tête d'un État qui n'a jamais voté un budget en équilibre depuis vingt-cinq ans, ça ne peut pas durer. ». La déclaration circule sous la forme : « Je suis à la tête d'un État en faillite », qui la résume efficacement.

---

[a] « Oui, Monsieur, nous avons entendu les intentions qu'on a suggérées au roi ; et vous, qui ne sauriez être son organe auprès des états généraux ; vous, qui n'avez ici ni place, ni droit de parler, vous n'êtes pas fait pour nous rappeler son discours ; pour éviter toute équivoque et tout délai, je vous déclare que si l'on vous a chargé de nous faire sortir d'ici, vous devez demander des ordres pour employer la force, car nous ne quitterons nos places que par la puissance des baïonnettes. »

- En 2015, à l'Assemblée, le député Henri Guaino, dans une question au gouvernement, déclare : « Dans la magistrature, comme partout ailleurs, il y a des gens qui honorent leurs fonctions, il y a aussi des pervers, des psychopathes, des militants aveuglés par leur idéologie, des gens auxquels l'ivresse de leur toute-puissance fait perdre tout discernement. » La presse rapporte que « Henri Guaino s'en prend à certains magistrats pervers et psychopathes ».

- Dans un entretien avec *L'Obs*, le socialiste Claude Bartolone dénonce une déclaration de sa rivale de droite pour les élections régionales de 2016, Valérie Pécresse : « Avec un discours comme celui-là, c'est Versailles, Neuilly et la race blanche qu'elle défend en creux ». La notion de « discours en creux » n'est pas claire, c'est un sous-entendu sur un sous-entendu. La phrase circule sous la forme : « Valérie Pécresse défend Versailles, Neuilly et la race blanche ».

Le risque est bien sûr que le sens de la phrase soit transformé par la simplification. En 2015, François Hollande évoque une possible intervention aérienne française en Syrie. « Ce n'est pas en ajoutant de la guerre à la guerre qu'on va arriver à la solution politique », observe son ministre des Affaires étrangères, Laurent Fabius. Un article de l'AFP simplifie : « Ce n'est pas en ajoutant de la guerre à la guerre qu'on va arriver à une solution », ce qui suscite aussitôt la rumeur d'un désaccord au sommet. Le remplacement de l'article défini par un article indéfini et l'oubli de l'adjectif « politique » font de la petite phrase une phrase plus petite mais moins fidèle.

Certaines simplifications sont clairement malveillantes, notamment en cas de tronçonnage (voir chapitre 4) : d'une phrase longue, on retient un extrait qui raconte autre chose. Quand Emmanuel Macron déclare en 2017 : « Si on commence à jeter des cailloux sur les premiers de cordée, c'est toute la cordée qui dégringole », les quatre mots « les premiers de cordée » sont isolés et qualifiés de petite phrase. Ces quatre mots prennent un sens différent de celui de la phrase entière, ils connotent une position élitiste, non un souci d'efficacité. « Le Gaulois réfractaire », « Je traverse la rue », « Des gens qui ne sont rien » naissent de la même manière.

Certains mots ou locutions riches de sens mobilisent les esprits, au risque de déformer les messages. Ceux qui vérifient la « loi de Godwin » (plus une discussion dure, plus la probabilité d'une accusation de nazisme augmente) sont du nombre. Une expression comme « chambre à gaz » est si forte intrinsèquement qu'elle tend à satelliser le mot « détail ». En 2022, Amélie de Montchalin, candidate macroniste aux législatives, est accusée d'avoir imputé à un adversaire une « forme d'antisémitisme ». Les Décodeurs du *Monde* viennent à son secours[586]. Évoquant expressément une petite phrase, ils relèvent qu'elle a déclaré : « Certains dans le même camp n'ont aucune difficulté à manifester avec l'antisémite Jeremy Corbyn ». Épisode anecdotique, mais qui révèle la puissance du mot « antisémite », capable d'engendrer de proche en proche des petites phrases virtuelles. On le constate encore en novembre 2023 quand, répondant à un journaliste, Jordan Bardella, président du Rassemblement National déclare : « Je ne crois pas que Jean-Marie Le Pen est antisémite »[587]. Dès cette époque, cependant, l'adjectif est en voie de banalisation du fait des polémiques suscitées par l'attaque du Hamas contre Israël le 7 octobre 2023 et la riposte militaire israélienne.

À la racine « sauvage » s'attache aussi un soupçon de discrimination depuis que le ministre de l'Intérieur Jean-Pierre Chevènement a évoqué en 1998 « les quartiers chauds, là où de jeunes sauvageons brûlent la voiture de leurs voisins »[588]. Son successeur de 2020, Gérald Darmanin, déclenche le même genre de réactions avec : « Je pense qu'une certaine partie de la société connaît ce qu'on appelle l'ensauvagement, la sauvagerie ». Il est vivement recadré par son collègue de la Justice : « l'ensauvagement, c'est un mot qui développe le sentiment d'insécurité ». Chaque fois, on parle de petite phrase. Emmanuel Macron intervient en juge de paix avec cette formule étrange : « Vous avez fait le Kamasutra de l'ensauvagement, depuis quinze jours, tous ensemble. Donc je vous laisse à votre Kamasutra. Ce qui m'importe, c'est le réel ! » Si l'on veut se débarrasser d'un mot, on évite en principe de le prononcer soi-même. Mais euphémiser le réel, c'est laisser le vocabulaire fort à quelqu'un d'autre. Comme l'observe le médiologue François-Bernard Huyghe, « face à la montée de la violence gratuite qui préoccupe l'opinion, Macron lui-même avait d'abord parlé d'incivilités (fait de manquer de courtoisie, de se conduire grossièrement), là où Darmamin emploie la notion assez connotée d'ensauvagement (devenir comme un sauvage brutal et qui ne respecte rien)[589]. »

Dans sa petite phrase, Emmanuel Macron n'évacue pas l'ensauvagement : il le recouvre d'un mot encore plus fort, « Kamasutra », une bombe sémantique à cause de sa connotation sexuelle. « Pendant que l'on analyse les arrière-plans des allusions ou que l'on disserte sur la responsabilité des journalistes, les esprits sont occupés », ajoute Huyghe. Le procédé rappelle celui de Jacques Chirac dissimulant une « affaire » gênante sous l'adjectif « abracadabrantesque » : le mot insolite emprunté à Arthur Rimbaud accapare l'attention et suscite les exégèses. Étrangement, Emmanuel Macron n'hésite pas à employer en 2023 un synonyme d'ensauvagement pas moins polémique : « Il faut contrer ce processus de dé-civilisation ». Là encore, certains parlent, avec réprobation, de « petite phrase »[590]. Manuel Valls, Premier ministre de François Hollande, s'est heurté aux mêmes réactions en 2015 en évoquant une « guerre de civilisation » (voir dans ce chapitre l'encadré sur les petites phrases de Manuel Valls).

Ces expressions en décalage avec les conventions politiques du moment soulèvent plus de réprobation que les grossièretés. Il est plus grave de violer un tabou que de brutaliser le langage. Les hommes politiques y sont en général attentifs. Pour acquérir un pouvoir fait d'autorité, et non d'autoritarisme, ils suivent, estiment certains chercheurs, un processus d'autorisation supposant l'utilisation d'un « noble langage »[591]. Mais il leur arrive de se lâcher sous le coup de la colère (« Casse-toi pauv' con » - Nicolas Sarkozy) ou de l'émotion (« Ah les cons ! S'ils savaient » - Édouard Daladier au retour de Munich en 1939), ou d'être surpris par un micro resté ouvert (« Mais qu'est-ce qu'elle veut en plus cette ménagère ? Mes couilles sur un plateau ? » - Jacques Chirac, à propos de Margaret Thatcher). Et, sachant qu'une obscénité modérée favorise la persuasion[592], certains pratiquent délibérément un langage vert :

- « Au plus élevé trône du monde, ne sommes assis que sur notre cul » - Michel de Montaigne.

- « La réforme oui, la chienlit non » - Charles de Gaulle

- « Arrêtez donc d'emmerder les Français » - Georges Pompidou

- « Un ministre, ça ferme sa gueule ou ça démissionne » - Jean-Pierre Chevènement

- « C'est pas simplement en allant au Salon [de l'agriculture] en déambulant pour regarder en tapant su'l'cul des vaches qu'on défend l'agriculture » - José Bové

- « Alors, on se met au boulot oui ou merde ? » - Dominique Voynet

- « Je vais vous proposer de remplacer l'*Internationale* par la chanson de Serge Lama, *J'suis cocu mais content* » - Roselyne Bachelot

- « Je n'ai pas eu de bol » - François Hollande

- « Emmanuel Macron a cramé la caisse » - Valérie Pécresse

- « Ils s'en battent les couilles, de l'électron, et ne retiennent qu'une petite phrase » - Christophe Castaner, alors ministre de l'Intérieur

- « Je n'ai pas envie qu'on m'emmerde, puisque c'est un terme à la mode » - Édouard Philippe

- « Ne pas pouvoir être réélu est une funeste connerie » - Emmanuel Macron

Réputé pour ses grossièretés, Jacques Chirac les évite prudemment face caméra. Il les fait connaître par son entourage. Jean-Louis Debré en est témoin : « Combien de fois l'ai-je entendu dire : "Ça m'en touche une sans faire bouger l'autre", "Les emmerdes c'est comme les cons, ça vole toujours en escadrille", "Je m'en tape le coquillard avec une patte d'alligator femelle", "Ce sont des affaires de corne-culs"...[593] ». Avant même l'élection présidentielle de 1995, « Ça m'en touche une sans faire bouger l'autre » est réputée être l'une de ses expressions favorites[594]. Il joue ainsi sur deux tableaux à la fois.

Si ces formules sortent de l'ordinaire par leur forme, elles sont adaptées au contexte du moment et à l'image de leur auteur – *pathos* et *ethos* toujours. Bernard Tapie a explicité avec vigueur cette exigence de conformité : « Si moi je veux parler sans grossièreté, je peux le faire, mais ça paraîtra aussi naturel que si Giscard disait : "J'en ai plein les couilles". » Cependant, l'allure BCBG d'Emmanuel Macron n'est pas exclusive de « On met un pognon de dingue dans les minima sociaux », « Certains, au lieu de foutre le bordel, devraient aller voir s'ils ne trouvent pas de poste », « Il y a des gens qui râlent pour tout, donc râlez » ou « Les non-vaccinés, j'ai très envie de les emmerder »... C'est délibéré, assurent Joseph Confavreux et Laura Raim : « Parce qu'un candidat, puis un président, ne saurait donner une image trop élitiste [...] Emmanuel Macron s'emploie à parsemer ses propos d'expressions courantes, voire graveleuses, à la manière d'un Jacques Chirac[595]. »

« Merde » : petite phrase militaire... ou littéraire ?

Le « mot de Cambronne » a longtemps été « La Garde meurt mais ne se rend pas ». La phrase est rapportée par un journaliste en 1815, au lendemain de Waterloo. Elle sera gravée sur le monument élevé au général par sa ville natale, Nantes. Cambronne lui-même la dément pourtant. Les sceptiques évoquent sous cape une formule plus brève et vigoureuse, mieux adaptée à la fin apocalyptique de la bataille.

Quarante-sept ans plus tard, en 1862, Victor Hugo publie *Les Misérables*. Il y décrit l'affrontement et s'attarde sur son issue tragique : « Alors, ému, tenant la minute suprême suspendue au-dessus de ces hommes, un général anglais […] leur cria : Braves Français, rendez-vous ! Cambronne répondit : Merde ! »

Et l'écrivain d'insister : « Foudroyer d'un tel mot le tonnerre qui vous tue, c'est vaincre. […] Cambronne trouve le mot de Waterloo comme Rouget de l'Isle trouve la Marseillaise, par visitation du souffle d'en haut. » C'est une revanche morale sur Wellington, proclamée par un Victor Hugo au sommet de sa gloire, quoique en exil. Cette petite phrase militaire en un seul mot, qui inverse d'autorité le sort de la bataille, séduit d'un coup les Français.

En tant que microrhétorique, elle allie un *logos* ultra-bref et sémantiquement fort, un *ethos* double (celui du héros napoléonien et celui de l'écrivain adulé) et un *pathos* grevé par un sentiment de défaite toujours cuisant.

La formule semble valable partout. Des petites phrases comme « On ira buter les terroristes jusque dans les chiottes » (Vladimir Poutine), « It's the economy, stupid » (Bill Clinton), « A basket of deplorables » (Hillary Clinton) ou « You stupid son of a bitch » (Joe Biden) restent attachées à leur auteur.

Le choix des mots est capital. Informé de l'attaque de Pearl Harbor, le 7 décembre 1941, le président américain Franklin D. Roosevelt dicte un bref discours à sa secrétaire (voir chapitre 3). Sa première phrase évoque « a date which will live in history » (une date à jamais marquée dans l'histoire). À la relecture, Roosevelt modifie quelques mots et remplace « history » par « infamy ». Ce changement est largement commenté par les historiens[596]. De l'avis général, il ne rend pas le discours moins historique, au contraire. La culture américaine a donné à ce discours le nom de « Day of Infamy » : tout le discours est résumé par ce passage de sa première phrase, et non par par l'annonce, un instant plus tard, de l'entrée en guerre des États-Unis contre l'empire du Japon.

Négation et interrogation

Les tournures négatives sont peu adaptées aux petites phrases. Comprendre une négation est un processus cognitif exigeant, qui oblige souvent à inverser une information acquise[597]. La mésaventure de Nicolas Sarkozy avec « L'homme africain n'est pas assez entré dans l'histoire » n'est pas unique. La forme négative a sans doute contribué à la mauvaise réception de « Pas de fatalité, ni au grand déclassement, ni au grand remplacement », formule de Valérie Pécresse citée au chapitre 4. L'esprit incline vers les expressions affirmatives. En août 2017, Emmanuel Macron, prononce un discours devant la communauté française de Budapest. Il comprend deux petites phrases potentielles, conformes à l'image du nouveau président : « La France n'est pas un pays réformable » et « Les Français détestent les réformes ». La seconde s'impose. Quand Emmanuel Macron déclare « Les non-vaccinés, j'ai très envie de les emmerder », cette petite phrase en occulte une autre, « Un irresponsable n'est plus un citoyen », qu'un sondeur estime pourtant « plus inquiétante en réalité »[598].

Il existe quelques contre-exemples notoires. « Vous n'avez pas le monopole du cœur » en est un, peut-être parce que la négation exprime bien l'aspect violemment ablatif de l'exclamation giscardienne. Ou citera aussi :

- « Je ne vais pas mal mais, rassurez-vous, un jour je ne manquerai pas de mourir » - Charles de Gaulle
- « L'État ne peut pas tout » - Lionel Jospin
- « La France ne peut pas accueillir toute la misère du monde » - Michel Rocard

- « La feuille de paie n'est pas l'ennemie de l'emploi » - Jacques Chirac
- « Tu ne me fais pas les poches » - François Bayrou
- « Il n'y a pas une culture française, il y a une culture en France et elle est diverse » - Emmanuel Macron

Mais il semble que peu de petites phrases soient basées sur des négations. Damon Mayaffre a cherché à rapprocher le langage d'Emmanuel Macron de celui de ses prédécesseurs[599]. « Supposons, écrit-il, que Macron prononce une phrase comme "vous n'avez pas le monopole des sentiments" ou même "vous n'avez pas l'exclusivité des sentiments" ou encore "le monopole du cœur n'est pas votre propriété". Alors, le logiciel[a] identifiera automatiquement, après examen du lexique, de la grammaire et de la syntaxe, une ressemblance linguistique avec Giscard d'Estaing lors de son fameux débat avec Mitterrand en 1974. » Sans doute, le logiciel repérera des formes négatives et des synonymes (cœur/sentiments…). Cependant, la force de la petite phrase de VGE n'est pas dans la négation. Il faudrait un logiciel capable de repérer une parenté sémantique avec des tournures comme « Moi aussi j'ai un cœur » ou « Cessez donc d'arborer vos sentiments en bandoulière », et surtout de comprendre la tension du débat du 10 mai 1974, la faiblesse de la réplique de Mitterrand et l'émotion produite chez les électeurs : « Vous n'avez pas le monopole du cœur » n'est pas une simple négation mais une violence symbolique.

Les tournures interrogatives ne sont pas non plus très propices : la parole d'un leader ne peut créer un doute, laisser les choses en suspens, elle doit donner des réponses, unifier. Elles ne sont pourtant

---

[a] Hyperbase, un logiciel d'analyse de texte développé par l'Université Côte d'Azur et le CNRS.

pas rares. Elles peuvent exceptionnellement peindre un *ethos* indécis, qui justement n'est pas celui d'un leader, comme la question de Louis XVI montant à l'échafaud : « A-t-on des nouvelles de M. de Lapérouse ? » Mais le plus souvent, les questions sont plus rhétoriques qu'interrogatives. En posant une question dont la réponse ne fait aucun doute, le leader marque une connivence avec la collectivité de ses auditeurs, il obtient à bon compte leur approbation.

C'est le cas, par exemple, avec :

- « Quoi ! parce que nous avons eu Napoléon le Grand, il faut que nous ayons Napoléon le Petit ? » – Victor Hugo

- « Où sont les millions ? » – Georges Clemenceau

- « Le pape, combien de divisions ? » – Joseph Staline

- « Pourquoi voulez-vous qu'à 67 ans je commence une carrière de dictateur ? » – Charles de Gaulle

- « Comment voulez-vous gouverner un pays où il existe 258 variétés de fromages ? » – Charles de Gaulle

- « Que serait la francophonie si personne ne parlait français ? » – François Mitterrand

- « Retraité, moi, est-ce que j'ai une tête à ça ? » – Michel Rocard

- « Comment voulez-vous que le gouvernement puisse conduire les affaires si la confiance lui est, à l'avance, découpée en rondelles ? » – Raymond Barre

- « Allez-vous mieux qu'il y a quatre ans ? » – Ronald Reagan

- « Qu'est-ce que vous attendez de moi ? Que je vide des caisses qui sont déjà vides ? – Nicolas Sarkozy

- « Vous croyez que je me présente pour être battu ? » – Alain Juppé

- « L'Europe, quel numéro de téléphone ? » – Henry Kissinger

- « What do you want ? Me to go back to my plane ? » – Jacques Chirac

- « Qui imagine le général de Gaulle mis en examen ? » – François Fillon

Une question appelle des précautions. Le 31 décembre 2022, dans ses vœux à la nation, Emmanuel Macron demande : « Qui aurait pu prédire la crise climatique ? » De nombreux médias évoquent une petite phrase « polémique », « qui ne passe pas » ou « qui agace les scientifiques du GIEC ». Surtout, on se demande ce que le chef de l'État a pu vouloir dire. On cherche une finalité rhétorique – mais de l'avis du communicant Philippe Moreau-Chevrolet, il n'y en a même pas ! « C'était un discours tiède et insipide dont on va retenir cette phrase, probablement rédigée trop vite sur un coin de table », estime-t-il[600]. L'étrange question ne laisse pas de traces bien durables dans une opinion alors plus préoccupée par la question des retraites. Mais l'épisode incite à ne pas recourir aux formes interrogatives sans de bonnes raisons.

Le verbe : impératif oui, conditionnel non, futur peut-être

La place du verbe dans les petites phrases est souvent limitée. Certaines n'en ont même pas (« Après nous le déluge », « Le Gaulois réfractaire »…). Les verbes ne sont pas toujours bien compris, surtout les verbes pronominaux ou impersonnels. Leur sens est plus malléable que celui des noms dans des contextes sémantiques différents[601]. Les petites phrases sont rarement construites sur un verbe, et les verbes d'action dominent.

« Entre ici, Jean Moulin » est un cas remarquable. La phrase repose sur un verbe d'action à l'impératif présent ; elle ne décrit pas un passé commémoré mais réclame un comportement immédiat, comme si l'intimé était présent et en vie ; de là vient sans doute sa force. Donner un ordre est une attitude de leader, qui peut connoter le courage (« N'ayez pas peur » - Paul VI) aussi bien que la brutalité (« Tuez les tous, Dieu reconnaîtra les siens » – Arnaud Amaury). « Taisez-vous Elkabbach ! » ou « Liliane fais les valises ! » associent fameusement un nom à un impératif. On les cite souvent comme exemples de petites phrases de Georges Marchais, émulsif secrétaire général du Parti communiste français de 1972 à 1994. Il s'agit en réalité de deux fabrications rebondissant sur des déclarations réelles. Leur forme est si forte – et si conforme à l'*ethos* du personnage – qu'on les croit souvent véridiques.

Les formes conditionnelles, en revanche, ne conviennent pas aux petites phrases. Elles font appel à l'intelligence et à l'imagination de l'auditeur et peuvent évoquer plutôt le registre de l'humour, comme cette formule célèbre de Françoise Giroud : « La femme sera vraiment l'égale de l'homme le jour où, à un poste important, on désignera une femme incompétente ». Elles peuvent aussi paraître incertaines ou affectées alors que la parole du chef réclame d'ordinaire une action certaine et immédiate. Le conditionnel est rare dans les mots historiques : « Si je n'étais Alexandre, je voudrais être Diogène » (Alexandre le Grand), « J'aimerais mieux être le premier dans ce village que le second dans Rome » (Jules César), « Dieu de Clotilde, si tu me donnes la victoire, je me ferai chrétien » (Clovis), « Si j'avance, suivez-moi, si je meurs, vengez-moi, si je recule, tuez-moi » (Henri de La Rochejacquelein). On note son association à la première personne du singulier.

Le passé intervient surtout pour justifier le présent. Quand César déclare « Veni, vidi, vici », il démontre ses aptitudes de leader en affichant un succès récent (la phrase est en outre « légitimée » par ses assonances qui inspirent un sentiment de vérité). Quand Christophe Castaner, ministre de l'Intérieur en 2017, dit que « les ONG ont pu se faire complices des passeurs », certains anticipent un durcissement imminent de la politique de l'immigration. Adaptée au Système 1 du cerveau, une petite phrase commande une réaction à une situation présente, elle ne dit pas ce qu'il aurait fallu faire hier.

Ni, en général, ce qu'il faudra faire demain. Le futur peut servir à exprimer une détermination forte, une intention à effet immédiat,

souvent dans un contexte militaire : « L'aigle avec les couleurs nationales volera de clocher en clocher jusqu'aux tours de Notre-
Dame » (Napoléon), « We shall fight on the beaches » (Winston
Churchill), « No pasaran » (Dolores Ibarruri)... En politique, on
l'utilise abondamment dans les promesses électorales, presque
jamais dans les petites phrases. C'est un temps dangereux. Quand
François Hollande décline son « Moi président », l'anaphore introduit des promesses au futur, mais c'est l'anaphore qui compte, et
l'absence de verbe évite de trop se situer dans l'avenir (moi comme
si j'étais déjà président). Quand il dit « J'inverserai la courbe du
chômage » [602], en revanche, la promesse ne pourrait être mise à son
crédit que s'il possédait l'*ethos* d'un dirigeant qui tient ses promesses. Elle devient petite phrase précisément parce que le public
n'y croit guère, comme une petite antiphrase. Il n'est pas dit que le
scepticisme soit moindre quand Emmanuel Macron promet « Nous
retrouverons les Jours heureux » ou « La politique que je vais mener dans les cinq ans à venir sera écologique ou ne sera pas. [603] »

Quels pronoms conviennent aux petites phrases ? Le « vous » domine, qu'on s'adresse à un interlocuteur désigné (« Vous n'avez pas
le monopole du cœur ») ou collectivement à un public (« Ce que
vous pouvez faire pour votre pays »). La première personne du pluriel peut aussi marquer un désir de communauté entre le locuteur et
son public (« Nous sommes en guerre »). Y compris si la signification réelle de la phrase est obscure : quand Barack Obama dit « Yes
we can » (2008), ou quand Angela Merkel dit « Wir schaffen das »
(2015), on ne sait pas vraiment qui est « nous » ni ce qu'il s'agit de
faire. (Angela Merkel admet par la suite que c'était une « formule
creuse », mais, souligne la journaliste allemande Andrea Seibel,
cette phrase « lui restera pour toujours collée à la peau » [604].)

Souvent, le *moi* est haïssable. « L'État c'est moi » (Louis XIV)
choque en tant qu'affirmation cynique de l'absolutisme royal. « La

République c'est moi » (Mélenchon) choque en tant que prétention outrancière d'un élu ; du jour au lendemain, d'après les sondeurs, la réputation de ce dernier est divisée par deux. Quand elle n'est pas indispensable à la compréhension de l'auditeur, la première personne du singulier disparaît aisément de la formulation conservée (« Je crois que c'est un point de détail de l'histoire de la Deuxième Guerre mondiale » devient « c'est un point de détail »).

En revanche, quand le pronom est nécessaire à l'économie de la phrase, il demeure sans difficulté. Et plus encore quand il sert à définir l'*ethos* d'un orateur (voir chapitre 7), son pouvoir de leader, son engagement personnel ou sa relation au pouvoir politique :

- « Cette tête charmante tombera dès que je l'ordonnerai » – Caligula
- « Je fais la guerre » – Georges Clemenceau
- « Ich bin ein Berliner » – John F. Kennedy
- « J'ai dit ce que j'avais à dire, à présent, je vais rentrer dans mon village » – Charles de Gaulle
- « Je crois aux forces de l'esprit et je ne vous quitterai pas » – François Mitterrand
- « J'y pense en me rasant » – Laurent Fabius
- « I want my money back » - Margaret Thatcher
- « Je suis à la tête d'un État en faillite » - François Fillon
- « Non je ne me calmerai pas » – Ségolène Royal
- « Je ne céderai rien ni aux fainéants, ni aux cyniques, ni aux extrêmes » – Emmanuel Macron
- « Si aujourd'hui nous avons un niveau de dette élevé, c'est parce que j'ai sauvé l'économie française de l'inflation et du covid » – Bruno Le Maire
- « Je demande aux Français de m'élire Premier ministre » – Jean-Luc Mélenchon

- « Si je m'étais appelé Moussa Darmanin, je n'aurais pas été élu maire et député, et sans doute n'aurais-je pas été ministre de l'Intérieur du premier coup » – Gérald Darmanin
- « J'ai besoin de munitions, pas d'un taxi » – Vladimir Zelinski

Petites phrases et petites blagues

En juillet 2015, Donald Trump commence à dominer les élections primaires américaines. Influent magazine en ligne, le *Huffington Post* annonce que les informations le concernant seront désormais publiées en rubrique « Divertissement » (*Entertainment*) et non plus en rubrique « Politique »[605]. En affectant de prendre Trump pour un comique, le *Huffington Post* tente de le décrédibiliser. De le cantonner sur un terrain qui n'est pas celui du leadership politique. Ses petites phrases seront tenues pour des plaisanteries de mauvais goût.

Cette prise de position du *Huff* est très remarquée. Ce qui l'est moins, c'est qu'elle ne dure pas. Moins de six mois plus tard, sa directrice Arianna Huffington elle-même doit se fendre d'un billet pour s'en expliquer par une pirouette : « Il ne nous amuse plus »[606]. L'électorat américain lui a imposé son avis : oui, Trump est un leader politique crédible. Le *Huff* s'engage alors dans un rôle d'opposant actif au candidat républicain. Mais cette tentative avortée souligne l'antagonisme fréquent entre comique et politique.

Il n'est pas rédhibitoire. Quand Coluche présente sa candidature à l'élection présidentielle de 1981, un sondage lui attribue 16 % des suffrages. Le Mouvement 5 étoiles fondé en 2009 par Beppe Grillo obtient un quart des voix aux élections générales italiennes de 2013. En Ukraine, l'humoriste Volodymyr Zelensky, novice en politique, est élu président en 2019. Ces cas ne sont pas entièrement probants. Coluche retire sa candidature. Beppe Grillo renonce à diriger son parti au bout de quelques années. La Russie confère à Volodymyr Zelensky une stature nouvelle quand elle attaque son pays en 2022.

L'humour est un trait culturel puissant. Avant même l'âge de deux ans, les enfants apprennent à déchiffrer les signes montrant si leurs parents plaisantent ou « font semblant »[607]. Son rôle en politique est débattu depuis longtemps. Selon certains, l'humour favorise la persuasion en améliorant la crédibilité des sources[608]. Comme les politiques, les humoristes doivent bien comprendre leur public, susciter un sentiment de connivence et d'adhésion. Le marketing politique « à l'américaine » glisse volontiers quelques blagues dans les discours, pour détendre l'ambiance plus que pour véhiculer un message. L'humour dépend aussi de l'esprit du temps. Il porte sans doute moins au 21ᵉ siècle qu'à des époques précédentes, déplore Jean-Louis Debré[609].

À l'instar des petites phrases, les petites blagues peuvent être clivantes. Les prix de l'humour politique décernés depuis 1988 par le Press Club de France le soulignent chaque année. « L'humour est tout sauf inoffensif », souligne Floriane Zagar : « créer la connivence avec les uns, c'est aussi exclure les autres, une arme fréquemment utilisée dans les joutes politiques[610]. » Néanmoins, elles ne se confondent pas. François Hollande a souvent été surnommé « Monsieur petites blagues » (la formule serait de Laurent Fabius). En revanche, écrit Jean-Marie Rouart, « personne ne peut accuser l'ancien premier secrétaire du PS [...] d'avoir ciselé des petites phrases assassines[611] ». Personne n'a jamais songé à le surnommer « Monsieur petites phrases ». Non qu'il ignore le concept ; par exemple, Gérard Davet et Fabrice Lhomme qualifient expressément de petite phrase son « Ça va mieux » de 2016[612]. Mais c'est plutôt l'exception. Ses petites blagues lui ont valu en 2017 un Grand prix de l'humour politique « pour l'ensemble de son œuvre »[613] mais pas un second mandat présidentiel.

Tout en reposant les unes et les autres sur des sous-entendus, petites phrases et petites blagues présentent une différence radicale. Le rire, selon Bergson[614], obéit à trois conditions :

- « Il n'y a pas de comique en dehors de ce qui est proprement *humain.* »
- « Le comique exige [...], pour produire tout son effet, quelque chose comme une anesthésie momentanée du cœur. Il s'adresse à l'intelligence pure. »
- « On ne goûterait pas le comique si l'on se sentait isolé. [...] Notre rire est toujours le rire d'un groupe. »

La petite phrase répond à deux de ces conditions : elle est humaine et « marque les esprits » d'un groupe. En revanche, elle est incompatible avec l'« anesthésie momentanée du cœur » (« Vous n'avez pas le monopole du cœur » en est témoin !). Elle ne s'adresse pas à l'intelligence. Celle-ci, disait Barrès, est une « très petite chose à la surface de nous-mêmes ». La petite phrase, elle, fonctionne en profondeur, au niveau du *pathos*, de l'émotion (« les esprits »). Or, insiste Bergson, « le rire n'a pas de plus grand ennemi que l'émotion ».

De plus, l'humour est souvent ambigu. Comme le souligne le professeur Jean Ruhlmann, « la "petite phrase" fait plutôt ressortir la valeur d'un argument. Aussi doit-elle éviter l'écueil d'un discours d'incertitude, et donc l'usage de l'humour, ce "comique de l'indécidable" par excellence qui cultive l'art de brouiller la position de celui qui l'utilise[615]. »

En tout état de cause, une petite blague n'est pas aussi attachée à son auteur qu'une petite phrase. On ne considère pas forcément qu'elle illustre sa personnalité (quoique Freud ait soutenu cette thèse dans *Le Mot d'esprit dans ses rapports avec l'inconscient*). Comme le remarque Francis Goyet, « les bons mots sont profondément politiques [...]. Alors l'individu n'a plus guère d'importance. Les histoires les plus drôles, du reste, n'ont souvent pas d'auteur : tout se passe comme si la société tout entière les secrétait. Si génie il y a, c'est celui de tout un peuple[616]. »

Certaines plaisanteries peuvent néanmoins avoir valeur de petite phrase quand elles interagissent avec l'*ethos* de leur auteur, notamment dans le registre de la moquerie contre un adversaire ou celui de l'autodérision, susceptible d'attirer la sympathie. Par exemple :

- « La France est un pays extrêmement fertile : on y plante des fonctionnaires et il y pousse des impôts » – Georges Clemenceau
- « Comment voulez-vous gouverner un pays où il existe 258 variétés de fromage ? » – Charles de Gaulle
- « Gouverner c'est pleuvoir » – François Hollande
- « Pourquoi choisir, pour entrer dans la saison des tempêtes, un capitaine de pédalo comme Hollande ? » – Jean-Luc Mélenchon[617]
- « On ne va pas s'interdire les plans à trois » – Marlène Schiappa (ancienne secrétaire d'État à l'égalité entre les femmes et les hommes)[618]

Quand la forme prime le fond

La prosodie des petites phrases – métrique, rythme, rime... – mériterait une étude spécifique. L'esprit est sensible à la forme. Beaucoup de petites phrases sont construites sur un type ou un autre de symétrie. Un redoublement confère à une phrase une force particulière et facilite sa mémorisation. Roland Barthes critiquait « la prédilection de la petite-bourgeoisie pour les raisonnements tautologiques (Un sou est un sou, etc.) »[619]. Il y voyait de l'anti-intellectualisme. Or c'est justement ce qui fait la puissance des petites phrases : elles ne s'adressent pas à l'intellect. Un raisonnement tautologique *n'est pas* un raisonnement.

« La formule incantatoire du Premier ministre Theresa May, "Brexit is Brexit", est un slogan et non une politique », affirme ainsi Denis MacShane, ancien ministre travailliste, à l'occasion du référendum britannique sur le *Brexit*. « Elle sonne juste mais n'en est pas moins dépourvue de sens[620]. » Ainsi, il se peut qu'une petite phrase « sonne juste » alors qu'elle ne veut rien dire ! Les poètes de l'Antiquité le savaient déjà, une rime donne un sentiment de vérité. Ce biais cognitif est étudié par les neurosciences sous le nom d'effet de rime ou de phénomène Eaton-Rosen.

Les rimes, redoublements, symétries ou balancements sont largement utilisés par les politiques ;

- « Vous aviez le choix entre le déshonneur et la guerre, vous avez choisi le déshonneur et nous aurons la guerre » – Winston Churchill (cette phrase est aujourd'hui considérée comme apocryphe)
- « C'est pas la gauche, la France, c'est pas la droite, la France » – Charles de Gaulle
- « Blanc bonnet, bonnet blanc » – Jacques Duclos
- « Quand le moment est venu, l'heure est arrivée » – Raymond Barre
- « Lui c'est lui, moi c'est moi » – Laurent Fabius
- « L'Irlande a l'IRA, l'Espagne a l'ETA, l'Italie a la mafia, la France a l'ÉNA » – Alain Madelin[621]
- « Travailler plus pour gagner plus » – Nicolas Sarkozy
- « Dix-huit mois de silence, c'est dix-huit mois de réflexion » – Jean-François Copé
- « On vit côte à côte, je crains que demain on vive face à face » – Gérard Collomb
- « Votez dur, votez rupture » – Jean-Luc Mélenchon.
- « Nous sommes passés du front républicain à l'affront républicain » – Martine Tondelier

Un rythme ternaire, à la manière de la devise olympique « Citius, altius, fortius », voire le simple triplement d'un mot, est aussi jugé naturellement attirant :

- « Le gouvernement du peuple, pour le peuple, par le peuple » – Abraham Lincoln

- « De l'audace, encore de l'audace et toujours de l'audace » – Georges Danton
- « On peut sauter sur sa chaise comme un cabri en disant : L'Europe ! L'Europe ! L'Europe ! » – Charles de Gaulle
- « La récession, c'est quand votre voisin perd son emploi, la dépression quand vous perdez le vôtre et la reprise quand Jimmy Carter perdra le sien » – Ronald Reagan
- « Mon tryptique : rassurer, rassembler, réformer » – Alain Juppé
- « Mes adversaires veulent ma mort politique, les journalistes veulent ma mort sociale et les djihadistes veulent ma mort tout court » – Éric Zemmour
- « Ce n'est pas la marche de la Nupes, ce n'est pas la marche des Insoumis, ce n'est pas la marche de M. Mélenchon, c'est la marche du peuple qui a faim, qui a froid et qui veut être mieux payé » – Jean-Luc Mélenchon
- « J'ai donné à mon gouvernement trois mots d'ordre : rapidité, efficacité et résultats » – Élisabeth Borne
- « Un bon vin, une bonne viande, un bon fromage » – Fabien Roussel
- « Fight ! Fight ! Fight ! » - Donald Trump
- « J'ai trois priorités : rétablir l'ordre, rétablir l'ordre, rétablir l'ordre » – Bruno Retailleau

Emmanuel Macron en est devenu particulièrement friand :

- « Je m'en fiche royalement, totalement, présidentiellement »
- « Ce peuple nouveau [...] a confié à un président nouveau un mandat nouveau »
- « La leçon que j'en tire, c'est l'ordre, l'ordre, l'ordre »
- « C'est l'une des leçons de l'été dernier : la sécurité, la sécurité, la sécurité ! »
- « Cette fin de l'abondance, cette fin de l'insouciance, cette fin des évidences »

Les *speechwriters* des dirigeants et des candidats aux élections présidentielles sont spécialement attentifs à ces dispositifs. Le travail effectué par les communicants de l'Élysée pour la cérémonie au Panthéon du 27 mai 2015 est bien connu. « François Hollande peaufine l'un des plus importants discours du quinquennat », titre *20 minutes*[622]. De nombreux collaborateurs et conseillers sont consultés : Pierre Azéma, Pierre-Louis Basse, Pierre-Yves Bocquet, Jean- Vincent Duclert, Jean-Pierre Jouyet, Jack Lang, Mona Ozouf, Fleur Pellerin, Constance Rivière, Najat Vallaud-Belkacem, Manuel Valls... L'enjeu est clairement posé : « pour les "plumes" de François Hollande, se montrer dignes d'André Malraux et de son légendaire "entre ici" relève de la gageure », estime *Le Monde*. « Une mission sacrément casse-gueule[623]. »

La mission est remplie, plus ou moins. François Hollande empile même les formules : « L'indifférence, voilà l'ennemi contemporain » , « Les morts de la France combattante ne nous demandent pas de les plaindre mais de continuer », « La France vient de loin. La France porte au loin. La France doit voir loin » et même ce pastiche de Malraux : « Pierre Brossolette, Geneviève de Gaulle-Anthonioz, Germaine Tillion, Jean Zay, prenez place ». Ces phrases ne marquent pas durablement les mémoires, preuve que le *logos* n'est pas tout. Une petite phrase de belle facture n'est pas une garantie de succès. Trop travailler une formule pourrait même être contre-productif.

Emmanuel Macron pense probablement faire mieux que François Hollande quand, en quête de célébrations républicaines, il décide de commémorer, le 5 mai 2021, le bicentenaire de la mort de Napoléon Bonaparte. Son discours, prononcé à l'Institut de France, est élaboré avec soin[624]. Jamais le président n'a déployé publiquement autant de lyrisme. Une formule se détache : « De l'Empire nous avons renoncé au pire, de l'Empereur nous avons embelli le meilleur ».

Il ne fait aucun doute que c'est bien *la* petite phrase du discours. Le site web de l'Élysée la cite dans une courte introduction au texte intégral et la commente ainsi : « avec cette commémoration, le Président regarde l'histoire en face ». On note la répétition (l'Empire/l'Empereur) et les deux rimes internes (Empire/pire et Empereur/meilleur), outils prosodiques éprouvés. La formule est loin d'être optimale, pourtant. La forme semble plaquée sur un fond qui ne signifie pas grand chose : qui peut se représenter en quoi consiste « embellir le meilleur de l'Empereur » ? Et puis, un temps présent avec des verbes d'action (« De l'Empereur nous gardons le meilleur, de l'Empire nous rejetons le pire »…), aurait eu plus de force.

C'était d'ailleurs l'idée initiale. La phrase a été révélée à l'avance par un « proche de M. Macron ». Mais sous cette forme : « Nous regardons Napoléon en face ; la République embellit le meilleur de l'Empereur et s'est séparée du pire de l'Empire »[625]. *Le Canard enchaîné* l'a reproduite ainsi quelques heures avant le discours. Presque certainement, la phrase, avant d'être prononcée, a été retravaillée, discutée, soupesée, amendée et cette moulinette critique l'a affaiblie.

Convaincus de tenir une bonne formule, certains n'hésitent pas à s'en resservir pour la faire remarquer. « Ce n'est plus le virus qui nous traque, c'est nous qui le traquons », proclame Olivier Véran, ministre de la Santé d'Emmanuel Macron, interrogé par Europe 1 le 26 juin 2020 alors que qu'une campagne de vaccination est engagée contre l'épidémie de covid-19. La formule est moins remarquée qu'il ne l'espère : il la répète un mois plus tard. Elle n'est guère reprise, et c'est heureux puisque surviennent bientôt la deuxième et la troisième vague de l'épidémie. Une fois la campagne de vaccination mieux engagée, Olivier Véran répète encore une fois

« Ce n'est plus le virus qui nous traque, c'est nous qui le traquons », en juin 2021, dans le *JDD*[626]. La quatrième vague de l'épidémie ne tarde pas, mais la cote de popularité d'Olivier Véran n'en souffre pas. Peut-être n'apparaît-il pas comme un homme politique d'un calibre suffisant : même un *logos* remarquable ne compense pas un *ethos* insuffisant – ainsi qu'on le verra au prochain chapitre.

Manuel Valls soigne son logos

Manuel Valls se montre spécialement attentif aux petites phrases. Avant de devenir ministre de l'Intérieur puis Premier ministre de 2012 à 2016, il dirige la communication de François Hollande pendant sa campagne présidentielle de 2012. S'il invite ses camarades à « ne pas se perdre au jeu des petites phrases mortifères »[627], il ponctue son ascension politique de formules remarquables. Pierre Leroux et Philippe Riutort voient en lui un « responsable politique émergent, doté de caractéristiques originales jusqu'au milieu des années 2000, notamment en raison de certaines prises de position savamment en décalage avec la direction du parti auquel il appartient »[628].

Dans ses interventions publiques et ses entretiens avec la presse, il place régulièrement des sorties destinées à marquer les esprits. « Il peut arriver que ses mots soient ciselés comme des arbalètes », remarque Jean-Jacques Urvoas, l'un de ses proches à l'époque[629]. Il veille à rendre ses formules détachables, à favoriser leur reprise par la presse. Il les construit autour de concepts forts, clivants, exprimés avec des mots qui claquent. Ce n'est pas simplement du premier degré : derrière elles, il y a des intentions et pas mal d'audace. Quelques exemples :

- « Le mot socialisme est sans doute dépassé » (2009),
- « La TVA sociale est une mesure de gauche » (2011),
- « La gauche peut mourir » (2014)

- « La France n'est pas soluble dans le social » (2014)
- « Nous sommes en guerre contre le terrorisme [...] C'est au fond une guerre de civilisation » (2015)
- « Il y a un apartheid territorial, social, ethnique qui s'est imposé à notre pays » (2015),
- « Le FN peut conduire à la guerre civile » (2015),
- « L'antisionisme, c'est-à-dire tout simplement le synonyme de l'anti-sémitisme et de la haine d'Israël » (2016),
- « La lutte des classes disparaît au profit de la guerre entre races » (2020).

Il soigne la forme autant que le fond. Son premier discours de politique générale, après sa nomination à Matignon en 2014, commence ainsi sur une triple rime : « Trop de souffrance, pas assez d'espérance, telle est la situation de la France ». « Trop de souffrance, pas assez d'espérance », titre une dépêche de l'AFP reprise par une partie de la presse.

En septembre 2015, lors d'un débat sur l'accueil des réfugiés en France et en Europe, Manuel Valls affirme : « il faut du cœur, bien sûr, mais un cœur intelligent, un cœur ferme et un cœur lucide ». Cette formule, au fond, ne dit rien d'autre que : « il faut du sentiment et de la raison », un minimum de la part d'un chef de gouvernement. Mais elle possède la force mystérieuse des répétitions internes. Elle a aussi l'avantage de convenir aux partisans du sentiment aussi bien qu'à ceux de la raison : en fonction de son *pathos*, chacun pourra placer le curseur à sa guise.

De toute évidence, Manuel Valls n'obéit pas seulement à son instinct. Il a réfléchi aux petites phrases[630]. Il a de bonnes références. Dans *Pour en finir avec le vieux socialisme et être enfin de gauche* (2008), dont le titre est à lui seul une sorte de petite phrase, il dit son admiration pour le style puissant de Clemenceau[a]. Il ne dédaigne pas d'emprunter des formules réussies comme celle-ci, de Robert Badinter et Antoine Lyon-Caen : « le Code du travail se veut protecteur et rassurant, il est devenu obscur et inquiétant ». Il sait quel intérêt il peut en tirer : s'il veut faire carrière parmi les socialistes, il faut qu'on parle de lui.

---

[a] Ce qui lui vaut un petit camouflet un jour de 2014 où, en lui remettant une décoration, François Hollande commente, l'air de rien : « Clemenceau n'a pas été président de la République, mais on peut réussir sa vie sans être président de la République ».

215

7. *Ethos* : la petite phrase est le propre de l'homme politique

« Au commencement était le Verbe, et le Verbe était auprès de Dieu, et le Verbe était Dieu » : ainsi débute l'évangile de saint Jean. La parole porte même quand elle ne dit rien, pourvu qu'elle vienne de haut.

Un *logos* fort – un vocabulaire original, des expressions fortes – ne suffit pas sans un *ethos* fort. Ce qui est dit est compris dans un contexte qui inclut l'identité de l'orateur[631]. Une réputation basée essentiellement sur la forme des discours est fragile. Hortensius, considéré de son temps comme le plus grand orateur romain derrière Cicéron, ne nous est connu que par des témoignages de Quintilien et de Cicéron lui-même[632]. À Bossuet, ses contemporains préféraient Esprit Fléchier[633], relativement oublié aujourd'hui. Au 21e siècle, Jean-Christophe Lagarde, président du parti centriste UDI, se fait brièvement remarquer par des déclarations comme « La moitié de nos électeurs sont passés chez Macron et je crois que l'autre est déjà en marche » (2017), « Il faudra se poser la question : est-ce qu'on doit payer la réa à quelqu'un qui a refusé de se protéger ? » (2021, à propos du covid-19) ou « Monsieur Zemmour, si Monsieur Pasqua était là, il te filerait une balle dans la tête » (2021). Elles n'en font pas un leader de premier plan.

On l'a souligné plus haut, une petite phrase a toujours un auteur, et cet auteur est un personnage connu à un certain degré : il a une réputation, une image, qui influe sur la manière dont ce qu'il dit est compris. Pour Aristote, ce « caractère moral » de l'auteur, son *ethos*, est le premier facteur de la persuasion. Il n'en est pas le déterminant unique : « il faut que ce résultat soit obtenu par la force du discours et non pas seulement par une prévention favorable à l'orateur »[634]. L'*ethos* est en somme la composante qualitative de la réputation, quand la notoriété en est la composante quantitative.

Revenant de guerre contre un royaume lointain en 47 avant J.C., Jules César rend ainsi compte à Rome : « Veni, vidi, vici » (je suis venu, j'ai vu, j'ai vaincu). Soit trois verbes de deux syllabes commençant par la même consonne et s'achevant sur la même voyelle, conjugués au passé et à la première personne, et simplement juxtaposés. Plutarque, qui raconte l'histoire, note que « en latin, ces trois mots terminés de même ont une grâce et une brièveté qui disparaissent dans une autre langue »[635]. Mais ils sont aussi dépourvus des adverbes et compléments qu'on aurait normalement attendus afin de préciser quand, où, comment, pourquoi et contre qui la victoire a été acquise[636]. En tant que narrateur, César est à l'os : son *logos* ne pourrait être plus bref, raconter moins de choses. Pourtant, on s'en souvient encore plus de deux mille ans après. Du moins, on se souvient de la petite phrase, qui en réalité, ne parle pas de la guerre mais de César, de son « caractère moral ». Ce qui confirme que le principal attribut d'une petite phrase est son attribution – le personnage censé l'avoir prononcée.

« M. Gorbatchev, démolissez ce mur » (« Mr. Gorbachev, tear down this wall ») : cette petite phrase prononcée à Berlin, le 12 juin 1987, est considérée comme l'une des plus importantes du 20ᵉ siècle[637]. Elle marque les esprits avant même la chute du fameux mur, deux ans et demi plus tard. Sa puissance n'est pas tant dans l'impératif du verbe que dans l'identité de son auteur, le président américain Ronald Reagan. Les cerveaux réagissent plus vivement à une petite phrase quand son auteur a la capacité de faire advenir la situation qu'elle décrit[638]. L'imagerie cérébrale confirme l'intuition : les propos des grands leaders émeuvent plus que ceux des seconds couteaux. Comme l'observe Aristote, l'auditoire ne réagit pas seulement au contenu et au style d'un discours, mais aussi au caractère supposé de l'orateur – à son *ethos*. Et si le caractère de l'orateur perçu par le public influence la compréhension d'un discours, il en va sûrement de même pour une petite phrase qui le résume.

Un mur pas encore construit peut peser autant qu'un mur pas encore détruit. Entre mars et décembre 2018, Donald Trump affirme 86 fois qu'un mur anti-immigration est en construction entre les États-Unis et le Mexique. Les travaux n'ont pourtant pas commencé. Or la répétition d'une telle affirmation la rend moins fausse dans l'esprit du public. C'est l'effet de vérité illusoire (*illusory truth effect*), démontré par plusieurs études[639] : devant la preuve d'un mensonge, les citoyens croient moins à l'information fausse mais leur sentiment envers son auteur n'en est pas affecté – à moins que la proportion de mensonges ne soit vraiment très élevée[640]. Avec Donald Trump, l'illusion fonctionne parce que l'orateur *pourrait* faire construire le mur – du moins le public le pense-t-il (« il *peut* le faire ! »). De même, on ne se souvient guère de ce que Barack Obama était censé pouvoir faire en 2008 mais tout le monde a retenu son « Yes we can! ».

L'*ethos*, concept assez vague et englobant, fait l'objet de débats théoriques qui dépassent largement la communication politique. On ne cherchera pas à en préciser toutes les nuances[a] : les petites phrases relèvent du Système 1 du cerveau (voir chapitre 5), plus soucieux de rapidité que de précision. Bien entendu, l'*ethos*, ensemble de croyances relatives à une personne, imprègne toutes

---

[a] Pour mieux connaître l'*ethos* dans ses différentes sortes et dimensions (discursif, prédiscursif, intrinsèque, catégoriel, expérientiel, idéologique, lyrique, etc.), voir Dominique Maingueneau, *L'éthos en analyse du discours*, Au cœur des textes n°41, Academia, 2022.

sortes de discours et pas seulement les petites phrases. Néanmoins, il existe entre elles et lui une affinité particulière. « Bien souvent, la caractérisation de l'*ethos* ne s'opère pas sur l'ensemble d'une énonciation, mais sur quelques passages saillants », relève Maingueneau. « D'un débat télévisé, les spectateurs ne retiennent que les épisodes qui les ont marqués ou sur lesquels les médias ont attiré leur attention[641]. » Et Damien Deias constate que malgré sa brièveté, une petite phrase construit, « et parfois solidement, l'*ethos* de la personne qui l'a prononcée et qui peut s'avérer délicat voire impossible à infléchir »[642]. De plus, le locuteur lui-même intervient dans la construction de son *ethos*. Les leaders à forte intelligence émotionnelle (IE) ont besoin de moins de travail cognitif pour mobiliser des suiveurs que ceux dont l'IE est basse[643].

À propos des débats télévisés « historiques » opposant Nixon et Kennedy avant l'élection présidentielle américaine de 1960, Theodore White estime que « leur principal intérêt a été de présenter aux électeurs d'une grande démocratie un portrait vivant de deux hommes en situation de stress et de permettre aux électeurs de décider, d'instinct et d'émotion, quel style et quel mode de comportement dans cette situation ils préfèrent chez leur leader[644]. » Quel *ethos*, en somme. Ce bref échange entre Nicolas Sarkozy et Ségolène Royal, en 2007, donne tout son sens à cette remarque[645] :

Nicolas Sarkozy : Calmez-vous !

Ségolène Royal : Non je ne me calmerai pas

Nicolas Sarkozy : Calmez-vous, ne me montrez pas du doigt avec cet index pointé parce que franchement...

Ségolène Royal : Non je ne me calmerai pas ! Non je ne me calmerai pas, je ne me calmerai pas !

Nicolas Sarkozy : Parce que pour être président de la République faut être calme.

« Le cadeau incroyable qu'elle lui fait ! » s'étonne Roland Cayrol. « Elle a adopté dès le départ une posture d'agressivité. C'est très étrange parce que ce qui fait la force possible de Ségolène Royal à l'image, c'est son charme, c'est le fait qu'elle puisse dire parfois des choses qui sont des évidences ou des truismes, mais avec un tel naturel qu'on se dit : ah, elle a osé dire ça. Et là, elle n'utilise pas ses propres qualités télévisuelles, au contraire c'est elle qui joue le *sparring partner* qui va à l'affrontement[646]. » Avec son « Non je ne me calmerai pas », Ségolène Royal acquiert un *ethos* non présidentiel. Ce dont, sur le coup, elle ne se rend pas compte : « Quand je sors, j'ai l'impression que c'est gagné », dit-elle[647]. L'*ethos*, c'est l'impression que le ressent le public.

Dans la pratique, la presse cite presque toujours l'auteur d'une petite phrase, laquelle est « censée révéler la pensée profonde de l'auteur »[648]. Il y a un lien direct entre *ethos* et petites phrases, et l'*ethos* capital en politique est celui du leader (voir chapitre 3). Le président de la République est le personnage le plus important vers lequel les citoyens puissent se tourner. On espère de lui, en tant que leader, un rôle de protecteur et de guide. Le peuple entend dans ses petites phrases des oracles qui résument sa pensée et révèlent son caractère.

S'il n'en fournit pas lui-même, on lui prêtera des petites phrases sauvages. C'est le problème initial d'Emmanuel Macron. Il n'a pas appris à gérer sa réputation. Les médias et les citoyens picorent à leur gré dans ses expressions publiques, composant une « flèche de l'*ethos* » progressivement révélée (voir plus bas l'encadré « Un chapelet de petites phrases »). Tout le monde n'a pas cette chance. Corinne Lepage, candidate écologiste à l'élection présidentielle de 2002, explique ainsi ce qu'un chercheur appelle sa « stratégie d'*ethos* » : « Je refuse la politique spectacle. Pas de petites phrases ; pas de gifle ; pas de rave party ; pas de déclarations irrévocables[649]. » Le fait est qu'elle restera un personnage secondaire de la politique française.

Le premier devoir d'un dirigeant politique est de cultiver un *ethos* de leader, et le premier moyen de cultiver son *ethos* est bien sûr de parler de soi-même à la première personne – qui ne messied pas à une petite phrase. Les hommes politiques le font sans arrêt : « Si je suis élu, je promets de… ». Ils y mettent parfois un peu d'originalité. « J'ai quatre enfants à nourrir » déclare le ministre de l'Économie en 2023, pour montrer qu'il est sensible à la hausse des prix. Un hebdomadaire commente « cette petite phrase de Bruno Le Maire qui a du mal à passer »[650]. Mais qui passe quand même, vu la minceur du sujet et son absence de rapport avec le leadership.

Son degré d'expression à la première personne révèle sans doute quelque chose d'un homme politique. L'usage intensif du « moi » convenait à Bernard Tapie. Cela « lui ressemblait » (« J'ai menti, mais c'était de bonne foi »…). Sur les quatre déclarations pour lesquelles l'Institut national de l'audiovisuel (INA) l'inclut dans sa galerie de petites phrases politiques, deux commencent par « je » : « Je suis rentré chez moi hier soir, ma femme m'a fait la fête, comme d'habitude » et « J'aurais dû être moins ambitieux »[a]. Il renforce parfois avec une grossièreté, comme après avoir racheté le quotidien *La Provence* en 2013 : « Je ne vais pas augmenter les journalistes pour qu'ils aillent se payer des putes ! ».

Mais l'*ethos* naît davantage à la base qu'au sommet comme le montre le cas d'Emmanuel Macron (voir ci-dessous l'encadré « Un chapelet de petites phrases »). Le cas paraît fréquent. Par exemple, avec le fameux « Liliane, fais les valises », l'une des petites phrases les plus célèbres des années 1970, le « peuple de gauche » a reconstruit un récit de la période pour partie imaginaire autour de la « figure cathodique » de Georges Marchais[651], premier secrétaire du Parti communiste.

---

[a] Les deux autres sont « On peut pas faire les matchs que quand on est sûr de les gagner » et « C'est sérieux la politique ».

Les électeurs savent bien que la communication politique est calculée pour leur plaire, quitte à « fabriquer » des personnages. Stéréotype contre stéréotype, car le cerveau fonctionne ainsi, ils cherchent à se faire une idée à partir de bribes d'informations. « Le privilège du grand orateur est de paraître grand aux yeux du peuple », assure Cicéron : le peuple a la main. Il s'empare de formules qui passent à sa portée et leur confère un destin.

Ainsi va de nos jours le système médiatique : « ce n'est pas la nature du contenu qui fait la valeur de l'information mais la personnalité de l'informateur[652]. » La réciproque est vraie : c'est l'information qui fait la personnalité de l'informateur pour un public qui ne le rencontrera d'aucune autre manière. La petite phrase est bel et bien une microrhétorique qui réunit *logos*, *ethos* et *pathos*.

Réputations recyclées

L'*ethos* est aussi collectif. Familial, d'abord : même après la mort de son père en janvier 2025, Marine Le Pen est sans cesse renvoyée à son hérédité. Un homme politique peut aussi chercher par ses « prestations oratoires » à se couler dans un *ethos* type qui lui paraît favorable. « Adopter cet *ethos* permet aux locuteurs de montrer qu'ils appartiennent de plein droit à la communauté par laquelle ils veulent être reconnus, et donc de s'assurer que leur image sera évaluée positivement », observe Maingueneau. Spécialement en politique, pour être légitime, « il faut montrer qu'on parle au nom d'une collectivité constituée de vivants et de morts qui intègre le locuteur et ceux dont il se présente comme le porte-parole[653]. »

La démonstration peut passer par le choix d'un thème. Maingueneau cite le cas de Robespierre commençant une allocution par un récit emprunté à l'Antiquité grecque afin de « superposer à l'*ethos* impliqué par la scène générique (en l'occurrence un débat législatif à l'Assemblée) un *ethos* qui efface la dimension institutionnelle au profit d'un monde éthique prestigieux. [...] Quand Robespierre parle devant l'Assemblée en ce jour de 1791, d'une certaine façon, il *est* un Athénien, et Paris *est* Athènes[654]. » Robespierre, en l'occurrence, ne se contente pas d'une petite phrase pour établir le lien, mais il aurait pu l'envisager. La fameuse « loi de Godwin » s'inscrit dans la même démarche : quand, dans un débat, l'un des protagonistes chercher à rattacher l'autre au nazisme, il se pare d'un *ethos* humaniste et impute à l'autre un *ethos* diabolique ; quelques mots suffisent.

Citer un nom propre est une revendication encore plus directe et manifeste, un véritable *recyclage d'ethos* (voire un détournement, parfois). « Je suis deux tiers Merkel et un tiers Thatcher », assure Valérie Pécresse, candidate à l'élection présidentielle de 2022[655]. Invoquer un nom, c'est en même temps s'emparer de l'*ethos* d'un tiers, que ce soit pour s'en parer ou pour s'en écarter. Jésus Christ en joue quand, interrogé sur le paiement de l'impôt, il répond : « Rendez à César ce qui est à César », manière de montrer par contraste qu'il n'appartient pas lui-même au monde politique et qu'il est, lui, indifférent à l'argent.

Jésus marque une différence ; les mentions nominatives visent plus souvent à revendiquer des ressemblances. « Jeanne, au secours », s'écrie Jean-Marie Le Pen, évoquant la Pucelle d'Orléans. « Ces noms propres derrière lesquels s'abritent les locuteurs ou auxquels on les associe sont ainsi des "condensateurs" d'*ethos* positif », selon l'expression de Maingueneau[656]. Plus d'un demi-siècle après sa mort, le général de Gaulle reste invoqué avec insistance. Quand André Malraux tutoie Jean Moulin en l'invitant à entrer au Panthéon, il revendique un compagnonnage quasi physique avec l'homme qui incarne à cet instant une Résistance dont il se réclame lui-même, bien qu'il ne l'ait rejointe que tardivement.

Cependant, quand Malraux voit en Jean Moulin le « Carnot de la Résistance »… le ministère de la Culture préfère expurger de cette phrase sa version du discours[657]. Lazare Carnot, organisateur des armées de la République en 1793, a donné au général Turreau l'ordre « d'exterminer les brigands [alias les Vendéens] jusqu'au dernier ») ; à la réflexion, cet *ethos* surajouté a pu paraître indésirable. Abondance nuit, d'ailleurs. Empiler les références dans un exercice voué à la brièveté et à la simplicité n'est probablement pas une bonne idée. Le « Pierre Brossolette, Geneviève de Gaulle-Anthonioz, Germaine Tillion, Jean Zay, prenez place » prononcé par Hollande au Panthéon en 2015 a beau être héritier d'« Entre ici Jean Moulin », il ne laisse aucune trace dans les mémoires.

Silvio Berlusconi et l'ethos des autres

Rarement un dirigeant politique aura été autant associé à l'expression « petite phrase » que Silvio Berlusconi, ancien président du conseil italien (1936-2023). Il pose parmi les leaders en s'en prenant aux autres. En 2003, l'eurodéputé Martin Schulz l'attaque violemment dans un discours. Il répond : « En Italie, on produit un film sur les camps de concentration nazis, vous seriez parfait dans le rôle du Kapo ». Il met ainsi les rieurs (sous cape) de son côté. En effet, les télévisions européennes diffusent à l'époque un feuilleton américain à succès, *Hogan's Heroes*, dont l'un des personnages principaux est un gardien de Stalag nommé Schultz (le feuilleton est diffusé en France sous le titre *Papa Schultz*).

La même année, il affirme que « Mussolini n'a jamais tué personne ». La classe politique italienne, s'insurge, l'accuse de nostalgies fascistes. « Il y a dans le berlusconisme le même fonds culturel que dans l'idéologie portée par Mussolini », affirme un politologue[658]. Cet avis ne semble pas lui aliéner toute l'opinion italienne. « Quand je dis certaines vérités, je dis ce que pensent les gens », assure-t-il.

Sa sortie de novembre 2008 à propos du président Barack Obama est souvent citée : « E giovane, bello, e anche abbronzato » (il est jeune, beau et aussi bronzé). On y voit aisément une blague raciste

---

au premier degré. Mais Silvio Berlusconi a souvent été moqué pour son « jeunisme » et son bronzage permanent. Il retourne la moquerie en se comparant implicitement à l'homme le plus puissant de la planète.

Il le confirme l'année suivante lors d'un G20 : « Ma réponse à la crise économique mondiale n'est pas la même que celle d'Obama car je suis plus pâle que lui, ça fait longtemps que je n'ai pas eu le temps de prendre un bain de soleil. » La plaisanterie demeure *borderline* mais non foncièrement raciste : la différence dans la couleur de peau est ramenée à une différence d'assiduité entre « collègues ».

Un jour de 2010, Nicolas Sarkozy se livre à une comparaison rhétorique – et hasardeuse – entre journalistes et pédophiles. Le lendemain, à la fin d'une conférence de presse, Berlusconi lance : « J'ai l'intime conviction qu'aucun de vous n'est pédophile. Bon travail et tenez-vous bien. » Nicolas Sarkozy retient la leçon. Quelques années plus tard, critiqué pour une petite phrase internationale, il rétorque : « L'important dans la démocratie, c'est d'être réélu. Regardez Berlusconi, il a été réélu trois fois[659]. »

Silvio Berlusconi ne craint pas les sommets. « Je suis le Jésus-Christ des politiques », déclare-t-il en 2006. « Je me sacrifie alors que je pourrais avoir une vie beaucoup plus amusante ». De tels coq-à-l'âne entretiennent sa connivence avec l'opinion populaire. Comme l'explique l'écrivain Giuliano da Empoli, « une partie des Italiens appréciait Berlusconi parce qu'il ne donnait pas de leçons de morale, lui trouvait une sincérité qui tranchait avec le style politique classique, parfois émaillée d'un humour un peu douteux mais qui faisait partie de lui[660] ». Son *ethos* posthume n'en semble pas si cabossé.

Une citation textuelle vise aussi la récupération de tout ou partie d'un message et de l'émotion induite. Éventuellement, elle affirme une proximité avec un personnage populaire. À condition bien sûr que les auditeurs la reconnaissent – ce qui pointe vers les petites phrases -, qu'ils comprennent le message, qu'ils partagent l'émotion et qu'ils associent le locuteur et son message. Quand Valérie Pécresse affirme : « Il faut ressortir le Kärcher » pendant la campagne présidentielle de 2022, elle se pare clairement des plumes de Nicolas Sarkozy.

Le recyclage peut être une tentante facilité. Certains s'y refusent. Après les attentats du 11 septembre 2001 et une première réaction trop molle, George Bush veut frapper l'opinion. Un premier projet, grandiose et philosophique, est écarté « parce qu'il aurait l'air emprunté sortant de sa bouche » [661]. Un de ses assistants préconise un discours conclu par une citation de Roosevelt, référence presque incontournable pour les Américains contemporains dès qu'il est question de guerre. Or Bush s'y oppose : il veut se montrer en leader et ne citera personne d'autre que lui-même. Avec succès.

La démarche de recyclage se rencontre en version négative, le recyclage de mauvaise réputation. « Il y a du Doriot dans Roussel », assène la députée LFI Sophia Chikirou en 2023 - incontestablement une petite phrase, critiquée comme telle par plusieurs commentateurs. Certes, Fabien Roussel est député communiste, comme Jacques Doriot de 1924 à 1937. Mais ce dernier évolue vers le national-socialisme et finit par s'engager dans la LVF tandis que Roussel mène une existence de communiste orthodoxe. Sophia Chikirou ne se revendique ni de l'un ni de l'autre : clairement, elle vise à contaminer l'*ethos* de Roussel avec celui de Doriot. D'autres cultivent plutôt le sarcasme, à mi-chemin de la petite blague ; certains politiques semblent en être des victimes désignées :

- « Ségolène Royal n'a qu'un seul défaut, c'est son compagnon » - Arnaud Montebourg

- « Si Ségolène Royal s'excuse chaque fois que Sarkozy fait une boulette, elle va passer sa vie à genoux » - Jean-Christophe Cambadélis
- « Ségolène Royal aura la place qu'elle souhaite dans le PS, même si la plupart sont déjà occupées » - Martine Aubry

De son côté, Ségolène Royal cherche à recycler un élément d'*ethos* défavorable pour Nicolas Sarkozy en élément d'*ethos* favorable pour elle quand, en 2009 à Dakar, elle déclare « Quelqu'un est venu ici vous dire que l'homme africain n'est pas encore entré dans l'histoire. Pardon, pardon pour ces paroles humiliantes. » Gérald Darmanin affirme : « Avec Marine Le Pen, les pauvres vont peut-être mourir »[662].

L'exercice est parfois difficile à maîtriser. Il peut se prêter à l'ironie. En 1992, Bill Clinton, alors candidat à la présidence des États-Unis, tente de se peindre en successeur du président Thomas Jefferson (1743-1826). Ronald Reagan, qui participe à la campagne de son adversaire républicain, ironise : « J'ai bien connu Thomas Jefferson. C'était un de mes amis. Et, gouverneur, vous n'êtes pas Thomas Jefferson[663]. »

L'*ethos* revendiqué ne doit pas être trop éloigné de la réputation existante. Face à une critique, Emmanuel Macron grogne : « Ça m'en touche une sans bouger l'autre. » Étonnement général. « La petite phrase du président éclipse presque la première séance de questions au gouvernement », constate BFM[664]. Or ce n'est pas vraiment une petite phrase *du* président, du moins pas de ce président-là. « Comme disait un de mes prédécesseurs », signale d'ailleurs Emmanuel Macron lui-même, pensant à Jacques Chirac. Celui-ci apparaît sans doute comme un homme déterminé et un peu « brut de décoffrage ». Mais Macron ? Son personnage est bien différent. On ne l'a pas vu dévorer la tête de veau et tâter la croupe des vaches au Salon de l'Agriculture... Dans sa bouche, l'expression gaillarde paraît déplacée et incohérente : le *logos* chiraquien et l'*ethos* macronien ont peu en commun. Probablement à cause de l'absence de cohérence cognitive, cette petite phrase semble vite oubliée.

Une citation n'a d'effet que si elle est reconnaissable comme telle. La « petite phrase clé »[665] des vœux d'Emmanuel Macron pour 2022 intrigue : « Et de la France, notre patrie, nul ne saura déraciner mon cœur. » Cette formule obscure serait empruntée à *L'Étrange défaite* de Marc Bloch[666]. À quelques mois de sa réélection, le président évoquerait-il en filigrane la possibilité d'être battu ? Mais un candidat ou un presque-candidat n'évoque *jamais* une telle hypothèse ! De plus, Marc Bloch écrit en réalité « je ne saurais déraciner mon cœur ». Emmanuel Macron le sait puisqu'il a cité cette version exacte lors du 150ᵉ anniversaire de la proclamation de la République, le 4 septembre 2020[667]. Cette citation bizarrement modifiée d'un auteur peu connu (il ne sera « panthéonisé » que trois ans plus tard) revient à frapper un coup d'*ethos* dans l'eau.

Au-delà des citations proprement dites, les détournements et *snowclones* sont des quasi-citations qui reproduisent la forme immédiatement reconnaissable d'un discours connu tout en modifiant l'un de ses éléments essentiels. La formule d'origine est si marquante qu'on pense pouvoir en tirer une énergie résiduelle. « I have a dream » en est un exemple : l'anaphore renvoie sans le moindre doute à un Martin Luther King aux multiples vertus. En V.O. ou en V.F., elle est souvent sollicitée. En 1988, à l'Assemblée nationale, Michel Rocard déclare : « Je rêve d'un pays où l'on se parle de nouveau. Je rêve de villes où les tensions soient moindres. Je rêve d'une politique où l'on soit attentif à ce qui est dit plutôt qu'à qui le dit »[668], etc.

Le « Make our planet great again » d'Emmanuel Macron s'inscrit dans le même registre. La formule rebondit sur le « Make America Great Again » de Donald Trump. Sa force n'est pas seulement dans la réexploitation d'une expression connue mais aussi dans l'à-propos de la déclaration, qui riposte à une prise de position du président américain en connotant un *ethos* inverse du sien. Il en va de même de :

- « Une ministre, ça agit, ça ouvre sa gueule et ça ne démissionne pas » - Cécile Duflot, rebondissant sur « Un ministre, ça ferme sa gueule ou ça démissionne » (Jean-Pierre Chevènement)
- « Il y a celui qui dit je suis droit dans mes bottes et celui qui préfère dire : je suis souple dans mes baskets » - Lionel Jospin, évoquant « Je suis droit dans mes bottes », d'Alain Juppé
- « Nobody has to provoke nobody » - Emmanuel Macron, qui sans reprendre exactement les mots de Jacques Chirac (« What do you want ? Me to go back to my plane ? ») croise comme lui le fer en anglais avec les services de sécurité israéliens.

Collisions d'*ethos* au sommet

Les affrontements directs entre leaders politiques sont féroces sur le terrain de l'*ethos*. Un leader faible attire les petites phrases portant davantage sur son caractère que sur son action, quelquefois sous forme de sobriquet. Victor Hugo présente Napoléon III comme « Napoléon le petit ». François Mitterrand qualifie Valéry Giscard d'Estaing de « petit télégraphiste de Varsovie » pour avoir fait part d'un message de Leonid Brejnev lors d'une réunion internationale. François Hollande est un « capitaine de pédalo », dit Jean-Luc Mélenchon. Donald Trump multiplie les considérations méprisantes (« copy cat Kamala », « Kamala happened to turn black »…) envers Kamala Harris au cours de la campagne présidentielle américaine de 2024.

Avec son anaphore « Moi président » de mai 2012, déclamée en débat face à Sarkozy, Hollande lui-même définit un « anti-*ethos* du mauvais président et en creux l'*ethos* de ce bon président qu'entend être le locuteur »[669]. Ce que le politologue Thomas Guénolé commente ainsi : « L'anaphore "Moi président" passant à la postérité, cela signifie qu'elle incarne la quintessence du message politique du vainqueur. Or cette quintessence se résume en quelques mots : "Je ne serai pas Nicolas Sarkozy"[670]. »

Après la tirade de François Hollande, Nicolas Sarkozy est ulcéré[671], mais désarmé, comme l'ont été Mitterrand face au « Vous n'avez pas le monopole du cœur » de VGE et Chirac face au « Mais vous avez tout à fait raison, M. le Premier Ministre de Mitterrand » ; même s'il s'agit d'une moquerie de cour de récréation, les jeux sont faits (voir chapitre 1.) La force de ce genre de petite phrase dépend pour beaucoup de la répartie ou de l'absence de répartie de l'adversaire. Une bonne répartie détruit l'attaque, une mauvaise la valide. Deux *ethos* peuvent ainsi être en jeu dans une même petite phrase.

Une bonne réplique, en revanche, même préparée à l'avance, peut être ravageuse. En 1984, lors d'un débat, Walter Mondale affirme que Ronald Reagan, à 73 ans, est trop vieux pour solliciter un second mandat. Le président américain, moqueur, répond à la cantonade : « Je ne compte pas exploiter dans un but politique la jeunesse et l'inexpérience de mon adversaire ». Ce dernier ne peut faire mieux que rire jaune[672].

Sur ce terrain, mépriser les petites phrases peut être risqué, même chez les orateurs les plus talentueux. En 2012, Barack Obama fait campagne pour sa réélection à la présidence des États-Unis face à Mitt Romney. Pour se donner l'air « présidentiel » et ne pas apparaître « sarcastique », il épargne à son adversaire les formules cinglantes préparées par ses assistants. Il quitte la salle sûr de sa victoire. En réalité, le débat est un désastre : selon un sondage, le président est apparu « léthargique et indifférent ». Il n'est vainqueur du débat que pour 25 % du public[673]. Il saura néanmoins rectifier le tir.

En situation de débat, les petites phrases installent un leader. Contrairement aux attentes, elles ne contiennent rien de programmatique. Elles ne portent pas sur des orientations politiques, des dispositions à prendre ou des ambitions nationales. Elles portent sur des enjeux de pouvoir et de personnes. Pourtant, elles marquent durablement.

Entre leaders du même camp, les coups sont plus feutrés mais pas moins durs. L'exécutif bicéphale prévu par la Constitution française y est propice, comme l'a montré Patrice Duhamel dans *Le Chat et le renard* – un ouvrage riche en petites phrases[674]. « Deux présidents dans notre marigot constitutionnel, c'est un de trop. [...] Le plus gros mange le plus petit », constate François Mitterrand[675].

Même le général de Gaulle y est exposé, lui qui a fait de la petite phrase « une pièce maîtresse de nos institutions »[676]. Il vient de convoquer un référendum. Georges Pompidou, son Premier ministre, déclare : « Je serai candidat à une élection à la présidence de la République quand il y en aura une, mais je ne suis pas pressé ». « La petite phrase crée des remous considérables », constate Raymond Tournoux[677]. C'est presque un crime de lèse-majesté : implicitement, Pompidou engage les Français à répondre « non » au référendum pour pouvoir l'élire à la place du général de Gaulle – et c'est bien ce qui se passera.

« Le Premier ministre est un collaborateur, le patron, c'est moi »[678] déclare Nicolas Sarkozy en 2007. La vengeance de François Fillon suivra quinze ans plus tard sous forme de petite phrase. François Hollande, leader faible, est une cible indirecte pour Emmanuel Macron et Manuel Valls avant même la fin de son mandat.

Les règlements de comptes peuvent être indirects. En juin 2023, Élisabeth Borne affirme que le Rassemblement national est « héritier de Pétain, absolument ». Europe 1 évoque « une petite phrase qui n'est pas passée inaperçue »[679]. En 2018, en effet, le président de la République avait qualifié le maréchal Pétain de « grand soldat de la Grande Guerre », soulevant des protestation à l'extrême-gauche. Quelques jours plus tard, en conseil des ministres, Emmanuel Macron tance sa Première ministre : « Vous n'arriverez pas à faire croire à des millions de Français qui ont voté pour l'extrême droite que ce sont des fascistes. On ne peut pas combattre le RN avec des arguments moraux et les « mots des années 1990 qui ne fonctionnent plus »[680] ». Autrement dit, Élisabeth Borne a tout faux, l'*ethos* comme le *logos*. « Sans doute [Emmanuel Macron] a-t-il profité de cette "petite phrase" pour régler quelques comptes avec sa Première ministre » estime alors un journaliste[681]. Sept mois plus tard, il l'invite à démissionner.

Valls soudain victime d'un ethos construit avec détermination

Ministre de l'Intérieur de mai 2012 à mars 2014, le socialiste Manuel Valls se fait remarquer par ses petites phrases (voir chapitre 6). Puis il devient Premier ministre et commence aussitôt, discours après discours, à affirmer ses ambitions présidentielles face à François Hollande.

Certaines de ses formules lui valent des volées de bois vert. Sa « guerre de civilisation » (« Nous sommes en guerre contre le terrorisme […] C'est au fond une guerre de civilisation »), en 2015, est une franche transgression aux yeux d'une partie de la gauche. France 3 y voit « une petite phrase qui en rappelle une autre »[682], en la rapprochant de propos de George Bush et de Nicolas Sarkozy. *Libération* titre : « Le jour où Manuel Valls parla de "guerre de civilisation" »[683]. Cette distinction entre un « avant » et un « après », montre qu'un Rubicon verbal a été franchi. À dessein, probablement[684] : les vifs débats qui suivent sont autant d'occasions de

---

répéter la phrase, donc de l'ancrer davantage, avec le nom de son auteur, dans la mémoire d'un public de plus en plus large.

Manuel Valls s'affirme hostile aux écarts de langage. Il en use néanmoins pour se démarquer du président Hollande. « Quand on écoute bien le Premier ministre, on s'aperçoit qu'il y a plein de petites phrases qui sont comme des petits cailloux blancs, où il marque sa différence », note Nathalie Schuck dès 2014[685]. À l'approche de l'élection présidentielle, il multiplie les incartades. Et quand il ne dit rien... il le fait remarquer. « Je vous rassure, je vous inquiète ou je vous déçois, mais il n'y aura pas d'appel de Rouen », annonce-t-il un jour où beaucoup attendaient qu'il se déclare[686].

Avec méthode, il plante banderille après banderille, souvent sur un mode allusif. « On a parlé de droit d'inventaire, moi je veux parler du droit d'inventivité », déclare-t-il par exemple en 2017, dans un débat télévisé avant la primaire de la gauche. Le « droit d'inventaire » est une expression douloureuse pour les socialistes. Utilisée pour la première fois en 1995 par Lionel Jospin, candidat à l'élection présidentielle, pour se démarquer de la politique de François Mitterrand, elle comporte d'emblée un certain relent de trahison. *Droit d'inventaires* est aussi le titre d'une autobiographie de François Hollande[687]. Les partisans de celui-ci voient dans cette citation à double détente une attaque spécialement vicieuse.

Dans la soirée du 13 novembre 2015, trois commandos islamistes attaquent le Stade de France, des terrasses de café des 10ᵉ et 11ᵉ arrondissements de Paris et la salle de spectacle du *Bataclan*. « C'est un acte de guerre qui a été préparé, organisé, planifié de l'extérieur et avec des complicités intérieures que l'enquête permettra d'établir » déclare François Hollande, plaçant la France dans le rôle passif d'une victime. Le soir même, le Premier ministre Manuel Valls déclare au 20 heures de TF1 : « Ce que je veux dire aux Français, c'est que nous sommes en guerre. » La déclaration de guerre est l'acte suprême du politique (l'article 35 de la

Constitution le réserve au Parlement). En quatre mots, Manuel Valls se place symboliquement dans la position du chef de la Nation, il préempte le thème de la guerre trop mollement évoqué par le président.

Valls surveille jalousement les petites phrases de ses ministres. Son ministre de l'Économie, Emmanuel Macron, fait une déclaration comprise comme une attaque indirecte contre les 35 heures ? Il le tance : « Les petites phrases font mal à la vie publique ». Bien qu'il soit partisan de « déverrouiller » les 35 heures, il n'apprécie pas qu'un ministre s'exprime comme un leader potentiel. Dans la perspective de l'élection présidentielle de 2017, une forme de combat des chefs se profile : le Premier ministre entend conserver le monopole de la parole saillante.

En janvier 2016, Christiane Taubira, ministre de la Justice et « icône de la gauche intellectuelle et morale »[688], démissionne. Elle proclame : « Parfois, résister c'est partir ». Cet apophtegme fait un tabac sur les réseaux sociaux. Manuel Valls réplique : « Résister aujourd'hui, ça n'est pas proclamer, ça n'est pas faire des discours, résister c'est se confronter à la réalité du pays ». Il ne laisse pas le dernier mot à une femme qui a été candidate à la présidence de la République (2,32 % des voix en 2002 sous la bannière du Parti radical de gauche) et pourrait être tentée de recommencer.

Avec ses petites phrases, Valls joue l'électorat en direct contre l'appareil socialiste. « Le jeu médiatique a une fonction d'existence », explique-t-il lui-même. « Exister, c'est un bouclier. Ça vous protège. Si vous n'êtes pas fort dans l'appareil, il faut être fort dans les médias. J'ai donc bâti une construction dans l'opinion[689]. » Cela lui vaut d'être longtemps considéré comme un présidentiable naturel. Ses biographes parlent de « méthode vallsiste »[690]. Pendant des années, elle le sert. Il apparaît comme le candidat d'un vaste électorat, de gauche et bien au-delà.

Puis le Parti socialiste décide d'organiser une « primaire citoyenne » pour désigner son candidat à l'élection de 2017. D'un coup, la méthode vallsiste se retourne contre son auteur. À la primaire, il s'agit de convaincre non l'ensemble des Français mais le public interne du P.S. Or la proportion des « durs » y a progressé tandis que les modérés s'en détournaient.

Manuel Valls est conscient que ses petites phrases, en particulier celles sur l'immigration, lui ont aliéné les socialistes résiduels. Il tente le tout pour le tout pour redresser la barre. Comme le note le communicant Philippe Moreau-Chevrolet , « alors qu'il a eu une position dure sur l'immigration, il lance sa candidature depuis Evry, devant un parterre de Français "de la diversité". Alors qu'il est classé à la droite du PS, et populaire chez les sympathisants de droite, il répète en boucle le mot "gauche" dans ses discours »[691]. Au lieu de profiter de la circonstance pour glisser une petite phrase remarquable mais clivante adressée au pays entier, il présente un slogan consensuel et englobant destiné paradoxalement au petit nombre des socialistes de l'intérieur : « Faire gagner tout ce qui nous rassemble ». Peine perdue : l'appareil du parti soutient massivement Benoît Hamon, plus typé P.S. 2017, qui remporte la primaire et subira un échec cuisant à la présidentielle.

Manuel Valls sait que l'édifice réputationnel qu'il s'est construit avec patience et détermination s'est effondré : il a désorienté son public. Il appelle finalement à voter pour Emmanuel Macron. Puis il quitte la France afin de poursuivre sa carrière politique dans sa Catalogne natale, sans la rattraper. Après deux ou trois ans de déconvenues Outre-Pyrénées, il revient laborieusement dans la vie politique française. « Le meilleur ennemi de Manuel Valls, c'est lui-même », conclut Philippe Moreau-Chevrolet : affaire d'*ethos* et non de mots.

Les coups les plus durs sont auto-infligés. L'élection présidentielle de 1995 voit s'affronter Jacques Chirac et Édouard Balladur, un

« ami de trente ans » qui a été son Premier ministre. Devancé au premier tour, le 23 avril, le second se désiste en faveur du premier. Ils tiennent meeting commun le soir même, et les partisans de Balladur huent le nom de Chirac. « Je vous demande de vous arrêter » leur enjoint alors Balladur d'un ton flûté. Une injonction que l'Institut national de l'audiovisuel (INA) qualifie de petite phrase[692]. De fait, bien qu'elle se veuille purement utilitaire, elle marque d'un seul coup et pour toujours l'*ethos* de Balladur. Cherchant à imposer le silence, il affiche en fait un manque criant de charisme : un chef ne demande pas. Cette petite phrase est la seule que beaucoup de Français retiennent de la carrière politique d'Édouard Balladur. Elle ne lui fait pas perdre l'élection puisque sa défaite est déjà consommée, mais il n'occupera jamais plus de poste de premier plan.

Naturelle, la rivalité entre numéro un et numéro deux n'est pourtant pas inéluctable. Construire un *ethos* de non-leader demande de l'abnégation peut-être, de l'habileté sûrement. Jean-Pierre Raffarin en est l'exemple le plus abouti (voir encadré ci-dessous), l'anti-Valls de référence. Mais il n'est pas unique. Jean Castex, Premier ministre de juillet 2020 à mai 2022, est peu connu lors de sa nomination comme Premier ministre. Haut fonctionnaire, maire de Prades, commune catalane de 6 000 habitants, et conseiller départemental des Pyrénées-Orientales, il n'a jamais occupé de fonction électorale au niveau national. Il ne semble pas avoir beaucoup recherché la notoriété. En presque deux ans de présence à l'hôtel Matignon, son score de petites phrases est modeste, et principalement lié à l'épidémie de covid-19 qui sévit alors. Certaines d'entre elles évoquent la veine burlesque Raffarin :

- « Demain est devant nous »
- « Le meilleur moyen de soulager l'hôpital c'est de ne pas tomber malade »
- « Il ne suffit pas d'acheter des lits chez Ikea pour ouvrir des places en réanimation »

- « Les soignants ne demandent pas d'augmenter le nombre de lits en réanimation mais veulent surtout éviter que les malades arrivent à l'hôpital »
- « Les vaccinés n'ont plus de chance d'attraper la maladie » (à propos du covid-19 ; lui-même l'attrapera deux fois)
- « Il y a des gens qui rouspètent et il y a des gens qui agissent »
- « Il ne faut jamais raconter des fadaises ».

Rien de tout cela ne semble laisser de trace durable. Et rien ne peint un caractère. En particulier, aucune de ses petites phrases ne pourrait être considérée comme « assassine ». Jean Castex tue peut-être l'application StopCovid d'une seule phrase en avouant ne pas l'avoir téléchargée, mais aucune de ses formules un peu remarquées n'est destinée à nuire à un autre homme politique. Surtout, aucune ne peut être prise comme l'expression d'une rivalité avec le président de la République. Hormis Jean-Marc Ayrault (2012-2014), presque un trou noir de la politique, on ne voit guère de Premier ministre plus chiche en formules remarquables.

Les quelques phrases citées plus haut auraient pu acquérir une plus grande notoriété si la presse et l'opinion en avaient décidé ainsi. Leur abstention montre sans doute qu'elles n'ont pas vu chez Jean Castex l'étoffe d'un grand leader politique. Il faut sans doute du talent et de l'abnégation pour bien montrer qu'on ne compte pas aller plus haut que le numéro deux. « Je ne suis pas là pour prendre la lumière », dit-il lui-même. Sans surpasser Jean-Pierre Raffarin dans cet exercice, il fait bien le job.

Jean-Pierre Raffarin et l'ethos du non-leader

Premier ministre de Jacques Chirac de 2002 à 2005 Jean-Pierre a été directeur du marketing des cafés Jacques Vabre. Il en garde un goût pour les formules à l'air de slogans publicitaires simplistes ou même burlesques : « Les jeunes sont destinés à devenir des adultes », « Les veuves vivent plus longtemps que leurs conjoints », « La vie n'appartient pas aux politiques », etc. Un mot est même créé pour les désigner : les « raffarinades »[693].

Ce mot est formé sur le modèle des « tartarinades », vantardises proférées par Tartarin de Tarascon[a], personnage ridicule mais sympathique d'Alphonse Daudet. Jean-Pierre Raffarin s'en satisfait. Il écrit : « Dès mes premiers pas en politique, je me suis toujours senti à l'aise avec l'expression verbale, avec les mots, avec les formules. Cela me vient facilement, fait souvent mouche et je pense avoir un style bien identifié qui irrite autant qu'il séduit. En tout cas, ma manière de dire se reconnaît [...] Mes "raffarinades", je les revendique. Toutes ne sont pas d'une pertinence totale, mais beaucoup essaient de renouveler le genre, de hausser le ton, de faire réfléchir, à tout le moins de faire dresser l'oreille[694]. »

Il les compare même... à la poésie classique chinoise[695]. Il affronte les rieurs sans fléchir : « ils ricanent de façon quasi populiste de mes concepts un peu philosophiques, des idées concentrées, des raccourcis éclairants ou des réflexions ouvragées. Ils moquent ce qu'ils appellent des "raffarinades". Leurs rictus semblent dire : "Mais pour qui se prend-il celui-là ?" Ou bien : "Difficile de mettre des grandes idées dans de si petites phrases[696]." » Mais qui parle de grandes idées ? Dans ces petites phrases, il y a surtout Jean-Pierre Raffarin, le personnage qu'il a choisi d'incarner : le Premier ministre non-leader, un « Premier ministre de confort »[697] qui ne menace pas le président.

---

[a] Les tartarinades avaient elles-mêmes été précédées par les « turlupinades », plaisanteries ou calembours vulgaires dont le nom était formé sur celui de Turlupin, nom de scène d'un comédien du début du 17e siècle. Quelques décennies plus tôt, les « mazarinades » étaient de courts textes hostiles au cardinal Mazarin.

Il apitoie même des journalistes. « On me demanderait de résumer ce que Jean-Pierre Raffarin a raconté pendant une heure d'horloge, je serais bien incapable de le faire », observe Michèle Cotta, commentant une émission de télévision en septembre 2003[698]. « Il ne me reste en tête que l'"intelligence de la main" » - la raffarinade du jour, qu'elle qualifie de « phrase ridicule ». Mais elle note : « de la bonne volonté, il en a à revendre, le pauvre ! » Pour elle, c'est bien l'homme qui est révélé par ses petites phrases. « Épaules rentrées, nez cassé, Raffarin se présente aux Français comme un responsable plein de bonhomie et proche de "la France d'en bas" », confirme Jean Paul Roig. « La formule, souvent utilisée, deviendra sa marque de fabrique »[699]. « Certes, ni Balladur, ni Juppé, ni Jospin ne s'exprimaient comme cela », appuie Anne Sinclair[700] : les raffarinades décrivent un personnage au ras des pâquerettes.

À dessein, assure Christian Delporte : « les "raffarinades" […] sont le fruit des enquêtes d'opinion minutieuses que commande Matignon. Le communicant Raffarin sollicite lui-même les conseils d'un spécialiste en communication, Dominique Ambiel, avec lequel il collabore depuis longtemps[701]. » Le Premier ministre trace délibérément l'autoportrait d'un Poulidor de la politique. Il montre au président qu'il ne cherchera pas à devenir calife à la place du calife. « En politique, il y a les grands fauves et il y a le zoo », dira-t-il plus tard[702].

Jean-Pierre Raffarin gagne vite en notoriété (« la question du déficit de notoriété se règle le jour même de votre nomination », théorise-t-il), puis subit une forte baisse de popularité. Son style se retourne contre lui, estime Joseph Daniel : « Trop de petites phrases à tout propos enlève leur force à celles qui mériteraient d'en avoir[703]. » Mais son déclin, ajoute l'ancien patron du Service d'information du gouvernement, est dû aussi à la présence parmi ses ministres d'un autre communicant de choc : Nicolas Sarkozy : avec lui, « le "mâle dominant" du troupeau n'est pas le Premier ministre »[704]. Le jeune ministre commence à afficher ses ambitions par-dessus la tête du numéro deux.

Jean-Pierre Raffarin tente de faire bonne figure. « Le sarkozysme est plus une pensée de la politique qu'une politique de la pensée », aventure-t-il[705]. Mais les raffarinades, témoignages de bonne volonté et d'ambition limitée, lui permettent seulement de collaborer sans heurts pendant trois ans avec le président Chirac tout en s'enfermant dans un *ethos* de subalterne.

« L'ancien notable du Poitou-Charentes, l'homme de l'acte II de la décentralisation, symbolise excellemment le glissement vers une culture politique qui privilégie le regard d'en bas », résume Christian Le Bart[706]. Le fait est que Jean-Pierre Raffarin se consacre à la gestion des affaires courantes. « Ses trois années à Matignon marquent le début du décrochage de la France, enfermée dans un immobilisme de bon aloi », écrivent impitoyablement Carole Barjon et Patrick Stefanini[707]. On pourrait les résumer comme l'espace qui s'étend entre ses deux raffarinades les plus fameuses : « Notre route est droite mais la pente est forte », qui marque son premier discours de politique générale, en 2002, et, en 2005, avant le référendum sur la constitution européenne : « The yes needs the no to win against the no »[708].

La petite phrase n'attend pas le nombre des années

La petite phrase est l'expression d'un personnage qui compte, qu'on écoute. Elle n'est pas pour autant le couronnement d'une carrière, l'apanage d'un leader installé. L'*ethos* n'est pas une question d'âge. « Rendez à César ce qui est à César », probablement la petite phrase la plus influente de tous les temps, a été prononcée par un homme de 33 ans, dirigeant d'un obscur groupuscule local dans une province reculée de l'empire romain, qui va être condamné à mort et exécuté moins d'une semaine plus tard.

Beaucoup des petites phrases les plus mémorables signalent un leader en devenir plutôt qu'un chef déjà puissant. Certes, une petite phrase ne se diffuse et n'est retenue par le public que si elle répond à certaines conditions, tenant entre autres à son contexte. Et l'un des éléments majeurs du contexte est la personnalité de son auteur. Mais elle contribue à affirmer cette personnalité, comme dans ces cas fameux :

- Henri IV a 36 ans quand il commande : « Ralliez-vous à mon panache blanc ». Prétendant au trône de France, il est contesté par la Ligue, soutenue par le royaume d'Espagne. Il lui faudra des années pour en venir à bout et se faire sacrer roi.

- Louis XIV a 17 ans quand il tonne : « L'État c'est moi ». Couronné roi depuis une douzaine d'années déjà, il est sous la tutelle effective du cardinal Mazarin et son trône a été fragilisé par la Fronde.

- Georges Danton a 32 ans quand il s'écrie : « De l'audace, encore de l'audace, toujours de l'audace », ralliant les énergies face à une invasion étrangère. Jeune avocat, il est surtout connu pour son aspect physique peu engageant.

- Louis Antoine de Saint-Just a 26 ans quand il tranche : « Pas de liberté pour les ennemis de la liberté ». Élu au Comité de salut public, il n'a pas d'autre titre à faire valoir que sa ferveur révolutionnaire. Quelques mois plus tard, au 9 thermidor, elle lui coûtera sa tête.

- Bonaparte a 28 ans quand il proclame : « Du haut de ces pyramides, quarante siècles vous contemplent ». Déjà Napoléon perçait sous Bonaparte, certes, mais il n'était encore que le chef d'une expédition militaire aventureuse dans une Première république où une carrière était à la merci d'un coup de sabre.

- Gambetta a 39 ans quand il dénonce, à la Chambre des députés : « Le cléricalisme, voilà l'ennemi », déclenchant un combat politique qui aboutira à la loi sur la séparation de l'Église et de l'État en 1905.

- Martin Luther King a 33 ans quand il scande : « I have a dream ». Jeune pasteur baptiste remarqué pour son militantisme en faveur des droits civiques, il a le soutien du président John F. Kennedy, mais ce dernier est alors très contesté et sera assassiné moins de trois mois plus tard.

Les petites phrases ne sont pas non plus un apanage de la jeunesse. Valéry Giscard d'Estaing a déjà 48 ans quand il proteste : « Vous n'avez pas le monopole du cœur ». Sandrine Rousseau ne commence à s'illustrer par ses petites phrases que passé la quarantaine. Elles ne sont pas un signe de fougue juvénile. « Faire évoluer les mentalités par des punchlines bien huilées, telle est la stratégie que Sandrine Rousseau a décidé d'adopter », relate une journaliste en 2022[709].

S'agit-il d'ailleurs de « faire évoluer les mentalités » ou d'assurer sa notoriété ? Ses thèmes sont rarement novateurs. Quand elle s'attaque à la « virilité de l'entrecôte », par exemple, elle suit les traces de Pierre Bourdieu et Roland Barthes (« le bifteck participe à la même mythologie sanguine que le vin », etc.)[710]. L'importance de la petite phrase n'est pas dans ce qu'elle dit de la viande mais dans ce que les électeurs comprennent de Sandrine Rousseau. Elle milite depuis plus de vingt ans ; cette stratégie lui permet enfin de percer.

« Face à l'irruption de Sandrine Rousseau dans le débat public (…), aucune méthode de disqualification ne lui sera épargnée : focales sur ses "petites phrases" dites "polémiques" et psychologisation de son combat politique tracent les grandes lignes », déplore l'un de ses soutiens[711]. C'est inverser l'ordre des facteurs : l'attention prêtée à ses petites phrases n'est pas une conséquence mais une cause de son « irruption dans le débat public » et va de pair avec la « psychologisation » : si la presse s'intéresse plus à ses petites phrases qu'à son programme, c'est que, aux yeux des journalistes, elles révèlent mieux qui est Sandrine Rousseau. Elles ne sont pas la marque de la jeunesse mais un choix de la maturité.

L'ethos d'Emmanuel Macron : un chapelet de petites phrases

« Je ne crois pas Macron arrogant », assure Mona Ozouf en 2020. « Je crois qu'il est dans un autre monde, mais pas qu'il est délibérément méprisant et arrogant. Mais que ce soit interprété comme ça, je pense que c'est le malheur de son quinquennat, et c'est quand même dommage[712]. » Le mot « interprété » n'est pas neutre dans la bouche de Mona Ozouf, bretonnante de naissance : Emmanuel Macron ne parle pas vraiment la même langue que les Français, il est « dans un autre monde ». Le fond du problème est personnel et culturel. Pour l'historienne, il vient de « cette faculté que nous avons de tout ramener à des petites phrases »[713]. *Tout ramener* à des petites phrases… C'est dire en deux mots l'importance de celles-ci.

Car dans ses petites phrases, les Français voient un portrait d'Emmanuel Macron. Notre cerveau suit aisément les pistes qu'on lui suggère. Daniel Kahneman illustre ainsi le phénomène : « Quand on pose la question "Sam est-il aimable ?", on évoque des idées sur le comportement de Sam qui ne sont pas les mêmes que celles qu'éveillerait la question "Sam est-il désagréable ?"[714] » Il est tentant de remplacer Sam par Emmanuel. Les phrases du président acquièrent le sens que leur donne l'opinion. Celle-ci y cherche de quoi confirmer l'image qu'elle s'est faite de lui.

« Je traverse la rue, je vous trouve un emploi », réponse à un jeune chômeur qui visitait l'Élysée à l'occasion des Journées du patrimoine, est une phrase parfaitement anodine, en concurrence avec des centaines d'autres prononcées publiquement ce jour-là par le président de la République. Elle n'est pas vraiment « détachable », elle ne signifie pas grand chose hors de son contexte. Pourtant, elle est brevetée « petite phrase » par de nombreux médias (*Le Midi libre, Paris Match, Gala*, RTL, Sud Radio, LCI…). Biais de confirmation : depuis que les « illettrées de Gad » ont donné le ton (voir encadré « L'Alea jacta est d'Emmanuel Macron » au chapitre 4), beaucoup recherchent systématiquement des propos méprisants dans chacune de ses interventions. Ils sont repris des milliers de fois sur les réseaux sociaux, souvent sur un ton moqueur – témoin le hashtag #TraverseLaRueCommeManu lancé sur Twitter, qui ne s'appelle pas encore X.

Les optimistes pourraient y voir de la sollicitude. La plupart des Français y voient un manque d'empathie, si ce n'est du mépris. La presse s'aligne : Emmanuel Macron s'exprime par petites phrases. La formule « encore une petite phrase » se multiplie à son sujet (« encore une petite phrase qui risque de créer des remous », « encore une petite phrase qui agite les réseaux sociaux », etc.) : un effet boule de neige est à l'œuvre. Les remarques du genre « Emmanuel Macron remet une pièce dans la machine »[715] ne sont pas rares non plus.

« J'ai sans doute laissé paraître quelque chose que je ne suis pas et que les gens ont fini par détester », s'inquiète le président de la République le 14 juillet 2020. Ce « fini » est venu assez vite, en fait. « Emmanuel Macron enfile les petites phrases polémiques comme des perles », remarque *L'Express* dès le début de l'été 2015[716]. « Durant ses deux années à ce poste, il a multiplié les petites phrases et provocations », commente *La Croix* quand il quitte le ministère de l'Économie fin août 2016[717].

Lui-même ne peut ignorer l'effet de ses déclarations. Mais il le reproche d'abord à ceux qui les entendent. Le 29 janvier 2016, il aborde explicitement le sujet lors de ses vœux à la presse. « Les petites phrases, c'est parfois l'univers dans lequel nous vivons les uns et les autres », dit-il[718]. Surtout les autres : « Je crois que la seule façon d'en sortir, c'est de remettre les choses dans leur contexte, dans leurs intentions, d'éviter finalement qu'on ne préfère collectivement la comédie humaine à l'explication du cours du monde. Pour ma part, j'ai choisi mon camp. »

Puisqu'il montre des dispositions pour les petites phrases, Emmanuel Macron pourrait tenter d'en faire un atout, une marque de fabrique. Jules César, Henri IV, Gambetta, Clemenceau, Churchill, de Gaulle y ont excellé. Lui qui cite volontiers Kennedy, il pourrait se souvenir du conseil donné au président américain par sa secrétaire : « un grand homme est fait d'une seule phrase »[719]. Mais il ignore ce potentiel. Et la mécanique s'enclenche dans le mauvais sens : ses petites phrases fonctionnent comme un « poison lent », estime Frédéric Dabi, directeur de l'IFOP[720]. « Emmanuel Macron a aussi construit son image auprès des Français par son parler vrai », relève Gabriel Attal, futur Premier ministre[721] : ce n'est que trop « vrai » ! Son entourage ne l'aide pas. Sa conseillère en communication, Sibeth Ndiaye, se dit exaspérée par ses petites phrases[722]. Pourtant, elle en rajoute : « On met un pognon de dingue dans les minima sociaux », c'est d'elle.

L'origine du problème semble évidente : ses proches et lui-même manquent de métier politique. Il n'a pas fait ses classes électorales. Bernard Poignant analyse ainsi le cas des « illettrées » de Gad à la lumière de ses quarante ans d'expérience comme député du Finistère, maire de Quimper et proche de François Hollande : « Erreur de jeunesse, si je puis dire. Un vieux de la vieille en politique n'aurait pas parlé comme ça. Il aurait dit : "dans cette entreprise que j'ai visitée, il y a des gens qui sont attachés à leur travail, qui le font avec un grand professionnalisme, mais il y en a un certain nombre pour qui il faudrait une formation complémentaire de ceci-cela". Mais le mot illettré ça donnait l'impression qu'il traitait une entreprise d'illettrée. Et... ah bien, ça lui revient dans la gueule, quoi[723] ! »

Et le vieux notable socialiste d'enfoncer le clou, cette fois à propos de « Je traverse la rue » : « Emmanuel Macron, c'est quelqu'un qui n'a pas fait d'élection locale. On a tous connu ça quand on est élu local. Vous devez apprendre à leur parler, à ces personnes. Qu'est-ce qu'aurait fait un Mitterrand ? "Je vous comprends, jeune homme, je vous comprends – et à un conseiller : "Prenez note" –, écrivez-moi, je vous aiderai. Voilà. Parce qu'il y a du travail". » À défaut de régler les problèmes, la langue de bois évite qu'ils ne se retournent contre vous ; la petite phrase, elle, les exacerbe.

« Il lui manquait sans doute, au début de son mandat, cette connaissance des Français et de ce territoire si complexe qu'est "l'archipel français" », confirme le journaliste suisse Richard Werly[724]. Sa discipline de parole laisse aussi à désirer. « S'ils veulent un responsable, il est devant vous », lance-t-il en 2018 devant les parlementaires LREM. « Qu'ils viennent me chercher ! »[725]. Une formule « inutilement western », regrette François Bayrou.

Faute d'antériorité et de recul, l'image politique d'Emmanuel Macron se construit autour des éléments disponibles, des déclarations prononcées par lui et interprétées par d'autres, qui deviennent petites phrases. Elles font office de cours de rattrapage pour une opinion publique découvrant un nouveau leader. Et elles forment comme un test de Rorsach collectif. Au cours de son premier mandat, à de rares exceptions près (« Make our planet great again »…), ce qui est répété et donc retenu, ce ne sont pas des proclamations explicites et saillantes mais des formules décousues, disparates, puisées dirait-on au petit bonheur la chance dans des discours qui parlent d'autre chose. Un amas probablement indéchiffrable vu d'ailleurs mais d'où émerge, pour beaucoup de Français, le portrait d'un homme qui manque d'empathie.

L'*ethos* sur le fil du rasoir

« Je n'ai à proposer que du sang, de la sueur et des larmes » : comment expliquer qu'une petite phrase aussi peu engageante demeure emblématique de la Seconde guerre mondiale et l'une des plus illustres du 20ᵉ siècle ? En ce 10 mai 1940, alors que débute l'offensive allemande en Belgique, Winston Churchill ne promet pas la victoire, seulement la souffrance… et mobilise d'un coup l'énergie de son peuple. De bons communicants parviennent à fabriquer des petites phrases fortes à partir d'une situation tragique. Mais pour faire d'une mauvaise nouvelle une bonne, il faut des circonstances et un orateur exceptionnels ; l'exemple de Churchill paraît insurpassable.

Sa phrase réunit *logos*, *ethos* et *pathos* à un degré extraordinaire : de là vient sans doute son aura. Le *logos* est optimisé. Comme on l'a rappelé au chapitre 5, Churchill a déclaré en réalité : « I have nothing to offer but blood, toil, tears and sweat » (« Je n'ai à proposer que du sang, du labeur, des larmes et de la sueur »). Réduite par la *vox populi* à l'énumération de trois liquides biologiques, la phrase gagne en cohérence et bénéficie d'un rythme ternaire dynamique. Elle est conforme au *pathos* de ses auditeurs, qui se veulent stoïques face à l'adversité : une *stiff upper lip* est pour eux caractéristique de la *Britishness*[726]. Churchill renforce le stéréotype en plaçant son *ethos* au niveau des circonstances. En une seule phrase, il s'affiche comme un dirigeant honnête et comme un leader conforme à son peuple.

Huit mois plus tôt, le 10 septembre 1939, Paul Reynaud, futur président du Conseil français, a déclaré : « Nous vaincrons parce que nous sommes les plus forts ». La France a déclaré la guerre à l'Allemagne une semaine plus tôt. Cette petite phrase tout aussi délibérée que celle de Churchill devient emblématique elle aussi. Le gouvernement la reprend même comme slogan publicitaire pour placer des bons d'armement pendant la « drôle de guerre ». Puis vient juin 40...

La comparaison entre la petite phrase de Churchill et celle de Reynaud paraît inéluctable et écrasante. Devant l'histoire, l'une est sublime, l'autre grotesque. L'une a stimulé les forces britanniques, l'autre les illusions françaises[a]. Elles relèvent d'*ethos* totalement différents. Et pourtant...

Les Allemands réussissent une percée décisive dans les Ardennes. Quinze jours après sa fameuse phrase, Churchill ordonne secrètement aux troupes britanniques de rembarquer à Dunkerque, abandonnant la France et la Belgique à leur sort et laissant sur place une masse énorme d'équipements. Il reconnaît brièvement un « grand désastre militaire » puis présente la retraite comme une sorte de victoire. Il en profite même pour placer une autre petite phrase fameuse : « We shall fight on the beaches, we shall fight on the landing grounds, we shall fight in the fields and in the streets, we shall fight in the hills, we shall never surrender[727] » (« Nous nous battrons sur les plages, nous nous battrons sur les terrains d'aviation, nous nous battrons dans les champs et les rues, nous nous battrons dans les collines, nous ne nous rendrons jamais. »). Sa première bataille, un mois plus tard, se déroule pourtant loin des côtes britanniques et n'est pas défensive : à Mers el-Kébir, il lance une attaque surprise de la Royal Navy contre la marine française.

Paul Reynaud explique ainsi son « nous vaincrons » : « Le 11 novembre 1918, l'Allemagne a succombé à la supériorité du potentiel de guerre des Alliés. Cette supériorité demeure[728]. » L'histoire lui donnera raison cinq ans plus tard. Il sait bien que la guerre n'est pas gagnée d'avance et exigera des sacrifices. Il le montre à l'automne

---

[a] Paul Reynaud double la mise en proclamant après l'expédition de Narvik : « la route du fer est coupée ». Elle le restera un mois.

1939 avec cette question rhétorique : « Croyez-vous que la France puisse à la fois maintenir son train de vie, dépenser 25 milliards d'armement et se reposer deux jours par semaine ? » complétée par cet avertissement : « la semaine des deux dimanches a cessé d'exister »[729]. Belliciste, il refuse tout accommodement avec l'Allemagne. « La France est engagée dans la guerre totale », insiste-t-il en 1940[730]. « L'enjeu de cette guerre totale est un enjeu total. Vaincre, c'est tout sauver. Succomber, c'est perdre tout. » En juin 1940, il préconise de transférer un maximum de forces en Afrique du Nord afin de poursuivre la guerre. Après l'armistice, refusant de participer à la Collaboration, il est emprisonné par Vichy puis par les Allemands.

Entre la petite phrase de Churchill et celle de Reynaud, la distance objective n'est pas énorme. Pourtant, elles illustrent des *ethos* radicalement différents. Devant l'Histoire, l'un est un grand chef de guerre, l'autre un politicien bellâtre. La seule phrase qu'on retient de lui sonne comme une rodomontade. L'Histoire a d'autres ironies. Quand de Gaulle s'écrie à Alger, le 4 juin 1958 : « Je vous ai compris », son auditoire y entend tour à tour une promesse d'Algérie française, puis un mensonge d'une effroyable duplicité[731].

En sens inverse, deux *ethos* qui se ressemblent peuvent en quelque sorte fusionner. « Pensez-vous à l'Élysée ? » demande-t-on à Laurent Fabius en 2002. « J'y pense parfois le matin en me rasant », répond l'ancien Premier ministre. Par un mouvement naturel de simplification, on conserve « J'y pense en me rasant ». Quelques semaines plus tard, rebondissant sur cette formulation, un journaliste demande à Nicolas Sarkozy : « Pensez-vous à l'Élysée en vous rasant ? » « Pas seulement en me rasant », répond Sarkozy. En somme, quand Laurent Fabius dit y penser de temps en temps, Nicolas Sarkozy dit y penser tout le temps. Mais la métaphore du rasage comme marque d'ambition tire la phrase à elle : l'une des formules phagocyte l'autre. « J'y pense en me rasant » s'impose, tout en étant le plus souvent attribuée à Sarkozy[732] – peut-être parce qu'il y pensait plus fort, parce que son _ethos_ l'emportait sur celui de son rival, ou tout simplement parce qu'il est élu alors que Fabius n'est même pas candidat.

8. *Pathos* : la main invisible de l'opinion publique

« Il y a toute une vérité d'Emmanuel Macron qui se dit dans ses petites phrases », estime le politologue Pascal Perrineau[733]. Cette formule décrit bien une microrhétorique. La « vérité d'Emmanuel Macron » n'est pas une vérité objective, analysée par le politologue au terme d'une savante observation, mais une vérité révélée : le sujet de cette phrase au verbe pronominal est la « vérité » dite par elle-même. C'est la *vox populi* interprétant le *logos* d'Emmanuel Macron à la lumière de son propre *pathos* pour en déduire un *ethos*.

Réciproquement, y a aussi toute une vérité des Français qui se dit dans les petites phrases d'Emmanuel Macron : la demande de petites phrases vient du peuple. Parfois, leur auteur n'en est que le dépositaire. La formule « X *a eu* ce mot/cette phrase » n'est pas rare dans la presse, comme si le mot avait été *donné* à celui qui le prononce : Édouard Balladur « a eu ce mot qui dit tout : "On va fatiguer Chirac comme un poisson" »[734], Christophe Castaner « a eu cette petite phrase : "Si j'avais su ta capacité à faire [autant] en trois jours, je serais parti avant" »[735]. Et même, le « Merde ! » de Waterloo aurait été donné à Cambronne « par visitation du souffle d'en haut », assure Victor Hugo[736] ! Au contraire, « faire des phrases » sous-entend une moindre sincérité.

Philosophes et linguistes réfléchissent depuis des siècles à la divergence éventuelle entre ce qui est dit et ce qui est compris[737], mais la remarque de Perrineau rejoint la nouvelle théorie de la vérité proposée par Lakoff et Johnson dans la foulée de leurs travaux sur les métaphores (voir chapitre 5) : une phrase serait « vraie » dans une situation où ce que nous comprenons de la phrase concorde avec ce que nous comprenons de la situation[738]. Le besoin de cohérence du cerveau est à l'œuvre, une fois de plus. Cette vision n'est pas si nouvelle. « Le but de la narration n'est pas tant d'instruire le juge que de lui faire partager notre manière de voir », observait Quintilien[739]. Il s'agit de susciter un consensus entre deux personnes, quel que soit le degré de vérité objective du récit. Les assemblées de la Grèce antique ne prétendaient pas parvenir à des choix objectivement parfaits : la décision était inséparable de la perspective du décideur. « C'était un jugement établi depuis un point de vue particulier et non une tentative de parvenir à un ordre des choses indépendamment correct[740]. » Le décideur devait dire « comment les choses semblaient être » et non « comment elles étaient » ; le grec ancien n'avait d'ailleurs pas de mot pour désigner les « faits »[741].

Le souci de la vérité vraie, innovation de l'époque des Lumières[742], sera peut-être une simple parenthèse historique, si l'on considère la place des idéologies au 20e siècle et l'essor des concepts de « post-vérité » et de *deep fake* au 21e siècle. « Une idée fausse, mais claire et précise, aura toujours plus de puissance dans le monde qu'une idée vraie mais complexe[743] », constatait Tocqueville. Aujourd'hui, les neurosciences constatent qu'un changement d'opinion se concrétise par des activités dans des régions du cerveau participant à la régulation des *émotions*, notamment l'amygdale[744]. « Ce qui se "vend" sur le marché [des idées] n'est pas la vérité mais une bonne histoire », constate une universitaire américaine[745]. Le Books Ngram Viewer de Google révèle une explosion de l'usage du mot *storytelling* dans les livres en français depuis 2005 ; il en était totalement absent avant 1950. Google Trends repère aussi un courant de recherches sur ce mot en hausse constante depuis 2007.

Dans un monde paléolithique, la vérité objective était probablement un luxe inaccessible. Comprendre vite et collectivement le leader, ou le remplacer d'urgence si nécessaire, devait être une nécessité vitale. Cela ne laisse guère de place à la délibération individuelle. Lors des communications en face à face, les cerveaux se « synchronisent » - un phénomène qui existe aussi chez les primates[746]. L'imagerie cérébrale sait même le mesurer ; elle constate par exemple un décalage de 200 millisecondes entre les cerveaux d'un groupe d'étudiants et celui du professeur, les variations de la synchronisation montrant même quelles informations sont les mieux retenues[747].

La communication politique illustre l'importance de cette synchronisation. « Mélenchon estime que c'est par des coups de gueule qu'on constitue le peuple », assure Jean-Christophe Cambadélis[748]. Dès l'Antiquité, on a observé la puissance des grands discours. L'imagerie par résonance magnétique fonctionnelle montre comment les cerveaux d'un auditoire réagissent à un discours politique. Leur couplage est plus fort lorsque celui-ci est considéré comme « bon »[749]. Mais est-ce le discours, l'orateur ou l'auditoire – le *logos*, l'*ethos* ou le *pathos* – qui est « bon » ?

Des illusions comme celle du 18 juin 1940 (voir encadré ci-dessous) invitent à l'ironie facile. Cependant, elles administrent une grande leçon : certaines petites phrases sont puissantes au point de transcender la vérité et de forcer la mémoire. Encore une fois, s'il est difficile de « voir ce que l'on voit », comme l'écrivait Péguy[750], il est difficile aussi d'entendre ce que l'on entend et plus difficile encore, peut-être, de ne pas entendre ce qu'on croit qu'on aurait pu entendre. Pour rester en littérature, le « on ne voit bien qu'avec le cœur » de Saint-Exupéry[751] pourrait se doubler d'un « on n'entend bien qu'avec le cœur ». Et bien entendu, le cœur a ses raisons que la raison ne connaît point[752]…

« La France a perdu une bataille, la France n'a pas perdu la guerre »

La phrase clé du fameux discours gaullien du 18 juin 1940, associe un *logos* puissant (des mots forts, une prosodie balancée), un *ethos* puissant (un homme providentiel) et un *pathos* puissant (le traumatisme de la défaite de juin 1940). Cela en fait l'un des mots historiques les plus célèbres du 20ᵉ siècle. L'historien Alain Decaux a raconté sa genèse avec vivacité, dans un livre préfacé par Alain Peyrefitte[753] : « le lendemain, 18 juin, à 18 heures, de Gaulle se rend à la BBC pour y prononcer son premier appel aux Français. Un studio de radio. De Gaulle, escorté du lieutenant Geoffroy de Courcel, s'assied derrière le micro posé sur une table. Il prend la parole [...] "La France a perdu une bataille, mais la France n'a pas perdu la guerre !" »

« Qui peut l'entendre, cette phrase ? », demande gravement un autre historien célèbre[754]. « D'abord, matériellement, rares sont ceux, peut-être une dizaine de milliers, qui ont pu prendre cet appel à la radio. » Comme chacun sait aujourd'hui, « matériellement », *personne* n'a pu entendre cette phrase, et pour cause : elle n'a pas été prononcée le 18 juin 1940 à la radio mais placardée sur une affiche fin juillet 1940.

Pourtant, plaisante un troisième historien, « J'en ai vu de ces amoureux de la première heure qui juraient avoir été émus par la terrible phrase : "La France a perdu une bataille, mais la France n'a pas perdu la gerre[755]." ». Parmi ces auditeurs inspirés figure, selon

256

ses biographes, le futur maréchal Leclerc de Hauteclocque, alors lieutenant :

- *J'entends, le 18 juin 1940, la Marseillaise qui s'échappe du petit poste de radio caché dans un coin du grenier, puis la voix du général de Gaulle retentit :* « La France a perdu une bataille mais elle n'a pas perdu la guerre[756] ! »

L'avocat socialiste Jean-Yves Goëau-Brissonnière est aussi du nombre :

- *Cette plage solitaire... Est-ce au poste de galène de la cabane que j'ai entendu, un soir de juin de l'an 40, une voix lointaine qui semblait sortir de l'ombre entre fading et parasites ? "La France a perdu une bataille, elle n'a pas perdu la guerre[757]."*

Ainsi que le comte Henry d'Ornano, haut fonctionnaire gaulliste :

- *De ce soldat, je ne connaissais même pas le nom, je n'avais jamais lu son livre* Vers l'armée de métier, *lorsque mon oreille entendit, de Londres, cette voix inconnue et grave dont l'accent était celui des Prophètes !: "La France a perdu une bataille, la France n'a pas perdu la guerre[758] !"*

Ou encore le célèbre journaliste et patron de presse Pierre Lazareff :

- *J'atteignis, non sans nouvelles difficultés, le Portugal, dans les derniers jours de juin. Et c'est au Portugal, dans la petite ville de Guarda, perdue dans les montagnes, que j'entendis la Voix que la France attendait. Sur la petite place de cette minuscule cité médiévale, un coiffeur avait installé un haut-prleur et l'avait branché sur la B.B.C. de Londres. Je passais par là au moment où le général de Gaulle répétait sa phrase célèbre : "la France a perdu une bataille...[759]"*

De nombreux mémorialistes moins capés ont eux aussi raconté dans quelques circonsances ils ont entendu la phrase fameuse, à la radio, le 18 juin 1940, tels Lucienne-Marie Enfrey (« Je l'ai gardée dans le dédale de mes oreilles, comme les coquillages gardent le bruit de la mer dans leur circonvolutions[760] »), Janine Elissetche (« Je bois ces paroles avec ferveur me sentant lavée de la souillure, envahie d'un désir de revanche[761] ! »), Josette Lassalle (« Je me rappelle très bien le visage soudainement coloré de notre père, d'habitude plus pâle[762] ») ou Albert de Pouzols (« Quelqu'un tourna le bouton et tout à coup, par-dessus le brouhaha des consommateurs, une voix s'éleva, grave et simple[763] ». Il n'y a pas de raison de suspecter autant de mensonges. Ces souvenirs ont beau être faux, ils sont sûrement inscrits dans les mémoires.

Comment s'étonner alors que des déclarations de hauts personnages subissent tant de déformations ? Dans une proportion étonnante, les petites phrases ne circulent pas telles qu'elles ont été prononcées. Leur déformation peut être volontaire, donc *a priori* malveillante, ou involontaire. Dans ce dernier cas, elle vise d'habitude à faire coïncider un *ethos* avec un *pathos* dans un souci de cohérence cognitive. Daniel Schneidermann raconte : « Imaginons que vous ayez une fuite d'eau chez vous. Une canalisation a sauté, la cuisine est inondée. C'est Sarkozy qui parle, en meeting. » Le journaliste a cru entendre cette phrase[764]. Nicolas Sarkozy ne l'a pourtant pas prononcée – du moins pas au jour dit. Cette mésaventure n'est pas unique pour Nicolas Sarkozy. Quand il déclare : « L'homme africain n'est pas *assez* entré dans l'histoire », Ségolène Royal entend : « L'homme africain n'est pas *encore* entré dans l'histoire ». Elle est probablement sincère : dans son esprit, l'*ethos* de Sarkozy ne peut être que désobligeant envers les Africains. Un cercle vicieux est à l'œuvre : si Sarkozy est du genre à l'avoir dit, il l'a sûrement dit. À partir de demi-vérités, le *pathos* construit une certitude sur l'*ethos* de Nicolas Sarkozy.

De Jean Jaurès, on cite souvent : « Le capitalisme porte en lui la guerre comme la nuée porte l'orage » comme une formule extraite d'un discours prononcé en 1914 juste avant le déclenchement de la Première Guerre mondiale. En réalité, elle date du 7 mars 1895 et

Jaurès a dit : « Toujours votre société violente et chaotique, même quand elle veut la paix, même quand elle est à l'état d'apparent repos, porte en elle la guerre, comme la nuée dormante porte l'orage. » Pour certains partisans, violence et chaos sont synonymes de capitalisme, ce qui authentifierait le mot de Jaurès.

Ces faux souvenirs attisés par la malveillance, la piété ou la répétition d'une erreur sont en fait d'une parfaite banalité ! Les « mots historiques » en regorgent (voir chapitre 9). L'époque contemporaine permet des enregistrements et des rappels objectifs mais cela peut être un inconvénient plus qu'un avantage, notamment quand les idées en vigueur évoluent. Malgré le secours de ses amis, Michel Rocard peine à corriger a posteriori « La France ne peut accueillir toute la misère du monde ». On admet a contre-cœur que le général de Gaulle a dit « La France est un pays de race blanche » mais on reproche à Nadine Morano de le citer car « depuis le milieu du XXe siècle, le contexte a changé, et le sens du terme avec »[765], tandis qu'un éditorialiste souligne « les risques politiques d'une petite phrase symbolique »[766].

L'orateur est plus crédible s'il est considéré comme proche de son auditoire. « Les orateurs incultes persuadent mieux les foules que les orateurs cultivés », assure Aristote, « car ils puisent dans ce qu'ils savent, énoncent les propositions qui sont tout près de leur auditoire »[767]. Une « pensée complexe » est un handicap. Un accent étranger aussi : inconsciemment, les auditeurs considèrent le discours comme moins crédible. Leur attitude est plus positive envers un membre de leur groupe qu'envers un membre d'un groupe extérieur[768], en particulier dans le domaine politique[769]. Et l'on écoute davantage les gens dont on partage l'opinion, ce qui pourtant ne présage en rien de leur compétence[770]. Inversement, ceux qui n'ont pas le sentiment d'appartenir au même groupe que l'orateur interpréteront sans doute plus négativement ses petites phrases.

Contrairement aux maximes, dictons et proverbes, les narrations que sont les petites phrases se présentent rarement comme une « morale de l'histoire » : elles ne prescrivent rien, n'enseignent rien. Pourtant, elles sont répétées parce qu'on leur attache une importance. Celle-ci, dans bien des cas (« je traverse la rue »...), ne tient sûrement pas au contenu, au *logos*. Il faut donc qu'elle tienne à l'*ethos* de son orateur et/ou aux sentiments des auditeurs, à leur *pathos*. Mais l'opinion publique ressemble au Petit prince : elle comprend les petites phrases des grandes personnes en fonction de ses préoccupations, celles d'une toute petite planète menacée par les baobabs.

Les politiques ont toujours tenté d'adapter leurs propos au *pathos* de leurs auditeurs – aux émotions collectives de leur auditoire – notamment en vue de se construire l'image qu'ils recherchent. Certains semblent poussés par un instinct puissant, tel Donald Trump, blessé lors d'une tentative d'assassinat en juillet 2024 et s'écriant « Fight, fight, fight ! » à l'adresse de ses auditeurs : « I knew the world was looking. I knew that history would judge this, and I knew I had to let them know we are OK[771]. » (Je savais que le monde nous regardait. Je savais que l'histoire jugerait et je savais que je devais lui dire que j'allais bien.)

L'adaptation au destinataire (ou *recipient design*) est une caractéristique de base, probablement innée[772], de la communication : quand on s'adresse à quelqu'un, on tient compte de ce qu'il peut comprendre du fait des connaissances qu'on partage déjà avec lui et l'on cherche à coordonner son cerveau avec le sien[773]. Le management moderne s'intéresse à la démarche du « leadership serviteur » (*servant leadership*), qui pourrait répondre aux problèmes du monde du travail moderne « tout en satisfaisant nos besoins d'appartenance de chasseurs-cueilleurs »[774], dans laquelle le leader est au service du groupe.

Sans doute est-il vital aussi pour le groupe de savoir qui est réellement son leader. Les petites phrases qu'on se répète entre soi en sont un moyen. Démarquant La Bruyère, on pourrait presque dire : la propagande peint les hommes politiques tels qu'ils devraient être, la petite phrase les peint tels qu'on croit qu'ils sont.

L'auteur principal d'une petite phrase, en vérité, est souvent le public qui s'en empare et lui donne son sens. Corrélativement, son objet principal est souvent son auteur supposé : non pas ce qu'il dit mais ce que la phrase dit de lui. On la commente par référence à l'orateur. La condamner ou l'approuver, c'est condamner ou approuver celui qui a parlé. Le *pathos* pourrait-il alors être une sorte de consigne délivrée par un groupe à un leader ? « MAGA n'appartient pas au président Trump », assure une opposante de ce dernier. « Bien qu'il ait inventé l'expression, MAGA appartient au peuple[775] ».

L'idée générale est ancienne, comme en témoignent l'adage latin « Vox populi, vox dei » et un certain nombre de petites phrases politiques (« Il faut bien que je les suive, puisque je suis leur chef » – Alexandre-Auguste Ledru-Rollin ; « Je *dois* suivre le peuple. Ne suis-je pas son chef[776] ? » – Benjamin Disraeli[a]). Des professionnels de la communication rejettent cette idée qui relativise leur service rendu. « La voix du peuple n'est que l'expression de l'esprit populaire, lui-même forgé pour le peuple par les leaders en qui il a confiance et par ceux qui savent manipuler l'opinion publique », affirme en 1928 Edward Bernays, l'un des fondateurs des relations publiques modernes[777]. Des travaux récents montrent néanmoins que, en situation de crise, le consensus sur la conduite à tenir peut naître d'abord chez les subordonnés et non chez le leader[778] ; les petites phrases pourraient ainsi intervenir dans un processus relationnel d'influence mutuelle[779].

---

[a] Cette formule largement citée semble pourtant absente des œuvres du Premier ministre britannique. Elle n'en serait que plus significative !

On en voit peut-être un exemple dans un discours majeur des États-Unis contemporains : celui de George W. Bush après le 11 septembre. « L'équipe [de rédacteurs] travailla sur un final qui serait tout Bush », relate D.T. Max, historiographe de ce discours resté connu par sa phrase centrale : « Freedom and fear are at war »[780] (voir l'encadré « George W. Bush et le 11 septembre » au chapitre 3). Mais si ce « tout Bush » répond bien à l'idée de Bernays, le politologue John M. Murphy explique autrement l'enthousiasme soulevé par ce discours : « Dans sa péroraison du 20 septembre, le président a établi une relation synecdochique avec le peuple. Le peuple et le leader ne faisaient plus qu'un dans la conclusion. (…) George W. Bush devenait l'Amérique incarnée[781]. » Le discours était à la fois « tout Bush » et tout le peuple américain.

La porte de la petite phrase s'ouvre de l'intérieur

Que l'auditoire puisse orienter le récit, on l'a compris au moins depuis Aristote : l'*ethos* se rapporte à la crédibilité du locuteur, le *logos* à la construction du discours, le *pathos* aux émotions des auditeurs, qui leur feront accepter ou non la thèse défendue par l'orateur. Or, une collectivité n'est pas un simple agrégat d'individus : elle partage des « vérités » subjectives qui lui sont propres et s'avèrent plus puissantes que les vérités individuelles. Gustave Le Bon a été l'un des premiers à le souligner : « Les déformations qu'une foule fait subir à un événement quelconque dont elle est témoin devraient, semble-t-il, être innombrables et de sens divers, puisque les individus qui la composent sont de tempéraments fort différents. Mais il n'en est rien. Par suite de la contagion, les déformations sont de même nature et de même sens pour tous les individus[782]. » Beaucoup de petites phrases en sont des exemples flagrants.

La capacité d'individus nombreux à agir ensemble, telle que la voit Aristote, découle de leur aptitude à partager une représentation mentale (*phantasma*) du but pratique de leur effort collectif, qui leur apparaîtrait désirable. La foule devient ainsi « un seul homme avec de nombreux pieds, de nombreuses mains et de nombreux sens »[783]. Le grégarisme, ou alignement d'un organisme sur les autres organismes d'un même groupe en termes de comportement, d'émotion et de cognition, est répandu chez l'homme comme dans le monde animal. La publicité en fait grand usage. Les humains parviennent à saisir les sentiments des autres et même à comprendre et anticiper les actions des autres, automatiquement, sans effort et même souvent sans s'en rendre compte[784]. Différents mécanismes nous aident à accorder nos comportements avec ceux de notre entourage[785] : mouvements synchronisés (applaudir en rythme, par exemple), contagion des émotions, répétition de certaines formules. Les expériences du psychologue Solomon Asch, dans les années 1950, ont montré à quel point on peut être influencé par les opinions des autres, y compris quand on les pressent objectivement fausses. On parle alors de « préjugé » et de « conformisme » avec souvent une connotation morale négative (le Système 2 de la pensée préjuge que le préjugé est mauvais, car illogique). Il y a aussi une mode des opinions, qui évolue. « On ne gagne pas une élection en 2022 avec des petites phrases des années 1990 ou du début des années 2000 », constate la macroniste Marlène Schiappa[786].

La puissance d'un discours tient à l'orateur *et* à l'auditoire. C'est pourquoi on organise des brigades d'acclamations. L'alignement avec les autres procure un plaisir dû à une sécrétion d'ocytocine[787], hormone à la fois de l'amour et du lien social. Il y a du bonheur dans le panurgisme. La technologie contemporaine permet de le constater. Elle favorise la constitution de communautés ou d'identités autour de récits différents, et même autour de versions différentes d'un même récit. Voire de résumés différents d'un même récit, comme les *hashtags* ou « mots-dièse ». Imaginés pour un autre usage, ils jouent désormais un rôle fédérateur autour d'événements d'actualité et certains d'entre eux évoquent par analogie des petites phrases[788]. On l'a vu par exemple en France avec #JeSuis-Charlie[789], #balancetonporc ou #pasdevague, en Europe avec #ThisIsACoup ou #BoycottGermany, aux États-Unis, avec #BlackLivesMatter ou #ICannotBreathe, qui reprend la dernière phrase de George Floyd, mort étouffé en 2020 sous le genou d'un policier. Ils sont aussi devenus des signes d'affiliation permettant de constituer des communautés avec une structure sociale lâche[790] et favorisent l'organisation des mouvements de contestation politique[791].

Les partages et autres retweets des réseaux sociaux provoquent une satisfaction évidente chez les participants. Ce n'est pas un hasard si le « J'aime » de Facebook s'appelle ainsi. Il relève de l'affectivité plus que de la logique et ne signifie souvent rien de plus que « nous sommes ensemble ». C'est la plus puissante des technologies addictives développées par les réseaux sociaux, estime Cal Newport. Le J'aime a rendu presque impossible de ne pas réagir à un message d'un ami. « Pour notre cerveau paléolithique, ignorer un message qui vient d'arriver, c'est comme snober un membre de la tribu qui cherche à attirer notre attention autour du foyer collectif : un faux pas social qui n'est pas sans risque »[792]. Les narrations sont un moyen essentiel pour transmettre les valeurs centrales d'une communauté[793].

Ainsi, dans la communication humaine, un cerveau est plus ou moins piloté par d'autres cerveaux. Les récits, souvenirs et idées d'un individu sont transmutés en signaux matériels – mots, sons, expressions faciales, gestes... – détectés par les récepteurs sensoriels d'un autre cerveau, qui provoquent une activité neuronale couplée à celle du premier. Les petites phrases pourraient n'être qu'une partie visible d'un vaste ensemble cognitif. L'IRM permet de constater *de visu* ce couplage[794] (qui ne fonctionne pas, *a contrario*, quand la communication est perturbée par l'emploi de mots absurdes, d'une langue étrangère ou autres brouillages)[795].

Le *pathos* est donc un sujet complexe. Comment et pourquoi un public s'empare-t-il de phrases brèves prononcées par un leader et les tient-il pour représentatives de sa personnalité ? Malgré les progrès des neurosciences, ce sujet reste en grande partie une *terra incognita*.

Les habits neufs de la sagesse des foules

On a beau se considérer comme un agent rationnel, on tend à surestimer ses propres connaissances sur toutes sortes de sujets. Heureusement, on peut compter sur l'« apprentissage social » et les « communautés de savoir », qui passionnent depuis des décennies les milieux de la formation, du management et des sciences cognitives. Face à un sujet complexe qu'on maîtrise mal, le changement climatique par exemple, on tend à fonder ses opinions sur des perceptions en partie déterminées par les connaissances d'autres personnes de son entourage[796]. Hériter des opinions de son groupe est plus facile que de les acquérir soi-même ; dès l'enfance, on sait à peu près qui détient le savoir dans différents domaines, et cette sensibilité s'affine chez l'adulte[797].

Les communautés de savoir pratiquent une division du travail cognitif sans laquelle il n'y aurait ni grandes réalisations ni grandes découvertes. Ce fonctionnement est si naturel qu'on n'en a généralement pas conscience. Il repose en partie sur des stéréotypes, ou représentations partagées au sein d'un groupe. Quels que puissent être leurs inconvénients (surtout pour ceux qui s'en estiment victimes), les stéréotypes reflètent la stratégie cognitive générale de l'humanité : affronter la complexité grâce à des raccourcis. Pour parvenir à une conclusion, on ne chercherait pas à acquérir plus d'informations mais à mieux cerner les croyances et les attitudes de son groupe. (On apprend plus en observant son propre groupe qu'en observant un groupe extérieur[798].)

Et les informations obtenues d'un groupe servent moins à établir une vérité qu'à soutenir une conviction collective[799]. Le Big Data exploite la même logique. Seth Stephens-Davidowitz, étudiant les indices qui circulent sur l'internet, y repère des savoirs communs de petits groupes, ce qui revient, dit-il, à trouver des aiguilles dans un tas de foin de plus en plus gros[800]. Parmi ces aiguilles figurent sans doute, dans le domaine politique, les petites phrases circulant au sein des groupes. Corrélativement, les efforts de persuasion délibérés ne produisent presque jamais de changement. Une argumentation logique ne parvient pas à inverser une opinion politique enracinée dans un groupe. Hormis les « conversions » liées à des rencontres individuelles, les gens évoluent normalement parce que leur communauté dans son ensemble adopte une nouvelle position et non parce qu'ils sont persuadés individuellement.

« Une grande partie de nos connaissances est hébergée par d'autres, de sorte que ce que nous croyons dépend largement de ceux à qui nous faisons confiance », soulignent Sloman et Rabb[801]. Maintes fois agitée depuis Aristote, l'idée d'une « sagesse des foules » a été développée au début de ce siècle par James Surowiecki[802]. La sagesse d'une foule reposerait sur sa diversité. Les erreurs non corrélées d'individus statistiquement indépendants se compenseraient. Cependant, les recherches expérimentales montrent plutôt l'inverse : les échanges sociaux d'information augmentent l'exactitude au sein de réseaux homogènes[803]. Il se peut que la sélection naturelle ait favorisé des mécanismes qui évitent aux groupes de trop se tromper si leur survie en dépend. Ce qui n'empêche pas qu'une communauté entière puisse penser à tort comprendre une narration[804].

Non seulement le groupe détermine les opinions mais il semble avoir priorité sur elles. Selon le concept de « cognition protectrice de l'identité » proposé par Dan Kahan, des individus culturellement divers tendent à accepter ou rejeter des observations en fonction des croyances prédominantes dans leur groupe, non par préjugé mais

simplement pour préserver l'existence du groupe. Ils sont plus dis-
posés à accepter la désinformation quand celle-ci renforce leur
identité au lieu de la menacer[805]. Ainsi, les positions politiques des
citoyens suivraient leurs affiliations au lieu de les précéder. Ce que
tend à confirmer, d'ailleurs, la fréquence des formules du genre
« J'ai toujours été gaulliste » ou « Je suis tombé dans le socialisme
quand j'étais petit ».

Un savoir commun, c'est ce qui vient après « Tout le monde sait
que… ». Quant à savoir ce que l'autre *sait*, cependant, ce n'est pas
si simple. On le détermine d'après de nombreux indices, en particulier des « phrases sans texte » comme les formules consacrées
des liturgies religieuses. Des groupes particulièrement soudés
comme les associations de soutien – anti-addictions, entraide de parents d'enfants handicapés, etc. – font grand usage de slogans, dictons, maximes et apophtegmes. La répétition de ces formules ne
sert pas seulement à diffuser et mémoriser des consignes et informations, elle contribue à instaurer une solidarité entre les participants[806].

Les humains se calent sur des indices de savoirs communs pour ra-
tifier ou faire évoluer leurs relations ; c'est pourquoi nous sommes
obsédés par « la publicité, l'intimité, la saillance, le secret, le scandale, la honte, l'hypocrisie, la discrétion et le tabou » [807]. Tous les
courtisans voient bien que le monarque est nu, raconte Hans Christian Andersen dans *Les Habits neufs de l'empereur*, mais aucun
n'est sûr de ce que les autres voient. Jusqu'au moment où l'exclamation d'un enfant en fait un savoir commun : « Le roi est nu ! »
Cette petite phrase modifie à elle seule les relations sociales au sein
du groupe ; les rires éclatent alors. Le nombre de références à cette
scène dans la littérature (des dizaines de livres portent même un
titre construit sur le modèle *X's New Clothes* ou *Les Habits neufs
de X* : *du président Mao, de la concurrence, du Père Noël, de la
politique mondiale, de la droite, du management, de la terreur, de*

l'antisémitisme…) montre qu'Andersen a mis le doigt sur un phénomène majeur.

Bien des théoriciens de la politique nourrissent quelquefois des préventions contre la notion d'opinion publique. « La plupart des sujets de débat public supposent des arbitrages compliqués qu'il est difficile d'exprimer sous forme de petites phrases pour un public qui ne s'en soucie guère », remarque James Fishkin, professeur de communication internationale à Stanford University[808]. Pourquoi, alors, écouter le peuple comme y prétend tout gouvernement démocratique ? Peut-être parce que « Le roi est nu » et « Vous n'avez pas le monopole du cœur » racontent au fond la même histoire : le rôle du peuple n'est pas de choisir des solutions mais de choisir des leaders.

La viralité des petites phrases sur les réseaux sociaux dénote leur importance en tant qu'indices de savoir commun. « Nous cueillons nos idées et nos croyances chez d'autres cerveaux auxquels nous sommes connectés – montre-moi tes amis et je te dirai qui tu es – et chez les médias sociaux que nous consommons », assure Uri Hasson, professeur de neurosciences à Princeton [809]. Comme les rires qui viennent après « le roi est nu », partager ou retweeter « les Gaulois réfractaires » ou « le pognon dingue » permet de s'assurer que les autres reconnaissent aussi Emmanuel Macron comme un président qui manque d'empathie. Cela dit, s'il est bon qu'il y ait un enfant pour dire que le roi est nu, un Molière pour se moquer des courtisans, un bouffon pour dénoncer les travers des puissants, il n'est peut-être pas si bon qu'un président endosse ce rôle lui-même.

Biologie de la viralité

Ce fonctionnement social inconscient du cerveau a commencé à s'éclairer avec la découverte du « mode par défaut » – ce que notre cerveau fait quand il n'a rien d'autre à faire[810]. Il est décrit pour la première fois en 2001 par le neurologue américain Marcus

Raichle[811] dans un article jugé si important que l'Académie des sciences américaine l'a rangé parmi la petite trentaine de « Classics » qui ont marqué leur discipline[812]. Il y voisine avec la première présentation de la structure de l'ADN par Linus Pauling *et al.* en 1951, de l'équilibre général par Gérard Debreu en 1952 ou du virus du sida par Robert Gallo *et al.* en 1980.

Dans les dernières années du 20e siècle, des chercheurs constatent avec surprise que le cerveau, quand il semble au repos, consomme de l'énergie. Beaucoup d'énergie, même. On découvre ainsi qu'un cerveau apparemment désœuvré est néanmoins actif. Quand il n'est pas occupé à des tâches cognitives particulières, il travaille à autre chose « par défaut ». Certaines de ses régions s'activent automatiquement. Ces régions cérébrales interconnectées (précunéus, cortex cingulaire postérieur, cortex préfrontal médian, etc.) forment le « réseau du mode par défaut », ou DMN (pour *default mode network*)[813a].

L'énorme dépense énergétique du DMN s'explique par l'importance de sa tâche : le mode par défaut nous prépare inconsciemment à voir à travers l'esprit des autres[814] et à partager avec eux notre idée du monde[815]. Certaines de ses fonctions restent mal connues mais on sait qu'il nous permet de déchiffrer le monde social comme un monde d'intentions, de concevoir les autres comme des esprits et pas seulement comme des organismes, de nous souvenir d'épisodes passés et de simuler des épisodes futurs, de rapprocher rapidement des informations extrinsèques et des idées intrinsèques déjà

---

a Plus récemment, on en est venu à distinguer d'autres réseaux dans le cerveau, notamment le TPN (« *task-positive network* »), orienté vers la résolution de problèmes, la prise de décision et le contrôle de l'action. DMN et TPN s'inhibent mutuellement (voir Richard E. Boyatzis, Kylie Rochford et Anthony I. Jack, « Antagonistic neural networks underlying differentiated leadership roles », *Frontiers in Human Neuroscience*, 4 mars 2014, https://doi.org/10.3389/fnhum.2014.00114).

présentes en mémoire[816], de traiter des informations sémantiques[817]. Car, pour coordonner ses activités afin d'en tirer un avantage mutuel, notre espèce a besoin d'une connaissance commune : savoir ce que les autres savent, savoir ce qu'ils savent qu'on sait, etc.

L'une des régions cérébrales du DMN est une structure de quelques grammes profondément enfouie dans le cerveau, l'hippocampe. Celui-ci passionne les chercheurs au point qu'un journal scientifique (*Hippocampus*) lui est entièrement dédié. L'hippocampe joue un rôle capital dans la mémorisation. Il a pour rôles, entre autres, de « rejouer » des scènes vécues[818] et d'imaginer l'avenir à partir d'expériences passées[819]. L'imagerie cérébrale révèle aussi qu'il intervient aussi dans la communication verbale[820] et qu'il gère des savoirs sémantiques concernant les personnages célèbres – leur personnalité, leurs occupations, leurs relations[821] – autrement dit leur *ethos*.

Coûteux en énergie, le DMN est désactivé dès que le cerveau se mobilise sur une tâche cognitive. Si l'empathie c'est-à-dire la faculté de « se mettre à la place des autres », de saisir leurs émotions et leurs sentiments sans même qu'ils soient explicités, était une tâche cognitive consciente, un énarque à la tête bien faite la maîtriserait aisément. Or elle fait appel au DMN, qui fonctionne quand on ne réfléchit pas. Si un président « manque d'empathie »[822], serait-ce parce qu'il réfléchit trop ?

Les narrations faisant intervenir les valeurs importantes d'une communauté activent les régions du DMN[823]. Les réactions constatées par imagerie semblent déterminées non par les paroles entendues elles-mêmes mais par l'interprétation de la narration. Plus l'interprétation des événements sociaux est similaire chez deux individus, plus leurs réactions neuronales sont similaires dans les régions du DMN[824]. Les récits porteurs d'émotions négatives, en particulier, synchroniseraient efficacement les pensées des individus ; la

« viralité » de ces récits aurait donc une base biologique[825]. Il est tentant de penser que les petites phrases fréquentent ces régions à un moment de leur vie.

Il ne semble pas que des recherches aient été entreprises à ce jour sur ce thème spécifique. Certains travaux s'en rapprochent pourtant. Par exemple, il a été constaté que des récits et rituels similaires établissent des croyances conceptuelles similaires parmi les membres d'une société[826]. Et que, face à la contestation d'idées politiques ou religieuses, les zones du DMN s'activent pour défendre les opinions profondes en rapport avec l'identité sociale[827]. Dans l'expérience qui l'a démontré, les « opinions » étaient exprimées sous forme de phrases courtes – pas vraiment des petites phrases, mais…

Alors que le *logos* est essentiellement dû au locuteur et marginalement aux auditeurs, et que l'*ethos* provient de l'un comme des autres, on pourrait imaginer que le *pathos* est entièrement dû au public. Ce n'est sûrement pas le cas. Des recherches ont montré que, dans les contacts sociaux, jusqu'à 40 % des résultats sont dus à des signaux sociaux non verbaux. Les locuteurs les plus convaincants sont ceux dont les signaux sociaux sont alignés avec ceux de leurs interlocuteurs[828]. Ce qui n'en rend que plus délicate l'analyse des petites phrases.

L'univers des sous-entendus

« Le débat public constitue la forme la plus achevée du secret », assure Laurent Pernot[829]. L'essentiel du discours politique est caché. Les petites phrases sont l'une de ses cachettes favorites. Leur langage est peu conceptuel, l'abstraction y est rare – pourtant, le concret y est souvent très immatériel. Elles forment un univers de sous-entendus. Plus une petite phrase est riche en sous-entendus, plus elle a de chances de marquer les esprits : ils accentuent la connivence entre ceux qui les comprennent tout en contribuant à exclure les autres.

En particulier, comme on l'a vu au chapitre 5, beaucoup de petites phrases reposent sur une métaphore, compréhensible seulement des gens partageant une même culture. C'est le cas par exemple des quatre déclarations d'Emmanuel Macron auxquelles on a imputé la fureur des Gilets jaunes. Un « Gaulois réfractaire » n'est pas un Celte qui échappe au STO. « Je traverse la rue » peut amener dans une autre ville. Le « pognon dingue » sort des caisses de l'État et non d'un asile d'aliénés. Les « gens qui ne sont rien » sont quand même quelqu'un. Dans le palmarès fourni d'Emmanuel Macron figurent aussi « le traité de Versailles de la zone euro », « les premiers de cordée », « l'Otan est en état de mort cérébrale », « le kamasutra de l'ensauvagement » ou « une nation de 66 millions de procureurs ».

Le caractère de langage secret des petites phrases n'est nulle part aussi évident que dans celles des souverains britanniques et des banquiers centraux. La fixation des taux d'intérêt confère à ces derniers un pouvoir politico-économique considérable mais ils cherchent plutôt le montrer pour ne pas avoir à l'utiliser. Leur parole est *performative*. Pour orienter les comportements des acteurs économique, le président de la Réserve fédérale américaine (la « Fed »), le financier le plus puissant du monde, livre des messages à l'aide d'une sorte de langage codé surnommé *Fedspeak*, fait d'allusions compréhensibles uniquement d'un petit nombre d'initiés, et encore… « Si je vous semble clair, c'est probablement que je me suis mal exprimé », plaisante Alan Greenspan (1987-2006), patron de la Federal Reserve américaine. Quand son successeur Jerome Powell déclare en 2019 : « il existe un risque que l'inflation reste faible encore plus longtemps que nous ne le prévoyons actuellement » (There is a risk that weak inflation will be even more persistent than we currently anticipate), les banquiers du monde entier croient entendre l'annonce de taux bas. L'indice S&P500 bondit de 0,6 %, les actionnaires gagnent des milliards de dollars en quelques secondes. « Les marchés financiers accros aux petites phrases », titrait un jour *Les Échos*[830]. Petites sont les phrases, grande est leur valeur financière.

En général moins ésotériques, les métaphores des hommes politiques peuvent néanmoins être fleuries :

- « Alea jacta est » − Jules César
- « Les Français sont des veaux » − Charles de Gaulle
- « Vous n'avez pas le monopole du cœur » − Valéry Giscard d'Estaing
- « Je reste droit dans mes bottes » − Alain Juppé
- « Tout le monde qui se ressemble aligné comme des petits pois, la même couleur, même gabarit, même absence de saveur » − Nicolas Sarkozy, à propos des magistrats
- « Les sans-dents » − François Hollande, à propos des pauvres
- « Nous sommes en guerre » − Emmanuel Macron (voir encadré « Les occasions manquées d'Emmanuel Macron »)
- « L'ours russe ne va pas essayer de passer en force en enfonçant la porte » − Boris Eltsine
- « J'ai entendu des résidents de Crimée dire qu'en 1991, ils ont été abandonnés comme un sac de pommes de terre − Vladimir Poutine

Moins fréquentes, les antiphrases, c'est-à-dire les phrases signifiant par ironie le contraire de ce qu'elles semblent dire à première vue, se rencontrent aussi :

- « Vous avez tout à fait raison, M. le Premier ministre » − Mitterrand
- « Bonne nuit les petits, faites de beaux rêves » − Raymond Barre

- « Ils violent des femmes, c'est pas grave, ils veulent étendre leur emprise, c'est pas grave », etc. – Bruno Le Maire
- « Vous êtes gentils » – Emmanuel Macron, ajoutant : « mais tant que vous avez des vaccins dans les frigos, je ne reconfinerai pas les gens »

Il peut aussi arriver que le public, par accident ou par ironie, considère une petite phrase comme une antiphrase. Ainsi quand François Hollande assure « Ça va mieux », certains reprennent cette affirmation dans le sens de « Ça va moins bien ». Le risque est bien sûr qu'une antiphrase soit prise au premier degré. Déjeunant avec des parlementaires en 2009, le président Sarkozy lâche à propos du chef du gouvernement espagnol, José Luis Zapatero : « Il n'est peut-être pas très intelligent ». La formule est destinée à introduire la suite : « Moi, j'en connais qui étaient très intelligents et qui n'ont pas été au second tour de la présidentielle ». Sous-entendu : Zapatero, lui, gagne les élections. Mais, détachée et rapportée, la petite phrase menace de déclencher une crise diplomatique[831] !

Les sous-entendus prennent aussi la forme de questions rhétoriques. Ces fausses questions sont particulièrement utiles en cas de règlements de comptes entre amis. Elles évitent d'expliciter les sujets conflictuels et/ou de désigner nommément une cible : faire « deviner » par ses auditeurs qui l'on vise rend l'attaque encore plus forte. Laurent Wauquiez, qui « manie avec brio la petite phrase assassine »[832], est adepte de cette technique. En 2012, il soutient François Fillon, candidat à la présidence de l'UMP face à Jean-François Copé. Celui-ci raconte qu'un collégien de sa circonscription s'est fait arracher son pain au chocolat par des voyous qui lui interdisent de manger pendant le ramadan. Wauquiez demande : « Dans un pays qui a trois millions de chômeurs, est-ce que le problème est de parler de pains au chocolat ? »

Mais la plus représentative de ces petites phrases déguisées en questions est sans doute celle de François Fillon, déjà évoquée plus haut : « Qui imagine le général de Gaulle mis en examen ? ». Bien qu'il évite de nommer le président dont il a été le Premier ministre pendant des années, son auditoire entend le sous-entendu haut et clair.

Comme toutes les figures de style pas forcément comprises de tous sans équivoque – litote, euphémisme, hyperbole... – les questions rhétoriques comportent le risque d'être prises au premier degré. Un orateur qui n'est pas certain que le fond de sa pensée sera compris sans erreur a saus doute intérêt à s'abstenir ; mais cela signifie aussi qu'il n'est pas certain de partager la culture de son public. Le public risque alors de lui imposer la sienne. C'est ce qui arrive à Emmanuel Macron au début de son mandat : les Français suppléent un dirigeant peu audible en lui faisant des petites phrases. Elles racontent qu'au lieu de se reconnaître en lui, une fraction importante du peuple se reconnaît plutôt contre lui. On ne prive pas impunément le peuple de petites phrases.

Épilogue : la griffe
des chefs et
la stèle des grands

À la fin, nous rendrons littéralement
impossible le crime par la pensée,
car il n'y aura plus de mots
pour l'exprimer.
George Orwell, *1984*

D'un ossement, Cuvier déduisait tout un animal, voire une espèce
entière. D'un signe ausculté, Laennec déduisait un état de santé.
Prétendre remonter des petites phrases jusqu'à une théorie du pouvoir politique serait excessif. Mais ce livre tout entier tend à montrer qu'il reste beaucoup à apprendre sur elles, et à apprendre
d'elles.

Elles contribuent indubitablement à la désignation des leaders.
Chez les espèces sociales, les individus dominants se font connaître
à l'aide de moyens spécifiques : cornes, crocs, griffes, ergots, jabot,
cris, crête, voire cou chez les girafes (en général, le mâle au cou le
plus long domine l'autre)… Celui de l'homme devrait être naturellement son arme propre : la parole – sans utilité en dehors de l'espèce humaine, hormis chez Tarzan, dont le vocabulaire limité est

suffisant pour édicter la loi de la jungle par d'énergiques modulations ; Kipling n'écrit pas pour ne rien dire.

De nombreuses métaphores animales sont associées aux politiciens : grands fauves, jeunes loups, petits coqs... – et jusqu'aux « pudeurs de gazelle » moquées par Jean-Luc Mélenchon. Les métaphores associées aux petites phrases, pareillement, sont souvent inspirées par des comportements de leadership du monde animal : rabattre son caquet, montrer les crocs, sortir ses griffes, clouer le bec, donner un coup de patte, hérisser le poil, marcher sur les pieds... Et, pour celui qui n'a pas le dessus : s'aplatir, faire profil bas, courber l'échine, partir la queue basse...

Des dirigeants tels Emmanuel Macron ou Nicolas Sarkozy se présentent volontiers comme des « mâles alpha »[833]. « Je ne suis pas venu pour guider des agneaux mais pour réveiller des lions ! », proclame Javier Milei, élu président de l'Argentine en 2023. Dans un chant « à la limite du rugissement », il proclame aussi : « Je suis le roi, je suis le lion[834]. » Les relations entre le président Hollande et son Premier ministre Valls étaient tendues. L'un de leurs ministres observe : « C'est comme une espèce de bras de fer permanent entre deux tigres qui savent que si l'attaque est lancée, ils peuvent se faire très mal mutuellement[835] ». Ces expressions ne sont pas anodines puisque les métaphores activent les régions du cerveau correspondant au geste qu'elles évoquent[836].

Dans le monde animal, il suffit souvent de montrer ses moyens de conquête du pouvoir pour ne pas avoir à s'en servir. S'il faut s'en servir, l'objectif est en général d'éviter de « se faire très mal mutuellement » tout en se faisant assez mal quand même pour que l'un des protagonistes sente vraiment qu'il a le dessous - et que l'ensemble de la harde, de la meute ou du troupeau le voie bien. Les coups portés par les petites phrases sont souvent indirects ou allusifs. « Vous n'avez pas le monopole du cœur » en reste un excellent exemple. À défaut de tuer, elles peuvent ruiner des carrières.

Les petites phrases contribuent aussi à l'exercice du leadership. La science-fiction imagine des dictatures où des puces implantées dans le cerveau imposeraient la voix du leader. Toutes proportions gardées, elles existent déjà : ce sont les petites phrases. En se les répétant, en hochant la tête à leur évocation, un groupe vérifie qu'il est bien sur la même longueur d'onde et poursuit la construction de son identité. La déclaration est comprise de tous dans le contexte d'une culture spécifique. Il faut posséder le code pour comprendre les sous-entendus des petites phrases. Enfin, on l'a vu au chapitre 3, les petites phrases prolongent le souvenir des leaders.

Conscients des limites du raisonnement logique dans la formation des choix électoraux, des chercheurs en sciences politiques s'intéressent à d'autres facteurs : *fake news*, préférences partisanes, fréquentation de leaders étrangers[837], influence informationnelle ou *informational social influence* (ISI)[838], etc. Peu s'intéressent spécifiquement au rôle des petites phrases, affaire de résonance plus que de raisonnement. Une discipline nouvelle reste à constituer, au croisement des sciences du langage, des sciences politiques et des sciences cognitives. Au pied de son berceau, nous déposons la définition avancée au chapitre 1, fondée sur la composition d'un *logos*, d'un *ethos* et d'un *pathos* :

**une formule concise,
attribuée à un personnage connu,
qui marque un public**

Annexe : Brève histoire de la locution « petite phrase »

Repérée par les experts du langage au 20ᵉ siècle, la locution « petite phrase » n'est pas totalement absente des siècles précédents. Au 19ᵉ siècle, elle appartient surtout au domaine musical. Cependant, Victor Hugo l'emploie de manière fort contemporaine dans sa préface au texte de la pièce *Le Roi s'amuse* : le lendemain de la Première, le 22 novembre 1832, la Comédie-Française reçoit « l'ordre de ne plus offrir une seule fois à la curiosité du public la petite phrase séditieuse : *le Roi s'amuse*[839]. » Autrement dit, il y a dans ces trois mots un sous-entendu inacceptable.

Balzac, Désiré Nisard[840], Alfred Delvau[841], Christian Pfister[842] l'utilisent aussi occasionnellement. On la trouve plusieurs fois, employée comme une locution, chez le critique littéraire Rémy de Gourmont. « Le style de Mallarmé, écrit-il par exemple, doit précisément son obscurité, parfois réelle, à l'absence quasi totale de clichés, de ces petites phrases ou locutions ou mots accouplés que tout le monde comprend dans un sens abstrait, c'est-à-dire unique »[843]. On note le paradoxe : l'obscurité de Mallarmé serait due à l'absence de petites phrases, lesquelles ne sont pourtant pas explicites ! Elles sont néanmoins éclairantes parce que « tout le monde » les comprend : la petite phrase suppose un public relativement homogène.

Au tournant du 20ème siècle, l'expression « petite phrase » prend son essor. Le Ngram Viewer de Google révèle que sa fréquence progresse globalement tout au long du 20e siècle dans les livres en français. Et elle est de plus en plus employée au pluriel : la petite phrase devient une *catégorie*. On note deux périodes d'accélération : au singulier (« petite phrase ») dans les années 1910, au singulier et au pluriel à partir des années 1970.

L'origine de la première ne fait guère de doute : elle est due à Marcel Proust et à la parution de *Du côté de chez Swann* (1913). La « petite phrase » désigne alors un passage d'une œuvre musicale imaginaire, la sonate de Vinteuil. Elle est musicale. Pas exclusivement, pourtant, comme le révèle ce commentaire de Swann dans *À l'ombre des jeunes filles en fleurs* : « Mais dans la petite phrase de Vinteuil, et du reste dans toute la Sonate, ce n'est pas cela, cela se passe au Bois, dans le gruppetto on entend distinctement la voix de quelqu'un qui dit : "On pourrait presque lire son journal." » Surtout, la petite phrase musicale de Proust a quelque chose en commun avec les petites phrases littéraires et politiques qui suivront : un implicite, un sous-entendu. Ce qu'elle a de remarquable pour l'écrivain n'est pas la beauté de son thème musical mais le fait qu'elle symbolise l'amour de Charles Swann et d'Odette de Crécy. Elle n'est pas une suite de sons bien agencés mais l'expression non verbale d'un sentiment abondant et partagé, pas du tout anecdotique pour eux, l'*air national* de leur amour. Ce n'est pas tant un morceau de musique qu'un morceau de mémoire. C'est ce concept qui séduit les lecteurs, et non une séquence musicale qu'aucun d'eux n'entendra jamais. Il est d'autant mieux mémorisé qu'on le retrouve dans d'autres volumes de *La Recherche*. Toute la France cultivée connaît la petite phrase de Vinteuil. Elle marque les esprits ! Et cela d'autant plus que Proust lui associe l'histoire du papier japonais qui, trempé dans l'eau, reprend une forme qu'on ne lui voyait plus, révélant un univers caché. La petite phrase, qui contient plus qu'elle-même (elle est « concise ») fonctionne de la même manière en s'adressant à un sentiment latent chez son public.

Mais le premier écrivain à utiliser couramment la locution « petite phrase » est en réalité Maurice Leblanc (1864-1941), le père du gentleman cambrioleur Arsène Lupin. Il y a beaucoup de « phrases » dans ses romans. Elles signalent souvent des tournants du récit. La manière dont elles sont prononcées les rend saillantes : « jetée négligemment », « sur un ton si railleur et si désespéré », « en frappant du poing », « comme un avertissement », « d'un ton sec »… Les adjectifs qui leur sont accolés sont expressifs : inachevée, incompréhensible, inconcevable, bizarre, terrible, énorme, burlesque, bête, impitoyable, obsédante, ambiguë… À côté de ceux-ci, on pourrait imaginer que l'adjectif « petite » s'applique à une phrase anodine. Or c'est tout le contraire. Les petites phrases de Maurice Leblanc, lourdes de sous-entendus et prononcées par des personnages importants de ses récits, constituent à elles seules des rebondissements romanesques. En voici trois exemples :

- « La petite phrase, si terrible en sa concision, sépara net les deux adversaires. » (*La Frontière*)
- « Il paraissait avoir dit la petite phrase comme un avertissement banal que l'on donne sans presque y songer. Une sorte de stupeur cependant avait suivi l'étrange petite phrase imprévue, une stupeur qui paralysait les deux adversaires. » (*Le Triangle d'or*)
- « La petite phrase qui constituait l'aveu le plus formel et le plus terrible se prolongea dans un silence effrayant, comme un écho qui répéterait, syllabe par syllabe, un message de mort et de deuil. » (*Le Pardessus d'Arsène Lupin*).

Puis l'usage littéraire de la locution va croissant, sous la plume de Paul Bourget, François Mauriac, Simone de Beauvoir, Jean Cocteau[844]… Au milieu du 20e siècle, elle commence à s'insérer dans le domaine politique. En 1944, l'historien Henri Hauser qualifie de petite phrase la célèbre formule de Montaigne : « Et au plus élevé trône du monde, ne sommes assis que sur notre cul[845]. » En 1952, *Le Monde* évoque à la Une un incident « éclipsé aujourd'hui par la petite phrase contenue dans le discours prononcé hier par M. Churchill devant le Congrès »[846].

La deuxième accélération révélée par la courbe du Ngram Viewer commence dans les années 1960. Cette fois, elle concerne clairement la politique. En 1968, Georges Lavau, professeur à Sciences Po, évoque « la dramatisation autour des "petites phrases" ou des propos prêtés au chef de l'État »[847]. La « petite phrase » désigne souvent les échanges à fleurets mouchetés de la vie politique dans les premières années de la Vᵉ République. « Pompidou cherche à tirer le meilleur effet de la "petite phrase" », note par exemple Jean Poperen, l'un des dirigeants du parti socialiste d'alors[848]. Au singulier ou au pluriel, l'expression figure six fois dans *Le Duel : de Gaulle-Pompidou* de Philippe Alexandre (1970), un succès de librairie qui a sans doute contribué à l'imposer. Elle devient courante dans le quotidien de référence qu'est alors *Le Monde* et s'y attache à des leaders de premier plan, comme dans les exemples ci-dessous :

- « Et puis, que pouvait bien signifier la petite phrase présidentielle de la veille sur l'article 16 qui pourrait être appliqué derechef "dans toute son étendue possible" ? » – Raymond Barrillon, 5 octobre 1961[849].

- « Les exégètes ne manqueront pas de déceler dans l'allocution de mardi suffisamment de "petites phrases" pour nourrir leurs commentaires. » – François-Henri de Virieu, 9 mai 1968[850].

- « "Finalement, je peux vous dire, conclut M. Giscard d'Estaing, qu'il n'y aura pas de petite phrase de plus succédant à la petite phrase de M. Pompidou à Rome. Il était naturel que M. Pompidou pense ce qu'il a pensé et il était seul juge de l'opportunité de le dire." » – Roland Delcour, 8 février 1969[851].

Les sous-entendus des petites phrases suscitent même quelque alarme. Peu avant les événements de mai 68, une déclaration commune du PCF et de la FGDS évoque « les mesures à prendre pour faire échec aux tentatives de toute nature visant à empêcher un gouvernement de gauche de mettre en œuvre son programme. » Jacques Fauvet, rédacteur en chef du *Monde*, s'inquiète de cette petite phrase. Ses collaborateurs André Laurens et Thierry Pfister ajoutent : « M. Pompidou se saisit de la "petite phrase" et y voit le germe de la dictature dans un "programme d'anarchie"[852]. »

La locution pénètre aussi la presse régionale. Les archives du groupe *Ouest-France* en révèlent de nombreuses occurrences[853], par exemple :

- « Une "petite phrase" de M. Debré : "Pourquoi pas une coopération avec l'industrie aéronautique soviétique" » - 26 mai 1971
- « Tout cela, M. Pompidou l'a résumé dans une petite phrase : "L'Europe doit affirmer sa personnalité face aux États-Unis." » - 10 février 1972
- « La "petite phrase" du président Nixon : "Nous allons mettre fin à la guerre sans trahir nos alliés." » - 29 septembre 1972

À cette époque, les déclarations tapageuses de Georges Séguy, leader de la CGT, sont fréquemment qualifiées de « petites phrases », avec une vedette incontestable prononcée le 13 septembre 1969, lors d'un meeting à la Mutualité : « L'anémie politique caractérise le début d'un septennat qui pourrait bien être de courte durée ». Dans une rétrospective publiée le 31 décembre suivant, *Ouest-France* y voit un jalon majeur de l'année 1969 : « Le 13 septembre, c'est la "petite phrase" devenue historique du secrétaire général de la C.G.T. » Son sous-entendu putschiste lui vaut un grand retentissement. Georges Séguy lui-même confirme plus tard qu'il était intentionnel : « il s'agissait (…) de faire comprendre aux travailleurs que, en dehors des élections, il pouvait se produire des situations politiques susceptibles de faire évoluer et de précipiter les événements[854]. »

En décembre 1973 paraît dans *Le Monde* un article de Georges Vedel intitulé « Encore une petite phrase… »[855] Le célèbre juriste y commente une décision récente du Conseil constitutionnel[856]. L'air de ne pas y toucher (« même pas une phrase, une incidente »), le Conseil a répondu incidemment et implicitement à une question importante qui ne lui était pas posée (une peine d'emprisonnement peut-elle être instaurée par décret ?). L'article, le concept et la démarche du Conseil constitutionnel sont très remarqués dans les milieux politiques, juridiques et médiatiques de l'époque. L'intérêt déborde sur la locution elle-même. « Depuis quelque temps, après M. Pompidou et M. Brejnev, les petites phrases ont dans la vie politique une certaine importance », note un élu, Jacques Henriet, à la tribune du Sénat, quelques jours plus tard[857].

En 1977, les négociations du Programme commun de la gauche achoppent un temps sur une disposition alors qualifiée de « petite phrase ». C'est aussi l'année de « Liliane, fais les valises », plus tard qualifié assez classiquement de petite phrase. Depuis lors, l'usage n'a fait que croître. Aujourd'hui, Google en signale quotidiennement plusieurs occurrences.

Index

abstrait, 179
Académie française, 24, 26, 33, 34
accent étranger, 259
acclamations, 24, 263
adage, 8, 21, 55, 112
adaptation au destinataire, 260
adhésion, 206
affectivité, 264
AFP, 52, 53, 128, 192
agences de presse, 52
agressivité, 220
Alduy, Cécile, 60, 61
Alexandre le Grand, 202
Alexandre, Philippe, 284
Allègre, Claude, 141
allusion, 61, 194, 272
Al-Matary, Sarah, 57, 190
Amar, Akhil Reed, 15
Amaury, Arnaud, 201
analyse du discours, 22
anaphore, 132, 157, 203, 229, 230
Andersen, Hans Christian, 267
animateurs, 52
Antenne 2, 20
anticipation, 263
antiphrase, 273
Antiquité, 87, 118, 134, 209, 223, 255
aphorisme, 21, 28, 112
apophtegme, 167, 235, 267
appartenance, 81, 260
applaudissements, 263
apprentissage social, 265
arbitrage, 268
argumentation, 56, 143, 189, 266
arguments moraux, 233
Ariely, Dan, 173
Aristote, 30, 32, 179, 189, 217, 218,
    259, 262, 266
Arsène Lupin, 283
Asch, Solomon, 263
Attal, Gabriel, 73, 246

Attali, Jacques, 79
attentat, 100, 102
attention sélective, 173
attitudes, 265
attribution, 218
Aubry, Martine, 68, 92, 114, 228
auditeurs, 19, 24, 26, 27, 29, 30, 40,
    61, 97, 117, 143, 144, 145, 157,
    175, 177, 186, 200, 227, 248, 256,
    259, 260, 271, 274
    émotions des, 262
auditoire, 26, 84, 218, 255
auteur, 27, 29, 44, 61, 217, 221, 261
autodérision, 165, 208
autorisation, 195
avares cognitifs, 172
aversion aux pertes, 174
Ayrault, Jean-Marc, 66, 165, 238
Azéma, Pierre, 211
Bachelot, Roselyne, 195
Badinter, Robert, 215
baiser de Judas, 94
Baker, James, 45
balancement, 209
Balladur, Édouard, 236, 237, 253
Balzac, Honoré de, 13, 281
banalisation, 193
banquiers centraux, 272
Barbier, Christophe, 154
Bardella, Jordan, 66, 76, 193
Barère, Bertrand, 35, 87
Barnave, Antoine, 87
Barnier, Michel, 67, 81, 97
Barre, Raymond, 165, 200, 209, 273
Barrès, Maurice, 207
Barrillon, Raymond, 284
Barthes, Roland, 208, 243
Bartolone, Claude, 68, 154, 192
Basse, Pierre-Louis, 211
Batho, Delphine, 93
Bayou, Julien, 81

Bayrou, François, 128, 155, 199, 247
Beauvoir, Simone de, 283
Bell, David A., 182
Bellamy, François-Xavier, 66, 71, 76, 160
Benhamou, Laurence, 20
Bergson, Henri, 206, 207
Berlusconi, Silvio, 225, 226
Bernays, Edward, 261, 262
Bertrand, Xavier, 71
besoin mémoriel, 117
biais cognitif, 146, 173
biais de cadrage, 128
Bible, 39
Biden, Joe, 85, 88, 92, 139, 140, 197
bidenisms, 140
Big Data, 266
biographies, 58, 121
Bloch, Marc, 229
Bocquet, Pierre-Yves, 211
Boileau, Nicolas, 118
Borne, Élisabeth, 96, 210, 232, 233
Bossuet, Jacques-Bénigne, 217
bouc émissaire, 164
Bouleau, Gilles, 85
Bourdin, Jean-Jacques, 51, 145
Bourget, Paul, 283
Bové, José, 47, 195
Brasart, Patrick, 119, 143
Braudel, Fernand, 57
Brecht, Bertolt, 83
Brejnev, Leonid, 230
Brissot, Jacques Pierre, 35
Bruckner, Pascal, 154
Brussel, Nicolas, 180
Büchmann, Georg, 36
Buffon, Georges-Louis Leclerc de, 82
Burger, André, 35
Bush, George, 135, 227, 233
Bush, George W., 100, 147, 262
buzzword, 126
cadrage, 51
Cahuzac, Jérôme, 47, 92
Caldini, Camille, 17

Caligula, 116, 204
Cambadélis, Jean-Christophe, 228, 255
Cambronne, Pierre, 196, 197, 253
Cameron, David, 79
Camus, Albert, 114, 133
Cannon, Lou, 15
capitaine Haddock, 161
capsule rhétorique, 30
caractère, 81, 84
cardinal de Retz, 115
Carnot, Lazare, 224
Carré macronien, 18, 21, 24, 52, 57, 173, 174, 177
Carrez, Gilles, 114
Carter, Jimmy, 15, 139
Carton, Daniel, 68
Castaner, Christophe, 195, 202, 253
Castex, Jean, 237, 238
catchphrase, 27, 37, 55, 126
Caton l'Ancien, 34, 112, 134, 136
Cayrol, Roland, 12, 75, 220
cerveau, 170, 176, 177
    mode par défaut, 269
Cesbron, Gilbert, 54
CGT, 147, 285
Chalandon, Sorj, 13
Charasse, Michel, 165
charge mémorielle, 186
Chatelain, Cyrielle, 69
ChatGPT, 31
chef, 91, 105
Chesneau Du Marsais, César, 181
Chevènement, Jean-Pierre, 113, 126, 193, 195, 230
Chikirou, Sophia, 69, 227
chinois, 180
Chirac, Bernadette, 66
Chirac, Jacques, 11, 12, 28, 47, 54, 90, 91, 95, 118, 122, 128, 153, 165, 175, 189, 194, 195, 196, 199, 200, 228, 230, 231, 236, 237, 238, 241, 253
Chiroux, René, 56
choix électoraux, 279

chunking, 175
Churchill, Winston, 41, 98, 99, 127, 135, 176, 182, 203, 209, 246, 248, 249, 250, 284
cible, 274
Cicéron, 87, 217, 223
citation, 8, 31, 33, 36, 47, 96, 108, 115, 117, 121, 123, 226, 227
citations, 118, 121, 127, 158, 176, 229
citoyens, 45, 84
classe politique, 64, 72, 151
    italienne, 225
Clemenceau, Georges, 33, 62, 98, 105, 116, 200, 204, 208, 215, 246
Clinton, Bill, 111, 197, 228
Clinton, Hillary, 74, 77, 111, 197
Clovis, 98, 116, 202
Cocteau, Jean, 283
Cohen, Patrick, 70
cohérence, 176, 177, 254
    cognitive, 166, 229, 258
Colbert, Jean-Baptiste, 113
colère, 195
collectivité, 262
Collomb, Gérard, 141, 209
Colon, David, 58, 128
Coluche, 205
combat des chefs, 59, 81, 115, 158, 235
combats ritualisés, 88
communauté, 263, 264, 266
    de savoir, 265
    transmission des valeurs, 264
communication, 264
    de crise, 161
    politique, 21, 35, 57, 92, 125, 128, 135, 136, 170, 186, 223
comparaison, 226
complexité, 76, 84, 265
comportement, 183
compréhension du langage, 178
concurrence, 44, 91, 92, 244, 267
conditionnel, 202
Confavreux, Joseph, 196

confirmation, 173, 174, 245
conflit, 44
conformisme, 263
connaissance commune, 270
connivence, 117, 185, 200, 206, 226, 272
connotation sexuelle, 139, 194
conseils, 185
consensus, 19, 254, 261
Constant, Benjamin, 87
Constitution, 83
contacts sociaux, 271
contestation, 271
contestation politique, 264
contexte, 75, 84, 85, 86, 173, 175, 176, 190
    sémantique, 201
contresens rhétorique, 182
conversion, 266
conviction collective, 266
coopération, 185
Copé, Jean-François, 47, 76, 209, 274
Corbyn, Jeremy, 193
Corneille, Pierre, 91
Cotta, Michèle, 12, 28, 240
couplage, 264
Courcy, Potier de, 121
Courtine, Jean-Jacques, 79
Couturier, Brice, 50
crédibilité, 50, 99, 206, 262
Crespo-Mara, Audrey, 65
crise, 261
    boursière, 45
    climatique, 164, 201
    de communication, 160
    financière, 104
Cromwell, Oliver, 98
croyance, 268
croyances, 219, 265, 271
    prédominantes, 266
Cueille, Henri, 113
culte des ancêtres, 121
culture, 183, 275, 279
Dabi, Frédéric, 20, 246

289

Dacier, André, 34
Daladier, Édouard, 195
Damour, Thibault, 179
Danton, Georges, 14, 34, 87, 88, 115, 210, 242
Darmanin, Gérald, 53, 66, 193, 205, 228
Davet, Gérard, 206
de Gaulle, Charles, 27, 46, 59, 61, 62, 70, 78, 82, 93, 98, 99, 107, 109, 111, 112, 129, 158, 159, 176, 189, 190, 195, 198, 200, 204, 208, 209, 210, 224, 232, 246, 250, 256, 257, 259, 273, 275
de Niro, Robert, 91
de Palma, Brian, 91
débat, 48
    d'idées, 162
    de fond, 58, 79
    d'idées, 58
    économique, 15
    politique, 76
    télévisé, 9, 13, 54, 128, 220, 234
Debré, Guillaume, 112
Debré, Jean-Louis, 196, 206
Decaux, Alain, 256
décivilisation, 194
décontextualisation, 85
deep fake, 254
Defferre, Gaston, 78
définition de la petite phrase, 22, 23, 25, 27, 28, 29
Deias, Damien, 22, 220
Delacour, Alfred, 138
Delcour, Roland, 284
Delga, Carole, 75
Delors, Jacques, 28, 67, 75, 77
Delporte, Christian, 72, 111, 127, 240
Delvau, Alfred, 281
démagogie, 79
demande politique, 90
démenti, 161
Démosthène, 98
dénégation, 86

Deng Xiaoping, 114
dérapage, 163
désinformation, 267
Desmaison, Xavier, 17
détachabilité, 23
détail, 20
détournement, 229
devise héraldique, 112
diabolisation, 70
diagramme de Venn, 29
dictature, 279
dicton, 28, 112, 113, 115, 170, 178, 260, 267
discours, 27, 64, 271
    appauvissement du, 190
    appauvrissement du, 57
    brutalité du, 88
    célèbres, 99
    dans l'histoire, 115
    de Dakar, 144
    de Gettysburg, 135
    de guerre, 98
    démiurgique, 108
    démocratique, 58
    détournement du, 229
    d'investiture, 130
    du 18 juin, 256
    en creux, 192
    grand, 134
    grands, 73
    historiques, 134
    inaugural, 95
    institutionnel, 103
    laconiques, 134
    meilleurs, 95
    politique, 44, 59
    sans petite phrase, 66
    simplification, 179
discrimination, 193
Disraeli, Benjamin, 261
dissonance, 159
diversité, 51, 236, 266
DMN (*default mode network*), 269, 270, 271

Domber, Gregory F., 37
dominants, individus, 277
données statistiques, 185
Doriot, Pierre, 69, 227
Draghi, Mario, 104
dramatiser, 183
Dreux-Brézé, marquis de, 13, 191
droit d'inventaire, 93, 234
Duclert, Jean- Vincent, 211
Duclos, Jacques, 209
Duhamel, Olivier, 10, 84
Duhamel, Patrice, 157, 232
duplicité, 161, 250
Dupond-Moretti, Éric, 164
durée d'attention, 127
Duterte, Rodrigo, 88
échanges sociaux d'information, 266
écoles de journalisme, 49
éditorialisation, 49, 53
éducation, 183
effet
    cathartique, 165
    cerceau, 29, 147
    d'amorçage, 173
    de cadrage, 173
    de halo, 174
    de tribune, 54
    de vérité illusoire, 219
    des petites phrases, 19
    publicitaire, 186
    Streisand, 161
Église, 64, 243
Eisenhower, Dwight, 96
élection présidentielle, 9, 13, 15, 54,
    60, 64, 71, 75, 77, 78, 80, 93, 94,
    95, 97, 109, 126, 129, 138, 139,
    141, 146, 156, 157, 159, 160, 167,
    186, 196, 205, 220, 221, 234, 235,
    236
éléments de langage, 48, 99, 104
Elissetche, Janine, 258
Elliott, Larry, 15
Eltsine, Boris, 273
Emelien, Ismaël, 131

émotion, 195, 199, 254
    collective, 100, 107, 260
    contagion, 263
    ennemie du rire, 207
    négative, 270
empathie, 245, 247, 268, 270
Empoli, Giuliano da, 127, 226
empreinte cognitive, 26
Enfrey, Lucienne-Marie, 257
ensauvagement, 134, 181, 193, 194,
    272
épaisseur sémantique, 57, 190
Éric Ciotti, 71, 151
erreur, 173, 259
    d'attribution, 114
    de jeunesse, 246
    d'interprétation, 163
    non corrélée, 266
Esope, 91
espace microrhétorique, 30
espèces sociales, 277
essentialisation, 172
états mentaux, 184
États-Unis, 9, 11, 15, 44, 49, 50, 95,
    99, 100, 111, 126, 130, 131, 135,
    140, 198, 228, 231, 262, 264
ethos, 28, 30, 112, 120, 121, 143, 175,
    196, 202, 203, 217, 219, 220, 221,
    222, 230, 231, 270
    anti-, 230
    collectif, 223
    humaniste, 224
    positif, 224
    recyclé, 224, 228
    stratégie d', 221
    type, 223
euphémiser, 194
Europe écologie Les Verts (EELV),
    68, 69
Évangile, 40
événementiel, 57
évidences, 210, 221
excuse de provocation, 163
excuses publiques, 162

expérience, 270
explications intentionnelles, 184
exposé rhétorique, 185
expression
    affirmative, 198
    condensée, 25
    courante, 196
    forte, 217
    gaillarde, 228
    idiomatique, 114, 178, 180
    non littérale, 178
    non verbale, 282
    réexploitée, 230
Fabius, Laurent, 52, 136, 148, 192,
    204, 206, 209, 250, 251
Facebook, 264
fact checking, 18, 163
Faure, Edgar, 113
fausses nouvelles, 86
Fauvet, Jacques, 285
Fedspeak, 272
Ferguson, Adam, 34
Ferrand, Franck, 54
FGDS, 285
figures de style, 179, 275
Fillon, François, 60, 61, 70, 93, 156,
    157, 158, 159, 160, 191, 200, 204,
    232, 274, 275
Fisher, Marc, 166
Fisher, Walter, 184
Fishkin, James, 268
Fiske, Susan T., 172
Fléchier, Esprit, 217
Floyd, George, 264
folklore narratif, 118
Ford, Gerald, 139
Ford, John, 121
format narratif, 185
formule, 25
Fort, Sylvain, 129, 132
François Ier, 34, 121
François-Poncet, Jean, 66
Freud, Sigmund, 207
Front national, 162

Front National, 21, 154
futur, 202
Gaboriaux, Chloé, 57, 190
Gaillard, Gabriel-Henri, 180
Gambetta, Léon, 105, 242, 246
Garrigues, Jean, 78
Gattaz, Yvon, 41
gattazismes, 41
gaullisme, 82
Gaulois réfractaires, 16, 17, 18, 19, 21,
    106, 168, 176, 268
Gibert, Baltasar, 180
Gilets jaunes, 16, 17, 19, 21, 102, 132,
    137, 272
Girard, René, 39
Giroud, Françoise, 113, 202
Giscard d'Estaing, Valéry, 9, 10, 11,
    12, 46, 89, 95, 122, 230, 243, 273
Giscard d'Estaing, Valéry, 199, 231
Glucksmann, Raphaël, 17
Goëau-Brissonnière, Jean-Yves, 257
Goldberger, Laura, 92
Goldhammer, Arthur, 37
Goldlust, Benjamin, 55
Google traduction, 36, 37
Gorbatchev, Mikhaïl, 15, 218
Gore, Al, 147
Goscinny, René, 19
Gourmont, Rémy de, 180, 281
Goyet, Francis, 207
grand remplacement, 20, 72, 141, 142,
    198
Greenspan, Alan, 272
grégarisme, 263
Grice, Paul, 190
Grillo, Beppe, 205
Griveaux, Benjamin, 64, 137
grossièreté, 194, 196, 222
groupe, 259, 265, 266
    identité, 279
    soudé, 267
Guaino, Henri, 192
Guénolé, Thomas, 230
guerre

abstraite, 182
de civilisation, 194, 214, 233
de succession, 94
des petites phrases, 37, 69
métaphorique, 105
sanitaire, 182
Guiraud, David, 92
Gupta, Suman, 55
Guriev, Serguei, 79
Harris, Kamala, 230
hashtags, 263
Hassan, Rima, 47, 160
Hasson, Uri, 268
Hausalter, Louis, 65
Hauser, Henri, 283
Henri IV, 14, 120, 121, 242, 246
Henriet, Jacques, 286
Hidalgo, Anne, 80
hippocampe, 270
historiens, 57
Hollande, François, 12, 13, 47, 61, 72, 85, 89, 90, 101, 102, 108, 114, 129, 132, 136, 148, 149, 163, 165, 167, 190, 192, 194, 195, 203, 206, 208, 211, 215, 230, 231, 232, 233, 234, 246, 273, 274, 278
Homère, 32, 33, 36
hommes politiques, 45, 58, 60, 62, 66, 72, 73, 118, 127, 190, 194, 222, 261, 273
Hortensius, 217
Huet, Sophie, 62
Huffington, Arianna, 205
Hughes, Karen, 101
Hugo, Victor, 104, 185, 197, 200, 230, 254, 281
Hulot, Nicolas, 94
humoristes, 181, 206
humour, 97, 138, 149, 202, 206, 207, 226
Huyghe, François-Bernard, 17, 194
Hyperbase, 199
Ibarruri, Dolores, 203

idées, 46, 48, 74, 75, 77, 78, 80, 81, 83, 268
en vigueur, 259
reçues, 114
identité, 263, 267
sociale, 271
identité culturelle, 184
idéologie, 82, 225
idéologies, 79, 81, 254
IIIᵉ République, 136
illettrées de Gad, 148, 149, 150, 245
image, 217, 260
imagerie cérébrale, 176, 177, 218, 255, 270
impératif, 201, 218
implicite, 26, 27, 29, 78, 158, 282
INA (Institut national de l'audiovisuel, 10, 222, 237
INA (Institut national de l'audiovisuel), 20
inaugural address, 95
incarnation, 77, 79, 83
incivilité, 194
incohérences, 176
indices, 184
information continue, 48, 49
initiés, 272
intelligence, 26
intelligence artificielle (IA), 31
intelligence émotionnelle, 220
internautes, 16, 59
interrogation, 199
inversion accusatoire, 164
J'aime, 264
Jackson, Andrew, 96
Jadot, Yannick, 93, 151
Jaffré, Jérôme, 20
Jaoui, Agnès, 170
Jaurès, Jean, 33, 98, 136, 258
Je vous ai compris, 27, 250
Jefferson, Thomas, 95, 228
Jésus-Christ, 39, 226
Jeu de paume, serment du, 13
Johnson, Boris, 177, 178

293

Johnson, Mark, 179, 180
Jospin, Lionel, 54, 55, 90, 153, 154, 165, 198, 230, 234, 240
journalisme, 58
journalisme de commentaires, 51
journalistes, 48, 49, 50
journalistes,, 44
journaux télévisés, 51, 102, 128
Jouyet, Jean-Pierre, 211
Jules César, 34, 119, 151, 202, 218, 246, 273
Julliard, Jacques, 73
Juppé, Alain, 70, 71, 140, 157, 158, 159, 165, 166, 190, 200, 210, 230, 240, 273
Juvénal, 171
Kadhafi, Mouammar, 96
Kahan, Dan, 266
Kahn, Jean-François, 11, 54, 75
Kahneman, Daniel, 170, 171, 172, 174, 244
Kamasutra, 194
Kärcher, 71, 167, 190, 227
Kennedy, Jim, 74
Kennedy, John F., 9, 95, 101, 130, 131, 204, 220, 243, 246
Kim Jong-un, 88
King, Martin Luther, 135, 229, 243
Kipling, Rudyard, 278
Koenig, Gaspard, 77, 83
Kotter, John, 41
Kreisler, Jeff, 173
Krieg-Planque, Alice, 22, 145
L'Humanité, 45
L'Obs, 52
La Bruyère, Jean de, 261
La Rochejacquelein, Henri de, 202
labeur, 176
Labiche, Eugène, 138
Labro, Philippe, 50
Lagarde, Jean-Christophe, 217
Laignel, André, 143, 144
Lakoff, George, 179, 180, 254
Lambret, Agathe, 65

Lang, Jack, 47, 211
langage secret, 272
langue de bois, 79, 99, 128, 247
Lapaque, Sébastien, 40
Lassalle, Josette, 258
Laurens, André, 285
Lavau, Georges, 284
Lavisse, Ernest, 116
Lazareff, Pierre, 257
LCI, 48, 245
Le Bart, Christian, 92, 150, 241
Le Bon, Gustave, 114, 169, 170, 262
Le Boucher, Éric, 45
le bruit et l'odeur, 153
Le Drian, Jean-Yves, 163
Le Maire, Bruno, 157, 182, 204, 222, 274
Le Monde, 284
Le Parisien, 45
Le Pen, Jean-Marie, 20, 29, 47, 143, 193, 224
Le Pen, Marine, 80, 152, 160, 164, 223, 228
leader, 83, 84, 91, 115, 162, 181, 199, 201, 222, 232, 255, 261, 265, 268, 284
    affrontements, 230
    désignation du, 277
    ethos, 221
    faible, 230, 232
    sans petites phrases, 97
    souvenir du, 279
    voix du, 279
leadership, 38, 41, 64, 80, 81, 89, 90, 91, 102, 106, 115, 120, 150, 184, 205, 269, 278, 279
    serviteur, 260
Leblanc, Maurice, 283
Lebranchu, Marylise, 150
Leclerc de Hauteclocque, Philippe, 257
lectorat, 26
Ledru-Rollin, Alexandre-Auguste, 261
Lefranc, François-Xavier, 46
Léonidas, 98, 116, 120

Lepage, Corinne, 221
Leroux, Pierre, 51, 213
Levitt, Theodore, 79
Lhomme, Fabrice, 206
Libération, 14, 106
Liccia, Damien, 17
liens sociaux, 185
lieux
   communs, 11, 62, 112, 114, 182
   de mémoire, 122
Lincoln, Abraham, 134, 135, 209
Linguee, 36, 37
Lippman, Walter, 172
liturgie, 267
locuteur, 29, 84, 220
locution, 22
logométrie, 60, 61
logos, 30, 189
loi de Godwin, 193, 224
Louis XIV, 14, 29, 30, 116, 203, 242
Louis XV, 116, 117
Louis XVI, 200
Louvrier, Franck, 182
Loysel, Antoine, 55
Luchaire, François, 90
Luchini, Fabrice, 45
Lumières, 163, 254
Lyon-Caen, Antoine, 215
lyrisme, 106, 211
Mac Mahon, Patrice de, 137, 138
Macron, Brigitte, 19, 156
Macron, Emmanuel, 16, 17, 18, 19, 20,
   29, 45, 59, 62, 64, 65, 66, 67, 71,
   80, 81, 84, 85, 88, 89, 90, 94, 102,
   103, 104, 105, 106, 107, 129, 130,
   131, 132, 133, 134, 141, 143, 145,
   146, 148, 149, 150, 151, 152, 153,
   155, 156, 162, 164, 166, 167, 172,
   173, 175, 176, 181, 182, 183, 192,
   193, 194, 195, 196, 198, 199, 201,
   203, 204, 210, 211, 212, 217, 221,
   222, 228, 229, 230, 232, 233, 235,
   236, 244, 245, 246, 247, 253, 268,
   272, 273, 274, 275, 278

MacShane, Denis, 208
Madelin, Alain, 209
MAGA, 16, 112, 261
Maingueneau, Dominique, 22, 23, 56,
   84, 155, 219, 220, 223, 224
Maison Blanche, 58
mâle alpha, 92, 278
Mallarmé, Stéphane, 281
Malraux, André, 107, 108, 211, 224
Mao Tsé-toung, 38, 96
Marchais, Georges, 189, 190, 202, 222
Margrethe II, reine du Danemark, 18
marketing politique, 79, 128
   à l'américaine, 126, 135, 156, 206
Maupassant, Guy de, 120
Mauriac, François, 283
Max, Daniel T., 101, 262
maxime, 28, 112, 113, 115, 260, 267
maximes, 21, 55, 97
Maxwell, John C., 41
May, Theresa, 191, 208
Mayaffre, Damon, 199
Mayer-Rossignol, Nicolas, 73
Mayotte, 65
Mazières-Vaysse, Adrien, 17
McAdams, Stephen, 46
McCallam, David, 73, 126
médias, 24, 45, 46, 48, 56, 59, 72
médiatisation, 23, 24
Médicis, Éléonore de, 121
Mélenchon, Jean-Luc, 30, 47, 48, 69,
   80, 152, 165, 204, 208, 209, 210,
   230, 255, 278
mémoire, 14, 26, 100, 115, 117, 258,
   282
   collective, 109, 154, 185
   lieux de, 122
mémorisation, 208, 270
Ménard, Robert, 151
Mendès-France, Pierre, 83
mensonge, 77, 219, 250
Menthon, Sophie de, 19
Mercier, Arnaud, 16, 156
merde, 197

Merkel, Angela, 203, 224
Merlin de Thionville, Antoine, 14
message
    codé, 117
    durable, 185
Messina, Jim, 79
métaphore, 14, 33, 41, 61, 88, 156,
    179, 180, 181, 182, 187, 250, 254,
    272, 273, 278
    morte, 183
Michelet, Jules, 13, 14, 116
microrhétorique, 30, 31, 189, 197, 223,
    253
micro-tendances, 156
Milei, Javier, 278
Mirabeau, comte de, 13, 34, 116, 191
Mitterrand, François, 9, 10, 11, 12, 28,
    46, 59, 89, 118, 128, 142, 199, 200,
    204, 230, 231, 232, 234, 247, 273
mode par défaut, 268, 269
moindre effort, 171, 175, 178
Molière, 118, 268
Mondale, Walter, 231
monde, 189
    anglophone, 55, 134
    animal, 88, 263, 278
    d'après, 106
    social, 269
Monroe, Marilyn, 38
Montaigne, Michel de, 283
Montchalin, Amélie de, 193
Montebourg, Arnaud, 90, 227
moquerie, 231
morale de l'histoire, 114, 260
Morandini, Jean-Marc, 48
Morano, Nadine, 47, 259
morceaux de bravoure, 98
Moreau-Chevrolet, Philippe, 51, 101,
    105, 109, 201, 236
Morin, Chloé, 59
Morley, John, 171
Moscovici, Pierre, 12
mot
    à effet, 87

choix du, 197
de Cambronne, 196
dièse, 263
historique, 110, 115
Moulin, Jean, 107, 108, 109, 201, 224,
    225
Mucchielli, Laurent, 17
mur de Berlin, 218
Murgui-Tomas, Daniel, 12
Murphy, John M., 262
myopie marketing, 79
Napoléon Ier, 98, 100, 203, 211
Napoléon III, 230
narration, 184, 185, 186, 260, 264,
    266, 270
Ndiaye, Sibeth, 129, 133, 137, 167,
    246
négation, 142, 161, 198, 199
négatives, tournures, 144
négativité, 44, 46
neurorhétorique, 170
neurosciences, 170, 209, 254
Neveu, Erik, 58
Newport, Cal, 264
Ngram Viewer, 282, 284
Nietzsche, Friedrich, 118
Nisard, Désiré, 281
Nixon, Richard M., 9, 135, 220
noble langage, 195
noms propres devenus communs, 114
Nora, Pierre, 122
notoriété, 29, 93, 109, 218, 237, 238,
    240, 243
Notre-Dame de Paris, 103
Nouveau Testament, 39, 40
Nouvelle union populaire, écologique
    et sociale (Nupes), 69
Nouvian, Claire, 17
Novethic, 58
noyer le poisson, 165
Obama, Barack, 16, 85, 111, 139, 203,
    219, 225, 226, 231
obscénité, 195
ocytocine, 263

offre politique, 90
Onfray, Michel, 55, 134
OpenAI, 32
opinion, 265
　　d'autrui, 263
　　déterminée par le groupe, 266
　　mode, 263
　　profonde, 271
　　publique, 49, 64, 90, 247, 260, 261,
　　　268
orateur, 219, 223
　　inculte, 259
Ornano, Henry d', 257
Orwell, George, 54, 277
Ouest-France, 46, 158, 285
outils prosodiques, 212
Ozouf, Mona, 211, 244
Panthéon, 107, 108, 109, 211, 224, 225
panurgisme, 263
pape François, 40, 88
par cœur, 187
parenté sémantique, 199
parole, 277
paroles ailées, 33, 36
partages, 131, 264
Pasqua, Charles, 112, 114, 166
pathos, 30, 78, 99, 110, 143, 176, 196,
　　265, 271
Paul VI, 201
PCF, 69, 285
pecking order, 92
Pécresse, Valérie, 47, 71, 92, 141, 142,
　　154, 192, 195, 198, 224, 227
Péguy, Charles, 143, 255
Pellerin, Fleur, 211
Pellisson-Fontanier, Paul, 122
pensée complexe, 167, 259
Pères fondateurs, 117
performative, parole, 119, 272
Pernot, Laurent, 271
Perrenot, Pauline, 45
Perrineau, Pascal, 20, 21, 151, 253,
　　254

personnage, 29, 40, 84, 148, 174, 221,
　　223
　　célèbre, 39, 57, 62, 115, 116, 117,
　　　118, 121, 137, 138, 139, 167,
　　　185, 225, 258, 270
　　contemporain, 115
　　historique, 78
　　populaire, 227
　　public, 148
　　ridicule, 239
personnalité, 223
persuasion, 217, 266
Pétain, Philippe, 189, 190, 232, 233
Petit livre rouge, 96
Petit prince, Le, 260
petites blagues, 206
petites phrases
　　assassines, 16, 18, 28, 43, 45, 54,
　　　55, 71, 88, 90, 92, 94, 136, 158,
　　　174, 206, 274
　　de culture, 125, 126, 127, 129, 136
　　ensauvagées, 125
　　sauvages, 125, 140, 147, 221
peuple, 59, 221, 268
Peyrefitte, Alain, 112, 256
Pfister, Christian, 281
Pfister, Thierry, 285
phantasma, 263
phénomène Eaton-Rosen, 209
Philip, Loïc, 82
Philippe, Édouard, 73, 94, 190, 195
phrase, 25
　　littérale, 178
　　qui fait l'histoire, 11, 13, 14, 15
　　sans texte, 22, 95, 111, 112, 189,
　　　267
phraséologie, 82
Pink, Daniel, 16
Pinochet, Augusto, 38
Piolle, Éric, 93
Place publique, 17
Platon, 75
plébiscite, 83
Plutarque, 34, 119, 218

Poincaré, Raymond, 190
polarisation, 174
polémique, 23, 40, 56, 62, 66, 69, 110, 177, 194
politique
américaine, 95, 126, 140
française, 97, 113
internationale, 67, 88
politicienne, 55
spectacle, 221
politologues, 10, 49, 58
Pompidou, Georges, 9, 140, 195, 232, 284
poncifs, 114
pools de presse, 49
Poperen, Jean, 284
populisme, 52, 59, 105, 152, 239
Porcher, Thomas, 17
post-vérité, 254
Poussielgue, Grégoire, 65
Poutine, Vladimir, 88, 97, 197, 273
Pouzols, Albert de, 258
Powell, Jerome, 272
préférences des électeurs, 80
préjugé, 263
premier degré, 25, 132, 154, 158, 166, 185, 213, 226, 274, 275
Première Guerre mondiale, 14, 98, 258
première personne, 202, 203, 204, 218, 222
Press Club de France, 206
presse
régionale, 285
presse audiovisuelle, 47, 49
Prévot, André, 121
primates, 185, 255
prix de l'humour politique, 206
programme, 74, 75, 81
d'un parti, 80
électoral, 75, 78, 79, 80, 82, 95, 170
politique, 46, 78, 80, 170, 172
Programme commun de gouvernement, 286

Programme commun de gouvernement (1972), 79
projet, 74, 81
pronom, 204
propos convenus, 114
prosodie, 208, 256
Proust, Marcel, 115, 282
proverbe, 110, 112, 115, 121, 178, 260
public, 26, 60, 281
publicité, 263
politique, 136
Pudal, Bernard, 17
pudeurs de gazelle, 80, 278
punchline, 27, 36, 126, 128, 185
QR code, 38
Quattenens, Adrien, 151
question rhétorique, 70, 158, 200, 274, 275
Quignard, Pascal, 33
Quintilien, 87, 217, 254
Rabault, Valérie, 66, 67
Rabb, Nathaniel, 266
Rabelais, François, 22
raccourci, 172, 265
Raffarin, Jean-Pierre, 237, 238, 239, 240, 241
raffarinades, 239
Raguet, Thomas, 149
Raichle, Markus, 269
Raim, Laura, 196
raisonnement, 179
circulaire, 29
tautologique, 208
rap, 36
Rassemblement national, 80, 232
Ravasi, Gianfranco, 39
Reagan, Ronald, 15, 111, 200, 210, 218, 228, 231
récepteurs sensoriels, 264
récit, 183, 184, 185, 270, 271
familial, 185
récupération, 164, 226
redoublement, 106, 208, 209
références culturelles, 114

référendum, 83
Regalado, Nancy Freeman, 35, 110, 115
règlements de comptes, 232, 274
relations publiques, 261
religion, 39
Renard, Jean-Bruno, 118
répartie, 231
répétition, 110, 131, 212, 214, 219, 263, 267
répliques cultes, 8, 40, 114, 118, 123
représentation mentale, 263
réputation, 30, 93, 204, 217, 218, 221, 227, 228
recyclage, 227
réseaux sociaux, 24, 59, 88, 125, 141, 145, 146, 154, 159, 245, 264, 268
Réserve fédérale, 272
Résistance, 19, 106, 107, 224
responsabilité, 81
Retailleau, Bruno, 53, 70, 210
rétractation, 86
rétrécissement des extraits télévisés, 49
retweets, 127, 264
Reverso, 36, 37
Révolution française, 13, 34, 35, 143
Revue politique et parlementaire, 45
Rey, Alain, 54
rhétorique, 30, 35, 61, 130, 250
Ricœur, Paul, 116, 183
Rimbaud, Arthur, 194
rime, 209, 212, 214
effet de, 208, 209
rituel, 128, 271
rituel d'affrontement, 81
Riutort, Philippe, 51, 213
Rivière, Constance, 211
Robespierre, Maximilien de, 35, 87, 88, 223, 224
Rocard, Michel, 28, 44, 66, 114, 153, 166, 198, 200, 229, 259
Rochebin, Darius, 65
Rollin, Charles, 34
roman national, 115, 117, 122, 123

Romney, Mitt, 231
Roosevelt, Franklin D., 74, 95, 99, 135, 186, 197, 227
Roosevelt, Theodore, 15, 135, 139
Rouart, Jean-Marie, 54, 206
Rousseau, Sandrine, 68, 69, 73, 77, 93, 243, 244
Roussel, Fabien, 69, 70, 210, 227
Royal, Ségolène, 47, 62, 138, 139, 144, 190, 204, 220, 221, 227, 228, 258
Rubicon, 21, 34, 119, 150, 151, 233
Ruffin, François, 47, 69, 89
Ruhlmann, Jean, 207
rythme ternaire, 209, 248
saint Jean, 217
Saint-Exupéry, Antoine de, 256
Saintignon, Pierre de, 67
Saint-Just, Louis Antoine de, 87, 112, 242
Salamé, Léa, 85
Salvador, Henri, 19
sarcasme, 227
Sarkozy, Nicolas, 12, 14, 28, 47, 52, 53, 54, 59, 60, 61, 62, 63, 64, 70, 71, 89, 90, 111, 112, 129, 139, 141, 144, 145, 156, 157, 158, 159, 163, 164, 167, 177, 182, 190, 195, 198, 200, 209, 220, 226, 227, 228, 230, 231, 232, 233, 240, 250, 251, 258, 273, 274, 278
sauvage, 193
sauvageons, 193
savoir
commun, 266, 267, 268
sémantique, 270
scènes probantes, 118
Schiappa, Marlène, 162, 208, 263
Schlegel, Jean-Louis, 140
Schmidt Helmut, 114
Schneidermann, Daniel, 73, 258
Schopenhauer, Arthur, 162
Schuck, Nathalie, 234
Schulz, Charles M., 75

Schulz, Martin, 225
Schwartzenberg, Roger-Gérard, 51
science
    cognitive, 170
    du langage, 22, 56
    fiction, 279
    sociale, 57
Séguéla, Jacques, 84
Séguin, Philippe, 116
Séguy, Georges, 147, 285
Seibel, Andrea, 203
sensibilité, 26
sentence, 55, 112, 118, 189
séquence
    discursive, 104
    multimots, 178
Shakespeare, William, 32, 117, 118
signaux sociaux non verbaux, 271
significations complexes, 190
simplicité, 176
simplification, 192
sincérité, 226
Sinek, Simon, 41, 44, 116
slogan, 21, 96, 110, 111, 112, 114, 267
Sloman, Steven A., 266
snowclone, 229
sobriquet, 230
solennité, 173
solidarité, 267
sonate de Vinteuil, 282
sondeurs, 12, 80
sophistes, 75
Sorensen, Ted, 101
Soroka, Stuart, 46
soundbite, 27, 37, 73, 106, 126
sous-entendu, 26, 61, 93, 136, 156,
    206, 271, 274, 279, 281, 282, 283,
    285
souvenir subjectif, 115
souverains britanniques, 272
sparring partner, 221
speechwriter, 74, 126, 211
spin dictators, 79, 97
Staline, Joseph, 200

Stendhal, 118
Stephens-Davidowitz, Seth, 266
stéréotype, 41, 120, 146, 172, 223,
    248, 265
storytelling, 183, 184
stratégie, 155
    cognitive, 265
Sully, Maximilien de, 113
Surowiecki, James, 266
symétrie, 208, 209
synchronisation, 255
synonyme, 106, 141, 194
Syriza, 162
Système 1/Système 2, 170, 171, 172,
    178, 219, 263
système médiatique, 223
Tabard, Guillaume, 159
tabou, 150, 194, 267
Tapie, Bernard, 196, 222
Tarzan, 277
Taubira, Christiane, 235
Tavoillot, Pierre-Henri, 55
Taylor, Shelley E., 172
téléréalité, 77
télévision, 126, 127
Terrenoire, Louis, 45
Terreur, 14, 88
Tesson, Sylvain, 115
testaments politiques, 95
tests d'intelligence, 180
TF1, 47, 65, 163, 234
Thatcher, Margaret, 195, 204
théorème de Schmidt, 114
théorie, 41, 74
    de l'esprit, 184
    de la vérité, 254
    implicite, 172
Thorez, Maurice, 113
Thuillier, Thierry, 47
Tirole, Jean, 56
titres de film, 114
Tocqueville, 254
Tondelier, Martine, 69, 209
totalitarisme, 59, 144

Tournoux, Raymond, 232
tragédie, 100
tragique, 98, 105, 197, 248
transgression, 119, 150, 233
Treisman, Daniel, 79
triplement, 209, 214
tronçonnage, 144, 192
tropes, 178
truisme, 221
Trump, Donald, 16, 48, 50, 74, 77, 85,
    88, 92, 104, 111, 112, 131, 132,
    135, 146, 147, 166, 205, 210, 219,
    229, 230, 260, 261
Tuet, Jean-Charles-François, 180
Turreau, Louis, 225
Tversky, Amos, 170
tweet, 64
Twitter, 49, 50, 77, 112, 131, 146, 162,
    245
Uderzo, Albert, 19
Ukraine, 153, 205
Université de Poitiers, 35
Urvoas, Jean-Jacques, 213
valeurs, 82, 270
Vallaud-Belkacem, Najat, 163, 164,
    166, 211
Valls, Manuel, 47, 62, 67, 90, 102,
    154, 159, 162, 163, 164, 165, 166,
    190, 194, 211, 213, 214, 232, 233,
    234, 235, 236, 278
Varinot, Antoine, 180
Vedel, Georges, 286
vengeance, 232
Véran, Olivier, 212, 213
verbe, 26, 111, 177, 201, 203, 218, 253
    d'action, 201

d'action, 201
vérité
    sentiment de, 202, 209
    subjective, 262
vers célèbres, 114
Vian, Boris, 19
Viansson-Ponté, Pierre, 110
victime, 234
violence symbolique, 199
viralité, 268
    base biologique, 271
Virieu, François-Henri de, 284
vision, 41, 81
vocabulaire, 165, 175
    original, 217
voix du peuple, 261
Voltaire, 37, 54, 180
vox populi, 121, 248, 253
Voynet, Dominique, 161, 195
Wang Jixin, 41
Washington, George, 96
Wauquiez, Laurent, 47, 70, 71, 72,
    129, 137, 274
White, Theodore H., 9, 220
Wikipedia, 47
winged words, 36
Xi Jinping, 97
Yanne, Jean, 39
Zagar, Floriane, 206
Zaimovsky, S.G., 36
Zarader, Robert, 128
Zelensky, Volodymyr, 205
Zelinski, Vladimir, 205
Zemmour, Éric, 47, 80, 210
Zipf, George, 175
zones du cerveau, 179

Notes et références

[1] Scott Porch, « The Book That Changed Campaigns Forever », Politico, mai-juin 2015, https://www.politico.com/magazine/story/2015/04/22/teddy-white-political-journalism-117090/

[2] Valéry Giscard d'Estaing, *Le Pouvoir et la vie*, Paris, Cie 12, 2004.

[3] Olivier Duhamel, *Histoire des présidentielles*, Paris, Le Seuil, 2008, p. 130.

[4] Idem.

[5] https://www.youtube.com/watch?v=Y8vfxuwtr4o

[6] Luke Hewitt, David Brookma,; Alexander Coppock, Ben M. Tappin, James Slezak, Valerie Coffman, Nathaniel Lubin, Mohammad Hamidian, "How Experiments Help Campaigns Persuade Voters: Evidence from a Large Archive of Campaigns' Own Experiments." *American Political Science Review*, 118, n° 4 (2024), p. 2021-2039. https://doi.org/10.1017/S0003055423001387.

[7] Jean-François Kahn, *La Pensée unique*, Fayard, 1995.

[8] La vidéo de l'INA révèle la charge de haine et de mépris que pouvait contenir cette phrase. Voir https://www.ina.fr/ina-eclaire-actu/video/i04261065/francois-mitterrand-a-jacques-chirac-vous-avez-tout-a-fait-raison-monsieur

[9] Daniel Murgui-Tomas, « Quatre règles à connaître pour sortir gagnant d'un débat TV », LinkedIn, 1er juin 2022, https://www.linkedin.com/pulse/quatre-r%25C3%25A8gles-%25C3%25A0-conna%25C3%25AEtre-pour-sortir-gagnant-dun-tv-murgui-tomas-/

[10] *Face à face pour l'Elysée (1ère partie) - Les dinosaures*, documentaire de Cécile Cornudet et Benjamin Colmon, LCP, 27 décembre 2020, https://lcp.fr/programmes/face-a-face-pour-l-elysee/face-a-face-pour-l-elysee-1ere-partie-les-dinosaures-45676

[11] Jean-Baptiste Legavre, « Le débat télévisé Mitterrand/Chirac de 1988 raconté par plusieurs de ses acteurs », *Politix – Revue des sciences sociales du politique*, 1990, 9, p. 86-93, https://www.persee.fr/doc/polix_0295-2319_1990_num_3_9_2163

[12] *Face à face pour l'Elysée (2ème partie) – Le Nouveau monde*, documentaire de Cécile Cornudet et Benjamin Colmon, LCP, 27 décembre 2020, https://lcp.fr/programmes/face-a-face-pour-l-elysee/face-a-face-pour-l-elysee-2nde-partie-le-nouveau-monde-45679

[13] Idem.

[14] Sorj Chalandon, « Des hauts et débats », *Le Canard enchaîné*, 6 janvier 2021.

[15] Honoré de Balzac, *Histoire des Treize – La Duchesse de Langeais*, Paris, A. Houssiaux, 1855

[16] Jules Michelet, *Histoire de la Révolution française*, vol. 1, Paris, Imprimerie nationale, 1889.

[17] Alfred Bougeart, *Danton: documents authentiques pour servir à l'histoire de la Révolution française*, Bruxelles, A. Lacroix, Van Meenen et Cie, 1861, p. 295. Le témoignage de Merlin de Thionville est (délibérément ?) mensonger : la phrase de Danton ne remonte pas au 10 août 1792, date de la prise des Tuileries, mais au 2 septembre 1792, début des « massacres de septembre ».

[18] William Blanc, Aurore Chéry, Christophe Naudin, *Grandes et petites phrases de l'histoire*, Paris, Garnier, 2017.

[19] Florence Vidal, *Les Petites phrases qui ont changé l'histoire*, Paris, Pygmalion, 2015.

[20] Olivier Calon, *Les Petites phrases qui ont fait la grande histoire*, Paris, Vuibert, 2017.

[21] Gilles Henry, *Petit dictionnaire des phrases qui ont fait l'histoire*, Paris, Tallandier, 2003.

[22] Charles Rozan, *Petites ignorances historiques et littéraires*, Paris, Maison Quantin, 1888. Le sous-titre sur les petites phrases a été ajouté dans les rééditions contemporaines, mais l'ouvrage est en effet un recueil de citations.

[23] Jean-Baptiste Pattier et Emmanuel Chaunu (dessins), *Vous avez dit, Monsieur le président ? Ces petites phrases qui ont fait basculer l'histoire politique*, Paris, Armand Colin, 2022.

[24] Joëlle Boyer Ben-Kemoun, *Cent phrases qui ont marqué l'histoire*, Paris, Ellipses, 2011.

[25] Daniel Appriou, *D'Henri IV à François Hollande, les petites phrases qui ont marqué l'histoire ou pas*, Tours, Éditions Sutton, 2016.

[26] Cité par Daniel Sheridan, « The Preamble: Once Sentence Which Changed World History », LinkedIn, 14 juin 2019, https://www.linkedin.com/pulse/preamble-once-sentence-which-changed-world-history-daniel-sheridan/, consulté le 2 octobre 2023.

[27] Dick Howard, « Les libéraux ont-ils peur du peuple », *Esprit*, n° 31/32 (7/8) (juillet-août 1979), p. 140-145.

[28] John J. Tierney Jr., "A Single Sentence That Changed Foreign Policy", Institute of World Politics, 24 juin 2022, https://www.iwp.edu/articles/2022/06/24/a-single-sentence-that-changed-foreign-policy/

[29] Lou Cannon, « Ronald Reagan : Campaign and Elections », University of Virginia Miller Center, https://millercenter.org/president/reagan/campaigns-and-elections

[30] Howard Schneider, « Are you better off today ? A question for voters as Biden, Trump debate », Reuters, 26 juin 2024, https://www.reuters.com/world/us/are-you-better-off-today-question-voters-biden-trump-debate-2024-06-26/

[31] Editorial Board, *Washington Post*, 12 septembre 2024, « How Harris could answer the 'are you better off' question », https://www.washingtonpost.com/opinions/2024/09/12/harris-economy-census-incomes/

[32] Daniel Pink, « Questions vs. Answers: Which Wins? », LinkedIn, novembre 2024, https://www.linkedin.com/posts/danielpink_questions-vs-answers-which-wins-in-1980-activity-7259188818728120320-GJz7/

[33] Voir Michel Le Séac'h, *La Petite phrase*, Paris, Eyrolles, 2015, p. 121.

[34] Sondage Odoxa publié le 28 novembre 2018. Voir http://www.odoxa.fr/sondage/gilets-jaunes-discours-demmanuel-macron-a-alimente-colere/. Le soutien aux Gilets jaunes ira en diminuant, quoique moins vite que le nombre de manifestants. L'effet repoussoir des manifestations aurait même incité une partie des électeurs de droite à voter pour la liste soutenant Emmanuel Macron lors des élections européennes du 26 mai 2019 ; voir Bruno Jeambart, Opinion Way, « 2017-2019 : la transformation politique du vote Macron », https://www.opinion-way.com/images/sondage-opinion/Le_Figaro_-_Analyse_B._Jeanbart_-_Nouvelle_composition_politique_du_vote_LREM_-_4_juin_2019.pdf

[35] Mathilde Siraud, « La République en marche se fissure sur les 'gilets jaunes' », *Le Figaro*, 2 décembre 2018. Cette citation a été largement reprise dans la presse.

[36] Arnaud Mercier, « "Gilets jaunes" contre Macron : aux racines de l'incommunication », *The Conversation*, 3 décembre 2018, https://theconversation.com/gilets-jaunes-contre-emmanuel-macron-aux-racines-de-lincommunication-108048

[37] Arnaud Mercier retient aussi ces quatre « petites phrases offensantes » dans l'article « Gilets jaunes » du *Publictionnaire - Dictionnaire encyclopédique et critique des publics*, http://publictionnaire.humanum.fr/notice/gilets-jaunes/, consulté le 7 avril 2021.

[38] https://www.francetvinfo.fr/economie/transports/gilets-jaunes/video-gilets-jaunes-quand-les-gaulois-refractaires-reprennent-a-leur-compte-les-petites-phrases-d-emmanuel-macron_3085583.html#xtor=AL-67-[video]

[39] Raphaël Glucksmann, Claire Nouvian et Thomas Porcher, « Fonder un nouveau pacte fiscal, social et écologique », *Le Parisien,* 9 décembre 2018, http://www.leparisien.fr/politique/fonder-un-nouveau-pacte-fiscal-social-et-ecologique-l-appel-de-place-publique-09-12-2018-7963845.php.

[40] François-Bernard Huyghe, Xavier Desmaison et Damien Liccia, *Dans la tête des gilets jaunes*, Paris, V.A. Éditions, 2018, p. 13.

[41] Laurent Mucchielli. « Le mouvement des "gilets jaunes" est-il vraiment terminé ? », *La Tribune*, 18 décembre 2018, https://www.latribune.fr/opinions/tribunes/le-mouvement-des-gilets-jaunes-est-il-vraiment-termine-801470.html, consulté le 28 février 2025.

[42] Adrien Mazières-Vaysse, « Au-delà de l'exploitation. Genèses, enjeux et usages de problématisations des classes sociales en termes de "classisme" et de "mépris de classe" », Congrès de l'Association française de sociologie, Aix-en-Provence, 27-30 août 2019, https://www.academia.edu/40344611/Au_del%C3%A0_de_lexploitation_Gen%C3%A8ses_enjeux_et_usages_de_probl%C3%A9matisations_des_classes_sociales_en_termes_de_classisme_et_de_m%C3%A9pris_classe_

[43] Bernard Pudal, « Les élites face aux gilets jaunes – Une philosophie du mépris », *Le Monde diplomatique*, n° 780, mars 2019.

[44] Sophie de Menthon, « Pourquoi les petites phrases d'Emmanuel Macron sont pleines de bon sens ? », *Challenges*, 8 octobre 2018, https://www.challenges.fr/politique/les-petites-phrases-de-macron-sont-pleines-de-bon-sens_618061, consulté le 2 octobre 2023.

[45] Interview de Nathalie Schuck, co-auteure de *Madame la présidente*, dans un documentaire diffusé par BFM TV le 19 septembre 2019. Voir https://www.programme-tv.net/news/societe/239941-brigitte-macron-furieuse-contre-les-petites-phrases-demmanuel-macron-tes-completement-con-pourquoi-tu-as-dit-ca/. « Les petites phrases méprisantes, [Brigitte Macron] n'a pas trop apprécié », assure pour sa part Robert Schneider, cité par plusieurs journaux ; voir par exemple *Femme Actuelle*, 30 octobre 2019, https://www.femmeactuelle.fr/actu/news-actu/emmanuel-macron-la-petite-manie-que-detestait-brigitte-macron-et-dont-il-a-reussi-a-se-debarrasser-2085796.

[46] Laurence Benhamou, *Le Solitaire du Palais – Le livre du quinquennat Macron 2017-2022*, Paris, Robert Laffont, 2022.

[47] Loris Bouchot, « Sans réformes, le chef de l'État perdrait le fil conducteur de son quinquennat », entretien avec Jérôme Jaffré, *Le Figaro*, 3 octobre 2019, p. 4.

[48] Albert Zennou, « Frédéric Dabi : "le chef de l'État est à la fois le problème et la solution" », *Le Figaro*, 21 janvier 2019.

[49] INA, « Analyse de la phrase de Jean-Marie Le Pen : "La véritable vague déferlante de l'immigration" », 24 novembre 2023, https://www.ina.fr/ina-eclaire-actu/le-pen-front-national-politique-immigration-television

[50] François Rabelais, *Gargantua*, chapitre XXV.

[51] Dominique Maingueneau, *Les Phrases sans texte*, Paris, Armand Colin, 2012.

[52] Damien Deias, « La construction de l'image de soi à travers les petites phrases en politique française », *Akofena - Revue scientifique des Sciences du Langage, Lettres, Langues & Communication*, 2021, 2 (004), p.109-124. ffhal-03334441. Damien Deias est l'auteur de la première thèse de doctorat consacré aux petites phrases en langue française.

[53] Alice Krieg-Planque, « Les "petites phrases" : un objet pour l'analyse des discours politiques et médiatiques », *Communication & langages*, n° 168, juin 2011, p. 23-40. https://www.cairn.info/revue-communication-et-langages1-2011-2-page-23.htm, consulté le 28 février 2025. Ce numéro de la revue est le premier ensemble d'études académiques sur les petites phrases en langue française ; Alice Krieg-Planque en est co-responsable.

[54] Alice Krieg-Planque et Caroline Ollivier-Yaniv, « Poser les « petites phrases » comme objet d'étude », *Communication & langages*, n° 168, juin 2011, p. 17-22.

[55] Alice Krieg-Planque, « Les "petites phrases" : un objet pour l'analyse des discours politiques et médiatiques », *Communication & langages*, n° 168, juin 2011, p. 23-40. https://www.cairn.info/revue-communication-et-langages1-2011-2-page-23.htm, consulté le 28 février 2025.

[56] Henri Boyer et Chloé Gaboriaux, « Splendeurs et misères des *petites phrases* », *Mots – Les langages du politique*, n°117, juillet 2018. Ce numéro spécial de la revue est dirigé par Henri Boyer et Chloé Gaboriaux.

[57] Sarah Al-Matary et Chloé Gaboriaux, « Une nouvelle lutte des "clashes" ? Fragmentation des discours de campagne et mutation des clivages (France, 2016-2017), *Mots – Les langages du politique*, n°117, juillet 2018.

[58] Idem.

[59] Dominique Maingueneau, *Les Phrases sans texte*, p. 11.

[60] Voir par exemple, à propos de « les non-vaccinés, j'ai très envie de les emmerder » (Macron), la démonstration du professeur Maingueneau dans « Experts médiatiques et aphorisations politiques », *Bergen Language and Linguistics Studies*, vol. 13 n° 1, 2023, https://bells.uib.no/index.php/bells/article/view/3985, consulté le 4 janvier 2025.

[61] Renaud Czarnes, *Anti-manuel de communication politique – Vade-mecum à l'usage des femmes et des hommes politiques ainsi qu'à ceux qui les conseillent*, Bluffy, Éditions Kawa, 2019.

[62] Alba Ventura, Laurent Bazin, *Le Bal des dézingueurs – ce que les politiques disent vraiment les micros fermés*, Paris, Flammarion, 2016.

[63] Michèle Cotta, *Le Monde selon Mitterand*, Paris, Tallandier, 2015, p. 157-184.

[64] Olivier Beaumont et Nathalie Schuck, *Chérie, j'ai rétréci la droite !*, Paris, Robert Laffont, 2021.

[65] Aristote, *Rhétorique*, 1356a

[66] Voir Isabelle Gassino, « Les « paroles ailées » : quelques jalons pour l'histoire d'une métaphore, des ἔπεα πτερόεντα d'Homère aux flyers contemporains », blog Le Parcours du comparant, 27 janvier 2012, https://leparcoursducomparant.word-press.com/2012/01/27/seance-n5-du-seminaire/#

[67] L'idée pourrait demeurer dans « petite phrase ». Selon certains philologues, « petit » viendrait de la racine indo-européenne pik, « qui a le sens de blesser, piquer, piler, broyer et en général nuire ». Pierre Larousse, *Grand dictionnaire universel du XIXe siècle*, Nimes, Lacour, 1991.

[68] Pascal Quignard, *Rhétorique spéculative*, Paris, Gallimard Folio, 1997, p. 62

[69] Gilles Candar, Manuel Valls, *La Gauche et le pouvoir*, Fondation Jean Jaurès, p. 75, https://www.jean-jaures.org/wp-content/uploads/drupal_fjj/Gauche%2Bpouvoir%2528enligne%2529.pdf

[70] Plutarque, *Les Vies des hommes illustres*, traduction André Dacier, Paris, Paulus-du-Mesnil, 1734, p. 252.

[71] Charles Rollin, *Œuvres de Rollin*, Paris, Firmin Didot, 1821, p. 452.

[72] Adam Ferguson, *Histoire des progrès et de la chute de la république romaine*, Paris, Nyon l'aîné et fils, 1741, p. 300.

[73] Voltaire, *Œuvres complètes*, tome 52, Paris, Mme Vve Perronneau, 1821, p. 245.

[74] Jacques-Auguste de Thou, *Histoire universelle*, vol. 6, Londres, 1734, p. 409.

[75] Alfred Potier de Courcy, *L'Honneur*, Paris, C. Douniol, 1858, p. 44.

[76] J.B Joudou, « Le premier coup de canon de Napoléon-Bonaparte », *Revue de Marseille et de Provence*, vol. 5, 1830, p. 102.

[77] Archives parlementaires de 1787 à 1860, première série (1787-1799), T. IX, p. 398. https://sul-philologic.stanford.edu/philologic/archparl/navigate/9/0/0/0/0/0/0/0/398

[78] Archives parlementaires de 1787 à 1860, première série (1787-1799), T. XXVI, p. 125. https://sul-philologic.stanford.edu/philologic/archparl/navigate/26/0/0/0/0/0/0/0/129/

[79] Brissot de Warville, *J. P. Brissot, député du Département d'Eure et Loire, a ses commettans: Sur la situation de la Convention nationale, sur l'influence des anarchistes, et les maux qu'elle a causés, sur la nécessité de l'anéantir pour sauver la République*, 1793, p. 71.

[80] Patrick Brasart, « Petites phrases et grands discours (Sur quelques problèmes de l'écoute du genre délibératif sous la Révolution française) ». *Mots*, septembre 1994, n°40, p. 106-112.

[81] Idem.

[82] Journée d'étude organisée par Étienne Boillet. Voir https://www.fabula.org/actualites/petites-phrases-et-art-de-la-pointe-dans-l-europe-des-xvie-et-xviie-siecles_92683.php

[83] Nancy Freeman Regalado, « Le porcher au palais : Kalila et Dimma, le Roman de Fauvel, Machaut et Boccace », *Études littéraires*, vol. 31, n°2, hiver 1999, https://id.erudit.org/iderudit/501238ar, consulté le 20 octobre 2023.

[84] André Burger, « Les deux scènes du cor dans la *Chanson de Roland* », in *La Technique littéraire des chansons de geste*, Librairie Droz, 1959, p. 115. Voir aussi André Burger, « Le rire de Roland », *Cahiers de Civilisation médiévale*, année 1960, 3-9, p. 2-11.

[85] Elena Chotova, *Les références culturelles dans les titres d'articles de la presse russe contemporaine*, Thèse de doctorat, Université de Grenoble, 2014.

[86] David McCallam, « Les "petites phrases" dans la politique anglo-saxonne », *Communication & Langages*, n°126, 4ème trimestre 2000. pp. 52-59, http://www.persee.fr/doc/colan_0336-1500_2000_num_126_1_3040, consulté le 28 février 2025.

[87] Voir https://www.linguee.com/english-french/search?source=auto&query=%22petites+phrases%22. Consulté le 15 février 2021.

[88] Voire une simple allusion que le traducteur désignera spontanément comme une petite phrase : « 'Eh bien, je suis sûr que les dirigeants de Wall Street vont adorer.' Cette petite phrase est lancée parmi d'autres commentaires ordinaires, mais la culpabilité associée vous trotte dans la tête », *in* Robert Greene, *Les Lois de la nature humaine*, Paris, Alisio, 2019, p. 268. Traduction de Cécile Capilla, Danielle Lafarge et Sabine Rolland.

[89] Robert Zaretsky, John T. Scott, « Philosophy Leads to Sorrow: An Evening at the Theater with Jean-Jacques Rousseau and David Hume », *Southern Review*, https://www.thefreelibrary.com/Philosophy+leads+to+sorrow%3a+an+evening+at+the+theater+with...-a0144436258

[90] Arthur Goldhammer, « Remarks on the Campaign », *French Politics and Society*, vol. 15, n° 2 (printemps 1997), p. 13-15, https://www.jstor.org/stable/42844630

[91] Gregory F. Domber, *Journal of Contemporary History*, vol. 51, n° 4 (octobre 2016), p. 926-928).

[92] Francisca Gonçalves Amorim, « O soundbite – Fenómeno comunicacional de (in)visibilidade política », *Estudos em Comunicação,* n° 26, vol. 2 (mai, 2018).

[93] Damien Deias, thèse citée, p. 25.

[94] Voir YouTube, https://www.youtube.com/watch?v=61CI4bOGb4s

[95] Pascal Galinier, « La mode et le marché ? La mode est le marché », *La Revue des deux mondes*, juillet 2001, p. 36-42.

[96] Voir par exemple Patrick Mignon, Olivier Mongin, Georges Vigarello, « Le journaliste face aux dérives du sport - Entretien avec Philippe Bouvet et Jacques Marchand », *Esprit*, n° 249 (1), janvier 1999, p. 110-120.

[97] « Jésus a été le premier à tweeter (d'après le Vatican) »,franceinfo avec AFP, 25 septembre 2013, https://www.francetvinfo.fr/monde/europe/jesus-a-ete-le-premier-a-tweeter-d-apres-le-vatican_420387.html

[98] René Girard, *Le Bouc émissaire*, Grasset, 1982.

[99] Roger Dadoun, « Du politique comme violence : "corps mystique" et"corps naturel" », in: *Littérature*, N°64, 1986. Propositions critiques pour Jean Levaillant. pp. 23-29. http://www.persee.fr/web/revues/home/prescript/article/litt_0047-4800_1986_num_64_4_1403, consulté le 11 novembre 2023.

[100] Voir « Pourquoi le pape François a choisi Marseille pour parler des migrations », *Ouest France*, 22 septembre 2023, https://www.ouest-france.fr/societe/religions/pape-francois/pourquoi-le-pape-francois-a-choisi-marseille-pour-parler-des-migrations-e4c18600-5718-11ee-b6ba-7dd572906796#, consulté le 7 novembre 2023.

[101] Voir Catherine Lama, « Le pape François et ses petites phrases », Outremer la 1ère Guyane, 20 janvier 2015, https://la1ere.francetvinfo.fr/guyane/2015/01/20/le-pape-francois-et-ses-petites-phrases-223306.html, consulté le 7 novembre 2023.

[102] Voir Michel Le Séac'h, « "Si un ami parle mal de ma mère, il peut s'attendre à un coup de poing, et c'est normal" : une petite phrase papale vouée à l'oubli ? », blog *Phrasitude*, 29 juin 2015, http://www.phrasitude.fr/2015/06/si-un-ami-parle-mal-de-ma-mere-il-peut.html.

[103] Jean-Marie Guénois, « Pape François: "Si je parle de violence islamique, je dois parler de violence catholique" », *Le Figaro*, 31 juillet 2016, https://www.lefigaro.fr/actualite-france/2016/07/31/01016-20160731ARTFIG00176-pape-francois-si-je-parle-de-

violence-islamique-je-dois-parler-de-violence-catholique.php, consulté le 20 octobre 2023.

[104] Sixtine Chartier, « On ira tous au paradis : mais qu'a vraiment voulu dire le pape François ? », *La Vie*, 17 septembre 2021, https://www.lavie.fr/christianisme/eglise/on-ira-tous-au-paradis-mais-qua-vraiment-voulu-dire-le-pape-francois-76271.php, consulté le 7 novembre 2023.

[105] Sébatstien Lapaque, « "Un singe en hiver", boire pour se souvenir », *Le Figaro*, 12 octobre 2013.

[106] Muriel Robin au journal de 20h00 de TF1 le 6 novembre 2019.

[107] http://senseis.xmp.net/?TheTenGoldenRulesList.

[108] https://pocketbook4you.com/fr/read/leadership-gold

[109] John Kotter, *Conduire le changement – Feuille de route en 8 étapes*, Paris, Pearson, 2015.

[110] Simon Sinek, *Le Jeu infini*, Paris, Pearson, 2020.

[111] Yvon Gattaz, *Mes vies d'entrepreneur*, Paris, Fayard, 2006.

[112] Bernadette Lemoine et Diane de Bodman, *Petites phrases à leur dire pour les aider à grandir*, Paris, Albin Michel, 2018.

[113] Collectif, *Petites phrases magiques – pour affirmer sa confiance en soi*, Paris, Mercileslivres, 2022.

[114] Christine Orban, *Petites phrases pour traverser la vie en cas de tempête… et par beau temps aussi,* Paris, Albin Michel, 2007

[115] Stuart Soroka et Stephen McAdams, « News, Politics and Negativity », *Political Communication*, vol. 32, n° 1, 2015, p. 1-22, https://www.tandfonline.com/doi/full/10.1080/10584609.2014.881942. Voir aussi John G. Geer et Lynn Vavreck, « Negativity, Information, and Candidate Position-Taking », *Political Communication*, vol. 31, 2014, n° 2, p. 218-236, https://doi.org/10.1080/10584609.2013.828140.

[116] Laurent Borredon, David Revault d'Allonnes, *Valls, à l'intérieur*, Paris, Robert Laffont, 2014, p. 177.

[117] Voir par exemple Yanna Krupnikov, « When Does Negativity Demobilize? Tracing the Conditional Effect of Negative Campaigning on Voter Turnout », *American Journal of Political Science*, vol 55. n° 4, octobre 2011, p. 797-813, https://doi.org/10.1111/j.1540-5907.2011.00522.x. Voir aussi Conor M. Dowling et Amber Wichowsky, « Attacks without Consequence? Candidates, Parties, Groups, and the Changing Face of Negative Advertising », *American Journal of Political Science*, vol 59. n° 1, janvier 2015, p. 19-36, https://onlinelibrary.wiley.com/doi/10.1111/ajps.12094

[118] Simon Sinek, *Le Jeu infini*, Paris, Pearson, 2020.

[119] Alexander C.Walker, Martin Harry Turpin, Ethan A.Meyers, Jennifer A. Stolz, Jonathan A. Fugelsang, Derek J.Koehler, « Controlling the narrative: Euphemistic language

affects judgments of actions while avoiding perceptions of dishonesty », *Cognition*, vol. 211, juin 2021, https://www.sciencedirect.com/science/article/pii/S0010027721000524, consulté le 28 février 2025.

[120] « La roue de la renommée – Les claquettes de la politique », *Le Monde*, 13 novembre 1987, https://www.lemonde.fr/archives/article/1987/11/13/la-roue-de-la-renommee-les-claquettes-de-la-politique_4074201_1819218.html, consulté le 28 décembre 2023.

[121] Louis Terrenoire, *De Gaulle, Israël et les Palestiniens*, Éditions du Témoignage Chrétien, 1989.

[122] Nancy L. Green, « Leçons d'octobre 1929, 1987: La presse française et américaine face aux deux crises boursières », *Esprit*, n° 143 (10) (octobre 1988), p. 91-110.

[123] Éric Cerf-Mayer, « La musique insidieuse et pernicieuse des petites phrases à travers l'Histoire… », *Revue politique et parlementaire*, 26 janvier 2021, https://www.revuepolitique.fr/la-musique-insidieuse-et-pernicieuse-des-petites-phrases-a-travers-lhistoire/

[124] Pauline Perrenot, « Chaînes d'info : l'extrême droite en croisière », 100-paroles.fr, 8 octobre 2020, https://www.100-paroles.fr/les-articles/d%C3%A9bat-%C3%A0-gauche/

[125] Éric Le Boucher, « Juger Macron sur le fond, pas sur la forme », *Les Échos*, 21 septembre 2018, https://www.lesechos.fr/idees-debats/editos-analyses/juger-macron-sur-le-fond-pas-sur-la-forme-139617, consulté le 28 février 2025.

[126] Benjamin König, « Sur la scène politique : "la culture de la petite phrase assassine" », *L'Humanité*, 23 juillet 2020.

[127] Daniel Carton, « M. Emmanuelli et M. Jospin vont s'affronter pendant une semaine au PS », *Le Monde*, 27 janvier 1995, https://www.lemonde.fr/archives/article/1995/01/27/m-emmanuelli-et-m-jospin-vont-s-affronter-pendant-une-semaine-au-ps_3839082_1819218.html, consulté le 28 décembre 2023.

[128] Stuart Soroka et Stephen McAdams, « News, Politics and Negativity », *Political Communication*, vol. 32, n° 1, 2015, p. 1-22, https://www.tandfonline.com/doi/full/10.1080/10584609.2014.881942

[129] François-Xavier Lefranc, « Présidentielle : Ouest-France s'engage », *Ouest-France*, 22 janvier 2022, https://www.ouest-france.fr/elections/presidentielle/editorial-presidentielle-ouest-france-s-engage-b8f4fcfe-71e2-11ec-8d9e-588470c235b8, consulté le 27 octobre 2023.

[130] https://fr.wikipedia.org/wiki/Discussion:Manuel_Valls

[131] Voir par exemple Eike Mark Rinke, « The Impact of Sound-Bite Journalism on Public Argument », *Journal of Communication*, vol. 66, n° 4, août 2016, https://doi.org/10.1111/jcom.12246

[132] Caroline Sallé, « Thuiller : "Si les politiques veulent parler aux jeunes, qu'ils viennent aux JT de TF1" », *Le Figaro*, 5 novembre 2021, p. 26.

[133] Idem.

[134] « Jean-Luc Mélenchon fait à nouveau dans la provocation : "Oui, M. Zemmour, oui M. Bayrou, il y a un grand remplacement en France ! Il y en a assez de faire l'apologie

de la tradition !" – Regardez », https://www.jeanmarcmorandini.com/article-597827-
jean-luc-melenchon-fait-a-nouveau-dans-la-provocation-oui-m-zemmour-oui-m-bayrou-
il-y-a-un-grand-remplacement-en-france-il-y-en-a-assez-de-faire-l-apologie-de-la-tradi-
tion-regardez.html, 2 février 2025.

[135] Paul Sugy, « Jérémie Gallon : "Le microcosme de Washington a découvert l'autre
Amérique" », *Le Figaro*, 18 octobre 2018, https://www.lefigaro.fr/vox/so-
ciete/2018/10/17/31003-20181017ARTFIG00350-jeremie-gallon-le-microcosme-de-
washington-a-decouvert-l-autre-amerique.php

[136] Daniel Dor, « On newspaper headlines as relevance optimizers », *Journal of
Pragmatics*, n° 35 (2003) p. 695-721.

[137] Chi Luu, « The Incredibly True Story of Fake Headlines », JSTOR Daily, 20
novembre 2019, https://daily.jstor.org/the-incredibly-true-story-of-fake-headlines/,
consulté le 28 février 2025.

[138] Girish J. Gulati, Marion R. Just et Ann N. Crigler, « News Coverage of Political
Campaigns », in *Handbook of Political Communication Research*, éd. Lynda Lee Kaid,
Mahwah, NJ, Laurence Erlbaum Associates, 2004.

[139] Idem.

[140] Voir Eike Mark Rinke, « The Impact of Sound-Bite Journalism on Public
Argument », *Journal of Communication*, vol. 66, n° 4, août 2016,
https://doi.org/10.1111/jcom.12246

[141] Idem.

[142] Brice Couturier, « Les Français qui disent non au vaccin méritent qu'un président
leur parle ainsi », *Le Figaro*, 6 janvier 2022.

[143] Dartunorro Clark, « Trump suggests 'injection' of disinfectant to beat coronavirus and
'clean' the lungs », NBC News, 24 avril 2020, https://www.nbcnews.com/politics/don-
ald-trump/trump-suggests-injection-disinfectant-beat-coronavirus-clean-lungs-
n1191216, consulté le 2 novembre 2023.

[144] « Philippe Labro : "Le coronavirus peut-il guérir l'Amérique du Trumpavirus ? " »,
LePoint.fr, 26 avril 2020, https://www.lepoint.fr/invites-du-point/philippe-labro/phi-
lippe-labro-le-coronavirus-peut-il-guerir-l-amerique-du-trumpavirus-26-04-2020-
2372964_1444.php, consulté le 2 novembre 2023.

[145] Christian Salmon, *La Tyrannie des bouffons – Sur le pouvoir grotesque*, LLL Les
Liens qui libèrent, 2020.

[146] Caroline Salle et Enguérand Renault, « Bourdin, homme fort de la présidentielle sur
BFMTV et RMC », *Le Figaro*, 6 janvier 2022.

[147] Roger-Gérard Schwartzenberg, *La Politique mensonge*, Paris, Odile Jacob, 1998, p.
409.

[148] Alice Krieg-Planque et Caroline Ollivier-Yaniv, « Poser les "petites phrases" comme
objet d'étude », *Communication & langages*, n° 168, juin 2011, p. 18-23.

[149] Philippe Moreau-Chevrolet, « Comment Manuel Valls se transforme en... François Hollande », blog du Huffington Post, 8 décembre 2014, https://www.huffington-post.fr/actualites/article/comment-manuel-valls-se-transforme-en-francois-hollande_47568.html, consulté le 28 février 2025.

[150] Pierre Leroux et Philippe Riutort, « Intégrer les politiques aux divertissements. Résistances, coopération et concessions de l'univers politique », *Questions de communication*, n° 24, 2013, p. 19-35, https://journals.openedition.org/questionsdecommunication/8646. Voir aussi Pierre Leroux et Philippe Riutort, « Quel renouvellement des mises en scène télévisuelles de la politique ? », *Questions de communication*, n° 24, 2013, p. 7-18. https://journals.openedition.org/questionsdecommunication/8644, et Pierre Leroux et Philippe Riutort,, « Les émissions de divertissement : de nouveaux lieux de valorisation des petites phrases », *Communication & langages*, 2011/2 n° 168, p. 69-80.

[151] Éric Lagneau, « Dépêches de campagne : ce que l'AFP fait pendant (/à) une élection », *Le Temps des médias*, 2006/2, n° 7, p. 104-125. https://www.cairn.info/revue-le-temps-des-medias-2006-2-page-104.htm

[152] Sur France 3, Le Grand Soir. Vidéo : https://www.francetvinfo.fr/meteo/climat/cop21/top-depart-pour-la-cop21_1078959.html

[153] Bruno Jeudy, « Sarkozy et les "ploucs" : les excuses de l'AFP », *Paris Match*, 27 octobre 2016, https://www.parismatch.com/Actu/Politique/Sarkozy-et-les-ploucs-les-excuses-de-l-AFP-1104365, consulté le 28 février 2025.

[154] « Politique – la petite phrase fait bondir. Sarkozy : les migrants comme une "Fuite d'eau" », *Les Dernières nouvelles d'Alsace*, 20 juin 2015, https://www.dna.fr/politique/2015/06/20/sarkozy-les-migrants-comme-une-fuite-d-eau, consulté le 2 novembre 2023.

[155] https://www.youtube.com/watch?v=Da3U-U39RLQ

[156] Michel Le Séac'h, « *"Fuite d'eau"* : la petite phrase pas dite mais entendue quand même », blog Phrasitude, 20 juin 2015, http://www.phrasitude.fr/2015/06/fuite-deau-la-petite-phrase-pas-dite.html

[157] Daniel Schneidermann, « Sarkozy, la fuite d'eau et les boat people », Rue89, 19 juin 2015, https://www.nouvelobs.com/rue89/rue89-le-915-darret-sur-images/20150619.RUE9550/sarkozy-la-fuite-d-eau-et-les-boat-people.html, consulté le 2 novembre 2023.

[158] Dans une chronique publiée par l'hebdomadaire *Tribune*, citée par Alice Krieg-Planque, « Les « petites phrases » : un objet pour l'analyse des discours politiques et médiatiques », *Communication & langages*, 2011/2, n°168, p. 23-41, https://www.cairn.info/revue-communication-et-langages1-2011-2-page-23.htm

[159] Jean-Marie Rouart, *Le Psychodrame français*, Paris, Robert Laffont, 2017.

[160] Alain Rey, *Le Réveille-mots : une saison d'élection*, Éditions du Seuil, 1996.

[161] Marc Bredel, *Les Petites phrases*, Paris, Robert Laffont, 1984.

[162] Franck Ferrand, « Darmanin, Taubira, Valls, le retour des querelles byzantines », Figaro Vox, 9 mars 2015, https://www.lefigaro.fr/vox/societe/2015/03/09/31003-20150309ARTFIG00196-franck-ferrand-darmanin-taubiravalls-le-retour-des-querelles-byzantines.php

[163] Michel Deguy, *Po&sie*, n° 59, 1er trim. 1992, p. 119, https://po-et-sie.fr/wp-content/uploads/2018/11/59_1992_p119_120.pdf . Cité par Patrick Brasart, « Petites phrases et grands discours (Sur quelques problèmes de l'écoute du genre délibératif sous la Révolution française) », *Mots. Les langages du politique*, 1994, n°40, p. 106-112.

[164] Jean-François Kahn, *La Pensée unique*, Fayard 1995.

[165] Joël Roman, « Les deux démocraties », *Le Monde*, 26 avril 1995, https://www.lemonde.fr/archives/article/1995/04/26/les-deux-democraties_3871848_1819218.html, consulté le 27 décembre 2023.

[166] Pierre-Henri Tavoillot, *Comment gouverner un peuple-roi ? Traité nouveau d'art politique*, Paris, Odile Jacob, 2019.

[167] Voir Michel Le Séac'h, « Michel Onfray esquive la petite phrase », blog Phrasitude, 20 septembre 2015, https://www.phrasitude.fr/2015/09/michel-onfray-esquive-la-petite-phrase.html

[168] Benjamin Goldlust, « Ce que parler veut dire en politique », *Revue des Deux Mondes*, septembre 2006, ^p. 217-225, https://www.jstor.org/stable/44191791

[169] Suman Gupta, *Political Catchphrases and Contemporary History: A Critique of New Normals*, New York, Oxford University Press, 2022.

[170] René Chiroux, « Le Président de la République, "clé de voûte" des institutions de la Ve République », *La Revue administrative*, n° 341, septembre 2004, p. 452-456.

[171] Jean Tirole, « Reconsidérons notre conception du monde », *Le Point*, 28 septembre 2023.

[172] Henri Boyer et Chloé Gaboriaux, « Splendeurs et misées des petites phrases », *Mots – Les Langages du politique*, n° 117, juillet 2018, p. 12.

[173] Alice Krieg-Planque, « Les "petites phrases" : un objet pour l'analyse des discours politiques et médiatiques », *Communication et langages*, 2011/2, n° 168, doi:10.4074/S0336150011012038

[174] Sarah Al-Matary et Chloé Gaboriaux, « Une nouvelle lutte des "clashes" ? Fragmentation des discours de campagne et mutation des clivages (France, 2016-2017) », *Mots – Les langages du politique*, n° 117, juillet 2018, p. 71-90. Le professeur Roger Bautier les rejoint sur ce point dans son commentaire « Sur *L'Ère du clash* de Christian Salmon », *Questions de communication*, n° 36, 2019, p. 267-279). https://journals.openedition.org/questionsdecommunication/21346

[175] Fernand Braudel, *Écrits sur l'histoire*, Paris, Flammarion, 1985.

[176] Jacques de Maillard, Patrick Hassenteufel, Xavier Crettiez, *Introduction à la science politique*, Armand Colin, 2024.

[177] David McCallam, « Les "petites phrases" dans la politique anglo-saxonne », *Communication et langages*, n° 126, 4e trim. 2000, https://www.persee.fr/doc/colan_0336-1500_2000_num_126_1_3040

[178] David Colon, *Propagande – la manipulation de masse dans le monde contemporain*, Paris, Flammarion (collection « Champs »), 2021, p. 235.

[179] Erik Neveu, *Sociologie politique des problèmes publics*, Paris, Armand Colin, 2015.

[180] Anne-Catherine Husson-Traore, « [Décryptage] Forte participation et poussée écologiste : un message européen clair, si difficile à entendre », Novéthic, https://www.novethic.fr/actualite/environnement/climat/isr-rse/decryptage-forte-participation-et-poussee-ecologiste-un-message-europeen-clair-si-difficile-a-entendre-147302.html.

[181] Voir par exemple Moritz Osnabrügge, Elliott Ash, Massimo Morelli, « Cross-Domain Topic Classification for Political Texts », *Political Analysis*, octobre 2021, 31(1), p. 59-80. doi:10.1017/pan.2021.37 ; Stig Hebbelstrup Rye Rasmussen, Alexander Bor, Mathias Osmundsen et Michael Bang Petersen, « 'Super-Unsupervised' Classification for Labelling Text: Online Political Hostility as an Illustration », *British Journal of Political Science*, 2024, 54(1) p. 179-200. doi:10.1017/S0007123423000042

[182] Mahaut Bertu, « La peopolisation de la vie politique. Anthropologie sociale et ethnologie. » 2017. dumas-02135203, https://dumas.ccsd.cnrs.fr/dumas-02135203, consulté le 17 novembre 2023.

[183] Chloé Morin, *On a les Politiques qu'on mérite*, Paris, Fayard, 2022.

[184] Cécile Alduy, *Ce qu'ils disent vraiment – les politiques pris aux mots*, Paris, Éditions du Seuil, 2017.

[185] Dennis Glover, *The Art of Great Speeches*, Cambridge University Press, 2011.

[186] Sophie Huet, *Tout ce que vous direz pourra être retenu contre vous… ou les petites phrases du septennat*, Jean Picollec, 1981.

[187] Pierre Fiala et Pierre Lafon, *Des mots en liberté: mélanges Maurice Tournier*, ENS Éditions, 1998.

[188] Nicolas Sarkozy, *Le Temps des combats*, Paris, Fayard, 2023.

[189] Voir par exemple Institut national de l'audiovisuel (INA), « Le casse toi pauvre con de Nicolas Sarkozy fait polémique », Soir 3 journal - 24.02.2008 - 02:02 – vidéo, https://www.ina.fr/ina-eclaire-actu/video/3564520001005/le-casse-toi-pauvre-con-de-nicolas-sarkozy-fait-polemique, consulté le 16 novembre 2023.

[190] Nicolas Sarkozy, *La France pour la vie*, Paris, Plon, 2016.

[191] Emmanuel Galiero, « Face aux pompiers, Sarkozy insiste sur le régalien, feignant d'ignorer la présidentielle », *Le Figaro*, 11 mars 2022.

[192] Gregory Blachier, « Macron dit regretter la primauté donnée aux petites phrases », *Capital*, 19 septembre 2015, https://www.capital.fr/economie-politique/macron-dit-regretter-la-primaute-donnee-aux-petites-phrases-1071152, consulté le 10 décembre 2023.

[193] Loris Boichot, entretien avec Jérôme Jaffré, *Le Figaro*, 3 octobre 2019.

[194] Arnaud Focraud, « Macron veut "réparer" le lien entre l'Église et l'État... et agace la gauche », *Le Journal du dimanche*, 10 avril 2018. https://www.lejdd.fr/Politique/macron-veut-reparer-le-lien-entre-leglise-et-letat-et-agace-la-gauche-3622586. Consulté le 28 février 2025.

[195] Didier Micoine, « Le monde de l'Église et de l'État selon Macron », *Le Parisien*, 10 avril 2018. https://www.leparisien.fr/politique/newsletter/le-monde-de-l-eglise-et-de-l-etat-selon-macron-10-04-2018-7656987.php. Consulté le 28 février 2025.

[196] Vincent Michelon, « "C'est un travail sur moi" : interrogé sur ses petites phrases polémiques, Macron promet de "faire plus attention" », TF1 Info, 1er février 2019, https://www.tf1info.fr/politique/le-mea-culpa-d-emmanuel-macron-qui-promet-moins-de-petites-phrases-2111754.html, consulté le 10 décembre 2023.

[197] Voir entre autres « Emmanuel Macron promet de "faire très attention" à ses "petites phrases" », *Le Monde*, 31 janvier 2019, https://www.lemonde.fr/politique/article/2019/01/31/emmanuel-macron-promet-de-faire-tres-attention-a-ses-petites-phrases_5417394_823448.html. Voir aussi Robin Andraca, « Macron a-t-il, au cours du même entretien, assuré qu'il ferait "très attention à ses petites phrases" avant d'ironiser sur "Jojo avec un gilet jaune" ? », *Libération*, 1er février 2019, https://www.liberation.fr/checknews/2019/02/01/macron-a-t-il-au-cours-du-meme-entretien-assure-qu-il-ferait-tres-attention-a-ses-petites-phrases-av_1706782/. Consulté le 28 février 2025.

[198] Voir par exemple Valérie Mazuir, Raphaël Bloch, Lucas Mediavilla, « Les temps forts de la conférence de presse d'Emmanuel Macron », *Les Échos*, 25 avril 2019. https://www.lesechos.fr/politique-societe/emmanuel-macron-president/suivez-en-direct-la-conference-de-presse-demmanuel-macron-1014025. Consulté le 28 février 2025.

[199] Nina Jackowski, BFMTV, 15 décembre 2021, https://www.bfmtv.com/politique/elections/presidentielle/dans-certains-de-mes-propos-j-ai-blesse-des-gens-macron-regrette-sa-phrase-sur-ceux-qui-ne-sont-rien_AN-202112150525.html

[200] J.F. « Sur TF1 et LCI, Emmanuel Macron regrette certaines de ses petites phrases "terriblement blessantes" », TF1 Info, 16 décembre 2021,https://www.tf1info.fr/politique/emmanuel-macron-sur-tf1-et-lci-dit-regretter-certaines-de-ses-petites-phrases-terriblement-blessantes-pendant-sa-presidence-2204700.html, consulté le 28 novembre 2023.

[201] Grégoire Poussielgue, « Présidentielle 2022 : Emmanuel Macron consent à un mea culpa », *Les Échos*, 16 décembre 2021, https://www.lesechos.fr/elections/presidentielle/presidentielle-2022-emmanuel-macron-consent-a-un-mea-culpa-avant-une-probable-candidature-1372910, consulté le 28 novembre 2023.

[202] Louis Hausalter, Agathe Lambret, *L'Étrange victoire – Macron II, l'histoire secrète*, Éditions de l'Observatoire, 2022.

[203] J.F., « VIDÉO - "Je fais le tour du Vieux-Port avec vous, je suis sûr qu'il y a dix offres d'emploi" : la nouvelle phrase polémique de Macron à Marseille », TF1 info, 26 juin 2023, https://www.tf1info.fr/politique/video-emmanuel-macron-marseille-je-fais-le-

tour-du-vieux-port-avec-vous-je-suis-sur-qu-il-y-a-dix-offres-d-emploi-la-nouvelle-phrase-polemique-du-president-de-la-republique-2261728.html

[204] François-Xavier Bellamy, « L'urgence ? Le retour au réel », *Le Figaro*, 22 septembre 2014.

[205] Wally Bordas, « "Au perchoir, vous n'avez plus d'étiquette" : au-delà des rivalités, la bonne entente des vice-présidents de l'Assemblée », *Le Figaro*, 17 mars 2023. Voir aussi Wally Bordas, *Histoires secrètes de l'Assemblée nationale, coups de sang, intrigues et jeux de pouvoir*, éditions du Rocher, 2024.

[206] Paul Laubacher, « Jordan Bardella, les dessous de son émancipation », *Le Figaro*, 4 septembre 2023.

[207] Pierre Guénin, *Dictionnaire des perles de stars*, Société des écrivains, 2011.

[208] Jean François-Poncet, « Les enjeux de politique étrangère du 16 mars », *Revue des Deux mondes*, mars 1986.

[209] *La Provence*, 7 aout 2024, cité par *Le Canard enchaîné* (14 août 2024), qui ajoute : « Pas du tout son genre ».

[210] Thierry Saussez, *Nous sommes ici par la volonté des médias*, Robert Laffont, 1990.

[211] « Pour les ministres adeptes des "petites phrases", Ayrault promet la porte de sortie, Le Lab Europe 1, 2 septembre 212, https://lelab.europe1.fr/pour-les-ministres-adeptes-des-petites-phrases-ayrault-promet-la-porte-de-sortie-4451.amp

[212] Vincent Michelon, « Michel Barnier à ses ministres : « Pas d'esbroufe », « soyez irréprochables et modestes », TF1 Info, 23 septembre 2024, https://www.tf1info.fr/politique/nouveau-gouvernement-michel-Barnier-a-ses-ministres-pas-d-esbroufe-soyez-irreprochables-et-modestes-2321708.html«

[213] « "Cette situation mérite mieux que des petites phrases" : Michel Barnier juge le contexte budgétaire français "très grave" », *Le Figaro*, 18 septembre 2024, https://www.lefigaro.fr/politique/nouveau-gouvernement-michel-barnier-juge-la-situation-budgetaire-tres-grave-20240918, consulté le 3 février 2025.

[214] « Nord-Pas-de-Calais. Le candidat PS dit "stop" aux "petites phrases" de Valls », *Le Télégramme*, 12 novembre 2015, https://www.letelegramme.fr/france/nord-pas-de-calais-le-candidat-ps-dit-stop-aux-petites-phrases-de-valls-32039.php, consulté le 13 janvier 2024.

[215] AFP, « Régionales: Saintignon (PS) brocarde les sceptiques au sein du gouvernement », *L'Express*, 9 octobre 2015, https://www.lexpress.fr/politique/regionales-saintignon-ps-brocarde-les-sceptiques-au-sein-du-gouvernement_1724087.html, consulté le 13 janvier 2024.

[216] Laurie Moniez et Bastien Bonnefous, « Martine Aubry ne sera pas candidate aux régionales dans le Nord », *Le Monde*, 8 octobre 2015; https://www.lemonde.fr/politique/article/2015/10/09/martine-aubry-s-agace-des-pressions-l-incitant-a-mener-les-regionales-dans-le-nord_4785931_823448.html

[217] Célestine Gentilhomme, « Une surface médiatique au service de l'existence politique », *Le Figaro*, 20 mai 2023.

[218] Articles de M. Jacques Delors, membre du PS, dans *Le Nouvel Observateur* des 5 et 19 octobre 1995, Vie Publique, https://www.vie-publique.fr/discours/224092-jacques-delors-05101995-pour-un-conseil-de-securite-economique, consulté le 27 décembre 2023.

[219] Alice Krieg-Planque et Caroline Ollivier-Yaniv, « Poser les "petites phrases" comme objet d'étude », *Communication & langages*, n° 168, juin 2011, p. 18-23.

[220] Daniel Carton : *« Bien entendu… c'est off »* – *Ce que les journalistes politiques ne racontent jamais*, Paris, Albin Michel, 2003, p. 136.

[221] Voir Michel Le Séac'h, « Martine Aubry déteste les petites phrases – du moins celles des autres », blog Phrasitude, 29 novembre 2016, http://www.phrasitude.fr/2016/11/martine-aubry-deteste-les-petites.html

[222] Voir Fanny Rocher, « Médine invité d'EELV: Sandrine Rousseau considère que son "tweet est antisémite", BFMTV, 22 août 2023, https://www.bfmtv.com/politique/europe-ecologie-les-verts/medine-invite-d-eelv-sandrine-rousseau-considere-que-son-tweet-est-antimesite_AV-202308220230.html, consulté le 20 novembre 2023.

[223] *Le Canard enchaîné*, 30 août 2023.

[224] Les Décodeurs, « Sandrine Rousseau et l'entrecôte, "symbole de virilité" : les faits derrière la polémique », *Le Monde*, 1er septembre 2022, https://www.lemonde.fr/les-decodeurs/article/2022/09/01/sandrine-rousseau-et-l-entrecote-symbole-de-virilite-les-faits-derriere-la-polemique_6139857_4355770.html, consulté le 20 novembre 2023.

[225] Y.R., « Le barbecue "symbole de virilité" : sur LCI, Sandrine Rousseau confie en avoir , "marre" », TF1 info, 22 aouût 2022, https://www.tf1info.fr/politique/video-le-barbecue-symbole-de-virilite-sur-lci-sandrine-rousseau-confie-en-avoir-marre-2230719.html, consulté le 20 novembre 2023.

[226] Anastasia Wolfstirn, « Sandrine Rousseau "caricature de ses idées" ? Pourquoi ses adversaires l'apprécient… », *Gala*, 10 septembre 2022, https://www.gala.fr/l_actu/news_de_stars/sandrine-rousseau-caricature-de-ses-idees-pourquoi-ses-adversaires-lapprecient_501821, consulté le 20 novembre 2023.

[227] Voir Alexis Lalemant, avec Siam Spencer, « Le droit à la paresse est-il légitime ? Le débat s'agite après les propos de Sandrine Rousseau », BFM RMC, 16 septembre 2022, https://rmc.bfmtv.com/actualites/societe/le-droit-a-la-paresse-est-il-legitime-le-debat-s-agite-apres-les-propos-de-sandrine-rousseau_AV-202209160311.html, consulté le 20 novembre 2023.

[228] Voir Pascal Paillardet, « C'est mon homme ! », *La Vie*, 28 septembre 2021, https://www.lavie.fr/idees/chroniques/cest-mon-homme-78072.php, consulté le 20 novembre 2023.

[229] Voir Marcel Robert, « Sandrine Rousseau, l'écologiste anti-vélo », Carfree.fr, 8 juin 2022, http://carfree.fr/index.php/2022/06/08/sandrine-rousseau-lecologiste-anti-velo/, consulté le 20 novembre 2023.

[230] Cité par Anne-Sophie Mercier, « L'écolo de source », *Le Canard enchaîné*, 7 décembre 2022.

[231] « Des Verts priés de la boucler », *Le Canard enchaîné*, 11 février 2015.

[232] Cyprien Caddeo, Emilio Meslet, « Roussel comparé à Doriot : l'insulte qui pourrait tuer la Nupes », *L'Humanité*, 21 septembre 2023, https://www.humanite.fr/politique/fabien-roussel/roussel-compare-a-doriot-linsulte-qui-pourrait-tuer-la-nupes, consulté le 6 janvier 2024.

[233] Sylvain Boulouque, « En comparant Fabien Roussel à Jacques Doriot, Sophia Chikirou a brisé les règles unissant la gauche », Slate, 26 septembre 2023, https://www.slate.fr/story/253922/fabien-roussel-compare-jacques-doriot-collaborationniste-sophia-chikirou-france-insoumise-pcf-gauche-union, consulté le 6 janvier 2024.

[234] Jean-Numa Ducange, Doriot-Déat : se prendre pour Léon Blum, le fantasme éculé de Mélenchon, Marianne, 27 septembre 2023, https://www.marianne.net/agora/humeurs/doriot-deat-se-prendre-pour-leon-blum-le-fantasme-ecule-de-melenchon, consulté le 6 janvier 2024.

[235] L'Édito de Patrick Cohen, « L'extrême droite et la collaboration banalisées ? », La 5, https://www.france.tv/france-5/c-a-vous/saison-15/5290830-l-extreme-droite-et-la-collaboration-banalisees-l-edito-de-patrick-cohen-c-a-vous-22-09-2023.html, consulté le 6 janvier 2024.

[236] Alain Auffray, « Le candidat Juppé "bien dans ses bottes" veut éviter "les petites phrases" », *Libération*, 3 septembre 2016.

[237] Claude Lesme, entretien avec Laurent Wauquiez, *L'Éveil de la Haute-Loire*, 1er septembre 2016, https://www.leveil.fr/puy-en-velay-43000/actualites/laurent-wauquiez-assure-linterim-de-nicolas-sarkozy-a-la-tete-du-grand-parti-de-la-droite_12168174/, consulté le 30 septembre 2021.

[238] Arnaud Folch, « Retailleau, la revanche du "rat des champs" », *Valeurs actuelles*, 9 avril 2015, https://www.valeursactuelles.com/politique/bruno-retailleau-la-revanche-du-rat-des-champs, consulté le 20 novembre 2023

[239] AFP, « Probité: Larcher et Retailleau reprochent à Fillon sa phrase assassine », *L'Express*, 6 septembre 2016. https://www.lexpress.fr/actualites/1/politique/probite-larcher-et-retailleau-reprochent-a-fillon-sa-phrase-assassine_1827617.html, consulté le 20 novembre 2023.

[240] Bruno Retailleau, « La frénésie des annonces masque trop souvent la timidité des réformes », *Le Figaro*, 16 mai 2018.

[241] Marion Mourgue, « Critiqué de toutes parts, Laurent Wauquiez se confie », *Le Figaro*, 11 juin 2018, https://www.lefigaro.fr/politique/2018/06/10/01002-20180610ARTFIG00154-critique-de-toutes-parts-laurent-wauquiez-se-confie.php.

[242] Marion Mourgue, entretien avec François-Xavier Bellamy, *Le Figaro*, 23 janvier 2019.

[243] Ariel Guez, « Éric Ciotti : "C'est la survie de la droite républicaine qui est en jeu" », Public Sénat, 27 mai 2019, https://www.publicsenat.fr/article/politique/eric-ciotti-c-est-la-survie-de-la-droite-republicaine-qui-est-en-jeu-141578.

[244] Anne-Sophie Mercier, « L'assureur qui ne manque pas d'assurance », *Le Canard enchaîné*, 3 février 2021. Xavier Bertrand n'avait pas encore passé cet âge en 2009. « Le Parti socialiste est un parti sans leader, Bayrou est un leader sans parti, ils sont faits pour fusionner », disait-il alors. Ou encore : « "Ça ne doit pas être facile pour Benoît Hamon d'être porte-parole d'un parti qui n'a rien à dire. » Voir Marcelo Wesfreid, « Les snipers de la petite phrase », *L'Express*, 6 août 209, https://www.lexpress.fr/actualite/politique/les-snipers-de-la-petite-phrase_778932.html.

[245] Marion Mourgue, « Le faux plat de Xavier Bertrand », *Le Figaro*, 6 septembre 2021.

[246] Wally Bordas, Emmanuel Galiero et Marion Mourgue, *Le Figaro*, 12-13 février 2022.

[247] Dans un entretien avec Nicolas Demorand sur France Inter le 12 novembre 2019. Voir L'INA éclaire l'actu, Institut national de l'audiovisuel, https://www.ina.fr/ina-eclaire-actu/video/i22046763/valerie-pecresse-un-homme-qui-dit-une-betise-c-est-une-bourde-une-femme-qui, consulté le 23 novembre 2023.

[248] Thomas Poupeau et Cécile Chevallier, « "Des petites Seine-Saint-Denis partout en Ile-de-France" : la phrase de Pécresse émeut la gauche », *Le Parisien*, 27 novembre 2020, https://www.leparisien.fr/seine-saint-denis-93/des-petites-seine-saint-denis-partout-en-ile-de-france-la-phrase-de-valerie-pecresse-emeut-la-gauche-27-11-2020-8410963.php

[249] Wally Bordas, Emmanuel Galiero et Marion Mourgue, *Le Figaro*, 12-13 février 2022.

[250] Chez Pol, « Valérie Pécresse, que la farce soit avec elle », *Libération*, 11 février 2022, https://www.liberation.fr/politique/elections/valerie-pecresse-que-la-farce-soit-avec-elle-20220211_JL6BUM2RR5F6BKHGY7FTLSXRKQ/, consulté le 23 novembre 2023.

[251] « Discours politique, du slogan à la "petite phrase" », entretien avec Christian Delporte, Atlantico, 22 août 2011, https://www.atlantico.fr/article/decryptage/parole-politique-populaire-rentree-politique, consulté le 9 août 2021.

[252] Laurent Borredon, David Revault d'Allonnes, *Valls, à l'intérieur*, Paris, Robert Laffont, 2014, p. 41.

[253] Laurent Wauquiez, *Un Huron à l'Assemblée nationale : petit manuel à l'attention de ceux qui veulent secouer la politique*, Éditions Privé, 2006, p. 81. Cité par Alexandre Esteve, *Le Député français*, thèse de doctorat en droit public, Université de Limoges, 2018, p. 193, http://www.theses.fr/2018LIMO0026

[254] Nathalie Schuck et Valérie Toranian, « Laurent Wauqiez – Moi, président », *Le Point*, 11 mai 2023.

[255] Sarah Belouezzane, Laurent Wauquiez a renoncé à la présidence de LR, ouvrant le jeu et plongeant le parti dans l'incertitude, Le Monde, 19 juillet 2022, https://www.lemonde.fr/politique/article/2022/07/19/presidence-de-lr-le-renoncement-de-laurent-wauquiez-ouvre-le-jeu-et-plonge-le-parti-dans-l-incertitude_6135288_823448.html

[256] Cécile Cornudet, « Edouard Philippe : ma différence à moi », *Les Échos*, 13 novembre 2023, https://www.lesechos.fr/politique-societe/politique/edouard-philippe-ma-difference-a-moi-2028590, consulté le 16 janvier 2024.

[257] Pierre Lepelletier, « Les socialistes anti-Nupes sonnent la révolte », *Le Figaro*, 5 juin 2023. https://www.lefigaro.fr/politique/a-montpellier-les-socialistes-anti-nupes-sonnent-la-revolte-20230604

[258] Voir Nicholas Jones, *Soundbites and spin doctors: How Politicians Manipulate the Media and Vice Versa*, Londres, Cassel, 1995.

[259] Daniel Schneidermann, *Tout va très bien monsieur le ministre*, Belfond, 1987.

[260] Jacques Gerstlé et Christophe Piar, *La communication politique*, 4e éd., Paris, Armand Colin, 2020.

[261] Anne-Sophie Mercier, « L'atchatché de presse », *Le Canard enchaîné*, 29 septembre 2021.

[262] Cité par Bertrand Périer, *Sauve qui parle – Quand la parole change la vie*, JC Lattès, 2021

[263] « Sandrine Rousseau, la candidate qui n'a pas plu aux médias », Acrimed, 4 octobre 2021. https://www.acrimed.org/Sandrine-Rousseau-la-candidate-qui-n-a-pas-plu, consulté le 28 novembre 2023.

[264] Rémi Dodet, « Sandrine Rousseau, le coup d'éclat permanent », *L'Obs*, 28 septembre 2022, https://www.nouvelobs.com/politique/20220928.OBS63805/sandrine-rousseau-le-coup-d-eclat-permanent.html, cité par Anne-Sophie Mercie, « L'amère supérieure », *Le Canard enchaîné*, 5 octobre 2022.

[265] Jacques Julliard, « Au secours, Monsieur Xi Jinping ! », *Le Figaro*, 3 octobre 2022. https://www.lefigaro.fr/vox/politique/jacques-julliard-au-secours-monsieur-xi-jinping-20221002, consulté le 28 novembre 2023.

[266] David McCallam, « Les "petites phrases" dans la politique anglo-saxonne », *Communication & Langages*, n°126, 4ème trimestre 2000. pp. 52-59, http://www.persee.fr/doc/colan_0336-1500_2000_num_126_1_3040, consulté le 2 novembre 2021.

[267] Hillary Rodham Clinton, *What Happened*, New York, Simon & Schuster, 2017.

[268] Jean-François Kahn, *La Pensée unique*, Fayard 1995.

[269] Pierre Lepelletier, « Carole Delga : "La seule union est celle qui veut vraiment gouverner" », *Le Figaro*, 5 juin 2023, https://www.lefigaro.fr/politique/carole-delga-la-seule-union-est-celle-qui-veut-vraiment-gouverner-20230604

[270] *Face à face pour l'Elysée (1ère partie) - Les dinosaures*, film Cécile Cornudet et Benjamin Colmon, LCP, 27 décembre 2020, https://lcp.fr/programmes/face-a-face-pour-l-elysee/face-a-face-pour-l-elysee-1ere-partie-les-dinosaures-45676

[271] Thierry Pfister, « M. Rocard invite à plus de sang-froid ses amis du P.S. », *Le Monde*, 27 novembre 1978, https://www.lemonde.fr/archives/article/1978/11/27/m-rocard-invite-a-plus-de-sang-froid-ses-amis-du-p-s_2996071_1819218.html

[272] Marion Mourgue, « Nasrou : En finir avec les régimes spéciaux ! », *Le Figaro*, 2 février 2023.

[273] Vincent Gibert, « Jean-François Copé déteste les "petites phrases"… ou pas », Huffington Post, 29 août 2012, https://www.huffingtonpost.fr/2012/08/29/jean-francois-cope-petites-phrases-compilation_n_1839646.html, consulté le 30 septembre 2021.

[274] Geoffroy Lejeune, Raphaël Stainville, Tugdual Denis, entretien avec François-Xavier Bellamy, *Valeurs Actuelles,* 23 mai 2109, https://www.valeursactuelles.com/politique/francois-xavier-bellamy-il-y-a-une-immense-inquietude-collective/, consulté le 24 août 2021.

[275] Idem.

[276] « Sandrine Rousseau, la candidate qui n'a pas plu aux médias », Acrimed, 4 octobre 2021. https://www.acrimed.org/Sandrine-Rousseau-la-candidate-qui-n-a-pas-plu, consulté le 28 novembre 2023.

[277] Hillary Rodham Clinton, *What Happened*, New York, Simon & Schuster, 2017, p. 76.

[278] Gaspard Koenig, *Contr'Un – pour en finir avec l'élection présidentielle*, Paris, Éditions de l'Observatoire, 2023.

[279] « Interviews de M. Jacques Delors, membre du bureau national du PS et ancien président de la Commission européenne, à France 2 le 2 mai 1997 et France-Inter le 22 », Vie Publique, https://www.vie-publique.fr/discours/229388-jacques-delors-02051997-les-conditions-de-l-elargissement-de-l-ue, consulté le 27 décembre 2023.

[280] Stuart Soroka et Stephen McAdams, « News, Politics, and Negativity », *Political Communication*, vol. 32, 2015, n° 1, p. 1-22, https://doi.org/10.1080/10584609.2014.881942

[281] Jean Garrigues, *La Tentation du sauveur : histoire d'une passion française*, Paris, Payot, collection Histoire, 2023.

[282] Jean-Jacques Courtine, « Les glissements du spectacle politique », *Esprit*, n° 164 (9), septembre 1990, p. 152-164.

[283] Jacques Attali, « Un débat, pour un mandat », 16 mars 2022, https://www.attali.com/societe/debat/

[284] Theodore Levitt, « Marketing Myopia », *Harvard Business Review*, vol. 38, juillet-août 1960.

[285] Voir Florentin Collomp et Laure Mandeville, « Les "spin doctors" d'Obama s'exportent en Grande-Bretagne », *Le Figaro*, 4-5 avril 2015.

[286] Christ'l De Landtsheer, Philippe De Vries et Dieter Vertessen, « Political Impression Management: How Metaphors, Sound Bites, Appearance Effectiveness, and Personality Traits Can Win Elections », *Journal of Political Marketing*, vol. 7, n° 3-4, 2008. https://www.tandfonline.com/doi/full/10.1080/15377850802005083, consulté le 18 novembre 2023.

[287] Sergei Guriev et DanielTreisman, *Spin Dictators – le nouveau visage de la tyrannie au XXIe siècle*, Éditions Payot et Rivages, Paris, 2023, p. 40.

[288] Ben M. Tappin et Luke R. Hewitt, L., « Estimating the Persistence of Party Cue Influence in a Panel Survey Experiment », *Journal of Experimental Political Science,* 23 août 2021, p. 1-12, doi:10.1017/XPS.2021.22

[289] Rune Slothuus et Martin Bisgaard, « How Political Parties Shape Public Opinion in the Real World », *American Journal of Political Science*, vol. 65, n° 4, octobre 2021, p. 896-911, https://doi.org/10.1111/ajps.12550.

[290] Pierre Lepelletier, « Mélenchon veut gagner la bataille des idées », *Le Figaro*, 22 février 2021.

[291] Laurent Telo, « Anne Hidalgo officialise son programme présidentiel dans un contexte de tensions interne », *Le Monde*, 13 janvier 2022, https://www.lemonde.fr/election-presidentielle-2022/article/2022/01/13/anne-hidalgo-officialise-son-programme-presidentiel-dans-un-contexte-de-tensions-internes_6109257_6059010.html, consulté le 22 novembre 2023.

[292] « Présidentielle 2022 : Anne Hidalgo présente son projet et confirme sa candidature », *La Croix*, 13 janvier 2022, https://www.la-croix.com/France/Presidentielle-2022-Anne-Hidalgo-presente-projet-confirme-candidature-2022-01-13-1201194700, consulté le 22 novembre 2023.

[293] Emmanuel Galiero, « Michel Barnier affine sa vision du pouvoir », *Le Figaro*, 15 novembre 2021.

[294] Pierre Lepelletier, « Chez les écologistes, les balles fusent en silence », *Le Figaro*, 21 août 2021.

[295] Raphaël Haddad, « Le discours de meeting électoral : rituel d'affrontement, médiatisations, communication politique. Analyse du discours de meeting électoral pour l'élection présidentielle française (2002, 2007, 2012) ». Thèse de linguistique, université de Paris-Est, 2017. https://tel.archives-ouvertes.fr/tel-01935620, consulté le 28 février 2025.

[296] Voir par exemple, https://www.youtube.com/watch?v=a1r8Ad6nFSA.

[297] Emmanuel Macron, « J'ai rencontré Paul Ricœur qui m'a rééduqué sur le plan philosophique », entretien avec Éric Fottorino, Laurent Greilsamer et Adèle Van Reeth, *Le 1*, n° 64, 8 juillet 2015, https://le1hebdo.fr/journal/macron-un-philosophe-en-politique/64/article/j-ai-rencontr-paul-ricoeur-qui-m-a-rduqu-sur-le-plan-philosophique-1067.html, consulté le 27 septembre 2023. Voir aussi : Rémi Noyon, « Macron regrette le roi, mais pas que... », *L'Obs*, 9 juillet 2015, https://www.nouvelobs.com/rue89/rue89-politique/20150709.RUE9815/macron-regrette-le-roi-mais-pas-que.html

[298] Alexandre Lemarié, « Macron et son programme au compte-gouttes », *Le Monde*, 9 mars 2022, https://www.lemonde.fr/election-presidentielle-2022/article/2022/03/09/presidentielle-2022-macron-et-son-programme-au-compte-gouttes_6116696_6059010.html, consulté le 23 novembre 2023.

[299] Loïc Philip, *Histoire de la pensée politique en France : de 1789 à nos jours*, Paris, Economica, 2ᵉ éd. 1998.

[300] Jean Garrigues, *La Tentation du sauveur : histoire d'une passion française*, Paris, Payot, collection Histoire, 2023.

[301] Conseil constitutionnel, « Histoire de l'idée du référendum », https://www.conseil-constitutionnel.fr/la-constitution/histoire-de-l-idee-du-referendum. La phrase citée est du juriste québécois Patrick Taillon, auteur de *Le référendum expression directe de la souveraineté du peuple ? : essai critique sur la rationalisation de l'expression référendaire en droit comparé*, Paris, Dalloz, 2012.

[302] Gaspard Koenig, *Contr'Un – pour en finir avec l'élection présidentielle*, Paris, Éditions de l'Observatoire, 2023.

[303] Petro Tolochko, Hyunjin Song et Hajo Boomgaarden, « "That Looks Hard!": Effects of Objective and Perceived Textual Complexity on Factual and Structural Political Knowledge », *Political Communication*, vol. 36, 2019, n° 4, https://doi.org/10.1080/10584609.2019.1631919, consulté le 11 août 2021.

[304] Jacques Seguela, *Le Pouvoir dans la peau*, Plon, 2011.

[305] Olivier Duhamel, *Les Mots de Macron*, 2ᵉ éd., Paris, Dalloz, 2019.

[306] Rédaction, Europe1, « "Fainéants", "pas réformable" : des "phrases sorties de leur contexte", regrette Macron », 21 septembre 2017, https://www.europe1.fr/politique/faineants-pas-reformable-des-phrases-sorties-de-leur-contexte-regrette-macron-3441683.

[307] « "L'obligé" de Hollande : Macron déplore "une phrase sortie de son contexte" », *Le Journal du dimanche*, 22 avril 2016, https://www.lejdd.fr/Politique/L-oblige-de-Hollande-Macron-deplore-une-phrase-sortie-de-son-contexte-782141, consulté le 23 novembre 2023.

[308] AFP, « Pour Macron, les polémiques sont dues à des "phrases sorties de leur contexte" », *Le Point*, 21 septembre 2017, https://www.lepoint.fr/politique/pour-macron-les-polemiques-sont-dues-a-des-phrases-sorties-de-leur-contexte-21-09-2017-2158601_20.php, consulté le 19 décembre 2023.

[309] « "Je ne suis pas le personnage qu'on a voulu caricaturer", affirme Macron », *Le Parisien*, 28 février 2019, https://www.leparisien.fr/politique/je-ne-suis-pas-le-personnage-qu-on-a-voulu-caricaturer-affirme-macron-28-02-2019-8022513.php, consulté le 19 décembre 2023.

[310] « 14 juillet : l'interview du président Emmanuel Macron », 14 juillet 2020, site web de l'Élysée, https://www.elysee.fr/emmanuel-macron/2020/07/14/14-juillet-2020-interview-president-de-la-republique, consulté le 23 novembre 2023.

311 Voir Michel Le Séac'h, « Les petites phrases de Macron : sorties de leur contexte... ou entrées dedans ? », blog Phrasitude, 17 juillet 2020, https://www.phrasitude.fr/2020/07/les-petites-phrases-de-macron-sorties.html.

312 J.F. « Sur TF1 et LCI, Emmanuel Macron regrette certaines de ses petites phrases "terriblement blessantes" », TF1 Info, 16 décembre 2021,https://www.tf1info.fr/politique/emmanuel-macron-sur-tf1-et-lci-dit-regretter-certaines-de-ses-petites-phrases-terriblement-blessantes-pendant-sa-presidence-2204700.html, consulté le 28 novembre 2023.

313 BFMTV, « "Emmerder" les non-vaccinés: une citation "sortie de son contexte" selon Emmanuel Macron », https://www.youtube.com/watch?v=X5Cmyzxua9A, consulté le 19 décembre 2023.

314 Xuan Thai et Ted Barrett, « Biden's description of Obama draws scrutiny », CNN, 9 février 2007, https://edition.cnn.com/2007/POLITICS/01/31/biden.obama/, consulté le 1er septembre 2021.

315 Stephan Lewandowsky, Ullrich K. H. Ecker, Colleen M. Seifert, Norbert Schwarz et John Cook, « Misinformation and Its Correction: Continued Influence and Successful Debiasing », *Psychological Science in the Public Interest*, n° 13(3), 2012, p. 106-131. DOI: 10.1177/1529100612451018, consulté le 1er septembre 2021.

316 Benjamin Constant, *Principes de politique, applicables à tous les gouvernements représentatifs et particulièrement à la constitution actuelle de la France*, Paris, Alexis Eymery, mai 1815.

317 Patrick Brasart, « Petites phrases et grands discours (Sur quelques problèmes de l'écoute du genre délibératif sous la Révolution française) ». *Mots – Les langages du politique*, septembre 1994, n°40, p. 106-112.

318 Voir texte du discours de 11 germinal an II (31 mars 1794) sur Wikisource, https://fr.wikisource.org/wiki/Discours_lors_de_la_s%C3%A9ance_de_la_Convention_du_11_germinal_an_II, consulté le 25 novembre 2023.

319 Hervé Gattegno, entretien sur RMC le 2 mai 2012. Voir https://www.lepoint.fr/politique/sarkozy-hollande-le-debat-qui-ne-sert-a-rien-02-05-2012-1457185_20.php, consulté le 16 novembre 2023. Voir aussi Jean Massot, *La Présidence de la République en France: vingt ans d'élection au suffrage universel 1965-1985*, Notes et études documentaires, n° 4801, Paris, La Documentation française, 1986, p. 98, ou François-Georges Maugarlone, *Histoire personnelle de la Ve République*, Paris, Fayard, 2008, ch. VI.

320 Radio France, revue de presse, 1er mai 2007, https://www.radiofrance.fr/franceinter/podcasts/la-revue-de-presse/petites-phrases-de-campagne-4977413, consulté le 16 novembre 2023.

321 Voir par exemple Philippe Jarrassé, « Il y a des idées c'est bien », *L'Est Républicain*, 29 septembre 2011, https://www.estrepublicain.fr/actualite/2011/09/29/il-y-a-des-idees-c-est-bien, consulté le 17 décembre 2024.

322 Carole Hooven interrogée par Eugénie Bastié, « La testostérone explique la différence des sexes », *Le Figaro*, 24 juillet 2024.

[323] Guillaume Tabard, *Le Figaro*, 13 septembre 2021.

[324] Alain Duhamel, *Emmanuel le hardi*, Paris, Les Éditions de l'Observatoire, 2021, p. 97.

[325] A.K., « Sarkozy sur Hollande : il terminera avec du goudron et des plumes », BFM TV, 19 septembre 2014, https://www.bfmtv.com/politique/sarkozy-sur-hollande-il-ter-minera-avec-du-goudron-et-des-plumes_AN-201409190037.html, consulté le 23 août 2021.

[326] François Luchaire, *Pouvoirs*, n° 91, novembre 1999, p. 119-125, cité par Michaeël Dromard, *Les doctrines institutionnelles des Responsables Politiques Français vis à vis de la notion de Cohabitation au cours de la 5 ème République : 1958-2017*, thèse de doctorat, Université Paris II Panthéon-Assas, https://docassas.u-pa-ris2.fr/nuxeo/site/esupversions/f323cc34-6483-4374-98f3-3dc4c290c900?inline, consulté le 16 septembre 2021.

[327] Madeleine Wyatt, Jo Silvester, "Do voters get it right? A test of the ascription-actual-ity trait theory of leadership with political elites", *The Leadership Quarterly*, volume 29, n° 5, octobre 2018, p. 609-621, https://www.sciencedirect.com/science/arti-cle/abs/pii/S1048984317301650, consulté le 23 novembre 2023.

[328] Janka I. Stoker ,Harry Garretsen,Luuk J. Spreeuwers, « The Facial Appearance of CEOs: Faces Signal Selection but Not Performance », PLoS ONE 11(7), 27 juillet 2016, https://doi.org/10.1371/journal.pone.0159950, consulté le 23 novembre 2023.

[329] P.L. « Guiraud, Insoumis médiatique », *Le Figaro*, 15 octobre 2021.

[330] Laura Goldberger-Bagalino, *Le Web politique – l'espace médiatique des candidats de la présidentielle*, thèse de doctorat, Université Paris Nanterre, https://www.theses.fr/2017PA100177/document, consulté le 17 novembre 2023.

[331] Christian Le Bart, « La communication négative intra-partisane : trahir son candi-dat ? », *Questions de communication*, n°38, 2020, p. 219-238. http://journals.opene-dition.org/questionsdecommunication/23954, consulté le 29 novembre 2023.

[332] « La guerre des petites phrases a repris au P.S. », *Ouest-France*, 28 janvier 2011, https://roubaix.maville.com/actu/actudet_-la-guerre-des-petites-phrases-a-repris-au-ps_13169-1671698_actu.Htm, consulté le 23 août 2021.

[333] « Cahuzac : sa petite phrase assassine sur François Hollande », Atlantico, 15 mai 2013, https://atlantico.fr/article/pepite/cahuzac--sa-petite-phrase-assassine-sur-francois-hollande, consulté le 30 novembre 2023.

[334] Megane Bellee, « Nicolas Sarkozy agacé par Valérie Pécresse : sa petite phrase as-sassine », *Gala*, 3 février 2022, https://www.gala.fr/l_actu/news_de_stars/nicolas-sar-kozy-agace-par-valerie-pecresse-sa-petite-phrase-assassine_486335, consulté le 30 novembre 2023.

[335] Idem.

[336] Lucas Jakubowitz, «Politique : les pires "petites phrases" de 2021 », *Décideurs ma-gazine*, 20 décembre 2021.

[337] « La petite phrase de Nicolas Hulot qui gâche la fête des écologistes », *Le Progrès*, 5 juin 2011, https://www.leprogres.fr/france-monde/2011/06/05/la-petite-phrase-de-nicolas-hulot-qui-gache-la-fete-des-ecologistes, consulté le 28 novembre 2023.

[338] Marie-Pierre Haddad, Présidentielle 2027 : Emmanuel Macron a-t-il adoubé Édouard Philippe ?, RTL, 26 juillet 2023, https://www.rtl.fr/actu/politique/presidentielle-2027-emmanuel-macron-a-t-il-adoube-edouard-philippe-7900284670

[339] Sébastien Schneegans, « "C'est un ami" » : le cadeau empoisonné de Macron à Philippe », *Le Point,* 25 juillet 2023, https://www.lepoint.fr/politique/c-est-un-ami-le-cadeau-empoisonne-de-macron-a-philippe-25-07-2023-2529497_20.php, consulté le 28 novembre 2023.

[340] Daniel Bougnoux, « "Cow-boys" et jardiniers : le marché mondial contre l"'identité française" ? », *Esprit (1940-)*, n°219, 3, mars 1996, p. 104-114.

[341] Le HuffPost avec AFP, « Cette phrase d'Élisabeth Borne va faire frémir de nombreux ministres », HuffPost, 15 juin 2023, https://www.huffingtonpost.fr/politique/article/cette-phrase-d-elisabeth-borne-va-faire-fremir-de-nombreux-ministres_219262.html, consulté le 10 décembre 2023.

[342] Sergei Gouriev et Daniel Treisman, *Spin dictators - Le nouveau visage de la tyrannie au XXIe siècle*, Payot Paris 2023.

[343] Michel Barnier, *Vers une mer inconnue,* Hachette Pluriel, 1994.

[344] Jean Quatremer, « Michel Barnier, un mister Brexit bien peu anglophile », *Libération*, 27 juillet 2016, https://www.liberation.fr/planete/2016/07/27/michel-Barnier-un-mister-brexit-bien-peu-anglophile_1468933/

[345] John R.E. Bliese, « Rhetoric and morale: a study of battle orations from the central middle ages », *Journal of Medieval History*, vol. 15, 1989, n° 3, p. 201-226, https://doi.org/10.1016/0304-4181(89)90020-1, consulté le 2 août 2021.

[346] Voir https://www.historia.fr/%C2%ABla-france-perdu-une-bataille-mais-la-france-na-pas-perdu-la-guerre%C2%BB-de-gaulle-1940#, consulté le 1er août 2021.

[347] Voir http://www.aparchive.com/metadata/youtube/1e91762d683b3405325b6b9760a096da, consulté le 30 juillet 2021.

[348] D.T. Max, « The Making of the Speech », *New York Times*, 7 octobre 2001, https://www.nytimes.com/2001/10/07/magazine/the-making-of-the-speech.html, consulté le 30 juillet 2021.

[349] Idem.

[350] Philippe Moreau-Chevrolet, « Marche républicaine: François Hollande s'est-il "présidentialisé" ce dimanche ? », blog Huffington Post, 12 janvier 2015, huffingtonpost.fr/philippe-moreau-chevrolet/marche-republicaine-francois-hollande-presidentiable_b_6453820.html.

[351] Voir https://www.youtube.com/watch?v=-ZW6hpeKuD4, consulté le 30 juillet 2021.

[352] Voir https://www.elysee.fr/front/pdf/elysee-module-13537-fr.pdf, consulté le 5 août 2021.

[353] Voir l'enregistrement de France 24 sur YouTube. https://www.youtube.com/watch?v=JY7aQdrSSZ8. Consulté le 21 mai 2021.

[354] Voir la vidéo de CNews. https://www.youtube.com/watch?v=KfK7NoCYY6A. Consulté le 1er décembre 2023.

[355] Voir texte intégral sur le site web de l'Élysée : https://www.elysee.fr/emmanuel-macron/2020/03/12/adresse-aux-francais. Consulté le 22 mai 2021.

[356] Voir par exemple Jana Randow and Alessandro Speciale, « 3 Words and $3 Trillion: The Inside Story of How Mario Draghi Saved the Euro », Bloomberg, 27 novembre 2018, https://www.bloomberg.com/news/features/2018-11-27/3-words-and-3-trillion-the-inside-story-of-how-mario-draghi-saved-the-euro

[357] Voir texte intégral sur le site web de l'Élysée : https://www.elysee.fr/emmanuel-macron/2020/03/16/adresse-aux-francais-covid19. Consulté le 16 novembre 2021.

[358] Voir Damien Déias, « Petites phrases en temps de pandémie », *The Conversation*, 25 mai 2020. https://theconversation.com/petites-phrases-politiques-en-temps-de-pandemie-138880. Consulté le 16 mai 2021.

[359] Guillaume Tabard, « La popularité est-elle un capital électoral ? », *Le Figaro*, 1er septembre 2021.

[360] Voir texte intégral sur le site web de l'Élysée : https://www.elysee.fr/emmanuel-macron/2020/04/13/adresse-aux-francais-13-avril-2020. Consulté le 16 mai 2021.

[361] Cité par Lea Ouzan, « Emmanuel Macron est "redescendu sur terre": Jupiter, c'est fini ? », *Gala*, 24 avril 2020. https://www.gala.fr/l_actu/news_de_stars/emmanuel-macron-est-redescendu-sur-terre-jupiter-cest-fini_447178. Consulté le 16 mai 2021.

[362] Voir https://www.elysee.fr/emmanuel-macron/2020/04/13/adresse-aux-francais-13-avril-2020

[363] Voir par exemple Xavier Demagny, « "Nous retrouverons les jours heureux" : ces fois où l'exécutif a évoqué le retour à la "vie normale" », France Inter, 2 avril 2021. https://www.franceinter.fr/politique/nous-retrouverons-les-jours-heureux-ces-fois-ou-l-executif-a-evoque-le-retour-a-la-vie-normale. Consulté le 23 mai 2021.

[364] Voir le texte complet sur https://www.lefigaro.fr/politique/le-scan/2014/04/08/25001-20140408ARTFIG00071-le-discours-d-andre-malraux-au-pantheon.php, consulté le 16 juillet 2021.

[365] Philippe Belaval, « Pour faire entrer le peuple au Panthéon – Rapport à Monsieur le Président de la République », https://www.vie-publique.fr/sites/default/files/rapport/pdf/134000736.pdf, consulté le 19 juillet 2021.

[366] Daniel Schneidermann, *L'Obs/Rue89*, 28 mai 2015. https://www.nouvelobs.com/rue89/rue89-le-915-darret-sur-images/20150528.RUE9226/pantheon-malraux-1-hollande-0.html, consulté le 16 juillet 2021.

[367] Philippe Moreau-Chevrolet, « Hollande au Panthéon : Entre ici, 2017 », blog Huffington Post, 28 mai 2015, https://www.huffingtonpost.fr/philippe-moreau-chevrolet/francois-hollande-pantheon_b_7457336.html, consulté le 10 août 2021.

[368] Nancy Freeman Regalado, « Le porcher au palais : Kalila et Dimma, le Roman de Fauvel, Machaut et Boccace », *Études littéraires*, vol. 31, n°2, hiver 1999, https://id.erudit.org/iderudit/501238ar, consulté le 20 octobre 2023.

[369] « Discours politique, du slogan à la "petite phrase" », entretien avec Christian Delporte, Atlantico, 22 août 2011, https://www.atlantico.fr/article/decryptage/parole-politique-populaire-rentree-politique, consulté le 9 août 2021.

[370] Voir Michel Le Séac'h, *La Petite phrase*, Paris, Eyrolles, 2015, p. 121-123.

[371] Voir « Ronald Reagan for President "Let's Make America Great Again" 1980 », YouTube, https://www.youtube.com/watch?v=SbfzwycHOcY.

[372] Voir « Bill Clinton Make America Great Again », YouTube, https://www.youtube.com/watch?v=_vAHv8KfZC4.

[373] Guillaume Debré, *Je twitte donc je suis -- L'art de gouverner selon Donald Trump*, Paris, Fayard, 2020.

[374] Sophie Huet, *Tout ce que vous direz pourra être retenu contre vous... ou les petites phrases du septennat*, Jean Picollec, 1981.

[375] Marcel Camus, « Commentaire sur *Sur une philosophie de l'expression* de Brice Parain », Essais, La Pléiade, p. 1672.

[376] Gustave Le Bon, *Psychologie des foules*, Paris, Félix Alcan, 1895, p. 92.

[377] [377] Nancy Freeman Regalado, « Le porcher au palais : Kalila et Dimma, le Roman de Fauvel, Machaut et Boccace », *Études littéraires*, vol. 31, n°2, hiver 1999, https://id.erudit.org/iderudit/501238ar, consulté le 20 octobre 2023.

[378] Voir l'étonnante thèse de doctorat de Clémentine Fourrier, « Neural Approches to Historical Word Reconstruction », Computation and Language [cs.CL]. Université PSL (Paris Sciences & Lettres), 2022, https://inria.hal.science/tel-03793299/preview/thesis.pdf.

[379] Jean-François de Gondi, cardinal de Retz, *Mémoires*, vol. 4, Amsterdam, Jean-Frédéric Bernard, 1717, p. 386.

[380] Nicolas Sarkozy et Sylvain Tesson, propos recueillis par Martin Bernier et Vincent Trémolet de Villiers, Le Figaro, 18 septembre 2023.

[381] Paul Ricœur, *La mémoire, l'histoire, l'oubli*, Paris, Éditions du Seuil, collection Points, 2000, p. 309.

[382] Simon Sinek, *Le Jeu infini*, Paris, Pearson, 2020.

[383] Voir Michel Le Séac'h, *La Petite phrase*, Paris, Eyrolles, 2015, p. 69.

[384] Voir Andrea Seibel, « En Allemagne, les mots historiques se font rares », *Le Figaro*, 5 septembre 2016, https://www.lefigaro.fr/vox/monde/2016/09/04/31002-20160904ARTFIG00124-en-allemagne-les-mots-historiques-se-font-rares.php, consulté le 30 septembre 2021.

[385] « L'écriture médiatique. Entretien avec Jacques Pilhan », *Le Débat*, 1995/5, n° 87, p. 3-15.

[386] « Aus drei Anekdoten ist es möglich, das Bild eines Menschen zu geben ». Friedrich Nietzsche, *La Philosophie à l'époque tragique des Grecs*, trad. Michel Haar et Marc de Launay, Paris, Gallimard, 2000.

[387] Jean-Bruno Renard, « La construction de l'image des hommes politiques par le folklore narratif. Anecdotes, rumeurs, légendes, histoires drôles », *Mots. Les langages du politique*, 92, 2010. http://journals.openedition.org/mots/19418, consulté le 29 juillet 2021. Voir aussi Jean-Bruno Renard, « De l'intérêt des anecdotes », *Sociétés*, 2011/4, n° 114, https://www.cairn.info/revue-societes-2011-4-page-33.htm, consulté le 29 juillet 2021.

[388] Stendhal, *Racine et Shakespeare – Études sur le romantisme*, Garnier Flammarion, 1970, p. 213.

[389] Patrick Brasart, « Petites phrases et grands discours (Sur quelques problèmes de l'écoute du genre délibératif sous la Révolution française) ». *Mots*, septembre 1994, n°40, p. 108.

[390] Guy de Maupassant, « Ayez donc de l'esprit », *Le Gaulois*, 2 janvier 1884, http://maupassant.free.fr/chroniques/ayez.html. Voir aussi Guy de Maupassant, *Sur l'eau*, Paris, Paul Ollendorf, 1888.

[391] Idem.

[392] Jean-Christian Petitfils, *Henri IV*, Paris, Perrin, 2021.

[393] Alfred Potier de Courcy, *L'Honneur*, Paris, C. Douniol, 1858, p. 44.

[394] Cité par Louis Marin, *Le Portrait du roi*, Paris, Les Éditions de Minuit, 1981.

[395] Pierre Nora, *Les Lieux de mémoire*, Gallimard, 1984.

[396] David McCallam, « Les "petites phrases" dans la politique anglo-saxonne », *Communication et langages*, n° 126, 4ᵉ trim. 2000, https://www.persee.fr/doc/colan_0336-1500_2000_num_126_1_3040

[397] Emmanuel Faux, Thomas Legrand, Gilles Perez, *Plumes de l'ombre : les nègres des hommes politiques*, Paris, Ramsay, 1991.

[398] Michelle Stein Teer, « What makes a speech effective? Netanyahu's and Obama's SPECtrum of Rhetoric Intelligences (SPEC/RI) in United Nations speeches 2009-2012 », in *The Rhetoric of Political Leadership: Logic and Emotion in Public Discourse*, sous la dir. d'Ofer Feldman, Cheltenham, Edward Elgar Publishing, 2020, p. 35.

[399] Voir Ozen Bas et Maria Elizabeth Grabe, article « Sound Bite » dans *The International Encyclopedia of Political Communication*, G. Mazzoleni (dir.), doi:10.1002/9781118541555.wbiepc063 : « un *sound bite* est un segment audiovisuel dans lequel on peut voir et entendre un orateur ».

[400] Idem.

[401] Craig Fehrman, The incredible shrinking sound bite, *The Boston Globe*, 2 janvier 2011, https://archive.boston.com/bostonglobe/ideas/articles/2011/01/02/the_incredible_shrinking_sound_bite/

[402] Bruno Patino, *La Civilisation du poisson rouge : petit traité sur le marché de l'attention*, Paris, Le Livre de poche, 2020.

[403] Wolfgang Mieder, *Proverbs. A Handbook*, Londres, Greenwood Press, 2004.

[404] Sur 1 956 proverbes colligés en ligne ; voir https://fr.wiktionary.org/wiki/Annexe:Liste_de_proverbes_fran%C3%A7ais

[405] « Discours politique, du slogan à la "petite phrase" », entretien avec Christian Delporte, Atlantico, 22 août 2011, https://www.atlantico.fr/article/decryptage/parole-politique-populaire-rentree-politique, consulté le 9 août 2021.

[406] Giorgio da Empoli, dialogue avec Bruno Le Maire, recueilli par Alexandre Devecchio, *Le Figaro*, 30 mai 2023.

[407] Voir Kelly Céleste Vossen, « Le cadrage politique et l'*ethos* de Justin Trudeau sur Instagram : un *storytelling* héroïque entre émotion et *celebrity politics* », *Communiquer*, n° 26, 2019, https://doi.org/10.4000/communiquer.4309

[408] Grand Jury RTL-LCI –Le Figaro, 7 févier 2021.

[409] David Colon, *Propagande – La manipulation de masse dans le monde contemporain*, Paris, 2019/édition Champs Flammarion, 2021, p. 167.

[410] Cité par Claudia Cohen, « Dans les coulisses du "media training" des candidats aux élections européennes », *Le Figaro*, 29 avril 2024.

[411] Christophe Barbier, *Les derniers jours de François Mitterrand*, Grasset, 2015.

[412] Voir par exemple « Salon de l'agriculture : les 10 phrases cultes des politiques », *La Voix du Nord*, 21 février 2020, https://www.lavoixdunord.fr/713451/article/2020-02-21/salon-de-l-agriculture-les-10-phrases-cultes-des-politiques, consulté le 4 décembre 2023.

[413] Michaël Moreau, *Les Plumes du pouvoir*, Paris, Plon, 2020.

[414] L'Expansion.com avec AFP, Emmanuel Macron enfile les petites phrases polémiques comme des perles, 8 juillet 2015, https://www.lexpress.fr/economie/emmanuel-macron-enfile-les-petites-phrases-polemiques-comme-des-perles_1697350.html, consulté le 4 décembre 2023.

[415] Eliot Blondet et Paul Larrouturou, *Élysée confidentiel*, Paris, Flammarion 2021, p. 35.

[416] Guillaume Tabard, « Le volontarisme corrigé du président Macron », *Le Figaro*, 1er janvier 2018, https://www.lefigaro.fr/politique/2018/01/01/01002-20180101ART-FIG00086-guillaume-tabard-le-volontarisme-corrige-du-president-macron.php, consulté le 2 mai 2021.

[417] Voir par exemple Baptiste Legrand, « Europe, SDF, migrants… Ce qu'il faut retenir des premiers vœux d'Emmanuel Macron », *L'Obs*, 31 décembre 2017, https://www.nouvelobs.com/politique/20171231.OBS9983/europe-sdf-migrants-ce-qu-il-faut-retenir-des-premiers-v-ux-d-emmanuel-macron.html. Consulté le 2 mai 2021.

[418] Voir vidéo sur YouTube, https://www.youtube.com/watch?v=2NxSiDmA1Cc. Consulté le 2 mai 2021.

[419] Michaël Moreau, *Les Plumes du pouvoir*, Paris, Plon, 2020.

[420] « "Make our planet great again" Macron bat le record de retweets détenu par Hanouna », LCI, 3 juin 2017, https://www.lci.fr/politique/make-our-planet-great-again-emmanuel-macron-bat-le-record-de-retweets-detenu-par-cyril-hanouna-2054118.html

[421] https://www.makeperiodsgreatagain.com/

[422] Michaël Moreau, *Les Plumes du pouvoir*, Paris, Plon, 2020.

[423] Voir son texte intégral sur le site web de l'Élysée : https://www.elysee.fr/emmanuel-macron/2019/04/25/conference-de-presse-grand-debat-national. Consulté le 4 janvier 2025.

[424] https://www.elysee.fr/emmanuel-macron/2019/04/25/conference-de-presse-grand-debat-national. Consulté le 4 janvier 2025.

[425] « Avec son "Art d'être Français", Macron suscite questions et railleries », *L'Express*, 25 avril 2019, https://www.lexpress.fr/politique/avec-son-art-d-etre-francais-macron-suscite-questions-et-railleries_2074893.html, consulté le 9 décembre 2023.

[426] Arnaud Benedetti, « L'art d'être français d'Emmanuel Macron : plus d'humanité affichée dans les mots, pas assez de chair dans le discours », *Atlantico*, 26 avril 2019. https://www.atlantico.fr/article/decryptage/l-art-d-etre-francais-d-emmanuel-macron--plus-d-humanite-affichee-dans-les-mots-pas-assez-de-chair-dans-le-discours-arnaud-benedetti. Consulté le 9 mai 2021.

[427] Voir https://en-marche.fr/articles/actualites/agriculture-emmanuel-macron-1. Consulté le 18 mai 2021.

[428] Michel Onfray, *L'Art d'être français*, Paris, Bouquins, 2021.

[429] Geoffrey Avé et Juliette Osdoit, "Emmanuel Macron aux vignerons : « Vous êtes des métiers d'art qui nous permettent de rayonner à travers le monde », *La Revue du vin de France*, 6 janvier 2022, https://www.larvf.com/emmanuel-macron-aux-vignerons-vous-etes-des-metiers-d-art-qui-nous-permettent-de-rayonner-a-travers-le-monde,4778743.asp. Discours du président de la République en l'honneur de la communauté française résidente aux États-Unis lors de l'inscription de la baguette française dans le patrimoine immatériel de l'Unesco, 30 novembre 2022, https://www.elysee.fr/emmanuel-macron/2022/11/30/discours-du-president-de-la-republique-en-lhonneur-de-la-communaute-francaise-residente-aux-etats-unis. Discours pour la célébration du millénaire de l'abbaye du Mont Saint-Michel, 5 juin 2023, https://www.elysee.fr/emmanuel-macron/2023/06/05/celebration-du-millenaire-de-labbaye-du-mont-saint-michel. Sources consultées le 4 janvier 2025.

[430] Philippe de Villiers et Eliot Deval, CNews, 17 mai 2024, https://www.cnews.fr/emission/2024-05-17/face-philippe-de-villiers-emission-du-17052024-1498847

[431] « Top 100 American Speeches of the 20th Century », https://news.wisc.edu/archive/misc/speeches/, consulté le 30 novembre 2023.

[432] Cf. Stuart Soroka et Stephen McAdams, « News, Politics and Negativity », *Political Communication*, 32, p. 1-22, 2015.

[433] Michel Noblecourt, « Martine, Ségolène, Arnaud et les autres », *Le Monde*, 2 avril 2012, https://www.lemonde.fr/idees/article/2012/04/02/martine-segolene-arnaud-et-les-autres_1679089_3232.html, consulté le 28 décembre 2023.

[434] Voir par exemple Les Décodeurs, « Attention à cette citation décontextualisée du professeur Caumes sur les effets indésirables des vaccins », *Le Monde*, 13 janvier 2021, https://www.lemonde.fr/les-decodeurs/article/2021/01/13/attention-a-cette-citation-de-contextualisee-du-professeur-caumes-sur-les-effets-indesirables-des-vaccins_6066122_4355770.html, consulté le 22 décembre 2023.

[435] Jacques Silvestre de Sacy, *Le Maréchal de Mac Mahon, duc de Magenta (1808-1893)*, Paris, Les Éditions internationales, 1960.

[436] Eugène Labiche et Alfred Delacour, *Le Voyage en Chine, opéra-comique en 3 actes*, Paris, E. Dentu, 1865, p. 84.

[437] Emmanuel Arène, « Comment on écrit l'histoire », *Les Annales politiques et littéraires,* 27 mai 1900, sur Gallica : https://gallica.bnf.fr/ark:/12148/bpt6k5852474m/f2.item, consulté le 20 septembre 2021. Voir aussi article Patrice de Mac Mahon dans Wikiquote, https://fr.wikiquote.org/wiki/Patrice_de_Mac_Mahon, consulté le 5 août 2021. Voir aussi Daniel Lacotte, *Les Tribuns célèbres de l'histoire*, Paris, Albin Michel, 2010.

[438] Voir vidéo de l'Institut national de l'audiovisuel, https://www.ina.fr/video/I09082529/segolene-royal-qui-vient-sur-la-grande-muraille-conquiert-la-bravitude-video.html, consulté le 6 août 2021.

[439] Bernard Gwertzman, « Ford Denies Moscow Dominates East Enrope », *The New York Times*, 7 octobre 1976, https://www.nytimes.com/1976/10/07/archives/ford-denies-moscow-dominates-east-europe-carter-rebuts-him-ford.html, consulté le 14 septembre 2021. David A. Graham dénie que cette gaffe ait eu un effet électoral : « The Myht of Gerald Ford's Fatal 'Soviet Domination' Gaffe », *The Atlantic*, 2 août 2016, https://www.theatlantic.com/politics/archive/2016/08/the-myth-of-gerald-fords-disastrous-soviet-domination-gaffe/493958/, consulté le 14 septembre 2021.

[440] Aahmer Madhani et Stephen Gruber-Miller, « Joe Biden is a self-described 'gaffe machine.' So far, Democratic voters don't seem to mind », *USA Today*, 6 septmbre 2019, https://eu.usatoday.com/story/news/politics/elections/2019/09/06/2020-democrats-joe-biden-prone-gaffes-but-doesnt-seem-voters-care/2225251001/, consulté le 23 juillet 2021.

[441] Xuan Thai et Ted Barrett, « Biden's description of Obama draws scrutiny », CNN, 9 février 2007, consulté le 23 juillet 2021.

[442] « Biden assures voters Obama "has a big stick" », CBS, 27 avril 2012. Voir https://www.youtube.com/watch?v=rrmbsKW0d7c, consulté le 23 juillet 2021.

[443] Voir par exemple Devon Link, « Fact check: Joe Biden misspoke about his campaign's voter protection efforts », *USA Today*, 29 octobre 2020,

https://eu.usatoday.com/story/news/factcheck/2020/10/29/fact-check-joe-biden-misspoke-campaigns-voter-protections/6061563002/, consulté le 28 février 2025.

[444] Jean-Louis Schlegel, « Hors la République, point de salut ? », *Esprit*, n° 321 (1), janvier 2006.

[445] Voir François Massion, *Dictionnaire de belgicismes*, Francfort, P. Lang, 1987. La formule figure dans plusieurs romans policiers de Paul Kenny dans les années 1970.

[446] Philippe Rioux, « Présidentielle : le grand remplacement de Pécresse acte le grand glissement du débat vers la droite extrême », *La Dépêche*, 15 février 2022, https://www.ladepeche.fr/2022/02/14/presidentielle-le-grand-remplacement-de-pecresse-acte-le-grand-glissement-du-debat-vers-la-droite-extreme-10110364.php, consulté le 23 novembre 2023.

[447] France 3 - J. Nény, B. Poulain, E. Rassat, M. Semerjian, » Présidentielle 2022 : Valérie Pécresse radicalise son discours », France Télévisions, 14 février 2022, https://www.francetvinfo.fr/politique/valerie-pecresse/presidentielle-2022-valerie-pecresse-radicalise-son-discours_4961262.html, consulté le 12 décembre 2023

[448] Pierre-Henri de Menthon, « 67% des Français s'inquiètent d'un "grand remplacement" », *Challenges*, 21 octobre 2021, https://www.challenges.fr/france/67-des-francais-s-inquietent-d-un-grand-remplacement_785793

[449] Patrick Brasart, « Petites phrases et grands discours (Sur quelques problèmes de l'écoute du genre délibératif sous la Révolution française) ». *Mots*, septembre 1994, n°40, p. 106-112.

[450] Voir le procès-verbal de l'Assemblée nationale, séance du 13 octobre 1981, https://archives.assemblee-nationale.fr/7/cri/1981-1982-ordinaire1/015.pdf

[451] Alice Krieg-Planque, « Les "petites phrases" : un objet pour l'analyse des discours politiques et médiatiques », *Communication & langages*, n° 168, juin 2011, p. 23-40. https://www.cairn.info/revue-communication-et-langages1-2011-2-page-23.htm, consulté le 28 février 2025.

[452] Cité par Vincent Trémolet de Villers, « Itinérance polémique », *Le Figaro*, 9 novembre 2018.

[453] Vidéo : https://www.bfmtv.com/replay-emissions/bourdin-direct/emmanuel-macron-face-a-jean-jacques-bourdin-en-direct_VN-201601200124.html. Le passage considéré se situe à 18:20. Consulté le 17 avril 2021.

[454] Michel Le Séac'h, « *"La vie d'un entrepreneur est bien souvent plus dure que celle d'un salarié"* : une petite phrase involontaire d'Emmanuel Macron », blog *Phrasitude*, 21 janvier 2016, http://www.phrasitude.fr/2016/01/la-vie-dun-chef-dentreprise-est-bien.html.

[455] Idem.

[456] Raj Singh, Evelina Fedorenko, Kyle Mahowald et Edward Gibson, « Accommodating Presuppositions Is Inappropriate in Implausible Contexts », *Cognitive Science*, vol. 40, n° 3, avril 2016, p. 607-634, https://onlinelibrary.wiley.com/doi/full/10.1111/cogs.12260

[457] Alain Supiot, « «Aux Etats-Unis comme en Europe, le grand délitement de la démocratie» », Figaro Vox, 7 novembre 2016, http://www.lefigaro.fr/vox/politique/2016/11/07/31001-20161107ARTFIG00145-alain-supiot-aux-etats-unis-comme-en-europe-le-grand-delitement-de-la-democratie.php, consulté le 13 décembre 2023.

[458] Georges Séguy et Philippe Dominique, *Lutter*, Paris, Stock, 1975.

[459] Voir Paul Larrouturou, 18 septembre 2012, « Quand Emmanuel Macron, secrétaire général adjoint de l'Élysée, dézinguait la taxe à 75% », Europe 1, , https://lelab.europe1.fr/quand-emmanuel-macron-dezinguait-la-taxe-a-75-4721, consulté le 29 novembre 2023.

[460] https://www.youtube.com/watch?v=hELitpw4fds

[461] Valérie Trierweiler, *Merci pour ce moment*, Paris, Les Arènes, 2014.

[462] Vincent Trémolet de Villiers, « "Sans-dents" : le poids d'un mot », *Le Figaro*, 5 septembre 2014.

[463] https://fr.wikipedia.org/wiki/Merci_pour_ce_moment#L'expression_%C2%AB_sans-dents_%C2%BB_pr%C3%AAt%C3%A9e_%C3%A0_Fran%C3%A7ois_Hollande ; consulté le 29 novembre 2023.

[464] https://www.youtube.com/watch?v=XTUzR410OGs

[465] Thomas Raguet, *Petites phrases, grandes conséquences - La Gauche contre le peuple*, coproduction 10.7 Productions / LCP-Assemblée nationale, diffusé par La Chaîne parlementaire (LCP) le 15 février 2021, https://www.youtube.com/watch?v=5Je384Nu55w, consulté le 29 novembre 2023.

[466] Thomas Raguet, *Petites phrases, grandes conséquences - La Gauche contre le peuple*, coproduction 10.7 Productions / LCP-Assemblée nationale, diffusé par La Chaîne parlementaire (LCP) le 15 février 2021, https://www.youtube.com/watch?v=5Je384Nu55w, consulté le 29 novembre 2023.

[467] Christian Le Bart, « La fabrique des personnalités politiques », chap. 2 de *Selfies & stars: Politique et culture de la célébrité en France et en Amérique du Nord*, dir. François Hourmant, Mireille Lalancette et Pierre Leroux, Rennes, PUR, 2019.

[468] Thomas Raguet, *Petites phrases, grandes conséquences - La Gauche contre le peuple*, coproduction 10.7 Productions / LCP-Assemblée nationale, diffusé par La Chaîne parlementaire (LCP) le 15 février 2021, https://www.youtube.com/watch?v=5Je384Nu55w, consulté le 29 novembre 2023.

[469] Voir par exemple Simon Barbarit, « Second tour de la présidentielle : quel est le profil des électeurs d'Emmanuel Macron et de Marine Le Pen ? » Public Sénat, 24 avril 2022, https://www.publicsenat.fr/actualites/politique/second-tour-de-la-presidentielle-quel-est-le-profil-des-electeurs-203616, consulté le 4 décembre 2023.

[470] Hadrien Mathoux, « "Notre maison brûle", refus de la guerre en Irak et... "le bruit et l'odeur" appréciées : découvrez notre sondage Ifop sur les phrases culte de Chirac », *Marianne*, 1er octobre 2019, https://www.marianne.net/politique/notre-maison-brule-refus-

de-la-guerre-en-irak-et-le-bruit-et-l-odeur-appreciees-decouvrez, consulté le 15 janvier 2025.

[471] Christophe Barbier, *Les Derniers jours de la gauche*, Paris, Flammarion, 2017

[472] Olivier Duhamel, *Les Mots de Macron*, 2ᵉ éd., Paris, Dalloz, 2019.

[473] Julien Martin, « Bartolone : "Pécresse défend Versailles, Neuilly et la race blanche" », *L'Obs*, 9 décembre 2015, https://www.nouvelobs.com/politique/elections-regionales-2015/20151209.OBS1082/bartolone-pecresse-defend-versailles-neuilly-et-la-race-blanche.html, consulté le 20 novembre 2023. La citation exacte est : « c'est Versailles, Neuilly et la race blanche qu'elle défend en creux », mais la phrase a été largement citée sous la forme du titre de *L'Obs*.

[474] Cité par Alexandre Devecchio, "Pascal Bruckner : «"Il faut un front anti-fasciste contre l'islamisme"»", Le Figaro, 18 décembre 2015, https://www.lefigaro.fr/vox/politique/2015/12/18/31001-20151218ARTFIG00287-pascal-bruckner-il-faut-un-front-anti-fasciste-contre-l-islamisme.php, consulté le 20 novembre 2023.

[475] Sondage Elabe pour BFMTV, 29 janvier 2025, https://www.bfmtv.com/replay-emissions/bfm-story/story-5-submersion-74-des-francais-derriere-francois-bayrou-29-01_VN-202501290852.html, consulté le 31 janvier 2025.

[476] Léo Lefrançois, «"Nous protéger des flux migratoires irréguliers" : la petite phrase de Macron qui ne passe pas», France Inter, 17 août 2021, https://www.radio-france.fr/franceinter/nous-proteger-des-flux-migratoires-irreguliers-la-petite-phrase-de-macron-qui-ne-passe-pas-5970093, consulté le 4 janvier 2025.

[477] Dominique Maingueneau, « Experts médiatiques et aphorisations politiques », *Bergen Language and Linguistics Studies*, vol. 13 n° 1, 2023, https://bells.uib.no/index.php/bells/article/view/3985, consulté le 4 janvier 2025.

[478] https://www.radiofrance.fr/franceinter/les-non-vaccines-j-ai-tres-envie-de-les-emmerder-les-propos-d-emmanuel-macron-detonnent-dans-l-opposition-2382951, consulté le 4 janvier 2025.

[479] Mark Penn, avec Kinney Zalesne, *Microtrends – The Small Forces Behind Todays's Big Changes*, New York, Twelve, 2007.

[480] Carl Meeus, « Alain Juppé, le grand favori, se prépare à affronter François Hollande », *Le Figaro Magazine*, 30 juillet 2021.

[481] Guillaume Tabard, « L'ex Premier ministre s'est-il tiré une balle dans le pied ? », *Le Figaro*, 30 août 2016.

[482] Anne-Yasmine Machet, « La petite phrase (assassine) de Brigitte Macron sur François Fillon », *Gala*, 7 septembre 2017, https://www.gala.fr/l_actu/news_de_stars/la_petite_phrase_assassine_de_brigitte_macron_sur_francois_fillon_403463, consulté le 23 août 2021.

[483] Céline Hussonois, « "Monsieur Pipi", "Mister Nobody", "Loser" : les surnoms de François Fillon peuvent-ils lui nuire », BFM TV, 11 novembre 2016. https://www.bfmtv.com/politique/les-republicains/monsieur-pipi-mister-nobody-loser-

les-surnoms-de-francois-fillon-peuvent-ils-lui-nuire_AN-201611220134.html, consulté le 14 juillet 2021.

[484] « François Fillon : Je suis à la tête d'un État en faillite », archive INA, https://www.youtube.com/watch?v=DXhSc_W1QPE, consulté le 14 juillet 2021.

[485] Nicolas Sarkozy a nié plus tard avoir déclaré « François Fillon est mon collaborateur », mais cette formule a été rapportée par le journal *Sud Ouest* : voir *Libération*, 8 janvier 2008. https://www.liberation.fr/france/2008/01/08/fillon-collaborateur-sarkozy-l-a-bien-dit_14810/, consulté le 15 juillet 2021.

[486] Patrice Duhamel, *Le Chat et le Renard - Présidents et Premiers ministres : deux ou trois choses que je sais d'eux*, Éditions de l'Observatoire, 2024.

[487] Jean de Boishuë, *Anti-secrets*, Paris, EDI8, 2015.

[488] Carl Meeus, « Alain Juppé, le grand favori, se prépare à affronter François Hollande », *Le Figaro Magazine*, 30 juillet 2021.

[489] Louis Hausalter, « Acculé, François Fillon joue (encore) au méchant », *Marianne*, 29 août 2015.

[490] « Probité en politique. Fillon persiste et tacle à nouveau Sarkozy », *Ouest-France*, 5 septembre 2015. http://www.ouest-france.fr/elections/presidentielle/primaire-droite/pro-bite-en-politique-fillon-persiste-et-tacle-nouveau-sarkozy-4454896, consulté le 14 juillet 2021.

[491] Ariane Kujawski, « Fillon garant de la "probité" face à Sarkozy : une stratégie risquée », BFMTV, 29 août 2016, https://www.bfmtv.com/politique/les-republicains/fillon-garant-de-la-probite-face-a-sarkozy-une-strategie-risquee_AN-201608290113.html, consulté le 15 juillet 2021.

[492] Jean-Baptiste Garat, entretien avec Alain Juppé, *Le Figaro*, 17 novembre 2016.

[493] « Primaire à droite : la tentation du "tout sauf Sarkozy" », *Le Journal du Dimanche*, 4 septembre 2016, http://www.lejdd.fr/Politique/Primaire-a-droite-la-tentation-du-tout-sauf-Sarkozy-807034, consulté le 22 août 2021.

[494] Guillaume Tabard, « L'ex Premier ministre s'est-il tiré une balle dans le pied ? », *Le Figaro*, 30 août 2016.

[495] Voir vidéo Public Sénat, https://www.dailymotion.com/video/x59ob2n, consulté le 2 août 2021.

[496] R. Du., « Affaire Fillon : Sarkozy pas mécontent », Europe1, 2 février 2017, https://www.europe1.fr/politique/affaire-penelope-fillon-sarkozy-pas-mecontent-2967701, consulté le 30 septembre 2021.

[497] https://x.com/RimaHas/status/1816117216519107040, consulté le 5 février 2025.

[498] Józef Maciuszek ,Romuald Polczyk, « There was not, they did not: May negation cause the negated ideas to be remembered as existing? », *Plos One*, 27 avril 2017, https://doi.org/10.1371/journal.pone.0176452.

[499] France 3, 19/20, 26 décembre 1999, Institut national de l'audiovisuel, https://www.ina.fr/video/I09086616, consulté le 3 septembre 2021.

[500] « Macron : le FN est une forme de Syriza à la française », chaîne DailyMotion de *La Provence*. https://www.dailymotion.com/video/x2wwjai. Consulté le 16 mai 2021.

[501] *Le Canard enchaîné,* 17 juin 2015.

[502] Charlotte d'Ornellas, Olivier Maulin, Patricia de Sagazan, Tugdual Denis, entretien avec Marlène Schiappa, *Valeurs Actuelles*, 20 février 2019, https://www.valeursactuelles.com/clubvaleurs/politique/marlene-schiappa-quand-tout-est-sexisme-plus-rien-nest-sexisme/, consulté le 30 septembre 2021.

[503] John Cook et Stephan Lewandowsky, *Précis de réfutation*, St. Lucia, Australie, University of Queensland, 2012. https://skepticalscience.com/docs/Debunking_Handbook_French.pdf

[504] Arthur Schopenhauer, *L'Art d'avoir toujours raison*, Paris, Mille et une nuits, 2021.

[505] Adrien Sénécat, « "Ça ne coûte rien, c'est l'État qui paye" : la phrase que Hollande n'a jamais prononcée », 10 novembre 2014, https://www.lexpress.fr/actualite/politique/ca-ne-coute-rien-c-est-l-etat-qui-paye-la-phrase-que-hollande-n-a-jamais-prononcee_1620524.html, consulté le 24 septembre 2021.

[506] Les Décodeurs, « "Ça ne coûte rien, c'est l'État qui paye" : histoire d'une phrase que Hollande n'a jamais prononcée », 10 novembre 2014, https://www.lemonde.fr/les-decodeurs/article/2014/11/10/ca-ne-coute-rien-c-est-l-etat-qui-paye-histoire-d-une-phrase-que-hollande-n-a-jamais-prononcee_4521283_4355770.html, consulté le 24 septembre 2021.

[507] Isabelle Lasserre, entretien avec Jean-Yves Le Drian, *Le Figaro*, 3 septembre 2021.

[508] Voir Michel Le Séac'h, « "Pseudo-intellectuels" : comment déminer une petite phrase », *Phrasitude*, 18 mai 2015, http://www.phrasitude.fr/2015/05/pseudo-intellectuels-comment-deminer.html.

[509] Emmanuel Macron, « Vos questions sur l'écologie : je vous réponds », https://www.youtube.com/watch?v=3iCoEWMsjkQ, consulté le 26 décembre 2023.

[510] Voir Michel Le Séac'h, « De l'art d'utiliser une petite phrase judiciaire », *Phrasitude*, 21 avril 2021, http://www.phrasitude.fr/2021/04/de-lart-dutiliser-une-petite-phrase.html.

[511] Guillaume Stoll, « "Accommodements raisonnables" : comment Sarkozy a piégé Juppé », *L'Obs*, 20 septembre 2016, https://www.nouvelobs.com/politique/presidentielle-primaire-droite/20160920.OBS8365/accommodements-raisonnables-avec-l-islam-comment-sarkozy-a-piege-juppe.html, consulté le 30 septembre 2021.

[512] « Un homme de marque », *Le Canard enchaîné*, 3 mars 2021.

[513] Voir Michel Le Séac'h, *La Petite phrase*, Paris, Eyrolles, 2015, p. 103 et note 57.

[514] Geoffroy Clavel, « Mort de Michel Rocard », Huffington Post, 3 juillet 2016, https://www.huffingtonpost.fr/2016/07/02/mort-michel-rocard-cinq-citations-misere-monde_n_10787934.html, consulté le 1er septembre 2021.

[515] Gouvernement fédéral allemand, « Pressekonferenz zum G20-Vorbereitungstreffen von Bundeskanzlerin Merkel mit europäischen Staats- und Regierungschefs », 29 juin 2017, https://www.bundesregierung.de/breg-

de/aktuelles/pressekonferenzen/pressekonferenz-zum-g20-vorbereitungstreffen-von-bundeskanzlerin-merkel-mit-europaeischen-staats-und-regierungschefs-845842, consulté le 1ᵉʳ septembre 2021. Voir aussi Michel Le Séac'h, « "La France ne peut pas accueillir toute la misère du monde" : Emmanuel Macron dédouane Michel Rocard », 9 juillet 2017, blog Prasitude, http://www.phrasitude.fr/2017/07/la-france-ne-peut-pas-accueillir-toute.html.

[516] Marc Fisher, « How Trump retreats: Grudging apologies, plus a wink and a nod to the original insult », *The Washington Post*, 17 juillet 2018, https://www.washingtonpost.com/politics/how-trump-retreats-grudging-apologies-plus-a-wink-and-a-nod-to-the-original-insult/2018/07/17/ea7ac346-89f9-11e8-8aea-86e88ae760d8_story.html, consulté le 30 septembre 2021.

[517] Mathieu Dejean, « Quand on est emmerdé par une affaire, il faut susciter une affaire dans l'affaire... : Charles Pasqua a-t-il vraiment dit ça? », Slate, 10 juillet 2014, https://www.slate.fr/story/89565/pasqua-aphorisme-affaire, consulté le 13 décembre 2023.

[518] Arthur Berdah, « Sibeth Ndiaye, de l'ombre à la lumière », *Le Figaro*, 3 janvier 2020.

[519] "J'ai rencontré Paul Ricoeur qui m'a rééduqué sur le plan philosophique", *Le Un*, 8 juillet 2015, https://le1hebdo.fr/journal/macron-un-philosophe-en-politique/64/article/j-ai-rencontr-paul-ricoeur-qui-m-a-rduqu-sur-le-plan-philosophique-1067.html, consulté le 4 janvier 2025.

[520] Solenn de Royer et Bastien Bonnefous, « Ce que Macron veut faire de son Congrès à Versailles », *Le Monde*, 29 juin 2017, https://www.lemonde.fr/politique/article/2017/06/29/ce-que-macron-veut-faire-de-son-congres_5152770_823448.html, consulté le 18 mai 2021.

[521] Cécile Cornudet, « Macron-Salvini, les meilleurs ennemis », *Les Échos*, 31 août 2018. https://www.lesechos.fr/2018/08/macron-salvini-les-meilleurs-ennemis-977102. Consulté le 24 mai 2021.

[522] Gustave Le Bon, *Psychologie des foules*, Paris Édition Félix Alcan, 1905, p. 42.

[523] Nadav Klein et Ed O'Brien, « People use less information than they think to make up their minds », *PNAS*, 26 décembre 2018, https://www.pnas.org/content/115/52/13222

[524] Daniel Kahneman, *Système 1, Système 2, les deux vitesses de la pensée*, Paris, Flammarion, 2012, p. 100.

[525] Todor Simeonov, « Neurorhetoric: Rhetoric Intersection with Neuroscience", *Rhetoric and Communications*, n° 61, octobre 2024, ISSN 1314-4464, https://rhetoric.bg/wp-content/uploads/2024/10/Issue-61-October-2024-Simeonov.pdf.

[526] Daniel Kahneman, *Système 1, Système 2, les deux vitesses de la pensée*, Paris, Flammarion, 2012, p. 29.

[527] Hendrick Hertzberg, « Bread and... », *The New Yorker*, 27 novembre 2011, https://www.newyorker.com/news/hendrik-hertzberg/bread-and

528 John Morley, *Critical Miscellanies*, Londres, Chapman and Hall, 1878, p. 162.

529 Voir par exemple Jade Jackson, Anina N. Rich, Mark A. Williams et Alexandra Woolgar, « Feature-selective Attention in Frontoparietal Cortex: Multivoxel Codes Adjust to Prioritize Task-relevant Information », *Journal of Cognitive Neuroscience*, vol. 29, n° 2, février 2017, p. 310-321, https://doi.org/10.1162/jocn_a_01039

530 Daniel Kahneman, *Système 1, Système 2, les deux vitesses de la pensée*, Paris, Flammarion, 2012, p. 207.

531 Voir David Colon, *Propagande – La manipulation de masse dans le monde contemporain*, édition « Champs », Paris, Flammarion, 2021, p. 34.

532 Dan Ariely et Jeff Kreisler, *L'Argent a ses raisons que la raison ignore – Les vraies motivations de nos choix financiers et les astuces pour mieux dépenser*, Paris, Alisio, 2019.

533 Lucia Mannetti, Ambra Brizi, Mauro Giacomantonio, E. Tory Higgins, « Framing Political Messages to Fit the Audience's Regulatory Orientation: How to Improve the Efficacy of the Same Message Content », *PLOS One*, 9 octobre 2013, https://doi.org/10.1371/journal.pone.0077040

534 Texte du discours sur https://www.elysee.fr/front/pdf/elysee-module-17093-fr.pdf

535 Voir Michel Le Séac'h, blog Phrasitude.fr, 26 janvier 2021, http://www.phrasitude.fr/2021/01/66-millions-de-procureurs-saut.html

536 Daniel Kahneman, *Système 1, Système 2, les deux vitesses de la pensée*, Paris, Flammarion, 2012, p. 103.

537 Kevin Arceneaux, « Cognitive Biases and the Strength of Political Arguments », *American Journal of Political Science*, vol. 56, n°2, janvier 2012, https://doi.org/10.1111/j.1540-5907.2011.00573.x

538 Charles A. Dorison, Julia A. Minson, Todd Rogers, « Selective exposure partly relies on faulty affective forecasts », *Cognition* n° 188, juillet 2019, p. 98-107, https://scholar.harvard.edu/files/todd_rogers/files/dorisonminsonrogers_2019.pdf

539 Paul Vogt, « Exploring the Robustness of Cross-Situational Learning Under Zipfian Distributions », *Cognitive Science*, vol. 36, n°4, mai-juin 2012, https://doi.org/10.1111/j.1551-6709.2011.1226.x ; « Andrew T. Hendrickson et Amy Perfors, « Cross-situational learning in a Zipfian environment », *Cognition*, vol. 189, août 2019, p. 11-22, https://doi.org/10.1016/j.cognition.2019.03.005 ; Jasmeen Kanwal, Kenny Smith, Jennifer Culbertson et Simon Kirby, « Zipf's Law of Abbreviation and the Principle of Least Effort: Language users optimise a miniature lexicon for efficient communication », *Cognition*, vol. 165, août 2017, p. 45-52, https://doi.org/10.1016/j.cognition.2017.05.001

540 Dennis Norris et Kristjan Kalm, « Chunking and data compression in verbal short-term memory », *Cognition*, vol. 208, mars 2021, https://doi.org/10.1016/j.cognition.2020.104534

[541] Uri Hasson, Giovanna Egidia, Marco Marelli et Roel M.Willems, « Grounding the neurobiology of language in first principles: The necessity of non-language-centric explanations for language comprehension », *Cognition*, vol. 180, novembre 2018, p. 135-157. https://doi.org/10.1016/j.cognition.2018.06.018

[542] Idem.

[543] Maria Arioli et Nicola Canessa, « Neural processings of social interaction », *Human Brain Mapping*, n°40(13), septembre 2019, p. 3712-3737, doi:10.1002/hbm.24627.

[544] Patrick S.Markey, Martina Jakesch, Helmut Leder, « Art looks different – Semantic and syntactic processing of paintings and associated neurophysiological brain responses », *Brain and Cognition*, vol. 134, août 2019, p. 58-66.

[545] Susanne Dietrich, Ingo Hertrich,Verena C. Seibold, BettinaRolk, « Discourse management during speech perception: A functional magnetic resonance imaging (fMRI) study », *NeuroImage,* 15 novembre 2019. vol. 202, 15 novembre 2019, 116047. https://doi.org/10.1016/j.neuroimage.2019.116047

[546] Jean Tiberi, qui fut maire gaulliste de Paris de 1995 à 2001, omet « Paris brisé ! » dans *La Nouvelle Athènes, Paris capitale de l'esprit*, Paris, Sand, 1992, p. 281. Une fiche du Musée de l'Armée consacrée à la libération de Paris indique à propos du général de Gaulle : « il est reçu à l'Hôtel de Ville où il prononce son célèbre discours sur « Paris ! Paris outragé ! Paris martyrisé ! mais Paris libéré […] ». Voir https://www.musee-armee.fr/fileadmin/user_upload/Documents/Support-Visite-Fiches-Objets/Fiches-1939-1945/MA_fiche-objet-liberation-paris.pdf, consulté le 1er août 2021.

[547] Julie L. Earles et Alan W. Kersten, « Why Are Verbs So Hard to Remember? Effects of Semantic Context on Memory for Verbs and Nouns », *Cognitive Science*, vol. 41, n° S4, avril 2017, p. 780-807, https://doi.org/10.1111/cogs.12374

[548] Mai Lin Nguyen , *Shared and idiosyncratic neural processing of naturalistic communication in the default mode network*, thèse de doctorat sous la direction de Uri Hasson, Princeton University, 2020, http://arks.princeton.edu/ark:/88435/dsp011g05ff53g

[549] Micha Frazer-Carroll, « It doesn't matter that Boris Johnson actually said 'people of talent' – his views on race speak for themselves », *Independent*, 6 décembre 2019. https://www.independent.co.uk/voices/boris-johnson-people-colour-talent-channel-4-racism-immigration-election-a9235926.html

[550] Voir Joost Rommers, Ton Dijkstra et Marcel Bastiaansen, « Context-dependent Semantic Processing in the Human Brain: Evidence from Idiom Comprehension », *Journal of Cognitive Neuroscience*, vol. 25, n°5, mai 2013, p. 762-773. https://doi.org/10.1162/jocn_a_00337

[551] Morten H. Christiansen et Inbal Arnon, « More Than Words: The Role of Multiword Sequences in Language Learning and Use », *topiCS in Cognitive Science*, vol. 9 n°3, juillet 2017, p. 542-551. https://doi.org/10.1111/tops.12274

[552] Véronique Boulenger, Yury Shtyrov et Friedemann Pulvermüller, « When do you grasp the idea? MEG evidence for instantaneous idiom understanding », *Neuroimage*, n°59, 2012, p. 3502-3513.

[553] Joost Rommers, Ton Dijkstra et Marcel Bastiaansen, « Context-dependent Semantic Processing in the Human Brain: Evidence from Idiom Comprehension », *Journal of Cognitive Neuroscience*, vol. 25, n° 5, mai 2013, https://doi.org/10.1162/jocn_a_00337

[554] Raymond W. Giggs, Jr, « Cognitive linguistics and metaphor research: past successes, skeptical questions, future challenges », DELTA vol.22 no.spe São Paulo 2006, https://doi.org/10.1590/S0102-44502006000300003

[555] Voir Michel Le Séac'h « Métaphores et petites phrases », blog Phrasitude, 31 janvier 2021, https://www.phrasitude.fr/2021/01/petites-phrases-et-metaphores.html

[556] Aristote, *Rhétorique*, 1404b.

[557] Agata Maltese, Lidia Scifo, Anna Fratantonio, Annamaria Pepi, « Linguistic Prosody and Comprehension of Idioms and Proverbs in Subjects of School Age », *Procedia - Social and Behavioral Sciences*, vol. 69, 24 décembre 2012, https://doi.org/10.1016/j.sbspro.2012.12.161

[558] Voir par exemple Camille Renard, « Prix Nobel de physique : les ondes gravitationnelles, vers une nouvelle astronomie », France Culture, 3 octobre 2017, https://www.franceculture.fr/sciences/prix-nobel-de-physique-les-ondes-gravitationnelles-vers-une-nouvelle-astronomie, consulté, le 25 octobre 2020. L'image des ondes gravitationnelle pourrait servir ailleurs qu'en physique théorique : les petites phrases se déplacent dans une opinion « élastique » comme de la gelée de veau…

[559] Paul H. Thibodeau et Lera Boroditsky, « Natural Language Metaphors Covertly Influence Reasoning », *PLOS ONE*, 2 janvier 2013, https://doi.org/10.1371/journal.pone.0052961

[560] George Lakoff et Mark Johnson, *Les Métaphores dans la vie quotidienne*, Paris, Éditions de Minuit, 1986. Yvon Keromnes (« Les Métaphores - et leur traduction - dans la vie quotidienne », *Septet*, 2013, pp.68-87. hal-00944651) a noté que la plupart des métaphores « conceptuelles » anglophones citées par Lakoff et Johnson ont pu être préservées dans les traductions française et allemande du livre. Le titre original de l'ouvrage, *Metaphors We Live By*, est lui-même une métaphore en abyme ; il souligne que les métaphores contribuent à la composition de la vie.

[561] Xiaoxia Wang, « Le chinois - langage idéographique et métaphorique et l'intersubjectivité dans l'image de la poésie chinoise », *Les Chantiers de la Création*, 2008, n°1. https://doi.org/10.4000/lcc.139. « Les symboles sont au fond de vraies métaphores » remarquait Batteux dans ses *Mémoires concernant l'histoire, les sciences, les arts, les moeurs, les usages,... des chinois, par les missionnaires de Pekin* (Paris, 1783, Nyon l'aîné).

[562] Voir par exemple, à propos d'une langue parlée par 2 millions de Kenyans, Aunga Solomon Onchoke et Xu Wen, « A Cognitive Analysis of Woman Metaphors in

342

Ekegusii Language », *Linguistics and Literature Studies* 5(5), 2017, p. 344-353. DOI: 10.13189/lls.2017.050503. http://www.hrpub.org/journals/article_info.php?aid=6261

[563] Balthasar Gibert, *La rhétorique, ou Les règles de l'éloquence*, Paris, Huart & Moreau, 1749, p. 451.

[564] César Chesneau Du Marsais, *Des tropes*, 1730.

[565] Guillaume Tabard, « La popularité est-elle un capital électoral ? », *Le Figaro*, 1er septembre 2021.

[566] Dinah Cohen, « Les nouveaux mots du président », *Le Figaro*, 13 mars 2021.

[567] David A. Bell, « 'La guerre au virus', le passé d'une métaphore », legrandcontinent.eu.fr, 7 avril 2020.

[568] « Le Maire: "nous sommes en guerre contres les marchés" financiers », *Le Point*, 13 novembre 2011, https://www.lepoint.fr/politique/le-maire-nous-sommes-en-guerre-contres-les-marches-financiers-13-11-2011-1395682_20.php

[569] Paul Ricœur, *La Métaphore vive*, Paris, 1975, Le Seuil.

[570] Voir par exemple Ye Yuan, Judy Major-Girardin et Steven Brown, « Storytelling Is Intrinsically Mentalistic: A Functional Magnetic Resonance Imaging Study of Narrative Production across Modalities », *Journal of Cognitive Neuroscience*, vol. 30, n° 9, septembre 2018, https://doi.org/10.1162/jocn_a_01294

[571] Richard E. Boyatzis, Kylie Rochford et Anthony I. Jack, « Antagonistic neural networks underlying differentiated leadership roles », *Frontiers in Human Neuroscience*, 4 mars 2014, https://doi.org/10.3389/fnhum.2014.00114

[572] Walter R. Fisher, « Narration as a human communication paradigm: The case of public moral argument », *Communications Monographs,* vol. 51, 1984, n° 1, https://nca.tandfonline.com/doi/abs/10.1080/03637758409390180#.YA79oHZKjGg

[573] Lucas M. Bietti, Ottilie Tilston et Adrian Bangerter, « Storytelling as Adaptive Collective Sensemaking », *topiCS in Cognitive Science*, vol.11, n°4, octobre 2019, p. 710-732. https://doi.org/10.1111/tops.12358

[574] Evan Cornog, *The Power and the Story: How the Crafted Presidential Narrative Has Determined Political Success from George Washington to George W. Bush*, New York, Penguin Press, 2004, cité par Christian Salmon, *Storytelling : la machine à fabriquer des histoires et à formater les esprits*, Paris, La Découverte, 2013.

[575] Lucas M. Bietti, Ottilie Tilston, Adrian Bangerter, « Storytelling as Adaptive Collective Sensemaking », *topiCS in Cognitive Science*, vol.11, n°4, octobre 2019, p. 710-732. https://doi.org/10.1111/tops.12358

[576] Robin Dunbar, *Grooming, Gossip, and the Evolution of Language*, Londres, Faber and Faber, 2011, p. 62. Voir aussi Robin Dunbar, « Gossiping in Evolutionary Perspective », *Review of Current Psychology*, vol. 4, 2008, n°2, p. 100-110.

[577] Lucas M. Bietti, Ottilie Tilston, Adrian Bangerter, « Storytelling as Adaptive Collective Sensemaking », *topiCS in Cognitive Science*, vol.11, n°4, octobre 2019, p. 710-732. https://doi.org/10.1111/tops.12358

[578] Chelsea L Ratcliff, Ye Sun, « Overcoming Resistance Through Narratives: Findings from a Meta-Analytic Review », *Human Communication Research*, vol. 46, n° 4, octobre 2020, p. 412–443, https://doi.org/10.1093/hcr/hqz017. Voir aussi Alexander C.Walker, Martin Harry Turpin, Ethan A.Meyers, Jennifer A. Stolz, Jonathan A. Fugelsang, Derek J.Koehler, « Controlling the narrative: Euphemistic language affects judgments of actions while avoiding perceptions of dishonesty », *Cognition*, vol. 211, juin 2021, https://www.sciencedirect.com/science/article/pii/S0010027721000524, consulté le 2 septembre 2021.

[579] Seth J. Hill, James Lo, Lynn Vavreck et John Zaller, « How Quickly We Forget: The Duration of Persuasion Effects From Mass Communication », *Political Communication*, octobre 2013, p. 521-547, https://doi.org/10.1080/10584609.2013.828143. Voir aussi Larry M. Bartels, « Remembering to Forget: A Note on the Duration of Campaign Advertising Effects », *Political Communication*, vol. 31, n° 4, 2014, https://www.tandfonline.com/doi/abs/10.1080/10584609.2014.956198.

[580] Iiro P. Jääskeläinen, Vasily Klucharev, Ksenia Panidi et Anna N. Shestakova, « Neural Processing of Narratives: From Individual Processing to Viral Propagation », *Frontiers in Human Neuroscience*, 26 juin 2020, https://doi.org/10.3389/fnhum.2020.00253.

[581] Idem.

[582] Yaara Yeshurun, Mai Nguyen, Uri Hasson, « Amplification of local changes along the timescale processing hierarchy », *Proceedings of the National Academy of Sciences*, août 2017, 114 (35) 9475-9480; DOI: 10.1073/pnas.1701652114

[583] Christelle Larzabal, Eve Tramoni, Sophie Muratot, Simon J.Thorpe, Emmanuel J. Barbeau, « Extremely long-term memory and familiarity after 12 years », *Cognition*, vol. 170, 2018, p. 147-163, https://doi.org/10.1016/j.cognition.2017.10.009

[584] Aristote, *Rhétorique*, 1394b.

[585] Sarah Al-Matary et Chloé Gaboriaux, « Une nouvelle lutte des "clashs" ? Fragmentation des discours de campagne et mutation des clivages (France, 2016-2017) ». *Mots – Les langages du politique*, n°117, juillet 2018.

[586] Les Décodeurs, « Amélie de Montchalin a-t-elle accusé son adversaire aux législatives, Jérôme Guedj, d'antisémitisme ? », *Le Monde*, 15 juin 2022, https://www.lemonde.fr/les-decodeurs/article/2022/06/15/amelie-de-montchalin-a-t-elle-accuse-son-adversaire-jerome-guedj-d-antisemitisme_6130477_4355770.html, consulté le 5 janvier 2025.

[587] Vincent Gautier, « Jordan Bardella "ne croit pas que Jean-Marie Le Pen était antisémite" », BFMTV, 5 novembre 2023, https://www.bfmtv.com/politique/front-national/jordan-bardella-ne-croit-pas-que-jean-marie-le-pen-etait-antisemite_AV-202311050462.html, consulté le 5 janvier 2025.

[588] Voir « Jean-Pierre Chevènement à propos de la police sur-sollicitée », Institut national de l'audiovisuel, 12 janvier 1998, https://www.ina.fr/ina-eclaire-

actu/video/cab98001672/jean-pierre-chevenement-a-propos-de-la-police-sursolicitee, consulté le 22 décembre 2023.

[589] François-Bernard Huyghe, « Kamasutra de l'ensauvagement»: Quelle stratégie derrière la dernière punchline de Macron? », *Le Figaro Vox*, 10 septembre 2020, https://www.lefigaro.fr/vox/politique/kamasutra-de-l-ensauvagement-quelle-strategie-derriere-la-derniere-punchline-de-macron-20200910, consulté le 19 janvier 2024.

[590] Sophie Coignard, « Macron et la "décivilisation", ou comment choquer le vigilant », *Le Point*, 26 mai 2023, https://www.lepoint.fr/editos-du-point/sophie-coignard/coignard-macron-et-la-decivilisation-ou-comment-choquer-le-vigilant-26-05-2023-2521734_2134.php, consulté le 22 décembre 2023.

[591] Jean-Etienne Joullié, Anthony M. Gould, Robert Spillane, Sylvain Luc, « The language of power and authority in leadership », *The Leadership Quarterly*, vol. 32, n°4, août 2021, https://doi.org/10.1016/j.leaqua.2020.101491

[592] Cory R. Scherer et Brad J. Sagarin, « Indecent Influence: The Positive Effect of Obscenity on Persuasion », *Social Influence,* 1, n°2, juin 2006, https://doi.org/10.1080/15534510600747597, consulté le 21 décembre 2023.

[593] Jean-Louis Debré, *Ce que je ne pouvais pas dire*, Paris, Robert Laffont, 2016.

[594] François Vey, Emmanuel Hecht, *Chirac de A à Z*, Paris, Albin Michel, 1995.

[595] Joseph Confavreux, Laura Raim, « *Qu'ils viennent me chercher* » : Citations présidentielles à l'usage des Gaulois réfractaires, Seuil, 2021.

[596] Voir Lee Habeeb, « How FDR's 'Day of Infamy' Speech Came to Be and Landed in the History Books », *Newsweek*, 7 décembre 2022, https://www.newsweek.com/how-fdrs-day-infamy-speech-came-landed-history-books-1765329, consulté le 16 novembre 2023.

[597] Voir par exemple Carolin Dudschig et Barbara Kaup, « Pictorial vs. linguistic negation: Investigating negation in imperatives across different symbol domains », *Acta Psychologica*, vol. 214, mars 2021, 103266, https://www.sciencedirect.com/science/article/pii/S0001691821000160

[598] « "Un irresponsable n'est plus un citoyen" : "La phrase la plus inquiétante de Macron en réalité", selon Jérôme Sainte Marie », Public Sénat, 5 janvier 2022, https://www.publicsenat.fr/actualites/politique/un-irresponsable-n-est-plus-un-citoyen-la-phrase-la-plus-inquietante-de-macron-en, consulté le 16 janvier 2024.

[599] Damon Mayaffre, *Macron ou le mystère du verbe – Ses discours décryptés par la machine*, Éditions de l'Aube, 2021.

[600] Thibaut Déléaz, « Vœux : la phrase d'Emmanuel Macron sur le climat qui ne passe pas », *Le Point*, 3 janvier 2023, https://www.lepoint.fr/politique/voeux-aux-francais-la-phrase-d-emmanuel-macron-qui-ne-passe-pas-03-01-2023-2503616_20.php, consulté le 26 décembre 2023.

[601] Julie L. Earles et Alan W. Kersten, « Why Are Verbs So Hard to Remember? Effects of Semantic Context on Memory for Verbs and Nouns », *Cognitive Science*, vol. 41, n° S4, avril 2017, p. 780-807, https://doi.org/10.1111/cogs.12374

[602] Bruno Jeudy, Cécile Amar et Nicolas Prissette, « Hollande : "J'inverserai la courbe du chômage" », *Le Journal du Dimanche*, 15 avril 2012, https://www.lejdd.fr/Politique/Hollande-ne-se-donne-pas-d-objectif-chiffre-pour-baissser-le-chomage-502834-3123827, consulté le 30 décembre 2023.

[603] « Emmanuel Macron promet à Marseille un second mandat qui "sera écologique ou ne sera pas" », *Le Monde* avec AFP, 16 avril 2022, https://www.lemonde.fr/election-presidentielle-2022/article/2022/04/16/emmanuel-macron-promet-a-marseille-un-second-mandat-qui-sera-ecologique-ou-ne-sera-pas_6122484_6059010.html

[604] Andrea Seibel, « En Allemagne, les mots historiques se font rares », *Le Figaro*, 4 septembre 2016, https://www.lefigaro.fr/vox/monde/2016/09/04/31002-20160904ART-FIG00124-en-allemagne-les-mots-historiques-se-font-rares.php.

[605] Ryan Grim et Danny Shean « A Note on the Coverage of Donald Trump's 'Campaign' », Huffington Post, 17 juillet 2015, https://www.huffpost.com/entry/a-note-about-our-coverage-of-donald-trumps-campaign_n_55a8fc9ce4b0896514d0fd66, consulté le 13 septembre 2021.

[606] Arianna Huffington, « A Note on Trump: We Are No Longer Entertained », 7 décembre 2015, http://www.huffingtonpost.com/arianna-huffington/a-note-on-trump_b_8744476.html, consulté le 13 septembre 2021.

[607] Elena Hoicka, Jessica Butcher, « Parents Produce Explicit Cues That Help Toddlers Distinguish Joking and Pretending », *Cognitive Science,* vol. 40, n° 4, mai 2016, https://doi.org/10.1111/cogs.12264, consulté le 19 août 2021.

[608] Nathan Walter, Michael J. Cody, Larry Zhiming Xu et Sheila T. Murphy, « A Priest, a Rabbi, and a Minister Walk into a Bar: A Meta-Analysis of Humor Effects on Persuasion », *Human Communication Research*, vol. 44, n° 4, octobre 2018, p. 343–373, https://doi.org/10.1093/hcr/hqy005

[609] Jean-Louis Debré, *Quand les politiques nous faisaient rire*, Bouquins, 2021.

[610] Floriane Zagar, Petites phrases et politique, quand l'humour rejoint la tradition républicaine, Revue politique et parlementaire, 11 décembre 2023, https://www.revuepolitique.fr/petites-phrases-et-politique-quand-lhumour-rejoint-la-tradition-republicaine/, consulté le 16 janvier 2024.

[611] Jean-Marie Rouart, *Le Psychodrame français*, Paris, Robert Laffont, 2017.

[612] Gérard Davet et Fabrice Lhomme, *Un président ne devrait pas dire ça...*, Paris, Stock, 2016.

[613] « L'humour de François Hollande récompensé par un prix », *Le Monde*, 29 novembre 2017, https://www.lemonde.fr/politique/article/2017/11/29/l-humour-de-francois-hollande-recompense-par-un-prix_5221935_823448.html, consulté le 30 décembre 2023.

[614] Henri Bergson, *Le Rire*, Paris, Quadrige/PUF, 5e éd. 1989.

[615] Jean Ruhlmann, « "Bons mots" et "petites phrases" : la politique pour tous », *Revue des Deux mondes*, 26 janvier 2017, https://www.revuedesdeuxmondes.fr/bons-mots-et-petites-phrases-la-politique-pour-tous/7/

[616] Francis Goyet, *Rhétorique de la tribu, rhétorique de l'État*, Paris, PUF, 1974.

[617] Mélenchon s'en prend à Hollande, un "capitaine de pédalo" dans la tempête, Le Monde, 12 novembre 2011, https://www.lemonde.fr/election-presidentielle-2012/article/2011/11/12/melenchon-s-en-prend-a-hollande-un-capitaine-de-pedalo-dans-la-tempete_1603045_1471069.html

[618] Marlène Schiappa, *C'est une bonne situation, ça, ministre ?*, Éditions de l'Observatoire, 2022, p. 205.

[619] Roland Barthes, *Mythologies*, Seuil, 1957.

[620] Dr Denis MacShane, « La Grande-Bretagne a besoin d'un Winston Churchill », *Le Monde*, 23 août 2016, https://www.lemonde.fr/idees/article/2016/08/23/denis-macshane-la-grande-bretagne-a-besoin-d-un-winston-churchill_4986554_3232.html, consulté le 2 janvier 2024.

[621] « ENA : l'association des anciens élèves de l'ENA a annoncé qu'elle avait reçu une lettre d'explication d'Alain Madelin », *Le Monde*, 18 mai 1997, https://www.lemonde.fr/archives/article/1997/05/18/ena-l-association-des-anciens-eleves-de-l-ena-a-annonce-qu-elle-avait-recu-une-lettre-d-explication-d-alain-madelin_3756436_1819218.html

[622] Avec AFP, « Panthéon : François Hollande peaufine l'un des plus importants discours du quinquennat », *20 Minutes*, 26 mai 2015, https://www.20minutes.fr/societe/1616451-20150526-pantheon-francois-hollande-peaufine-plus-importants-discours-quinquennat, consulté le 6 janvier 2024.

[623] Benoît Hopquin, « Difficile d'entrer au Panthéon des discours… », *Le Monde*, 22 mai 2015.

[624] Voir https://www.elysee.fr/emmanuel-macron/2021/05/05/commemoration-du-bicentenaire-de-la-mort-de-napoleon-ier. Consulté le 28 juillet 2021.

[625] Olivier Faye, « L'Elysée veut honorer Napoléon "de manière équilibrée" », *Le Monde*, 29 avril 2021.

[626] Anne-Laure Barret, « Covid 19 : ce qui va changer cet été dans le dépistage et l'isolement », *Le Journal du dimanche*, 19 juin 2021. Voir aussi « "Ce n'est plus le virus qui nous traque", une petite phrase qui a déjà trop servi », blog Phrasitude, 20 juin 2021, http://www.phrasitude.fr/2021/06/ce-nest-plus-le-virus-qui-nous-traque.html.

[627] Richard Heuzé, « Manuel Valls s'affiche en Italie avec Matteo Renzi », *Le Figaro*, 8 septembre 2104, https://www.lefigaro.fr/international/2014/09/07/01003-20140907ARTFIG00169-la-gauche-europeenne-s-affiche-chez-matteo-renzi.php

[628] Pierre Leroux et Philippe Riutort, « Intégrer les politiques aux divertissements. Résistances, coopération et concessions de l'univers politique », *Questions de*

communication, n° 24, 2013, p. 19-35, https://journals.openedition.org/questionsdecommunication/864

[629] Anne-Sophie Mercier, « L'habile fait le moine », *Le Canard enchaîné*, 3 février 2016.

[630] Voir « Quelle petite phrase pour annoncer la candidature de Manuel Valls ? », blog Phrasitude, 5 décembre 2016.

[631] Hanlin Wu, Zhenguang G. Cai, "When A Man Says He Is Pregnant: ERP Evidence for A Rational Account of Speaker-contextualized Language Comprehension", arXiv:2409.17525 [q-bio.NC], https://doi.org/10.48550/arXiv.2409.17525, consulté le 17 janvier 2025

[632] Augustin Lesieur, *Réponses aux questions littéraires contenues dans le programme adopté pour l'examen du baccalauréat ès lettres*, Hachette, 1841, p. 84. Extrait d'un modèle de réponse à la question suivante, posée au bac : "Citer les orateurs qui ont brillé dans chacune des époques de l'éloquence latine, en suivant l'ordre des genres, en indiquant les dates de leur naissance et de leur mort et les titres de leurs principaux ouvrages ».

[633] Antonin Fabre, *Fléchier orateur, 1672-1690 : étude critique*, Librairie académique Didier, 1886

[634] Aristote, *Rhétorique*, 1356a.

[635] Plutarque, *Les vies des hommes illustres*, T. 2, trad. Ricard, Paris, Lefèvre, 1838, p. 713. L'épisode concerne la victoire de César sur le roi Pharnace à la bataille de Zéla.

[636] Winfried Menninghaus, Isabel C.Bohrn, Christine A.Knoop, Sonja A.Kotz, Wolff Schlotz, Arthur M.Jacobs, « Rhetorical features facilitate prosodic processing while handicapping ease of semantic comprehension », *Cognition*, vol. 143, octobre 2015, p. 48-60. https://doi.org/10.1016/j.cognition.2015.05.026.

[637] Dinesh D'Souza, « How Reagan Won the Cold War », in National Review, *Tear Down this Wall: The Reagan Revolution*, New York, Continuum, 2004, p. 165.

[638] Ina Bornkessel-Schlesewsky, Sylvia Krauspenhaar et Matthias Schlesewsky, « Yes, You Can? A Speaker's Potency to Act upon His Words Orchestrates Early Neural Responses to Message-Level Meaning », *PLOS ONE* 8(7), 24 juillet 2013, https://doi.org/10.1371/journal.pone.0069173

[639] Samuel Murray, Matthew Stanley, Jon McPhetres, Gordon Pennycook, & Paul Seli, « "I've said it before and I will say it again...": Repeating statements made by Donald Trump increases perceived truthfulness for individuals across the political spectrum », janvier 2020, https://psyarxiv.com/9evzc/

[640] Briony Swire-Thompson, Ullrich K. H. Ecker, Stephan Lewandowsky, Adam J. Berinsky, « They Might Be a Liar But They're My Liar: Source Evaluation and the Prevalence of Misinformation », *Political Psychology*, vol. 41, n° 1, février 2020, p. 21-34, https://doi.org/10.1111/pops.12586

[641] Dominique Maingueneau, *L'éthos en analyse du discours*, Au cœur des textes n°41, Academia, 2022, p. 17.

[642] Damien Deias, « La construction de l'image de soi à travers les petites phrases en politique française », *Akofena - Revue scientifique des Sciences du Langage, Lettres, Langues & Communication*, 2021, 2 (004), p.109-124. ffhal-03334441ff

[643] Richard E. Boyatzis, Kylie Rochford et Anthony I. Jack, « Antagonistic neural networks underlying differentiated leadership roles », *Frontiers in Human Neuroscience*, 4 mars 2014, https://doi.org/10.3389/fnhum.2014.00114

[644] Theodore H. White, *The Making of the President 1960*, New York, Pocket Books, 1961, p. 354.

[645] Vidéo de l'INA : https://www.ina.fr/ina-eclaire-actu/calmez-vous-une-formule-utili-see-en-2007-par-nicolas-sarkozy-face-a-segolene-royal

[646] *Face à face pour l'Elysée (2ème partie) – Le Nouveau monde*, documentaire de Cécile Cornudet et Benjamin Colmon, LCP, 27 décembre 2020, https://lcp.fr/pro-grammes/face-a-face-pour-l-elysee/face-a-face-pour-l-elysee-2nde-partie-le-nouveau-monde-45679

[647] Idem.

[648] Dictionnaire en ligne Larousse, https://www.larousse.fr/dictionnaires/fran-cais/phrase/60532/

[649] Cité par Raphaël Haddad, « Le discours de meeting électoral : rituel d'affrontement, médiatisations, communication politique. Analyse du discours de meeting électoral pour l'électionprésidentielle française (2002, 2007, 2012) ». Thèse de linguistique. Université Paris-Est, 2017, https://theses.hal.science/tel-01935620

[650] Sabrina Biodore, « "J'ai quatre enfants à nourrir" : cette petite phrase de Bruno Le Maire qui a du mal à passer », *Gala*, 21 mai 2023, https://www.gala.fr/l_actu/news_de_stars/jai-quatre-enfants-a-nourrir-cette-petite-phrase-de-bruno-le-maire-qui-a-du-mal-a-passer_520984, consulté le 7 janvier 2024.

[651] Christophe Batardy, *Le Programme commun de gouvernement - Pour une histoire programmatique du politique (1972-1977)*, mémoire présenté en vue de l'obtention du grade de docteur de L'Université de Nantes, 2016.

[652] Jacques Julliard, « Au secours, Monsieur Xi Jinping ! », *Le Figaro*, 3 octobre 2022. https://www.lefigaro.fr/vox/politique/jacques-julliard-au-secours-monsieur-xi-jinping-20221002, consulté le 28 novembre 2023.

[653] Dominique Maingueneau, *L'éthos en analyse du discours*, Au cœur des textes n°41, Academia, 2022, p. 25 et 87.

[654] Idem, p. 25, 88 et 89.

[655] Entretien avec Florent Barraco, Jérôme Cordelier et Saïd Mahrane, « Valérie Pécresse : "Je suis 2/3 Merkel et 1/3 Thatcher" », *Le Point*, 18 août 2021, https://www.lepoint.fr/politique/valerie-pecresse-je-suis-2-3-merkel-et-1-3-thatcher-18-08-2021-2439397_20.php

Notes et références

Dominique Maingueneau, *L'éthos en analyse du discours*, Au cœur des textes n°41, Academia, 2022, p. 18.

http://www2.culture.gouv.fr/culture/actualites/dossiers/malraux2006/discours/a.m-moulin.htm. La version intégrale du discours figure en revanche sur le site web de l'Assemblée nationale : https://www.assemblee-nationale.fr/histoire/Andre-Malraux/discours_politique_culture/jean_moulin_pantheon.asp. La mention du « Carnot de la Résistance » est aussi attestée par la vidéo de l'événement disponible sur le site de l'INA : https://www.ina.fr/ina-eclaire-actu/video/i00013186/hommage-d-andre-malraux-a-jean-moulin-le-carnot-de-la-resistance, consulté le 2 janvier 2024. La raison de la « censure » pratiquée par le ministère de la Culture 'st inconnue, mais il paraît improbable qu'André Malraux n'y soit pour rien.

Antoine Aubert, lecture de *Lo statista. Il ventennio berlusconiano tra fascismo e populismo* par Giannini Massimo, Non Fiction, 29 juin 2009, https://www.nonfiction.fr/article-2657-silvio-berlusconi-litalie-du-xxie-siecle.htm, consulté le 13 juin 2023.

Samuel Laurent, La presse étrangère s'offusque des propos de Sarkozy, Le Figaro, 17 avril 2009, https://www.lefigaro.fr/international/2009/04/17/01003-20090417ART-FIG00359-la-presse-etrangere-s-offusque-des-propos-de-sarkozy-.php, consulté le 6 janvier 2024.

Giuliano da Empoli, entretien avec Alexandre Devecchio, « Berlusconi ne donnait pas de leçons de morale, c'est ce qui plaisait à une partie des Italiens », *Le Figaro*, 13 juin 2023.

D.T. Max, « The Making of the Speech », *New York Times*, 7 octobre 2001, https://www.nytimes.com/2001/10/07/magazine/the-making-of-the-speech.html, consulté le 30 juillet 2021.

Olivier Beaumont, « Gérald Darmanin : "Avec Marine Le Pen, les pauvres vont peut-être mourir" », *Le Parisien*, 13 avril 2022, https://www.leparisien.fr/elections/presidentielle/gerald-darmanin-avec-marine-le-pen-les-pauvres-vont-peut-etre-mourir-13-04-2022-RWCE5FZMRJB6XA72B6V42PCIY4.php#

Ronald Reagan, *The Greatest speeches of Ronald Reagan*, NewsMax, 2e éd. 2022, p. 271.

Pierrick Bonno avec Guillaume Descours, « Ça m'en touche une...": après les "Uber files", les mots d'Emmanuel Macron font réagir l'opposition », BFM RMC, 13 juillet 2022, https://rmc.bfmtv.com/actualites/politique/ca-m-en-touche-une-apres-les-uber-files-les-mots-d-emmanuel-macron-font-reagir-l-opposition_AV-202207130117.html, consulté le 7 janvier 2025.

Florence Chédotal, « Macron : "Je suis résolument optimiste !" », *La Montagne*, 31 décembre 2021, https://www.lamontagne.fr/paris-75000/politique/ce-qu-il-faut-retenir-des-derniers-vux-du-quinquennat-d-emmanuel-macron-je-suis-resolument-optimiste_14067965/, consulté le 20 décembre 2023.

350

666 Marc Bloch, *L'Étrange défaite*, Paris, Société des éditions Franc-tireur, 1946. Édition électronique par l'Université du Québec à Chicoutimi : http://classiques.uqac.ca/classiques/bloch_marc/etrange_defaite/bloch_defaite.pdf, consulté le 11 janvier 2024.

667 Texte du discours sur le site de l'Élysée : https://www.elysee.fr/emmanuel-macron/2020/09/04/150-ans-en-republique

668 Vidéo du discours sur le site de l'INA, https://www.ina.fr/ina-eclaire-actu/video/cac88028308/declaration-de-politique-generale-de-michel-rocard-a-l-assemblee-nationale, consulté le 28 février 2025.

669 Dominique Maingueneau, *L'éthos en analyse du discours*, Au cœur des textes n°41, Academia, 2022, p. 150.

670 Thomas Guénolé, *Nicolas Sarkozy, chronique d'un retour impossible ?*, edi8, 2013.

671 Extrait vidéo sur le site de l'INA : https://www.ina.fr/ina-eclaire-actu/video/i14021996/francois-hollande-moi-president

672 Lou Cannon, « Ronald Reagan Campaigns and Election"; University of Virginia Miller Center, https://millercenter.org/president/reagan/campaigns-and-elections

673 Heidi Grant Halvorson, *No One Understands You and What to Do About It*, Boston, HBR Press, 2015, p. 9-10.

674 Patrice Duhamel, *Le Chat et le Renard - Présidents et Premiers ministres : deux ou trois choses que je sais d'eux*, Éditions de l'Observatoire, 2024.

675 François Mitterrand, *La Paille et le grain*, Flammarion, 1975.

676 Sophie Huet, *Tout ce que vous direz pourra être retenu contre vous... ou les petites phrases du septennat*, Jean Picollec, 1981.

677 Raymond Tournoux, *Le Tourment et la fatalité*, Plon, 1974.

678 « Pour le chef de l'État, Fillon est un 'collaborateur' », *Le Figaro*, 23 août 2007, https://www.lefigaro.fr/politique/2007/08/23/01002-20070823ARTFIG90230-pour_le_chef_de_l_etat_fillon_est_un_collaborateur.php, consulté le 7 janvier 2024.

679 Yannis Darras, « Le RN, "héritier de Pétain" ? "Je suis d'accord avec Élisabeth Borne", assure Laurent Berger », Europe 1, 6 juin 2023, https://www.europe1.fr/politique/le-rn-heritier-de-petain-je-suis-daccord-avec-elisabeth-borne-assure-laurent-berger-4187189, consulté le 8 janvier 2024.

680 Le Monde avec AFP, « Macron prend ses distances avec Borne sur le RN et estime que le "combat" contre l'extrême droite "ne passe plus par des arguments moraux" », Le Monde, 30 mai 2023, https://www.lemonde.fr/politique/article/2023/05/30/pour-emmanuel-macron-le-combat-contre-le-rn-ne-passe-plus-par-des-arguments-moraux_6175443_823448.html, consulté le 8 janvier 2024.

681 Maurice Szafran, « Le RN et le pétainisme : Elisabeth Borne a raison », *Challenges*, 31 mai 2023, https://www.challenges.fr/idees/le-rn-et-le-petainisme-elisabeth-borne-a-raison_857051, consulté le 7 janvier 2024.

[682] « "Guerre de civilisation" : polémique sur l'expression de Manuel Valls », France 3, 29 juin 2015, https://www.francetvinfo.fr/faits-divers/terrorisme/attentat-dans-l-isere/guerre-de-civilisation-polemique-sur-lexpression-de-manuel-valls_974667.html, consulté le 22 décembre 2023.

[683] « Le jour où Manuel Valls parla de "guerre de civilisation" », *Libération*, 28 juin 2015, https://www.liberation.fr/societe/2015/06/28/le-jour-ou-manuel-valls-parla-de-guerre-de-civilisation_1338778/, consulté le 11 juillet 2021.

[684] Voir Anne-Claire Ruel, « Valls et ses expressions clivantes : Pourquoi ? », blog Fais pas com' papa, 29 juin 2015. http://blog.francetvinfo.fr/fais-pas-com-papa/2015/06/29/valls-et-ses-expressions-clivantes-quel-but.html, consulté le 13 juillet 2021.

[685] Nathalie Schuck, « Manuel Valls, la rupture sans le dire », France Inter, 23 juin 2014, https://www.franceinter.fr/emissions/histoires-politiques/histoires-politiques-23-juin-2014, consulté le 15 juillet 2021.

[686] Laure Bretton, « Valls coupe les ponts avec Hollande », *Libération*, 25 novembre 2016, https://www.liberation.fr/france/2016/11/25/valls-coupe-les-ponts-avec-hollande_1531072/, consulté le 15 juillet 2021.

[687] François Hollade, Pierre Favier, *Droit d'inventaires*, Seuil, 2009.

[688] Alain Duhamel, *Emmanuel le hardi*, Paris, Éditions de l'Observatoire, 2021.

[689] David Revault d'Allonnes et Laurent Borredon, *Valls à l'intérieur*, Paris, Robert Laffont, 2014.

[690] Idem.

[691] Philippe Moreau Chevrolet, « Valls contre Valls », Huffington Post, 15 décembre 2016, https://www.huffingtonpost.fr/philippe-moreau-chevrolet/manuel-valls-campagne-presidentielle_a_21628443/, consulté le 27 septembre 2023.

[692] Vidéo du discours sur le site de l'INA, https://www.ina.fr/ina-eclaire-actu/video/i09085581/edouard-balladur-je-vous-demande-de-vous-arreter, consulté le 7 novembre 2023

[693] André Bercoff, Éric Giacometti, *Raffarinades*, Paris, Lafon, 2003.

[694] Jean-Pierre Raffarin, *Je marcherai toujours à l'affectif*, Paris, Flammarion, 2012.

[695] « Je suis devenu au fil des ans un amoureux inconditionnel de la poésie classique chinoise. J'y retrouve souvent ce que certains appelleraient des "raffarinades", c'est-à-dire des mots légers au service d'idées fortes », Jean-Pierre Raffarin, *Chine - Le grand paradoxe*, Paris, Michel Lafon, 2019.

[696] Jean-Pierre Raffarin, *Je marcherai toujours à l'affectif*, Paris, Flammarion, 2012.

[697] Maxime Tandonnet, « Gabriel Attal, dans le pas de Chaban-Delmas ou de Jean Castex », *Le Figaro*, 11 janvier 2024.

[698] Michèle Cotta, *Cahiers secrets de la Ve Réputlique, tome 4 (1997-2007)*, Paris, Fayard, 2011.

[699] Jean-Paul Roig, *Citations historiques expliquées*, Paris, Eyrolles, 2015.

[700] Annd Sinclair, *Caméra subjective*, Paris, Grasset, 2002.

[701] Christian Delporte, *La France dans les yeux: Une histoire de la communication politique de 1930 à aujourd'hui*, Paris, Flammarion, 2011.

[702] Claire Gatinois, « Emmanuel Macron, tout juste réélu et déjà confronté à une guerre de succession », *Le Monde*, 27 avril 2022, https://www.lemonde.fr/politique/article/2022/04/27/emmanuel-macron-deja-confronte-a-une-guerre-de-succession_6123799_823448.html

[703] Joseph Daniel, *La Parole présidentielle. De la geste gaullienne à la frénésie médiatique*, Paris, Le Seuil, 2014.

[704] Idem.

[705] Cité par Renaud Dély, *La Droite brune: UMP-FN : Les secrets d'une liaison fatale*, Paris, Flammarion, 2012

[706] Christian Le Bart, *La politique en librairie: Les stratégies de publication des professionnels de la politique*, Paris, Armand Colin, 2012.

[707] Carole Barjon et Patrick Stefanini, *Déflagration: Dans le secret d'une élection impossible*, Paris, Robert Laffont, 2017.

[708] Voir la vidéo sur le site de l'INA : https://www.ina.fr/ina-eclaire-actu/video/i09084568/jean-pierre-raffarin-the-yes-needs-the-no-to-win-against-the-no.

[709] Anastasia Wolfstirn, « Sandrine Rousseau "caricature de ses idées" ? Pourquoi ses adversaires l'apprécient… », *Gala*, 10 septembre 2022. https://www.gala.fr/l_actu/news_de_stars/sandrine-rousseau-caricature-de-ses-idees-pourquoi-ses-adversaires-lapprecient_501821

[710] Voir Frédéric Mas, « Sandrine Rousseau : le steak qui cache la forêt », *Contrepoints*, 1er septembre 2022. https://www.contrepoints.org/2022/09/01/437955-sandrine-rousseau-le-steak-qui-cache-la-foret, consulté le 13 janvier 2024.

[711] « Sandrine Rousseau, la candidate qui n'a pas plu aux médias », Acrimed, 4 octobre 2021. https://www.acrimed.org/Sandrine-Rousseau-la-candidate-qui-n-a-pas-plu, consulté le 28 novembre 2023.

[712] Voir Thomas Monnier, « Emmanuel Macron, un président déconnecté ? », *Gala*, 7 février 2020. https://www.gala.fr/l_actu/news_de_stars/video-emmanuel-macron-un-president-deconnecte-il-est-dans-un-autre-monde_442824, consulté le 19 août 2021.

[713] Idem.

[714] Daniel Kahneman, *Système 1, Système 2, les deux vitesses de la pensée*, Paris, Flammarion, 2012, p. 102.

[715] Voir par exemple *L'Opinion*, 3 septembre 2017, *L'Express*, 6 octobre 2017, *Le JDD*, 25 janvier 2019, *Le Figaro*, 19 mai 2020.

[716] Voir https://lexpansion.lexpress.fr/actualite-economique/emmanuel-macron-enfile-les-petites-phrases-polemiques-comme-des-perles_1697350.html, consulté le 7 août 2021.

[717] « Emmanuel Macron, l'art des déclarations polémiques », *La Croix*, 30 août 2016, https://www.la-croix.com/France/Politique/Emmanuel-Macron-lart-declarations-polemiques-2016-08-30-1200785502. Consulté le 17 août 2021.

[718] « Emmanuel Macron dit vouloir remplacer "les petites phrases" par de "l'explication" », Franceinfo, 29 janvier 2016. Franceinfo,. Consulté le 22 mai 2021.

[719] Daniel Pink, *Drive - The Surprising Truth About What Motivates Us*, Boston, Harvard University Press, 2009. Édition française : *La Vérité sur ce qui nous motive,* Paris, Leduc.s, 2011.

[720] Frédéric Dabi, « Emmanuel Macron peut-il perdre la prochaine élection présidentielle ? », *Commentaire* n° 173, 2021/1, p. 51-56.

[721] Marie-Estelle Pech et Mathilde Siraud, entretien avec Gabriel Attal, *Le Figaro*, 11 novembre 2018.

[722] Saveria Rojek, *Résurrection: Les coulisses d'une reconquête*, Stock, 2022.

[723] Thomas Raguet, *Petites phrases, grandes conséquences - La Gauche contre le peuple*, documentaire diffusé par La Chaîne parlementaire (LCP) le 15 février 2021, https://www.youtube.com/watch?v=5Je384Nu55w

[724] Marie-Laetitia Bonavita, entretien avec Richard Werly, *Le Figaro*, 4 septembre 2020.

[725] Voir par exemple « "Qu'ils viennent me chercher" : la "provoc" de Macron », *L'Express*, 25 juillet 2018, https://www.lexpress.fr/actualite/politique/le-qu-ils-viennent-me-chercher-de-macron-moque_2027544.html, consulté le 4 novembre 2021.

[726] Voir Olivier Guiberteau, « The truth about British stoicism », BBC, 2 novembre 2020. https://www.bbc.com/travel/article/20201101-the-truth-about-british-stoicism, consulté le 24 juillet 2021.

[727] International Churchill Society, « We shall fight on the beaches », https://winston-churchill.org/resources/speeches/1940-the-finest-hour/we-shall-fight-on-the-beaches/, consulté le 19 septembre 2021.

[728] Déclaration du 10 septembre 1939, citée par Hughes Marquis, « La guerre du magazine *Match* (1939-1940) », Guerres mondiales et conflits contemporains 2014/2 (n° 254), pages 109 à 125, https://www.cairn.info/revue-guerres-mondiales-et-conflits-contemporains-2014-2-page-109.htm#no63

[729] Paul Reynaud, *Mémoires, volume 2 - Envers et contre tous*, Flammarion, 1960.

[730] Allocution radiodiffusée du 26 mars 1940. Voir https://www.bmlisieux.com/curiosa/2gm3940.htm

[731] Dans ses *Mémoires d'espoir*, de Gaulle explique : « Si de but en blanc j'affichais mes intentions, nul doute que, sur l'océan des ignorances alarmées, des étonnements scandalisées, des malveillances coalisées, se fût levée dans tous les milieux une vague de stupeurs et de fureurs qui eût fait chavirer le navire. »

[732] Voir Michel Le Séac'h « "*J'y pense en me rasant*", la petite phrase volée à Fabius par Sarkozy », blog Phrasitude, 13 août 2016, https://www.phrasitude.fr/2015/08/jy-pense-en-me-rasant-la-petite-phrase.html

[733] Thomas Raguet, *Petites phrases, grandes conséquences - La Gauche contre le peuple*, coproduction 10.7 Productions / LCP-Assemblée nationale, diffusé par La Chaîne parlementaire (LCP) le 15 février 2021, https://www.youtube.com/watch?v=5Je384Nu55w, consulté le 29 novembre 2023.

[734] François Bazin, *Le Sorcier de l'Élysée, l'histoire secrète de Jacques Pilhan*, Paris, Plon, 2009, p. 343.

[735] Jérémy Marot, Pauline Théveniaud, *Les Apprentis de l'Élysée*, Paris, Place des Éditeurs, 2019,

[736] Victor Hugo, *Les Misérables,* vol. 2, *Cosette*, Nelson, 1862.

[737] Voir par exemple les « maximes conversationnelles » de H. Paul Grice, « Logique et conversation », *Communications*, n° 30, 1979, https://www.persee.fr/doc/comm_0588-8018_1979_num_30_1_1446, consulté le 20 janvier 2025.

[738] George Lakoff et Mark Johnson « Conceptual Metaphor in Everyday Language », *The Journal of Philosophy*, Vol. 77, n°8 (août 1980), p. 486.

[739] Quintilien, *De l'institution oratoire*, livre IV, chapitre 2.

[740] Daniela Cammack, "Were the Ancient Greeks Epistemic Democrats?", in *The Discovery of the Fact*, dir. Clifford Ando et Will Sullivan, University of Michigan Press, 2020.

[741] Idem.

[742] Steven A.Sloman et Nathaniel Rabb, « Thought as a determinant of political opinion », *Cognition*, vol. 188, juillet 2019, https://doi.org/10.1016/j.cognition.2019.02.014

[743] Alexis de Tocqueville, *De la démocratie en Amérique*, T. 2, Bruxelles, Société belge de librairie, 1887.

[744] [744] Jonas T. Kaplan , Sarah I. Gimbel et Sam Harris, « Neural correlates of maintaining one's political beliefs in the face of counterevidence », *Scientific Reports*, vol. 6, 39589 (2016), https://doi.org/10.1038/srep39589

[745] Lindsay Mahon Rathnam, « The Marketplace of Ideas and the Agora: Herodotus on the Power of Isegoria », *American Political Science Review* , vol. 117 , n°1, février 2023, p. 140-152, https://doi.org/10.1017/S0003055422000661.

[746] Julia Sliwa, Daniel y Takahashi et Stephen v Shepherd, « Mécanismes neuronaux pour la communication chez les primates ». Primatologie, ADRSC, Marseille, 2018, ff10.4000/primatologie.2950ff. ffhal-02022642f

[747] Dana Bevilacqua, Ido Davidesco, Lu Wan, Kim Chaloner, Jess Rowland, Mingzhou Ding, David Poeppel et Suzanne Dikker1 « Brain-to-Brain Synchrony and Learning Outcomes Vary by Student–Teacher Dynamics: Evidence from a Real-world Classroom Electroencephalography Study», *Journal of Cognitive Neuroscience*, mars 2019, vol. 31, n° 3, DOI: 10.1162/jocn_a_01274

[748] Cité par Sophie de Ravenel, "Jean-Luc Mélenchon : des coups de gueule aux dérapages », *Le Figaro*, 8 juin 2021.

[749] Ralf Schmälzle, Frank E. K. Häcker, Christopher J. Honey, Uri Hasson, « Engaged listeners: shared neural processing of powerful political speeches », *Social Cognitive and Affective Neuroscience*, Vol. 10, n° 8, août 2015, p. 1137–1143, https://doi.org/10.1093/scan/nsu168

[750] Charles Péguy, *Notre jeunesse*, Paris, Cahiers de la quinzaine, 1910.

[751] Antoine de Saint-Exupéry, *Le Petit Prince*, Paris, NRF - Bibliothèque de La Pléiade, 1959, p. 474.

[752] Blaise Pascal, *Pensées*, Paris, Dezobry et E. Magdeleine, 1852, p. 296

[753] Alain Decaux, *1940-1945 : De Gaulle, celui qui a dit non*, Paris, TF1 éditions, 1999.

[754] Max Gallo, *Le Xxe siècle*, Paris, Perrin, 1979.

[755] Guy Bechtel, *Le Général n'existe pas, ou du peu de réalité d'un officier supérieur*, Mayenne, Éditions de l'esprit nouveau, 1963.

[756] Paul Dupays, *Renaissance de l'A.F.N. – La Vie reprend, janvier-avril 1943*, Éditions de la Critique, 1953.

[757] Jean-Yves Goëau-Brissonnière, *Mission secrète pour la paix en Algérie : 1957*, Paris, Lieu commun, 1992.

[758] Henry d'Ornano, *L'action gaulliste aux États-Unis, 1940-1945*, Paris, Central presse, 1948.

[759] Pierre Lazareff, *De Munich à Vichy*, New York, Brentano's, 1944.

[760] Lucienne-Marie Enfrey, *Une femme entre les femmes*, Nice, Société d'impression méditerranéenne, 1958.

[761] Janine Elissetche, *Comment je suis devenue lieutenant-colonel"le"*, Paris, Éditions La Bruyère, 1991.

[762] Josette Lassalle, entretiens avec Jacques Balié, *Une Bordelaise dans la Résistance*, Bordeaux, Mollat, 1996.

[763] Albert de Pouzols, *Les rebelles du "Saint-Pierre"*, Genève, Éditions du Milieu du monde, 1945.

[764] Daniel Schneidermann, « Sarkozy, la fuite d'eau et les boat people », *L'Obs* avec *Rue89*, 21 novembre 2016, https://www.nouvelobs.com/rue89/rue89-le-915-darret-sur-images/20150619.RUE9550/sarkozy-la-fuite-d-eau-et-les-boat-people.html

[765] Élise Lambert, « "La France, un pays de race blanche" : le général de Gaulle a-t-il vraiment tenu ces propos ? », France Info, 28 septembre 2015, https://www.francetvinfo.fr/politique/ump/nadine-morano/la-france-un-pays-de-race-blanche-le-general-de-gaulle-a-t-il-vraiment-tenu-ces-propos_1103469.html, consulté le 24 septembre 2021.

[766] Guillaume Tabard, « Les risques politiques d'une petite phrase symbolique », *Le Figaro*, 1er octobre 2015.

[767] Aristote, *Rhétorique*, livre II, 1395b.

[768] Sharon Arieli, Adi Amit et Sari Mentser, « Identity-motivated reasoning: Biased judgments regarding political leaders and their actions », *Cognition*, vol. 188, juillet 2019, https://doi.org/10.1016/j.cognition.2018.12.009

[769] Idem

[770] Joseph Marks, Eloise Copland, Eleanor Loha, Cass R.Sunstein et Tali Sharota, « Epistemic spillovers: Learning others' political views reduces the ability to assess and use their expertise in nonpolitical domains », *Cognition*, vol. 188, juillet 2019, p. 74-84.

[771] Recueilli par Salena Zito, "Trump rewrites Republican convention speech to focus on unity not Biden", *Washington Examiner*, 14 juillet 2024, https://www.washingtonexaminer.com/news/campaigns/presidential/3082180/trump-rewrites-republican-convention-speech-focus-unity-not-biden/, consulté le 5 février 2025.

[772] Tobias Winner, Luc Selen, Anke Murillo Oosterwijk, Lennart Verhagen, W. Pieter Medendorp, Iris van Rooij, Ivan Toni, « Recipient Design in Communicative Pointing », *Cognitive Science*, vol. 43, n°5, mai 2019, https://doi.org/10.1111/cogs.12733

[773] Junya Fujino, Shisei Tei, Takashi Itahashi, Yuta Y. Aoki, Haruhisa Ohta, Manabu Kubota, Ryu-ichiro Hashimoto, Hidehiko Takahashi, Nobumasa Kato et Motoaki Nakamura, « Role of the right temporoparietal junction in intergroup bias in trust decisions », *Human Brain Mapping*, vol. 41, n° 6, 15 avril 2020, p. 1677-1688. https://doi.org/10.1002/hbm.24903

[774] Nathan Eva, Mulyadi Robin, Sen Sendjay, Dirk van Dierendonck et Robert C.Liden, « Servant Leadership: A systematic review and call for future research », *The Leadership Quarterly*, vol. 30, n° 1, février 2019, p. 111-132, https://doi.org/10.1016/j.leaqua.2018.07.004, consulté le 16 août 2021.

[775] Marc Levy, « Trump endorsement hovers over prime-time GOP Senate debate », AP News, 26 avril 2022, https://apnews.com/article/2022-midterm-elections-donald-trump-campaigns-harrisburg-pennsylvania-93cd07d397d7eee1023900cf230b5fad

[776] Edward Bernays, *Propaganda – Comment manipuler l'opinion en démocratie*, Paris, Zones-La Découverte, 2007, p. 92. Bernays considère le raisonnement de Disraeli comme cynique : « Il aurait aussi bien pu ajouter : "Je *dois* guider le peple. Ne suis-je pas son serviteur ?" ».

[777] Idem.

[778] David J.Carrington, Ian A.Combe et Michael D.Mumford, « Cognitive shifts within leader and follower teams: Where consensus develops in mental models during an organizational crisis », *The Leadership Quarterly*, vol. 30 n°3, juin 2019, p. 335-350, , https://doi.org/10.1016/j.leaqua.2018.12.002

[779] Rens van Loon, Angel Buster, « The Future of Leadership: The Courage to Be Both Leader and Follower », *Journal of Leadership Studies*, vol. 13 n°1, printemps 2019, p. 73-74, https://doi.org/10.1002/jls.21630. Voir aussi ZaferAdiguzel, Mehmet FarukOzcinar Himmet Karadal, « Does servant leadership moderate the link between

strategic human resource management on rule breaking and job satisfaction? », vol. 26, n° 2, mai-août 220, p. 103-110, https://doi.org/10.1016/j.iedeen.2020.04.002, consulté le 16 août 2021.

[780] Idem.

[781] John M. Murphy, « "Our Mission and Our Moment": George W. Bush and September 11th », *Rhetoric and Public Affairs*, vol. 6, n° 4, hiver 2003, p. 607-632. https://www.jstor.org/stable/41939868, consulté le 30 juillet 2021.

[782] Gustave Le Bon, *Psychologie des foules*, Paris, Félix Alcan, 1905, p. 29.

[783] Aristote, *Politique*, III, 11, 2.

[784] Eliska Prochazkova et Mariska E.Kret, « Connecting minds and sharing emotions through mimicry: A neurocognitive model of emotional contagion », *Neuroscience & Biobehavioral Reviews*, vol., septembre 2017, p. 99-114, https://www.sciencedirect.com/science/article/pii/S0149763416306704

[785] Simone G.Shamay-Tsoory, Nira Saporta,Inbar Z.Marton-Alper, Hila Z.Gvirts, « Herding Brains: A Core Neural Mechanism for Social Alignment », *Trends in Cognitive Sciences*, vol. 23 n°3, mars 2019. https://doi.org/10.1016/j.tics.2019.01.002

[786] Cité par « Le parfum de Mélenchon, la guimauve de Taubira », *Marianne*, 15 janvier 2022, https://www.marianne.net/politique/melenchon/le-parfum-de-melenchon-la-guimauve-de-taubira-le-betisier-de-la-semaine

[787] Simone G.Shamay-Tsoory, Nira Saporta,Inbar Z.Marton-Alper, Hila Z.Gvirts, « Herding Brains: A Core Neural Mechanism for Social Alignment », *Trends in Cognitive Sciences*, vol. 23 n°3, mars 2019. https://doi.org/10.1016/j.tics.2019.01.002

[788] Florence Thiault, « Le produsage des hashtags sur Twitter, une pratique affiliative », *Questions de communication*, n° 28, 2015, https://journals.openedition.org/questionsde-communication/10043.

[789] Idem.

[790] Voir par exemple Marjut Johansson, Aki-Juhani Kyröläinen, Filip Ginter, Lotta Lehti, Attila Krizsán et Veronika Laippala, « Opening up #jesuisCharlie anatomy of a Twitter discussion with mixed methods », *Journal of Pragmatics,* vol. 129, mai 2018, p. 90-101, https://doi.org/10.1016/j.pragma.2018.03.007, consulté le 14 septembre 2021.

[791] John T. Jost Pablo Barberá, Richard Bonneau, Melanie Langer, Megan Metzger, Jonathan Nagler, Joanna Sterling, Joshua A. Tucker, « How Social Media Facilitates Political Protest: Information, Motivation, and Social Networks », *Political Psychology*, vol. 39, n° S1, 13 février 2018, https://onlinelibrary.wiley.com/doi/10.1111/pops.12478

[792] Cal Newport, *Réussir (sa vie) grâce au minimalisme digital*, Paris, Alisio, 2020, p. 37.

[793] Jonas T. Kaplan, Sarah I. Gimbel, Morteza Dehghani, Mary Helen Immordino-Yang, Kenji Sagae, Jennifer D. Wong, Christine M. Tipper, Hanna Damasio, Andrew S. Gordon et Antonio Damasio, « Processing Narratives Concerning Protected Values: A Cross-Cultural Investigation of Neural Correlates », *Cerebral Cortex*, février 2017,

n°27, n° 2, p. 1428-1438, https://doi.org/10.1093/cercor/bhv325, consulté le 13 avril 2021.

[794] M. Salazar, D.J. Shaw, M.Gajdoš, R. Mareček, K. Czekóová, M. Mikl, M. Brázdila, « You took the words right out of my mouth: Dual-fMRI reveals intra- and inter-personal neural processes supporting verbal interaction », *NeuroImage*, vol. 228, mars 2021, https://doi.org/10.1016/j.neuroimage.2020.117697, consulté le 16 septembre 2021.

[795] Mai Lin Nguyen , *Shared and idiosyncratic neural processing of naturalistic communication in the default mode network*, thèse de doctorat sous la direction de Uri Hasson, Princeton University, 2020, http://arks.princeton.edu/ark:/88435/dsp011g05ff53g

[796] Nathaniel Rabb, John J. Han, Steven A. Sloman, « How others drive our sense of understanding of policies », Cambridge University Press, 7 septembre 2020, DOI: https://doi.org/10.1017/bpp.2020.40

[797] Steven A.Sloman et Nathaniel Rabb, « Thought as a determinant of political opinion », *Cognition*, vol. 188, juillet 2019, https://doi.org/10.1016/j.cognition.2019.02.014

[798] Pyungwon Kang, Christopher J. Burke, Philippe N. Tobler et Grit Hein, « Why We Learn Less from Observing Outgroups », *Journal of Neuroscience*, 6 janvier 2021, vol. 41, n°1, p. 144-152; DOI: https://doi.org/10.1523/JNEUROSCI.0926-20.2020

[799] Nathaniel Rabb, John J. Han et Steven A. Sloman, « How others drive our sense of understanding of policies », Department of Cognitive, Linguistic, and Psychological Sciences, Brown University, Providence, RI, USA, 7 septembre 2020, ps://doi.org/10.1017/bpp.2020.40

[800] Seth Stephens-Davidowitz, *Tout le monde ment... (et vous aussi !)*, Alisio, Paris, 2018.

[801] Steven A.Sloman et Nathaniel Rabb, « Thought as a determinant of political opinion », *Cognition*, vol. 188, juillet 2019, https://doi.org/10.1016/j.cognition.2019.02.014

[802] James Surowiecki, *La Sagesse des foules*, Éditions Jean-Claude Lattès, 2008.

[803] Joshua Becker, Ethan Porter et Damon Centola, « The Wisdom of Partisan Crowds », *PNAS*, 28 mai 2019, 116 (22), https://doi.org/10.1073/pnas.1817195116

[804] Steven A.Sloman et Nathaniel Rabb, « Thought as a determinant of political opinion », *Cognition*, vol. 188, juillet 2019, https://doi.org/10.1016/j.cognition.2019.02.014

[805] Dan M. Kahan, « Misconceptions, Misinformation, and the Logic of Identity-Protective Cognition », Cultural Cognition Project, document de travail n° 164, Yale Law School, Public Law Research Paper n° 605, Yale Law & Economics Research Paper n° 575, 24 mai 2017, https://ssrn.com/abstract=2973067 ou https://ssrn.com/abstract=2973067 ou http://dx.doi.org/10.2139/ssrn.2973067, consulté le 7 avril 2021.

[806] Ellen L. Barton, « Informational and Interactional Functions of Slogans and Sayings in the Discourse of a Support Group », *Discourse & Society*, vol. 10, n°4, 1er octobre 1999, p. 461-486. https://journals.sagepub.com/doi/abs/10.1177/0957926599010004002

[807] Julian De Freitas, Kyle Thomas, Peter DeScioli et Steven Pinker, « Common knowledge, coordination, and strategic mentalizing in human social life », *PNAS* 9 juillet 2019, n° 116 (28), p. 13751-13758, https://doi.org/10.1073/pnas.1905518116

[808] James Fishkin, « What the people think when they're really thinking », https://www.mckinsey.com/industries/public-and-social-sector/our-insights/what-the-people-think-when-theyre-really-thinking.

[809] Wendy A. Suzuki, Mónica I. Feliú-Mójer, Uri Hasson, Rachel Yehuda et Jean Mary Zarate, « Dialogues: The Science and Power of Storytelling », *Journal of Neuroscience*, 31 octobre 2018, 38 (44), p. 9468-9470, https://doi.org/10.1523/JNEUROSCI.1942-18.2018

[810] Adrianna C.Jenkins, « Rethinking Cognitive Load: A Default-Mode Network Perspective », *Trends in Cognitive Science*, vol. 23 n°7, juillet 2019. https://doi.org/10.1016/j.tics.2019.04.008.

[811] Marcus E. Raichle, Ann Mary MacLeod, Abraham Z. Snyder, William J. Powers, Debra A. Gusnard, Gordon L. Shulman, « A default mode of brain function », PNAS vol. 98 n°2, 16 janvier 2001. https://doi.org/10.1073/pnas.98.2.676

[812] https://www.pnas.org/page/about/classics, consulté le 24 janvier 2021.

[813] Pedro Nascimento Alves, Chris Foulon, Vyacheslav Karolis, Danilo Bzdok, Daniel S. Margulies, Emmanuelle Volle et Michel Thiebaut de Schotten, « An improved neuroanatomical model of the default-mode network reconciles previous neuroimaging and neuropathological findings », *Communications Biology*, 2, 370, 2019. https://doi.org/10.1038/s42003-019-0611-3

[814] Robert P. Spunt, Meghan L. Meyer and Matthew D. Lieberman, « The Default Mode of Human Brain Function Primes the Intentional Stance », *Journal of Cognitive Neuroscience*, vol. 27, n°6, juin 2015, p. 1116-1124. https://www.mitpressjournals.org/doi/full/10.1162/jocn_a_00785

[815] Mai Lin Nguyen , *Shared and idiosyncratic neural processing of naturalistic communication in the default mode network*, thèse de doctorat sous la direction de Uri Hasson, Princeton University, 2020, http://arks.princeton.edu/ark:/88435/dsp011g05ff53g

[816] Erez Simony, Christopher J Honey, Janice Chen, Olga Lositsky, Yaara Yeshurun, Ami Wiesel & Uri Hasson, « Dynamic reconfiguration of the default mode network during narrative comprehension », *Nature Communications*, vol. 7, article n° 12141 (2016).

[817] Leonardo Fernandino, Jeffrey R. Binder, « How does the "default mode" network contribute to semantic cognition? », *Brain and Language*, vol. 252, mai 2024, article 105405, https://www.sciencedirect.com/science/article/pii/S0093934X24000282, consulté le 29 janvier 2025.

[818] Eleanor A. Maguire et Sinéad L. Mullally, « The Hippocampus: A Manifesto for Change », *Journal of Experimental Psychology. General*, n°142(4), novembre 2013, doi: 10.1037/a0033650

[819] Ian A. Clark, Misun Kim et Eleanor A. Maguire, « Verbal Paired Associates and the Hippocampus: The Role of Scenes », *Journal of Cognitive Neuroscience*, vol. 30, n°12, décembre 2018, p. 1821-1845.
https://www.mitpressjournals.org/doi/full/10.1162/jocn_a_01315

[820] Vincent van de Ven, Lourens Waldorp et Ingrid Christoffels, « Hippocampus plays a role in speech feedback processing », *NeuroImage*, vol. 223, décembre 2020, 117319, https://doi.org/10.1016/j.neuroimage.2020.117319

[821] Neal W Morton, Ellen L. Zippi, Sharon M. Noh et Alison R. Preston, « Semantic Knowledge of Famous People and Places Is Represented in Hippocampus and Distinct Cortical Networks », *The Journal of Neuroscience*, 24 mars 2021, n°41(12), p. 2762–2779, https://clm.utexas.edu/preston/wp-content/uploads/2021/03/morton_etal_jneuro_2021.pdf

[822] Voir par exemple Catherine Nay, Europe 1, 16 janvier 2019, https://www.europe1.fr/politique/edito-depuis-son-arrivee-au-pouvoir-au-lieu-de-se-montrer-bienveillant-emmanuel-macron-senferme-dans-une-secte-3839708 ; Guillaume Erner, « Emmanuel Macron et le manque de compassion », France Culture, 10 décembre 2018, https://www.franceculture.fr/emissions/lhumeur-du-matin-par-guillaume-erner/lhumeur-du-jour-par-guillaume-erner-du-lundi-10-decembre-2018 ; Stéphan Bourcieu, « Le président et l'horticulteur : "Il faut écouter ceux qui parlent, si on veut en être écouté », *Le Monde*, 20 septembre 2018, https://www.lemonde.fr/idees/article/2018/09/20/le-president-et-l-horticulteur-il-faut-ecouter-ceux-qui-parlent-si-on-veut-en-etre-ecoute_5357853_3232.html ; consultés le 24 janvier 2021.

[823] Jonas T. Kaplan, Sarah I. Gimbel, Morteza Dehghani, Mary Helen Immordino-Yang, Kenji Sagae, Jennifer D. Wong, Christine M. Tipper, Hanna Damasio, Andrew S. Gordon et Antonio Damasio, « Processing Narratives Concerning Protected Values: A Cross-Cultural Investigation of Neural Correlates », *Cerebral Cortex*, février 2017, n°27, n° 2, p. 1428-1438, https://doi.org/10.1093/cercor/bhv325, consulté le 13 avril 2021.

[824] Mai Lin Nguyen , *Shared and idiosyncratic neural processing of naturalistic communication in the default mode network*, thèse de doctorat sous la direction de Uri Hasson, Princeton University, 2020,
http://arks.princeton.edu/ark:/88435/dsp011g05ff53g

[825] Iiro P. Jääskeläinen, Vasily Klucharev, Ksenia Panidi et Anna N. Shestakova, « Neural Processing of Narratives: From Individual Processing to Viral Propagation », *Frontiers in Human Neuroscience*, 26 juin 2020,
https://doi.org/10.3389/fnhum.2020.00253.

[826] Rüdiger J. Seitz et Hans Ferdinant Angel, « Belief formation – A driving force for brain evolution », *Brain and Cognition*, vol. 140, avril 2020,
https://doi.org/10.1016/j.bandc.2020.105548

[827] Jonas T. Kaplan , Sarah I. Gimbel et Sam Harris, « Neural correlates of maintaining one's political beliefs in the face of counterevidence », *Scientific Reports*, vol. 6, 39589 (2016), https://doi.org/10.1038/srep39589

[828] Pentland, Alex (Sandy), « To Signal Is Human: Real-Time Data Mining Unmasks the Power of Imitation, Kith and Charisma in Our Face-to-Face Social Networks », *American Scientist* 98, n° 3 (2010), http://www.jstor.org/stable/27859508.

[829] Laurent Pernot, *L'Art du sous-entendu*, Paris, Fayard, 2018.

[830] Nessim Aït-Kassimi, « Les marchés financiers accros aux "petites phrases" », *Les Échos*, 27 août 2012.

[831] Voir Dominique Maingueneau, « Sur une petite phrase "de" Nicolas Sarkozy - Aphorisation et auctorialité » *Communication & langages*, 2011/2 (N° 168), https://www.cairn.info/revue-communication-et-langages1-2011-2-page-43.htm, consulté le 2 janvier 2024.

[832] Vanessa Schneider, « Laurent Wauquiez : le sniper de l'UMP », *Le Monde*, https://www.lemonde.fr/politique/article/2012/11/09/laurent-wauquiez-le-sniper-de-l-ump_1787669_823448.html, consulté le 26 décembre 2023.

[833] Olivier Beaumont et Nathalie Schuck, *Chérie, j'ai rétréci la droite !*, Paris, Robert Laffont, 2021.

[834] Flora Genoux, « Élection présidentielle en Argentine : la tentation du populisme », *Le Monde*, 22 octobre 2023, https://www.lemonde.fr/international/article/2023/10/22/en-argentine-une-election-presidentielle-marquee-par-la-tentation-du-populisme_6195863_3210.html

[835] Christelle Bertrand, « Manuel Valls, l'ennemi de l'intérieur », *VSD*, n° 1910, 3 avril 2014.

[836] Voir par ex. Franziska Hartung, Yoed N. Kenett, Eileen R. Cardillo, Stacey Humphries, Nathaniel Klooster et Anjan Chatterjee, « Context matters: Novel metaphors in supportive and non-supportive contexts », *NeuroImage*, vol. 212, 2020, https://www.sciencedirect.com/science/article/pii/S1053811920301324, consulté le 18 octobre 2021.

[837] Matt Malis, Alastair Smith, « State Visits and Leader Survival », American Journal of Political Science, vol. 65, n° 1, janvier 2021, p. 241-246, DOI: 10.1111/ajps.12520

[838] Voir par exemple Aaron M. Houck, Aaron S. King et J. Benjamin Taylor, « Updating with Others: Testing the Effect of Information Social Influence on Political Attitudes », *Politics & Policy*, vol. 49, 2021, n° 1, p. 87-125. Voir aussi Alexander Agadjanian, « When Do Partisans Stop Following the Leader? », *Political Communication*, vol. 38, n°4, 2020, p.351-369, https://doi.org/10.1080/10584609.2020.1772418.

[839] Victor Hugo, *Oeuvres complètes, Poésie-Théâtre*, volume I, Bruxelles, Adolphe Wahlen et C°, 1837, p. 108.

[840] Désiré Nisard, *Études de mœurs et de critique sur les poëtes latins de la décadence*, Paris, Hachette, 1849, p. 253.

[841] Alfred Delvau, *Dictionnaire de la langue verte*, Paris, Dentu, 1867, p. 223.

[842] Voir Ch. Pfister, « Les "économies royales" de Sully et le grand dessein de Henri IV », *Revue Historique*, 55 (2) (1894), pp. 291-302, et 56 (1), p. 39-48.

[843] Rémy de Gourmont, *Esthétique de la langue française*, Paris, Mercure de France, 1899.

[844] Voir la vaste recension effectuée par Sophie Jollin-Bertocci, « Le phraséologisme "petite phrase" », *Le Français Moderne - Revue de linguistique Française*, CILF (conseil international de la langue française), 2019, 2019 (2). ffhal-03325557.

[845] Henri Hauser, « Histoire de France, époque moderne 1492-1660 », *Revue historique*, t. 194, fascicule 4, 1944, p. 324-354.

[846] https://www.lemonde.fr/archives/article/1952/01/19/la-politique-asiatique-de-londres-tend-a-s-aligner-sur-les-vues-americaines_1994172_1819218.html

[847] Georges Lavau, « La déclaration du parti communiste et de la fédération : une promesse », *Esprit*, n° 371, mai 1968.

[848] Jean Poperen, *L'Unité de la gauche (1965-1973)*, Paris, Fayard, 1975, p. 83.

[849] https://www.lemonde.fr/archives/article/1961/10/05/irritation-sans-consequences_2270079_1819218.html

[850] https://www.lemonde.fr/archives/article/1968/05/09/m-edgar-faure-prepare-le-monde-paysan-a-l-idee-d-une-prochaine-revision-des-prix-agricoles_2501478_1819218.html

[851] https://www.lemonde.fr/archives/article/1969/02/08/m-giscard-d-estaing-a-bonn-commencera-etudier-un-complement-monetaire-au-traite-de-rome_2427865_1819218.html

[852] André Laurens et Thierry Pfister, *Les Nouveaux communistes*, Stock, 1973.

[853] Voir Michel Le Séac'h, « Petites phrases des années 1960 et 1970 », blog *Phrasitude*, 19 décembre 2022, https://www.phrasitude.fr/2022/12/petites-phrases-des-annees-1960-et-1970.html

[854] Georges Séguy et Philippe Dominique, *Lutter*, Paris, Stock, 1975. Le septennat sera bel et bien raccourci par le décès prématuré du président Pompidou en 1974. « À aucun moment, je ne pouvais imaginer que le septennat se terminerait dans les conditions où il s'est achevé, car au-delà de tous les conflits, il ne m'est jamais venu à l'esprit de souhaiter la mort d'un adversaire », précisera Georges Séguy.

[855] Georges Vedel, « Encore une petite phrase... », *Le Monde*, 5 décembre 1973, https://www.lemonde.fr/archives/article/1973/12/05/encore-une-petite-phrase_2560484_1819218.html

[856] https://www.conseil-constitutionnel.fr/decision/1973/7380L.htm

[857] Sénat, séance du 3 décembre 1973, *Journal officiel de la République française, Débats parlementaires, Sénat*, 4 décembre 1973, p. 2299.